조선을 움직인 철학자들

著者 略歷

장승구

서울대학교 윤리교육과를 졸업하고, 한국학중앙연구원 한국학대학원에서 한국철학 전공으로 석 · 박사 학위를 받았다. 버클리대 방문학자와 서울대 강사를 지냈으며 현재 세명대학교 교수로 재직하고 있다. 한국철학사연구회 회장을 역임하고, 한중철학회 부회장과 『茶山學』(다산학술문화재단) 편집위원을 맡고 있다. 저서로는 『삶과 철학』, 『정약용과 실천의 철학』, 『다산, 행복의 기술』이 있고, 공저로는 『동양사상의 이해』, 『민본주의를 넘어서』, 『중용의 덕과 합리성』, 『인격』, 『양심』 등 10여 권이 있고, 『관자(管子)』를 공역하였다.

조선을 움직인 철학자들

초판 1쇄 발행일 2019년 8월 31일

지은이 | 장승구
발행인 | 최원필
발행처 | 심산출판사
주　소 | 서울시 은평구 불광로 13가길 18, 101호
전　화 | 02-357-0633
팩시밀리 | 02-357-0631
E-mail | simsan21c@hanmail.net
등록번호 | 제1-2114호(1996년 11월 28일)

ISBN 978-89-94844-62-6 93150

* 책값은 뒤표지에 표시되어 있습니다.

조선을 움직인 철학자들

|

조선 최고 지식인의 철학과 경세론

장승구 지음

심산

머리말

전통 사회에는 시대마다 그 시대를 지배하는 철학이 있었다. 인간은 무의식적으로 그 시대의 지배적 철학의 영향을 받아서 그것에 따라 세상을 바라보고 가치 판단을 하며 행동한다. 조선시대 500여 년을 지배하였던 유학은 그 시대는 물론이고 지금도 한국인이 세상을 바라보고 가치 판단을 하는 데 많은 영향을 주고 있다. 개인의 무의식이 나이가 들어도 쉽게 바뀌지 않는 것처럼 한 사회의 문화적 무의식도 역사적으로 쉽게 바뀌지 않는다. 유학은 한국인의 문화적 무의식에 많은 영향을 주었다. 그 영향이 긍정적인지 부정적인지에 대해서는 사람에 따라 견해가 다를 수 있지만, 영향이 크다는 사실을 부정하기는 어려울 것이다. 특히 인간관과 세계관, 윤리의식과 사회의식, 정치사상에 미친 영향은 매우 크다. 우리가 왜 조선의 철학을 다시 생각해 보아야 하는가? 그것은 그 시대를 이해하기 위한 것이기도 하지만, 지금의 한국인의 문화적 무의식을 형성하는 데 큰 영향을 미친 사상 체계를 올바르게 인식하기 위한 것이기도 하다. 조선의 철학에 대한 성찰은 그 시대는 물론이고 오늘의 한국 문화와 사상을 이해하는 데도 어느 정도 도움이 될 것이다.

조선시대에 유학은 인간과 사회와 세계를 바라보는 개념의 틀을 제공하였을 뿐만 아니라, 자신을 수양하고 사회를 다스리는데 실질적 역할을 하였다. 비록 사회 · 정치 구조가 조선시대와는 많이 달라졌지만, 인간을 바라보고 삶을 생각하는 방식과 근본적인 태도가 모두 바뀐 것은 아니다. 철학은 특정 시대의 분위기를 반영하기도 하지만, 시대를 초월하는 보편적 가치도 아울러 지니고 있다. 이 책은 조선시대의 철학에 대한 필자의 연구를 모아서 정리한 것이다. 조선의 철학을 대표하는 퇴계 이황과 율곡 이이, 남명 조식을 비롯하여 퇴계학파의 서애 류성룡과 우복 정경세, 율곡학파의 수암 권상하와 남당 한원진, 중도파인 여헌 장현광의 철학, 대표적 철학 논쟁인 호락논쟁을 다루었고, 조선 후기 실학을 대표하는 다산 정약용의 철학을 분석하였다. 또한 구한말 유학을 대표하는 화서학파의 의암 유인석의 사상에 대해서도 조명하였다. 이들 10명의 철학자 이외에도 조선시대에는 훌륭한 철학자와 사상가가 많이 있었지만, 이 책에서는 지면의 제한과 필자의 공부의 한계로 조선시대에 사회적 영향력이 컸던 대표적 지식인 10명의 철학을 위주로 하였다.

조선은 선비 또는 사대부로 불리는 지식인의 주도로 건국되었고, 또한 사림의 집권 이래로 지식인이 권력의 중심에서 시대와 나라를 이끌었다. 이것은 동시대의 중국과 일본의 경우와는 매우 다른 현상이다. 지식과 권력이 일체화된 사회에서 지식의 정당성은 권력의 정당성을 뒷받침하였다. 그래서 지식의 정당성을 확보하기 위한 지식인 사이의 담론은 활발하고 치열하였으며 때로는 권력 투쟁과 맞물리기도 하였다. 지금 우리가 보기에는 그다지 중요해 보이지 않는 학술적 주제를 가지고 왜 그 시대에는 오랫동안 치열한 논쟁을 하였는지 이해하기 어려울 수도 있다. 그러나 조선시대 지식인들이 논쟁하였던 이기론, 심성론, 예론, 경세론은 당시 세계와 우주를 바라보고, 인간과 사회를 이해하는 패러다임이었다. 따라서 이러한 문제를 둘러싼 논쟁은 심각할 수밖에 없었다.

같은 유학자이지만 지식인들은 시대에 따라, 개성과 기질에 따라 다양한 방식으로 자신의 철학을 전개하였다. 퇴계는 이(理)와 마음의 수양을 중시하였고, 남명은 인보다 의를 중시하며 치열한 현실 비판 태도와 자기 수양을 강조하였다. 율곡은 이기지묘(理氣之妙)와 함께 실제에 힘쓰는 무실(務實)의 경세론을 펼쳤다. 서애는 주자학을 토대로 하면서도 육왕학에 대해서도 개방적 태도를 보이고, 창조적 경세론을 주장한다. 우복은 예학에 깊은 관심을 보였고, 다른 학파와의 학문적 소통을 중시하였다. 여헌은 퇴계와 율곡 사이에서 중도적 입장을 취하며 이들의 사상을 통합하는 경위의 철학을 제창하였다. 율곡학파의 철학은 호락논쟁에서 정점을 보여주었다. 수암 문하의 이간과 한원진을 중심으로 전개된 인간과 동물의 본성의 같고 다름을 둘러싼 치열한 논쟁은 조선 철학의 수준을 한 단계 발전시켰다. 다산의 실학은 성리학의 한계와 문제점에 대한 비판과 함께 서학의 진취적 수용을 통해 새로운 인간론과 윤리관, 정치사상을 전개하였다. 유학과 서학의 융합을 통해 조선의 현실에 맞는 새로운 사유의 체계를 모색하였다. 그리고 의암은 서구 문명의 도전에 맞서 전통사상의 가치를 지키기 위해 노력하는 가운데 동서 문명에 대한 주체적 성찰을 보여주었다.

퇴계는 주자 철학을 기본으로 하면서도 도문학보다도 존덕성을 우선시하고 이(理)의 능동성을 강조하는 특징을 보여주었다. 율곡은 이와 기의 관계에 대해 정미한 분석을 하였을 뿐만 아니라, 정주학을 정치철학적으로 심화시켰다. 남명도 기본적으로는 정주학이면서도 도교적 수련법을 유가의 수양론과 융합하여 새로운 수양론을 개척하였다. 서애는 정주학의 부작용을 극복하기 위해 육왕학의 장점을 수용하여 새로운 심학을 발전시켰다. 우복은 성리학 이론에서 한걸음 더 나아가 예학을 발전시키는데 기여하였다. 여헌은 경위설이라는 독창적 학설을 중심으로 성리학을 창의적으로 발전시켰다. 황강학파에서는 중국의 주자학에서 심각하게 거론하지 않았던 인물성의 동이(同異) 문제를 깊이 있게 분석함으로써 주자 철학의 심층적 문제점을 드러내었다. 의암은 성리학의 관점에서 근대 서구 문명의 부작용과 문제점을 비판하는 동시에 항일 의병의 사상적 논리를 제시하였다. 다산은 유학과 서학을 융합하여 독창적 실학을 창조함으로 새로운 사회의 비전을 구상하였다.

플라톤의 『*The Republic*』이 시대를 초월한 보편적 가치를 지닌 것처럼 퇴계의 『성학십도』, 율곡의 『성학집요』, 다산의 『목민심서』와 『중용자잠』과 같은 고전도 우리가 오늘의 삶을 살아가는데 중요한 성찰의 거울을 제공한다. 철학은 본래 삶의 방식과 밀접한 관련이 있었다. 삶을 어떻게 바라보고, 자신을 어떻게 수양하고, 어떤 태도와 방식으로 삶을 살아갈 것인가 하는 문제는 철학 본래의 중심 과제이다. 유학은 삶의 방식으로서의 철학의 모습을 잘 보여주고 있다. 어떻게 살 것인가를 고민하는 현대인에게 '삶의 방식', '삶의 기술'을 되돌아보게 하는 지혜를 우리는 조선의 철학에서 찾아볼 수 있다. 조선시대 철학의 거장들은 오늘 우리에게 어떻게 살라고 하는가? 우리는 이들을 어떻게 비판하고 넘어서 이 시대에 맞는 우리 나름의 삶의 방식을 모색할 것인가? 그 답은 우리의 몫으로 남는다.

그동안 필자의 학문여정에서 훌륭한 가르침을 주신 선생님들이 많이 계시지만 특히 고 김형효 선생님(동서비교철학) 그리고 진교훈(철학적 인간학, 윤리학), 금장태(한국유학, 실학), 정해창(서양현대철학) 선생님의 가르침에 깊이 감사드립니다. 그리고 좋은 연구 여건을 마련해준 세명대학교와 언제나 힘이 되어준 가족들의 사랑에 따뜻한 고마움을 표합니다.

2019년 8월
신월동 서재에서
장승구

目次

3부 우주여행을 상상한 독창적 사상가, 여헌 장현광

4부 율곡학파의 전개와 조선 후기 최대의 철학 논쟁(호락논변)

6부 조선 후기 실학의 도전과 조선 최고의 지식인, 다산 정약용

※ 일러두기(논문출처 명기)

* 이 책에 실린 글은 대부분 필자가 발표한 논문들을 전재(轉載)하거나 수정, 보완한 것이다. 발표 논문의 원래 제목과 수록 논문집은 다음과 같다.

제1장 퇴계 심학과 정신주의 철학(『철학연구』 제142집, 대한철학회, 2017년)
제2장 미발표 원고
제3장 남명 조식의 수양론과 그 특성(『남명학보』 제7권, 남명학회, 2008년)
제4장 류성룡의 철학과 경세론 연구(『퇴계학보』 제134집, 퇴계학연구원, 2013년)
제5장 우복 정경세의 철학과 경세론(『퇴계학과 유교문화』 제50호, 경북대 퇴계연구소, 2012년)
제6장 여헌 장현광의 현실 의식과 경위철학(『선주논총』 제13집, 금오공대 선주문화연구소, 2010년)
제7장 여헌 장현광의 여행의 철학과 수분의 윤리학(『선주논총』 제8집, 금오공대 선주문화연구소, 2005년)
제8장 수암의 황강학파와 그 사상(『지역문화연구』 1, 세명대 지역문화연구소, 2002년)
수암의 학맥 · 학풍과 황강서원(『충북학』 제4집, 충북학연구소, 2002년)
제9장 인물성동이논쟁과 환경윤리(『환경철학』 20권, 한국환경철학회, 2015년)
제10장 남당 한원진의 퇴계관 (『퇴계학보』 제113집, 퇴계학연구원, 2003년)
제11장 유인석의 철학사상 연구(『동양철학연구』 제17집, 동양철학연구회, 1997년)
제12장 조선 후기 실학자들의 심론(『한국철학논집』 제26집, 한국철학사연구회, 2009년)
제13장 다산 정약용의 권학사상(『율곡사상연구』 제21집, 율곡학회, 2010년)
제14장 동서사상의 만남과 정약용의 인간관(『다산학』 8호, 다산학술문화재단, 2006년)
제15장 다산 정약용의 윤리사상 연구(『한국철학논집』 제21집, 한국철학사연구회, 2007년)
제16장 다산 정약용과 민주주의(『인문학연구』 제46집, 조선대 인문학연구원, 2013년)
맺음말: 선비 문화와 무사 문화 그리고 여헌 선생의 문무일체론(『여헌학보』 제33호, 여헌학연구회, 2017년)

1부

조선 철학의 태두

퇴계 · 율곡 · 남명

퇴계 이황(李滉)(1501년~1570년): 자는 경호(景浩), 호는 퇴계(退溪). 1501년에 안동에서 태어났다. 생후 7개월에 부친상을 당하여 어머니 박씨의 가르침을 받았다. 12세에 논어를 배웠고 독서하기를 좋아하였다. 34살에 문과에 급제하여 단양군수, 풍기군수 등의 외직과 성균관 대사성 등의 벼슬을 하였다. 거듭되는 사화로 어지러운 조정에서 벼슬하기를 좋아하지 않고 고향으로 돌아와 학문과 교육에 힘썼다. 풍기군수로 있으면서 주세붕이 세운 백운동서원을 최초의 사액서원인 소수서원으로 승격시켜서 교육 진흥에 기여하였다. 치밀하고 깊이 있는 학문과 겸손한 인품으로 제자들뿐만 아니라 동시대인의 존경을 받았다. 기대승과의 사단칠정 논쟁으로 성리학 발전에 기여하였다. 평소 『심경부주(心經附註)』를 애독하였고 매화를 사랑하였으며 성리학자일 뿐만이 아니라 많은 시를 남긴 시인이기도 하다. 선조에게 바친 『성학십도』는 성리학의 이론과 실천의 요지를 간명하게 정리한 것으로 유명하다. 저술로는 『성학십도』 외에도 『퇴계집』, 『주자서절요』, 『자성록』 등이 있다. 시호는 문순(文純). 조선 성리학의 태두라고 할 수 있고, 류성룡 · 김성일 · 조목 · 정구 · 이덕홍 · 기대승 등 내로라하는 많은 제자를 두었다.

제1장

매화를 사랑한 조선 철학의 태두, 퇴계 이황

|

퇴계 이황의 심학과 정신주의 철학

1. 들어가는 말

평소에 매화를 무척 사랑하였던 퇴계 이황은 1570년 겨울 매화분에 물을 주라는 말을 남기고 70세로 생을 마감하였다. 진리를 사랑했던 만큼이나 매화를 비롯한 자연도 사랑하였던 퇴계는 조선의 철학에 큰 이정표를 남겼다. 퇴계 이전에도 정암 조광조, 화담 서경덕, 회재 이언적 등 다수의 철학자가 있었지만, 퇴계는 조선 철학의 태두라고 불러도 과언이 아닐 정도로 조선의 사상과 철학에 결정적 영향을 미쳤다. 그런데 많은 사람들은 퇴계의 철학이 주자의 철학과 무엇이 어떻게 다르냐고 묻는다. 과연 주자와 다른 독자적 특성이 있는가라고 묻는다. 퇴계가 주자를 존경하고 높인 것은 사실이지만 퇴계 철학에는 나름의 특성이 있다. 조선 철학에 큰 획을 그은 퇴계학은 어떤 특성을 지니고 있을까?

신유학을 분류할 때 주자학(朱子學)은 이학(理學)으로 육왕학(陸王學)은 심학(心學)으로 구분하는 것이 일반화되어 있다. 이러한 구분이 과연 적합한지는 검토할 필요가 있다. 왜냐하면 이러한 구분은 이학(理學)과 심학(心學)이 마치 별개인 것처럼 심(心)과 이(理)를 너무 이분화하는 경향이 있기 때문이다. 그러나 실제로는 주자학에서도 심(心)은 대단히 중요한 개념이고, 또한 육왕학에서도 이(理)를 부정하지 않는 만큼 심과 이를 이분법적으로 보는 것이 그리 적절한 것은 아니다. 그렇지만 또한 두 학파가 추구하는 철학의 특성을 부각시켜서 표현한 점에서 나름의 의미가 없다고 할 수는 없다. 그런데 우리는 퇴계학을 주자학 계열로 보는 데는 이견이 없으면서도, 퇴계학의 특성을 '심학' 이라고 부르는 데 그렇게 불편함을 느끼지 않는다. 퇴계학의 특수한 위상은 주자학 계열이면서도 도리어 심학으로 그 특성이 규정되고 있다는 점이다. 물론 퇴계학을 지칭할 때 쓰는 '심학' 이라는 개념과 육왕학을 부를 때 쓰는 '심학' 이라는 용어는 서로 의미가 같지는 않다. 간략히 말하자면 퇴계 심학의 의미는 이(理)와 심을 구분하면서도 궁극적으로는 '심과 이의 합일〔心與理一〕' 을 추구하는 수양론적 의미가 강하고, 육왕학의 심학은 '심즉리(心卽理)' 로서 본체론적 의미의 심학으로 구분된다.[1] 그러나 퇴계 심학과 육왕의 심학 사이에 공통점이 없지는 않다. 둘 다 진리의 객관성보다도 그것이 나의 실존에 와 닿아야 참된 것이라고 보는 점에서 진리의 주체성 · 실존성을 중시하고, 이론적 탐구보다는 실제적 실천을 강조하는 공통점이 있다.

따라서 퇴계 심학을 주자학과 육왕학의 사이에서 어떻게 보아야 하는가 하는 문제를 분석해보고, 퇴계 심학의 연원과 특성을 고찰하고, 퇴계의 심학을 20세기 프랑스 정신주의 철학자 루이 라벨(Louis Lavelle)의 철학과 비교해보기로 한다. 그리고 심학의 정신주의 철학이 지닌 현대적 의미와

1) 유명종, 『퇴계의 일생과 철학체계』(서울: 현대미학사, 2000), 184-187쪽 참조.

한계가 무엇인지를 성찰해 보고자 한다.

2. 주자학과 육왕학, 그리고 퇴계 심학의 위상

유학의 창시자인 공자의 사상에서 심 개념은 그다지 중심적이지 않았다. "마음이 원하는 대로 해도 법도를 넘지 않는다〔從心所欲不踰矩〕."라는 명제가 있긴 하지만, 공자는 심보다는 오히려 행동과 관련된 덕에 대해서 주로 언급하였고, 심 자체에 대한 언급은 거의 하지 않았다. 그런데 맹자에 오면 심 개념이 매우 중요하게 논의된다. 예컨대 '측은지심(惻隱之心)', '수오지심(羞惡之心)', '사양지심(辭讓之心)', '시비지심(是非之心)', '존심양성(存心養性)', '부동심(不動心)', '구방심(求放心)' 등의 개념이 본격적으로 나오게 된다. 순자에서도 심 개념이 나오기는 하지만 인식론적 맥락에서 많이 사용되고 맹자만큼 핵심적이지는 않다. 순자 철학에서는 행위와 관련된 예(禮)가 중심적이다. 유학의 창시자인 공자에서는 거의 언급되지 않던 심 개념이 맹자에 와서 상당히 중요하게 거론되고 있으며, 『대학』과 『중용』에서도 매우 중시된다. 예컨대 『대학』의 '성의정심(誠意正心)', 『중용』의 '천명지위성(天命之謂性)', '중화(中和)', '미발(未發)', '이발(已發)' 등이 그러하다.

그리고 불교로부터 자극을 받아 일어난 송대 유학에서 심성론이 크게 발달하면서 심에 대한 논의가 깊어진다. 특히 주자학에서 심성론은 중심적 위치를 차지한다. 그런데 주자학에서 심성론이 중심 주제이기는 하지만, 다른 한편에서 보면 주자학은 천지만물의 이치를 전제하고 그 이치를 탐구하려는 객관주의·지성주의의 에토스에 의해 강하게 지배된다는 사실을 부정하기 어렵다. 즉 주자학은 한편으로는 불교의 영향으로 심성론을 매우 중시하고, 심(心)과 성(性), 정(情)을 수양을 위한 중요한 개념으로 인식하고 있다. 그러나 다른 한편, 이 우주는 합리적 · 가지적(可知的) 이(理)에 의해 지배되고 있고, 인간은 이러한 이(理)를 인식할 수 있고, 또한 그것을 실천해야 한다는 강력한 이(理) 중심의 철학을 가지고 있다. 이학과 심학을 매개하는 것은 바로 '성(性)' 이다. 그래서 '성즉리(性卽理)' 의 명제는 심성론과 이기론을 매개하는 핵심 테제이다.

주자학이 탐구하는 이(理)의 핵심은 당위적 · 윤리적 이(理)이고, 그러한 당위적 · 윤리적 이는 내 마음의 본성에 내재한다는 점에서 이학과 심학은 서로 맞물려 있는 것이다. 그러나 주자학은 이가 주관적 심성에 뿐만이 아니라, 객관적으로도 존재한다는 객관성을 더 강조하는 데 반해, 육왕학은 마음을 떠나서 이가 따로 존재하지 않는다고 하여 이(理)의 주관성을 더 강조하는 차이가 있다.

그러면 이러한 주자학과 육왕학, 이학과 심학의 사이에서 퇴계학의 위상은 어디에 있는가? 외면적으로 보면 퇴계는 주자학자에 속한다. 온후하고 독실하고 근엄한 학문 자세와 사물의 양면을 함께 고려하는 변증법적 사유는 주자학적 정신이다. 그러나 다른 한편으로 퇴계는 진리는 내 마음에 절실하게 와 닿아야 한다는 진리의 실존성 내지 주체성을 매우 강하게 강조한다. 이 점에서는 육왕학의 심학적 정신과 맞닿아 있다. 퇴계는 주자학적 이학을 기본으로 하면서도 육왕학적 심학의 장점도 일부 수용한 것으로 이해할 수 있다. 여기에 퇴계 철학의 특성이 있다. 퇴계가 파악한 주자학의 핵심 명제는 '천리를 보존하고 인욕을 막기(存天理遏人欲)' 이며, 이 명제는 결코 문자상의 학습만으로 되는 것이 아니라, 내 마음의 수양을 통해 함양되고 실천되어야 하는 것이다. 따라서 주자학의 실천을 위해서는 퇴계가 추구했던 바와 같은 심학이 하나의 방법으로 제시될 수 있다. 주자학의 다른 한 가지 길은 주자의 격물치지(格物致知)의 방법론을 활용하여 사물에 대한 새로운 지식을 확충해가는 격물학(格物學)으로서의 주자학이다. 또 다른 한 가지는 주자학의 이념을 정치적 영역에 적용하여 사회적 실천을 지향하는 도학 정치 운동이다. 조선 성리학에서 보면 정암(靜菴)·율곡(栗谷)·우암(尤庵) 계열은 주자학의 정치화 노선으로서 도학 정치화의 경향이 강했다. 이에 비해 퇴계는 종교적 심학화의 경향이 있었다. 물론 이러한 구분이 절대적인 것은 아니다. 다만 강조점이 그쪽에 주어졌다는 의미이다.

퇴계학을 설명하는 중심 개념으로 '이(理)'·'경(敬)'·'심(心)'을 주로 사용하는데, 이들 주개념을 따라서 퇴계학을 '이학'·'경학'·'심학'으로 부를 수도 있다. 이들 개념은 매우 서로 밀접한 관련을 맺으면서 퇴계 철학의 특성을 형성하고 있다. 퇴계에게 이는 단순히 법칙적 의미에서 정의되는 것이 아니라, 극존무대(極尊無對)로서 종교적 절대자 내지 지고(至高)한 가치로서의 의미를 지닌다. 종교적 의미를 품고 있는 이(理)는 사물에도 존재하긴 하지만, 무엇보다도 우리 마음속에 선험적으로 내재하고 있다. 다만 우리는 기질의 제약 때문에 자신의 내면에 존재하는 이(理)에 대해서 잘 인식하지 못하고, 또한 잘 구현하지 못하고 있을 따름이다. 심학도 결국은 마음속에 있는 이 즉 성을 잘 길러서 그것이 온전히 드러나도록 하자는 것에 주된 목적이 있다. 그런데 마음의 이를 잘 모시고 잘 발현하기 위해서는 올바른 자기 관리의 태도와 방법이 필요하다. 이것의 원리가 바로 경(敬)이다. 경은 동정(動靜)을 막론하고 우리가 심의 이를 잘 지키고 발휘하기 위해서 일상생활에서 취해야 하는 몸과 마음의 태도이다. 이학이란 존재론적 관점에는 말하는 것이고, 심학은 수양론적 관점에서, 그리고 경학은 학문 방법론적 측면에 초점을 두고 부르는 명칭이라고 할 수 있다. 따라서 우리는 퇴계학을 특징짓는 '이학(理學)'·'경학(敬學)'·'심학(心學)'이 서로 별개가 아니라 밀접히 연관되어 있음을 알 수가 있다.

3. 『심경부주(心經附註)』와 퇴계 심학

철학자마다 특별히 아끼고 좋아하는 정신적 고향과 같은 고전이 있기 마련이다. 퇴계에게는 그것이 바로 『심경부주(心經附註)』였음은 잘 알려진 사실이다. 이 책은 중국 송나라 학자 진덕수(眞德秀)가 지은 『심경(心經)』에 대해 명나라 학자 정민정(程敏政)이 주(註)를 붙인 것이다. 『심경부주』에 대해 제자들과 주위에서 많은 문제점을 지적하였음에도 불구하고, 『심경부주』에 대한 퇴계의 존중은 결코 변하지 않고 지속하였다. 퇴계가 『심경부주』를 좋아하고 중요한 텍스트로 여겼던 것은 그의 사상에 큰 영향을 미쳤다. 『심경부주』에서는 인심(人心)/도심(道心), 천리(天理)/인욕(人欲) 등 수양론적 명제를 구성하는 주요 개념이 이분법적 대립 관계에서 파악되고 있다. 이러한 경향은 퇴계가 사단(四端)과 칠정(七情)을 대립적 관계에서 인식하려고 했던 것과 논리적 공통성이 있다. 남당 한원진은 퇴계의 인심도심론이 『심경』과 밀접한 관련이 있는 것으로 분석하였는데,[2] 남당의 지적에 일리가 있다. 또한 『심경』에서는 수양의 방법으로 경(敬)에 대해 매우 강조하고 있는데, 이것은 퇴계의 경 사상에 큰 영향을 미친 것으로 보인다. 황준량은 『심경부주』에 대해 언급하기를, 거기에 인용된 경전 구절 사이에 통일된 질서가 없고, 또한 편저자인 정민정이 보는 바가 밝지 않고, 택한 것이 정밀하지 않다고 비판하였다.[3] 그러나 퇴계는 제자들의 『심경부주』와 그 편저자 정민정에 대한 비판에 대해 도리어 그러한 비판이 적절하지 못함을 반박하고, 『심경부주』의 책과 편자를 옹호하였다.[4]

2) 한원진, 『南塘集』 권23, 6-7쪽 참조, 「心經附註箚疑」.

3) 『退溪集』 권20, 34-35쪽, 「答黃仲擧問目 - 心經」, "來喩以心經所引諸書, 漫無統紀爲病 … 來喩又謂, 篁墩見之不明, 擇焉不精." 참조.

퇴계의 제자들이 『심경부주』의 문제점을 지적하는데도 불구하고 퇴계의 『심경부주』에 대한 신뢰와 애착은 다음과 같이 변하지 않는다.

"나는 비루하고 둔하여 들은 바가 없었는데 다행히 이 심경과 이에 대한 주에서 대략 길을 찾은 듯합니다. 근년에 분수에 따라 힘쓰는 것이 주로 이 속에 있어서 경문을 소리 없이 생각하기도 하고, 소리 내어 외우기도 합니다. 일생 아는 일을 다 할 수도 없고, 행하는 것을 다할 수도 없음을 깨닫습니다. 하물며 심경부주는 실로 주돈이 · 장재 · 정호 · 정이 · 주희를 연원으로 하니, 그 가운데 들 때마다 양양함을 바라보고 감탄을 이길 수 없습니다. 바라건대 공도 그 책의 지엽적인 문자상의 흠을 찾는 데 힘쓰지 말고, 마음을 비우고 뜻을 겸손히 하여 한결같이 그 책을 받들기를 마치 허형(許衡)이 소학을 대하듯이 하십시오. 그러면 그 가운데 한마디 말과 한 구절을 스승의 법처럼 받들기에도 바쁜데 달리 어디에 힘써서 점검하리요."[5)]

위의 글은 『심경부주』의 내용에 대한 퇴계의 확고한 신뢰를 보여주는 것이며, 이는 또한 『심경부주』에서 제기하는 '도문학(道問學)' 우선주의의 문제점에 대해 퇴계가 심정적으로 동조하고 있는 것으로 볼 수 있다. 퇴계는 표면적으로는 '도문학(道問學)'과 '존덕성(尊德性)'의 조화를 인정하면서도 내심으로는 '존덕성'에 더 가치를 두었다. 존덕성은 하늘에서 받은 바르고 선한 심성을 잘 기르고 보존하는 것으로서 대강(大綱)의 공부이다. 도문학은 격물치지를 통해 사물의 이치를 정미(精微)하게 분석하는 세밀(細密)의 공부이다. 육상산은 존덕성을 중심으로 공부하였고, 이에 대해 주자는 도문학과 존덕성의 공부가 조화를 이루어야 폐단에 빠지

4) 『退溪集』 권20, 34-35쪽, 「答黃仲擧問目 - 心經」 참조.
5) 『退溪集』 권23, 32쪽, 「答趙士敬」.

지 않을 수 있다고 하면서도 상대적으로 문학을 중시하였다. 퇴계는 존덕성과 도문학의 조화를 추구하는 주자 철학의 원칙을 수용하면서도 도문학보다 존덕성을 우선시 하는데, 이것은 퇴계 철학의 중요한 특징이라고 할 수 있다.

같은 주자학자라 하더라도 율곡학파는 『심경부주』에 대해 긍정적으로 인식하지 않았다. 퇴계학파와 율곡학파는 『심경부주』에 대한 태도에서 입장의 차이가 크고, 이러한 차이는 주자학설에 대한 이해 방식과도 밀접히 연관되어 있다. 이미 율곡도 『심경부주』의 부정적 문제점을 거론하였고, 특히 율곡의 기호 학맥을 이은 남당 한원진은 정민정의 『심경부주』 저술 의도에 대해 매우 부정적으로 평가하였다. 남당은 정민정이 『심경부주』에서 성인, 즉 주자를 무함한 죄가 홍수보다 심하다고 혹평하였다.

> "정민정은 망령되이 주자가 만년에 논한 바가 자주 존덕성을 주로 하여 초년에 자주 도문학을 주로 한 것과 같지 않다는 사실을 들어서 드디어는 존덕성을 오로지 주로 하는 것을 주자의 정론으로 삼았다. 그래서 매번 도문학에 대해 심히 억누르는데, 이는 주자의 뜻을 반드시 몰라서가 아니라 고의로 이렇게 하여 사람들을 몰아서 사설(邪說)을 전도하고 천하의 후세를 육상산의 학으로 귀결시키려 하니 그것이 의도하는 뜻과 속셈이 심히 교묘하다고 할 수 있다. 그러나 편파적이고 문란한 학설은 그 허점을 분별하기가 어렵고, 성인을 무함한 죄는 홍수보다 심하다. 주자의 학도가 된 사람이 이러한 것을 밝게 변별하여 통렬하게 끊지 않을 수 있겠는가?"[6]

그러면 퇴계 심학의 내용은 구체적으로 무엇인가? 심학의 체계를 가장

---

6) 한원진, 『南塘集』 권23, 19쪽, 「心經附註箚疑」.

잘 보여주는 것은 정복심(程復心)의 「심학도(心學圖)」라고 할 수 있다. 이 「심학도」는 『심경부주』의 첫머리에 실려 있고, 『성학십도(聖學十圖)』에도 포함되어 있다. 「심학도」는 먼저 심의 종류를 본심(本心)과 양심(良心), 대인심(大人心)과 적자심(赤子心), 도심(道心)과 인심(人心)으로 구별하고, 심의 본성은 허령(虛靈)·지각(知覺)·신명(神明)한 존재로서 몸을 주재(主宰)하는 것이라고 규정한다. 그리고 이러한 심을 주재하는 원리가 바로 경(敬)이라고 설명한다. 인간은 인심과 도심 사이에서 정밀하게 살펴서 선한 것을 선택하여 확고하게 지켜나가야 한다. 인욕(人欲)을 막기 위한 공부로는 '신독(愼獨)', '극기복례(克己復禮)', '심재(心在)', '구방심(求放心)', '정심(正心)'을 거쳐서 마침내 맹자가 말한 '부동심(不動心)'의 경지에 도달해야 한다.

한편 '존천리(存天理)'의 공부에 해당하는 것은 '계신공구(戒愼恐懼)', '존심〔操存〕', '심사(心思)', '양심(養心)', '진심(盡心)' 등을 통해 마침내 공자가 칠십에 도달하였다고 하는 "마음이 원하는 대로 해도 법도를 넘지 않는다〔從心所欲不踰矩〕."의 경지에 이를 수 있다고 하였다. 「심학도」는 마음의 종류를 세밀하게 분석하고, 어떻게 하여야 인욕을 극복하고 천리를 잘 보존하는지 수양 공부의 방법을 체계적으로 제시하고 있다. 그리고 궁극적 공부의 목표와 경지가 무엇인지를 보여주고 있다. 수양 방법을 포괄하는 궁극 원리는 경(敬)으로 제시되어 있다. 즉 마음 수양의 방법적 원리가 바로 경이다. 여기서 우리는 심학과 경학이 둘이 아님을 알 수가 있다. 경에 의해 심이 궁극 경지에 도달할 수 있는 것이다.

퇴계는 「심학도」에 대해 이것은 성현이 심학에 대해 논한 명언을 모아 놓은 것이라고 인식한다. 「심학도」에 제시된 수양의 단계별 순서에 대해 의문이 제기될 수 있다. 예컨대 '구방심(求放心)'이 마음공부의 기초 단계라고 볼 수 있는데, 정복심의 「심학도(心學圖)」에서는 이것이 '심재(心在)'

다음에 설정되어 있다. 이 문제에 대해서 퇴계는 '구방심'에도 얕은 것과 깊은 것이 있어서 얕은 것은 공부의 첫 단계이지만, 깊은 경지에 나아가 말하면 짧은 순간의 한 생각이 조금이라도 어긋나면 이것도 역시 마음을 잃은 것이므로 이것에도 구방심의 공부가 필요하다고 해명한다.[7]

「심학도」를 통해서 보면 심학이란 다름 아닌 도심과 인심, 천리와 인욕 사이 마음의 갈등 상황에서 "천리를 보존하고 인욕을 막기〔存天理遏人欲〕" 위한 심성 수양 공부의 방법이 주된 내용을 이루고 있다. 퇴계도 말하기를 "대저 심학이 비록 단서가 다양하나, 전체의 핵심을 말하면 인욕을 막고 천리를 보존하는 두 가지 일에 지나지 않는다."[8]고 하였다. 이러한 수양 공부를 통해 심학은 공자의 "마음이 원하는 대로 해도 법도를 넘지 않는다〔從心所欲不踰矩〕."나 맹자의 '부동심(不動心)'과 같은 성인의 마음 즉 마음과 이(理)가 하나가 된 '심여이일(心與理一)'의 경지에 도달하는 것을 목표로 한다.

4. 퇴계 심학의 경지와 그 특성

퇴계는 『심경』의 핵심은 "천리를 보존하고 인욕을 막기〔存天理遏人欲〕"에 있다고 보는데,[9] 이 점에서 퇴계 심학은 수양론적 윤리적 성격이 매우 강하다. 퇴계 심학이 윤리적 성향이 강한 것은 사실이지만, 다른 한편으로 퇴계의 심학은 "마음에 한 가지 일도 집착하여 머무르게 해서는 안 된다

---

7) 『退溪集』 권7, 30쪽, 「心學圖說」(『聖學十圖』 中) 참조.

8) 『退溪集』 권37, 28쪽, 「答李平叔」, "大抵心學雖多端, 總要以言之, 不過遏人欲存天理兩事而已."

9) 『退溪集』 권37, 23쪽, 「答李平叔」, "一部心經, 無非遏人欲存天理事." 참조.

〔心中不可有一事〕."고 하는 명제를 옹호한다. 무슨 일에 뜻을 두고 마음을 써서도 안 되고, 그렇다고 마음을 쓰지 않아서도 안 된다〔非着意非不着意〕고 한다. 퇴계에 의하면 마음은 사물과의 관계에서 사물이 아직 오지 않으면 미리 마중하지 않고, 사물이 오면 즉 어떤 일이 발생하면 마음의 거울이 그것을 반드시 있는 그대로 비추고, 이미 어떤 일에 대응을 다 하였으면 다시 그것을 마음에 담아두지 않아야 한다. 그래서 마음의 본체는 항상 맑아서 명경지수(明鏡止水)와 같아야 한다고 언명한다.[10] 그렇게 되면 비록 날마다 만 가지 일을 접해도 마음 가운데는 하나의 사안도 집착됨이 없으니 마음에 해가 되지 않는다고 하였다.[11] 이것이 곧 "마음에 한 가지 일도 집착하여 머무르게 해서는 안 된다〔心中不可有一事〕."이고, "무슨 일에 뜻을 두고 마음을 써서도 안 되고, 그렇다고 마음을 쓰지 않아서도 안 된다〔非着意非不着意〕."는 명제의 의미인 것이다.

유가의 심학은 도가와 달라서 반드시 일을 염두에 둔다. 그러나 맹자가 "반드시 일삼되 그 결과를 미리 기필하지 않고〔必有事焉而勿正〕, 마음에 잊지도 않고 성급하게 조장하지도 말라〔心勿忘勿助長〕."라고 하였듯이 일의 결과를 미리 기필하지도 않고 마음에 잊지도 않고 급하게 조장하지도 않는다. 퇴계에 따르면 정시(靜時)에는 천리의 본연을 함양하고 동시(動時)에는 기미(幾微)에서 인욕을 결단하여, 이와 같이 참을 쌓기를 오래 힘써서〔眞積力久〕 순정(純正)하고 익숙한 경지에 이르면 고요할 때는 텅 비고 움직일 때는 정직〔靜虛動直〕하게 된다. 그래서 일상생활에서 백 가지 일이 일어나고 백 가지 일이 사라져도 마음은 진실로 자약하여 한가하거나 혼

10) 『退溪集』 권28, 4쪽, 「答金惇敍」, "… 心之於事物, 未來而不迎, 方來而畢照, 旣應而不留, 本體湛然, 如明鏡止水." 참조.

11) 『退溪集』 권28, 5쪽, 「答金惇敍」, "雖日接萬事, 而心中未嘗有一物. 尙安有爲心害哉!" 참조.

잡하거나 사려(思慮)가 근심이 되지 않는다고 한다.[12]

퇴계는 여기서 유가와 도가의 차이를 강조한다. 도가에서는 일을 싫어하고 고요함만을 구하여〔厭事求靜〕 좌망(坐忘)을 도의 극치로 삼으나, 그것은 도리어 좌치(坐馳)가 된다고 퇴계는 비판한다.[13] 퇴계에 의하면 "마음에 한 가지 일도 집착하여 머무르게 해서는 안 된다〔心中不可有一事〕." 와 "무슨 일에 뜻을 두고 마음을 써서도 안 되고, 그렇다고 마음을 쓰지 않아서도 안 된다〔非着意非不着意〕.", "마음에 잊지도 않고 성급하게 조장하지도 말라〔心勿忘勿助長〕."는 결국 같은 맥락의 뜻이다. 이것은 윤리적 수행과 정신적 자유 또는 유위(有爲)와 무위(無爲)를 독특한 논리로 조화시키는 것이다. 심학이 추구하는 궁극적 경지는 사회의 윤리적 요구와 마음의 자유에의 갈망이 절묘하게 조화를 이루어 매사에서 인륜성과 자연성이 서로 걸림이 없어야 한다. 이러한 경지에 이르기 위해서 퇴계는 경에 입각해 "참을 쌓기를 오래 힘쓰는〔眞積力久〕" 점진적 수양을 강조한다.

퇴계 심학은 주자학을 종교적 지평에서 이해하고 있다. 퇴계는 이가 스스로 도래한다는 '이자도설(理自到說)'이나 이가 활동한다는 '이동설(理動說)'을 주장하는데, 그의 이(理)에 대한 이해는 다분히 종교적이다. 퇴계에게 있어서 이는 단순히 존재 법칙이나 당위 규범에 그치는 것이 아니라, 고결하고 신성한 특성이 있다. 그가 매번 이를 알기 어렵다고 하는 것은 빈말이 아니라, 이가 가지고 있는 존재론적 차원의 의미를 합리적 사유로만 포착하는 데에는 어려움이 있음을 뜻하는 것이다. 그가 『심경』 가운데 가

12) 『退溪集』 권28, 19쪽, 「答金惇敍」, "靜而涵天理之本然. … 而閒雜思慮, 自不能爲吾患." 참조.

13) 『退溪集』 권28, 20쪽, 「答金惇敍」, "彼莊列之到, 徒知厭事求靜, 而欲以坐忘爲道之極致. 殊不知心貫動靜該事物. 作意忘之, 愈見紛拏. 至其痛絶而力滅之, 則流遁邪放, 馳騖於汗漫廣莫之域. 豈非坐忘便是坐馳也歟" 참조.

장 좋아하는 구절이 『시경』에 나오는 "상제가 너에게 임한다(上帝臨女)" 이고 보면 그의 심학이 철학적 종교의 성격을 강하게 지니고 있음을 알 수 있다. 『심경』에는 종교적 절대자를 대면하는 단독자의 실존을 연상시키는 구절이 많이 있다. 예를 들면 다음과 같다. 심경찬(心經贊)에서 "상제가 실로 내려다보시니 어찌 감히 혹시라도 딴마음을 품겠는가? 방의 구석이 비록 은밀하다고 할지라도 어찌 마음에 부끄러움이 있도록 해서야 되겠는가?〔上帝寔臨, 其敢或貳, 屋漏雖隱, 寧使有愧〕", 존덕성재명(尊德性齋銘)에서는 "거룩하신 상제가 이 하민을 내리시니〔惟皇上帝 降此下民〕", 경재잠(敬齋箴)의 "의관을 바르게 하고 보는 것을 공경히 하며 마음을 가라앉혀서 거처하며 상제를 대하라〔正其衣冠, 尊其瞻視, 潛心以居, 對越上帝〕" 등이다. 퇴계가 매사에 경을 강조하는 것도 종교적 의미가 깊다. 경은 절대자를 마중하고 마주하는 종교적 분위기와 관련이 깊기 때문이다. 이(理)와 관련하여 김형효는 퇴계학에서의 이(理)와 인격적 상제의 연관성을 다음과 같이 해석하고 있다.

> "퇴계의 철학에서 이론적인 진리로서의 리가 인격적인 진리로서의 상제와 전혀 다르다고 가정한다면, 그는 격물치지설에서 리능자도의 학설을 내세울 수 없었으리라. 리가 인간의 궁리적인 열망의 강도에 따라 그만큼 나에게 가까이 와닿게 된다는 퇴계의 소론은 영혼이 진리를 갈망함에 따라 그 진리가 나의 영혼의 가장 깊은 곳에 내림하게 된다는 플라톤의 철학을 연상시킨다. 그 리는 하느님으로서의 상제와 다르지 않다. 그런 점에서 퇴계의 '이자도설(理自到說)'은 초월적이고 절대적인 님의 현존, 그 님의 마음에서의 현존과 결코 다른 것이 아니리라."[14]

14) 김형효, 『원효에서 다산까지』(서울: 청계, 2000), 351-352쪽.

퇴계 심학이 종교적이라고 하여 그것이 도덕적인 것과 모순되는 것은 아니다. 기독교에서는 종교적인 것이 도덕적인 것보다 우선하지만, 퇴계 심학에서는 도덕적인 것과 종교적인 것이 그 극치에서 서로 만난다. 심학적 종교는 도덕적 수양과 실천의 연장선에서 존재하지 그것을 초월하는 것은 결코 아니다. 이 점에서 보면 퇴계의 종교학은 상당히 도덕적이고, 도덕학은 상당히 종교적이라고 보아야 한다. 즉 퇴계 심학에서는 도덕의 종교화와 종교의 모순되지 않음을 알 수 있다.

퇴계 심학은 궁극에 있어서 종교적이고 도덕적인데, 다른 한편에서 미학적 지평도 간과해서는 안 된다. 퇴계는 한편에서는 근엄한 도덕군자의 인상을 풍기지만, 다른 한편에서는 자연과 융화된 시인의 모습을 보여준다. 인간들이 모여 사는 사회는 필연적으로 사욕이 횡행할 수밖에 없지만, 자연은 우리에게 인욕에 의해 침해되지 않은 천리 본연의 생생한 모습을 보여준다. 우리는 퇴계의 수많은 시 속에서 세속의 풍상을 멀리하고, 매화 · 산 · 달과 함께 주객이 혼융된 미학적 지평을 어렵지 않게 찾아볼 수가 있다. 심학적 수행의 극치는 자연의 아름다움에 동화된 미학적 삶으로도 나타난다. 『논어』「선진」에서 증점(曾點)이 기수(沂水)와 무우(舞雩)에서 노닐고자 했듯이, 퇴계 역시 마치 사랑하는 이를 대하듯 자연의 아름다움에 매혹되어 관직보다도 전원생활의 자유를 사랑하였다.

그러나 우리는 퇴계 심학이 종교적이고 미학적이라 하여 그가 인간의 정치 · 사회적 지평을 무시하거나 회피한 것으로 보아서는 안 된다. 그가 벼슬을 자주 사퇴하였다고 하더라도 그는 관료로서 그리고 정치인으로서 사회적 책임을 소홀히 여기지는 않았다. 그의 심학은 올바른 정치적 경세를 위한 자기 수양으로서의 의미도 있는 것이다. 공자도 말했듯이 경으로써 수기를 해야 백성을 편안하게 할 수 있는 것이다. 따라서 퇴계 심학이 정치학과 무관하다고 할 수 없다. 선조 임금에게 바쳐진 『성학십도』가 주로 철학적 심학적 언설로 이루어져 있지만, 그것은 참된 정치를 위해서 필요한 내용이었다. 심학적 수행은 경세적 성공을 위해서도 불가결한 것으로 인식되었다. 퇴계 심학은 거울과 같은 명경지수의 마음을 추구하였지만, 우리는 그것이 현실 도피적이라고 속단해서는 안 된다. 퇴계는 누누이 제자들에게 정(靜) 일변으로 빠지지 말 것을 타이르는가 하면, 일상을 떠나 고원(高遠)한 데에 치우치지 말 것을 강조한다.

> "나는 항상 주희의 중용의 의미 해석, 즉 "중용은 불편불의(不偏不倚)하고 무과불급(無過不及)한 평상의 이치이며, 하늘이 명한 바의 당연함이며 정미함의 극치이다."를 사랑한다. 대저 이 도리는 모두 일상생활 속에 있다. …… 지금 학문을 하는 사람은 평상 속에서 알맞게 좋은 곳에서 도를 구할 줄을 모르고, 오로지 먼저 이상하고 높고 험한 곳에 발을 디디니 자연스레 순서에 따라 도에 들지 못하고 도리어 색은행괴(索隱行怪)에 귀착하는 자가 많아 심히 탄식할만하다."[15)]

윗글에서 보듯이 퇴계 심학은 일상에 뿌리를 두고 현실과 함께하면서도 마음의 세계는 명경지수의 경지를 추구하는 현실적 심학임을 알 수 있다. 퇴계가 정치의 장을 외면한 것은 아니지만, 심학적 수양이 곧바로 정치에 효과를 낼 수 있을 만큼 양자의 연결이 쉽게 이루어질 수 있으리라고 믿는 낭만적 환상을 가지고 있지는 않았다. 퇴계 심학의 특성과 묘미는 무엇일까? 퇴계 심학은 도덕을 중시하였으나 도덕의 굴레에 사로잡혀 있지도 않았고, 종교적이었지만 일상을 떠나지 않았고, 마음의 세계에 몰입하였지만 현실에서 도피하지 않았으며, 정치에 관여하였으나 권력의 유혹을 멀리하였고, 자연과 예술에 심취하였으나 결코 사회적 책임과 의무를 소홀

15) 『退溪集』 권37, 30-31쪽, 「答李平叔」.

히 하지 않았다. 존덕성과 실천성을 중시하였으나, 학문적 엄밀성을 간과하지도 않았다. 퇴계 심학은 단순한 형식 논리적 이해를 허락하지 않는다. 여기서 우리는 퇴계 심학의 정체를 이해하는 데 매우 어려움을 느낀다. 동시에 그것이 지니고 있는 묘미와 신비에 매혹되기도 한다. 퇴계 심학은 결코 주관적인 것만이 아니다. 퇴계의 심학은 주관과 객관, 사회(문화)와 자연, 종교와 정치, 도덕과 예술을 묘하게 연결해주고 엮어주는 중심고리와 같은 기능을 하고 있다. "마음이 원하는 대로 해도 법도를 넘지 않는다〔從心所欲不踰矩〕." 또는 '심여리일(心與理一)' 은 심학 공부의 최종 목표인데, 이러한 경지에서만 인간은 비로소 참된 자유를 누릴 수 있다. 이러한 자유를 위해서는 부단하고 점진적인 마음공부가 요구되는 것이다.

5. 퇴계 심학과 정신주의의 철학

앞에서 고찰한 퇴계의 심학을 현대 프랑스의 정신주의 철학과 비교해서 그 의미를 음미해 보자. 20세기 현대 철학에서 정신주의의 흐름이 프랑스에서 있었다. 유신론적(有神論的)이고 정신주의적(精神主義的)이고 동태적(動態的)이며 존재론적(存在論的) 사상을 견지한 '존재론적 정신주의(存在論的 精神主義)' 나 '정신의 철학' (la philosophie de l'esprit)에 속하는 철학자로서는 모리스 브롱델(Maurice Blondel), 루이 라벨(Louis Lavelle), 가브리엘 마르셀(Gabriel Marcel), 떼아르 드 샤르댕(Teilhard de Chardin) 등이 있다.[16] 정신주의 철학은 19세기 과학과 기술의 눈부신 발달과 그 승리로 파생된 실증주의와 과학주의로부터 정신세계와 정신세계

16) 김형효, 「현대 프랑스 철학과 그 한국적 의미」(김형효 외, 『현대사상의 경향』, 성남: 한국정신문화연구원, 1992), 113-114쪽 참조.

의 고유한 의미를 보호하려는 철학적 의도를 공통으로 지니고 있다. 이들 철학적 집단의 공통적 경향은 다음과 같다. "인간의 의식이 자기 내면의 존재 속에서 신과 같은 절대적 존재와의 관계 속에서만 인간 존재가 해명되거나 순수해진다고 여기는 철학적 사유를 견지하고 있다. 절대적 존재로서의 신과 차단된 인간 의식이나 그 존재는 결국 시들고 만다고 이들은 생각한다."[17]

우리는 20세기 대표적 정신주의 철학자의 한 사람인 루이 라벨(Louis Lavelle: 1883~1951)의 철학을 퇴계의 사상과 비교함으로써 퇴계 사상의 의미를 현대적으로 성찰해보기로 하자.[18] 루이 라벨은 영원하고 무한한 존재에 대한 체험을 원초적 체험이라 하고, 우리는 이러한 체험을 통해 '나' 자신이 이 절대적 존재 안에 내접(內接)되어 있음을 확인하게 된다고 한다.[19] 순수 존재와 분여(分與, participation)된 우리 존재는 별개의 것이 아니라, 서로 본질적 동일성을 지니고 있다. 이 존재의 현존(現存)은 우리의 모든 개별적 활동의 목적이고, 우리의 사색과 의지의 활동 목적이다. 왜

---

17) 김형효, 같은 논문, 117쪽.

18) 루이 라벨의 철학에는 그리스도교적 분위기가 있는 것은 사실이지만, 그는 가톨릭 신자는 아니었다. 라벨은 '신'이라는 개념 대신에 '존재'라는 표현을 선호하였다. 따라서 그의 '존재' 개념에는 신의 개념이 함축되어 있지만, 보수 기독교의 신 개념과 라벨의 존재 개념이 반드시 일치하는 것은 아니다. 라벨의 존재는 "自存者로서 無始無終하고, 영원하며, 모든 실존에게 존재와 활동력을 부여하는 무한한 원천 존재인 창조주로서 無所不在者이자 無始不在者"(루이 라벨, 『영원한 현존』, 최창성 · 이상호 옮김, 서광사, 2000, 8면, 「옮긴이의 말」)로서, 이는 성리학에서 말하는 道 또는 理와 유사한 의미를 지닌다. 특히 퇴계 철학에서 理는 만물의 존재 원리이자 동시에 能發하는 것으로서 라벨의 '존재' 개념과 유사한 측면이 있다. 이런 측면에 주목하여 두 사람의 철학의 공통점을 논할 수가 있다. 철학 사상을 비교하는 작업은 공통점이 있어야 가능하지만, 반드시 꼭 같아야만 비교할 수 있는 것은 아니다. 같고 다름도 상대적이다. 이 세상의 모든 사상은 일면 서로 유사하기도 하고 일면 다르기도 하다. 꼭 같기만 하다면 굳이 비교할 필요가 없을 것이다.

19) 루이 라벨, 『영원한 현존』, 최창성 · 이상호 옮김, 서광사, 2000, 36쪽 참조.

냐하면 모든 개별적 활동은 그 자체로 만족할 수 없고 중개 역할을 통해 우리로 하여금 존재를 소유하게 해주는 것 이외에 다른 아무 가치가 없기 때문이다.[20] 라벨에 의하면 우리에게 가장 깊은 관심을 불러일으키는 유일한 문제는 존재와 나와의 문제이다. 그러므로 우리는 끊임없이 존재의 체험으로 되돌아가야 한다고 말한다. 이 체험은 순수한 정신적 체험으로서 사색의 일정한 활동으로 이루어진다.[21] 우리 모두는 존재의 현존에 대한 단순한 발견을 통해, 더욱이 존재에 분유(分有)한다는 의식을 통한 존재와의 만남에서 최고의 감격을 느끼고 기쁨을 느낀다.[22]

루이 라벨은 온갖 근심 걱정의 대상이었던 모든 외적 표상들로부터 초탈함으로써 자기 자신과 홀로 머무는 소극적 수덕(修德) 방법으로 '정화(淨化)' · '이탈(離脫)' · '무관심(無關心)' 등을 제시한다.[23] 여기서 자신의 '정화' 라 함은 이기심의 가련함으로부터 정화됨을 의미하며, 자신의 '이탈' 이라 함은 자신을 사로잡고 있는 대상들로부터 해방됨을 의미하며, '무관심' 이라고 함은 공연히 우리를 붙잡아 두는 분리된 쾌락에 대한 무관심을 뜻한다고 한다. 이것은 우리에게 속하는 것을 모두 포기하는 것같이 생각되지만 사실은 우리를 제한하는 것만을 포기할 뿐이다.[24] 원초적 무구함과 존재와의 계속된 새로운 접촉과 분리될 수 없는 은총과 힘을 받기 위해서, 우리 영혼은 순수한 백지 또는 맑은 거울과 같은 상태를 유지해야 한다고 라벨은 말한다.[25]

정신주의에서 추구하는 영적 삶(spiritual life)은 고독 속에서 우리 자신

20) 루이 라벨, 위의 책, 39쪽 참조.
21) 루이 라벨, 위의 책, 40-41쪽 참조.
22) 루이 라벨, 위의 책, 43-44쪽 참조.
23) 루이 라벨, 위의 책, 204쪽 참조.
24) 루이 라벨, 위의 책, 204-205쪽 참조.
25) 루이 라벨, 위의 책, 204쪽 참조.

의 한계로부터도 이탈하여 나 자신을 창조하게 해주는 내적 원리를 발견하게 해준다. 그런데 이 원리는 다른 모든 존재의 뿌리 안에도 현존해 있는 원리로서, 다른 모든 존재도 나와 같이 또 나와 함께 찾는 원리이며, 나와 다른 모든 존재 사이에 서로 책임을 지고 서로 관계를 맺게 해주는 원리이다.[26] 정신주의 철학에서 모든 것은 정신을 위해서만 또 정신과 관계를 맺는 한에 있어서만 뜻을 지니게 된다. 정신은 만물의 시원에까지 거슬러 올라가 그 모든 것의 이유를 묻는다.[27] 정신에로의 귀환은 우리 자신의 원천에로의 귀환이며, 존재하는 모든 것에로의 귀환이다. 사물들은 언제나 현상에 불과한 것이며, 우리와 관계되는 한에 있어서만 존재할 뿐이다.[28]

루이 라벨의 정신주의 철학의 특성이 무엇일까? 첫째, 정신주의 철학은 무엇보다도 우리 정신을 그 자체로서가 아니라, 영원한 절대적 존재와의 관계에서 그것의 분여(分與)로 바라보고 있다. 둘째로는 물질에 대한 정신의 존재론적 우위를 말한다. 즉 우리 인간 존재는 영원한 현존인 절대적 존재와의 관계 속에서만 존재의 활기찬 의미를 확인할 수 있으며, 또한 모든 물질 존재는 정신적 존재에 의해서 의식될 때만이 그것이 의미 있는 존재가 될 수 있다. 셋째로는 자기애를 벗어나 마음의 눈을 안으로 돌리는 회심(回心)의 과정이 필요하고, 자기 마음의 정화 정도에 따라 절대자를 깨닫게 되므로 자기 정화가 매우 중시된다.

이와 같이 정신주의 철학의 특성을 규정할 때 퇴계의 심학에서도 이와 비슷한 특성이 있음을 발견할 수 있다. 물론 20세기 프랑스 철학계에 나타난 정신주의적 흐름과 16세기 조선의 퇴계 철학은 그 배경이 매우 상이한

---

26) 루이 라벨, 『영원한 현존 · 나 · 세계』(최창성 편역, 서울: 가톨릭 출판사, 1989), 20쪽 참조.

27) 루이 라벨, 위의 책, 18쪽 참조.

28) 루이 라벨, 위의 책, 22쪽 참조.

만큼 양자를 평면적으로 단순 비교하는 것은 무리이다. 그러나 양 철학 사이에는 그 철학사적 배경과 개념의 차이에도 불구하고 공통된 경향성이 적지 않다.

첫째, 라벨에서 인간의 정신은 그 자체로서가 아니라, 영원한 절대적 존재와의 관계에서 그것의 분여(分與)로 이해된다. 퇴계에게 있어서도 개별 인간은 태극 또는 이(理)라는 정신적 실재와의 관계 속에서 진정한 의미를 지닌다. 개별 존재는 다름 아닌 태극 또는 이(理)의 원리에 따라 구체화된 존재라고 할 수 있다. 우리는 자기 정신 속에서 하늘이 부여한 '천리' 또는 '천명지성'을 발견하고 보존하고 확충할 때 삶은 참된 뜻에서 의미를 지닐 수가 있다. 만약 이(理)의 존재를 무시하고 기(氣)의 흐름에 따라서만 살아간다면 이는 진실한 삶의 모습과는 거리가 멀다.

둘째, 라벨의 철학에서 정신은 물질에 대해 존재론적 우위를 점하는 것처럼, 퇴계 심학에 있어서도 심(心)은 물(物)에 대해 존재론적으로 우위를 점한다. 물은 심에 의해서만 지각되고, 또한 의미가 있다. 사람에 있어서 심은 몸에 대해 주재력을 발휘한다. 또한 정신적 존재인 이(理)는 물질적 존재인 기에 대해 존재론적으로나 가치론적으로 우월하다. 물질적 존재인 기는 정신적 존재의 활동을 돕는 도구에 지나지 않는다. 퇴계의 사상에서 '이귀기천(理貴氣賤)'의 논리가 긍정되는 것도 이런 이유 때문이다.

셋째, 라벨의 정신주의에서는 마음의 눈을 밖으로부터 안으로 돌리는 '회심(回心)'이 중시된다. 그런데 퇴계의 '심합이기설(心合理氣說)'에 의하면 사람의 마음은 이와 기를 합한 존재이다. 우리는 외부로만 향하는 감각을 잠시 거두고, 이(理)가 내재하여 있는 마음을 향하여 머리를 돌리고 자기 고독 속에서 자기 내면의 본래 모습을 탐구하는 정시(靜時)의 마음공부가 심학에서 매우 중시된다. 향내적 반성을 통한 존재의 근원에 대한 탐구야말로 퇴계 심학에서도 매우 중요한 과제라고 하겠다.

한편 퇴계의 심학은 서양의 정신주의 철학에 부족한 수양론에 중점을 두고 있다. 어떻게 내가 나의 마음을 온전하게 유지하며 존재의 참모습을 있는 그대로 인식할 수 있는지 구체적 방법에 대해서 퇴계 심학은 경의 방법을 통해 그 다리를 안내한다. 여기에서 우리는 퇴계 심학의 친절한 맛을 느낄 수가 있는 것이다.

정신주의 철학을 통해서 우리는 자신의 존재를 새롭게 바라볼 수가 있다. 우리 존재는 결코 절대자로부터 분리된 한 원자적 고립자가 아니라, 정신적 절대자와 늘 서로 관여하고 있으며, 절대자와의 관여 속에서 우리의 정신은 삶의 충만한 에너지를 교감할 수가 있는 것이다. 즉 우리는 생기 없는 기계적 물체 속에 둘러싸인 것이 아니라, 생기로 충만한 존재의 원천에서 부단한 생명의 샘을 발견하면서, 존재의 의미를 재발견하게 되는 것이다. 또한 우주는 물리적 실체의 집합으로서가 아니라, 정신적 이념의 구현체로서 정신에 더욱 의미 있게 다가올 수가 있는 것이다. 그리고 우리 정신의 수양 정도에 따라 자연과 만물은 더욱 순수하고 아름답고 질서 있는 본연의 모습으로 다가올 수가 있는 것이다.

라벨이 정신주의 철학을 통해 영적 삶(spiritual life)을 추구하였다면, 정신분석학자 융(C. G. Jung: 1875~1961)은 정신의 심층을 심리학적 논리로 설명하면서 '참된 자아(self)' 의 실현을 모색하였다. 융은 근대 서구의 과학이 인간의 정신을 합리적 측면에서만 규정한 것을 비판하고, 정신의 존재는 좁은 의미의 합리적인 것을 넘어서서 합리적인 것과 비합리적인 것, 남성적인 것과 여성적인 것, 밝은 것과 어두운 것을 포괄한다고 보았다. 퇴계가 심학적 수행을 통해서 도달하려고 하는 궁극적 경지 역시 좁은 의미의 도덕적 인간이 전부는 아니다. 인간의 집단 무의식 속에 잠재된 '참된 자아(self)' 의 상이 바로 곧 퇴계 심학이 추구하는 인간상과 유사하다. 참된 자아의 가장 중요한 특성은 인(仁)을 단순히 개개 인간의 도덕적 성품에만 국한시키는 것이 아니라, 우주적 차원의 보편적 정신을 자각하고, 타 존재를 위해 인을 나누고 베풀 수 있는 따뜻하고 개방적인 마음이다. 여기서 인의 대상은 인간에게만 한정되는 것이 아니다. 동물은 물론, 나무 한 그루, 풀 한 포기에까지 미치며, 그래서 궁극적으로는 우주를 하나의 유기적 가족으로 대하는 경지에까지 도달하게 된다. 이는 진정한 의미에서 천인합일의 경지에 이르는 것이다. 이것은 장재가 「서명(西銘)」에서 말한 "백성은 모두 핏줄을 함께하는 나의 동포이고〔民吾同胞〕, 만물은 나와 더불어 살아가는 짝이다〔物吾與〕"라는 사상과 맥을 같이하는 것이며 또한 동시에 퇴계 심학의 궁극적 이상이기도 하다.

인간의 욕망에는 '본능의 욕망'이 있는가 하면, '본성의 욕망'이 있다.[29] '본능의 욕망'은 자기의 감각적 이기적 욕망을 충족시키고자 하며, 자기의 소유의 영토와 지배의 대상을 끝없이 확장하면서 자기 권력을 강화해 가는 데서 쾌감을 느낀다. 그러나 '본성의 욕망'은 다른 존재와 더불어 살며 사랑을 나누고자 한다. 우리 본성 속에는 타자의 기쁨을 보고 함께 즐거워하며 타자의 고통을 함께 가슴 아파하며 다른 존재와 더불어 살고자 하는 욕망이 자리하고 있다. 본능의 욕망과 본성의 욕망은 서로 반비례 관계일 수밖에 없는 것이다. 퇴계가 '천리를 보존하고 인욕을 막기〔存天理遏去人欲〕'의 수행론을 중시하는 것도 인욕이란 본능의 욕망, 소유의 욕망에 사로잡혀 있기 때문이다. '사단(四端)·칠정(七情)'과 관련지어서 보면 사단은 본성의 욕망과 관련이 있고, 칠정은 본능의 욕망과 깊은 연관성을 갖기 때문에 퇴계로서는 사단과 칠정을 의미 있게 분별하지 않을 수 없었을 것이다. 인욕의 본능 욕망을 이겨낼 때 비로소 천리의 본성 욕망 또는 존재 욕망이 실현될 수 있는 것이다. 행복과 즐거움은 본능의 소유 욕망의 충족

---

29) 본능의 욕망과 본성의 욕망에 대해서는 김형효, 『철학 나그네』, 소나무, 2010, pp.79-113을 참고함.

에서만 오는 것이 아니라, 본성의 존재 욕망의 달성에서도 이루어질 수 있다. 본성의 존재 욕망만이 상호 공존이 가능한 욕망이고, 또한 지속 가능한 욕망이고, 진정한 행복을 가져다줄 수가 있는 것이다.

퇴계는 심학적 수행으로 지극한 즐거움을 얻었기 때문에 높은 벼슬도 마다하고 전원에서 자기 수행과 교육에 정진하였다. 역설적인 것처럼 들리지만 가장 즐거울 것 같지 않은 도학자의 삶이 사실은 최고의 즐거움을 향유하는 방식인지도 모른다. 현대인에게 종교적, 도덕적으로 금욕주의를 요구하는 것은 현실성이 별로 없다. 퇴계 심학은 단순히 종교적 · 도덕적 금욕주의로 회귀하자는 것이 아니라, 본성의 존재 욕망을 충족시킴으로써 깊은 차원의 희열을 추구하는 것이다. 심학의 정신주의 철학은 현대인에게 새로운 차원의 즐거움과 삶의 양식을 보여줄 수 있다. 여기에 우리가 퇴계 심학의 현대적 의미를 새롭게 음미해야 하는 까닭이 있는 것이다.

6. 맺음말: 퇴계 심학의 현대적 의미와 과제

심학은 불교나 육왕학의 전유물이 아니고, 주자학적 심학도 가능하다는 것을 퇴계는 보여주고 있다. 퇴계는 주자학이 추구하는 학문의 진정한 목표에 비추어 볼 때 심학적 접근이 당시에는 매우 중요하다고 인식하였다. 왜냐하면 주자학이 널리 보급되고 관학화 됨에 따라 점차 교조화 · 형식화로 경직되면서 그것이 추구하는 진정한 이상으로부터 오히려 멀어져가고 있었기 때문에, 주자학의 참된 정신을 살릴 수 있는 새로운 방법론적 접근이 요구되고 있었고, 그것의 하나가 바로 심학화라고 생각하였기 때문이다. 퇴계의 주자학적 심학은 육왕학의 심학이 가진 장점을 수용하면서도 그것의 한계에 대해서는 분명하게 인식하고 있었다. 그래서 선학(禪學)의 폐단에 빠지지 않으면서도 심학이 지닌 생생한 실존적 체험의 생명력을 주자학에 끌어들려 다시 한 번 주자학의 재활성화를 추구하였던 것이다.

그렇다면 현대인에게 퇴계 심학은 어떤 의미가 있는가? 전통 사회에서 유학이 담당하였던 경세학은 오늘날 사회과학이 맡고 있다. 그러나 유학의 다른 한 줄기인 '수기'의 분야는 현대 학문이 적절하게 학문적으로 발전시키지 못하고 있는 것이 현실이다. 유학이 현대에 기여할 수 있는 것은 '치인'의 학으로서보다는 '수기'의 학으로서이다. 일상생활을 벗어나지 않으면서 일상 가운데서 자기의 마음을 스스로 단속하고 나아가 타고난 도덕적 본체를 온전히 구현함으로써 도덕적 존재로서의 인간의 존재 가능성을 충분히 발휘하도록 하는 일은 매우 중요하다.

현대 문명은 억압되었던 인간의 욕망을 해방하고, 과학기술의 부단한 발달과 경제 성장을 통해 욕망의 만족을 극대화하고 있다. 그러나 어떠한 경우에도 인간의 욕망은 결코 만족하는 법이 없어 끝없이 새롭고 더 큰 만족을 갈구한다. 그러한 요구는 결코 충족될 수가 없을 뿐만 아니라, 그 욕망의 충족 과정에서 필연적으로 자연과 또는 다른 인간과의 사이에서 불화를 가져오기 쉽다. 인간은 소유론적 '본능의 욕망'만이 아니라, 다른 한편 '본성의 욕망' 또는 존재론적 욕망 즉 참된 자아실현의 욕망이 있다. 참된 자아실현의 존재론적 욕망이 실현되지 않는 한 삶은 공허하고 허전하고 허무할 수 있다. 그런데 존재론적 욕망의 충족은 소유론적 욕망의 절제에서 비롯될 수밖에 없다. 퇴계의 심학은 소유론적 욕망의 절제를 통한 존재론적 욕망의 충족의 길을 보여주고 있다. 그것은 또한 유가적 깨달음의 추구이기도 하다.

그러한 깨달음을 통해 자기 존재를 새롭게 볼 수 있을 때 우리는 어떤 유혹에도 흔들리지 않고 공자가 말한 바의 "마음이 원하는 대로 해도 법도를 넘지 않는다〔從心所欲不踰矩〕."의 경지에 들어갈 수 있고, 또한 동시에 안회(顔回)가 누렸던 낙도(樂道)의 즐거움을 향유할 수 있을 것이다. 그것은 일상 속에서 발견하는 성스러움이고, 평범 속에서 찾는 지극한 진리이다. 신이 죽은 시대에 사람들은 자신의 마음을 들여다봄으로써 자기 안에서 신성을 발견하여 스스로가 성인이 되는 길을 모색한다. 퇴계의 심학은 곧 성인이 되기 위한 성학(聖學)과 다르지 않다. 유학은 성인(聖人)의 길 즉 참된 자아실현의 길은 높고 먼 곳에 있는 것이 아니라, 바로 지금 자기 안에 가까이 있다고 알려준다. 그리고 그것은 인간의 오랜 점진적 수양에 의해서 도달할 수 있다는 희망을 보여준다. 현대사회에서 물질문명은 극도로 성대하지만 정신의 위상은 초라하기 그지없다. 퇴계 심학은 인간 정신이 품고 있는 고귀한 향기와 성스러움을 다시 생각해보게 한다.

그러나 심학의 정신주의 철학에도 밝은 빛만이 있는 것은 아니다. 그러면 그것이 안고 있는 한계는 무엇일까? 심학은 사회 문제를 공론을 통해 해결하려기보다는 개인 차원의 관념 문제로 사회 문제를 환원시킬 소지가 있다. 이러한 문제점을 극복하기 위해서는 심학의 사회화 또는 심학과 공론의 조화 문제에 대해 그 가능성을 탐색해 보아야 한다. 또한 심학은 영적 엘리트주의로 귀결될 우려가 있다. 심학적 수행은 대중이 쉽게 참여하기가 어렵기 때문이다. 따라서 심학의 대중화 문제에 대해 그 방법을 강구할 필요가 있다. 정신주의자들은 과학기술에 대해 과소평가하고 현대 사회에서 그것의 의미를 부정적으로 바라볼 가능성이 있다. 심지어는 반과학기술적일 수도 있다. 그러나 과학기술을 외면하고서는 현대 사회의 문제를 해결하는 데 한계가 있다. 따라서 과학과 심학을 어떻게 조화시킬 수 있는지도 고민해야 한다. 퇴계 심학은 현대 사회의 정치적 · 경제적 · 기술적 도전에 맞서서 그리고 세계화와 정보화의 물결 위에서 새롭게 이론적 지평을 확장하고, 수양의 방법론을 창조적으로 현대화하는 과제를 안고 있다.

참고문헌

이　황, 『退溪集』 {『한국문집총간』(서울: 민족문화추진회) 29-30}

한원진, 『南塘集』 {『한국문집총간』(서울: 민족문화추진회) 201-202}

김형효 외, 『현대사상의 경향』, 한국정신문화연구원, 1992.

김형효, 『원효에서 다산까지』, 청계, 2000.

김형효, 『철학 나그네』, 소나무, 2010.

루이 라벨, 『영원한 현존 · 나 · 세계』, 최창성 편역, 가톨릭 출판사, 1989.

루이 라벨, 『영원한 현존』, 최창성 · 이상호 옮김, 서광사, 2000.

성백효 역주, 『譯註 心經附註』, 전통문화연구회, 2003.

유명종, 『퇴계의 일생과 철학체계』, 현대미학사, 2000.

율곡 이이(李珥)(1536년~1584년): 자는 숙헌(叔獻), 호는 율곡(栗谷). 율곡은 아버지 이원수와 어머니 사임당 신씨의 사이에서 1536년에 태어났다. 어려서부터 영민하였던 율곡은 겨우 3살 때 시를 짓는 천재성을 보여주었다. 16세에 어머니가 세상을 뜨자 삼년상을 지내고 금강산에 들어가 불교를 공부하다가 20세 때 하산하여 다시 유학에 전념하였다. 29세에 장원 급제하여 호조좌랑, 예조좌랑, 이조좌랑, 홍문관 부교리, 황해도 관찰사, 대제학, 이조판서, 병조판서 등의 요직을 지냈다. 율곡은 선조 임금의 각별한 신임을 받았다. 율곡이 마음을 터놓고 지냈던 선비로서는 성혼, 송익필 등이 있었다. 퇴계와 고봉의 사단칠정에 대한 논쟁 서한을 보고 우계 성혼이 율곡에게 질문하면서 두 사람은 깊은 철학 논변을 주고받게 된다. 율곡은 이 논쟁에서 퇴계의 이기설과 심성론의 문제점을 지적하면서 퇴계의 학설에 대해 비판적 입장을 보여주었다. 율곡은 학자이면서도 현실 정치에서 중임을 맡아서 경세론 분야에도 많은 저술을 남겼다. 그는 사림의 정치적 이상을 현실 정치에서 접목하고자 노력하였으나, 붕당이 생겨서 동인과 서인으로 나누어지는 불행한 현실을 지켜봐야 했다. 율곡의 철학과 정치론은 서인 사상의 기본 틀을 제시하였다. 초학자를 위한 『격몽요결』, 왕에게 바친 『동호문답』, 『성학집요』 등 많은 저술을 남겼다. 시호는 문성(文成)이다.

제2장

영원한 철인정치가, 율곡 이이

|

율곡 이이의 이기묘합(理氣妙合)의 철학과 무실(務實)의 경세론

1. 들어가는 말

조선 성리학은 퇴계와 율곡에 의해서 가장 큰 발전을 이루어, 성리학 이해의 기본 틀이 형성되었다. 율곡은 젊은 날 퇴계를 찾아 가르침을 받기도 하였지만, 철학적으로 퇴계와는 다른 길을 걸었다. 율곡은 퇴계의 철학이 오해의 소지가 있다고 보고, 반론을 제기하면서 자신의 철학적 견해를 분명히 밝히었다. 그래서 주자학, 성리학 이해에 있어서 퇴계와는 서로 다른 길을 열어 보였다.

율곡은 철학적 · 사상적으로 중요한 역할을 하였을 뿐만이 아니라, 조선 정치사에도 커다란 영향을 미쳤다. 율곡은 도학(道學)이란 단순히 학문이나 사상으로 그치는 것이 아니라, 생활과 정치의 장에서 실천되어야 의미가 있다고 보았다. 그래서 그는 배우고 익힌 학문 즉 도학을 정치의 장

에서 구현하기 위해서 혼신의 노력을 기울였다. 그러나 그의 이러한 노력이 왕이나 주위의 사림에 의해서 잘 받아들여진 것은 아니었다. 선조는 율곡을 아끼면서도 그의 말을 전적으로 수용하고 실행하지는 않았다. 사림 역시 이해관계에 따라서 분열되어서 한목소리를 내지 못하고 서로 당파적 견해를 탈피하지 못하였다. 국가적, 사회적 위기를 미리 내다본 율곡은 개혁을 위해서 여러 가지 정책을 구상하고 대안을 제시하였지만, 현실 정치에서 율곡의 의견이 잘 받아들여진 것은 아니다. 그러나 율곡의 사상과 정치 이념은 그것을 따르는 붕당을 형성하였고, 서인의 이념으로 발전되었다. 그래서 서인들에 의한 인조반정 이후 율곡 사상은 조선 유학에서 정통 사상의 위치를 차지하게 된다. 그러나 서인의 정치 이념이 과연 율곡 사상의 의미를 잘 드러내고 실천하였는지는 별개의 문제이다. 왜냐하면 정치의 현장에서 사상이란 항상 왜곡되고 변질되는 경우가 많기 때문이다. 하여간 율곡의 철학을 이해하는 것은 조선 중기 이후 조선의 학술과 정치를 이해하는데 빠뜨릴 수 없는 과제이다. 그러나 정치와 굳이 관련시키지 않고서도 율곡의 철학과 사상은 우리에게 많은 것을 생각하게 하는 풍부한 지적 자원으로 가득 차 있다. 그의 세계와 인간과 정치에 대해 깊으면서 넓고 체계적이며 명쾌한 사색은 지금도 지적 · 사상적 영감의 원천이 될 수 있다.

우리는 이 글에서 조선 성리학의 대표적 사상의 하나로 발전한 율곡의 철학과 정치사상에 대해서 그 특성을 중심으로 살펴보도록 한다. 조선이 배출한 최고 엘리트 선비인 율곡은 과연 인간과 세상을 어떻게 바라보았을까? 그의 철학과 사상의 진수는 어디에 있는 것일까? 그리고 그것은 어떠한 의미와 한계를 지니는가? 이러한 의문을 품고 그의 철학 세계를 탐색해 보도록 한다.

율곡은 현실과 이상의 조화를 추구하였다. 공허하고 과격한 이상주의나

고식적인 현실 안주론에 빠지지 않고 현실의 여건에 근거해서 합리적 이상을 추구하였다. 율곡의 이통기국(理通氣局)과 이기지묘(理氣之妙)의 이기론과 사포칠(四包七)의 인성론, 교기질과 양기의 수양론, 무실의 경세론은 서로 논리적으로 연관되어 있다. 이러한 관점에서 우리는 율곡의 이기론, 인성론, 수양론, 경세론에 대한 체계적이며 종합적인 해석을 시도해 보도록 한다.

2. 이기지묘(理氣之妙)의 이기론

퇴계는 이기론에서 이(理)와 기(氣)가 서로 분리될 수 없음을 인식하면서도 이와 기는 구분되어야 함을 강조한다. 이는 정신적 원리나 도덕적 선과 관련되고, 기는 물질적 감각적인 것 또는 이기적 감성적 욕망과 관련되기 때문이다. 그래서 퇴계는 이를 주로 하는 것〔主理者〕과 기를 주로 하는 것〔主氣者〕으로 나누어 분석하기를 좋아한다. 그래서 본연지성과 기질지성, 도심과 인심, 사단과 칠정 등을 대립적으로 파악하였다.

이에 비해 율곡은 이와 기는 개념적으로 서로 구분되기는 하지만, 현상적으로 서로 분리되거나 독립적일 수 없고 늘 함께하는 묘한 관계〔理氣之妙〕이고, 이와 기는 하나임〔理氣一也〕을 강조한다.[1] 기를 떠나서 이를 말하는 것은 이기에 대해서 근본적으로 잘못 인식하는 것이다. 율곡에 의하면 이는 항상 기를 타고 있으며, 기는 항상 이에 근거하고 있다. 그런데 이는 무형이므로 두루 통하고, 기는 유형이므로 공간적으로나 시간적으로

1) 『栗谷先生全書』 권10, 「答成浩原」, "理氣之妙, 難見亦難說. 夫理之源, 一而已矣. 氣之源, 亦一而已矣. 氣流行, 而參差不齊. 理亦流行, 而參差不齊. 氣不離理, 理不離氣. 夫如是, 則理氣一也." 참조.

국한되어 있는 것이 특징이다. 그것을 율곡은 '이통기국(理通氣局)'으로 개념화한다. 이는 원리상으로는 하나이지만 구체적으로는 기의 특수성에 따라 다양한 모습으로 이가 나타난다. 단 그럼에도 불구하고 다양한 '분수(分殊)의 이' 가운데는 '본연(本然)의 이'가 내재해 있다고 한다.

> "이(理)가 통한다는 것은 무엇을 말하는가? 이는 본/말도 없고 선/후도 없습니다. 본/말도 없고 선/후도 없으므로 아직 감응하지 아니하였을 때에도 먼저인 것이 아니며, 이미 감응하였을 때에도 뒤인 것이 아닙니다.(정자의 설이다.) 그러므로 기를 타고 유행하여 천태만상으로 고르지 아니하나 그 본연의 묘리는 없는 데가 없습니다. 기가 치우치면 이도 역시 치우치게 되나, 그 치우친 바는 이가 아니라 기입니다. 기가 온전하면 이도 역시 온전하나, 온전한 바는 이가 아니라 기입니다. 맑고 탁하고 순수하고 잡박한〔淸濁粹駁〕 것과 찌꺼기 · 재 · 거름 · 오물 가운데도 이가 있지 않은 곳이 없어, 각각 그 성(性)이 됩니다. 그러나 그 본연의 묘리는 손상되지 않고 그대로입니다. 이것을 이는 통한다고 하는 것입니다."[2)]

이(理)와 기(氣)의 관계를 율곡은 물과 그릇으로 비유한다. 물(이를 비유)은 그릇(기를 비유)에 따라 모양이 달라진다(分殊의 理). 그러나 그럼에도 불구하고 물의 보편적 본질(本然의 理)은 변하지 않는다. 사람에게 적용하면 사람의 타고난 기질에 따라 이의 발현이 제한되지만 그럼에도 불구

2) 『栗谷先生全書』 권10, 「答成浩原」, "理通者, 何謂也? 理者, 無本末也, 無先後也. 無本末無先後, 故未應不是先, 已應不是後. 程子說. 是故, 乘氣流行, 參差不齊, 而其本然之妙, 無乎不在. 氣之偏, 則理亦偏, 而所偏非理也, 氣也. 氣之全, 則理亦全, 而所全非理也, 氣也. 至於淸濁粹駁, 糟粕煨燼, 糞壤汚穢之中, 理無所不在, 各爲其性. 而其本然之妙, 則不害其自若也, 此之謂理之通也."

하고 모든 사람에게는 본연의 이가 내재하고 있다. 그러므로 기의 변화를 통해서 본연의 이의 원만한 발현을 기대할 수 있다.

퇴계는 "태극생양의(太極生兩儀)" 즉 이(태극)가 기(음양)를 낳는다는 명제를 긍정한다. 그러나 율곡은 정이천이 말한 "동정에 끝이 없고〔動靜無端〕, 음양에 시작이 없다〔陰陽無始〕."를 근거로 하여, 이와 기는 시간상으로 선후가 따로 없고, 공간적으로 분리되거나 합쳐지는 것이 없이 항상 함께 있다고 주장한다. 또한, 퇴계는 기뿐 아니라 이도 작용(作用)이 있어서 발한다고 인식하였다. 반면에 율곡은 이와 기가 모두 발할 수 있다는 호발설(互發說)을 적극적으로 부정한다. 율곡에 의하면 기는 작위가 가능하므로 발할 수 있지만, 이는 작위가 가능하지 않으므로 발할 수 없다고 여겨서 기발이승일도설(氣發理乘一途說)을 주장한다.

"이와 기는 원래 서로 떠나지 아니하며 흡사 한 물건 같으나 그 다른 것은 이는 무형이고, 기는 유형이며, 이는 무위이고, 기는 유위입니다. 무형 · 무위하여 유형 · 유위의 주(主)가 된 것은 이(理)요, 유형 · 유위하여 무형 · 무위의 기(器)가 된 것은 기(氣)입니다. 이는 무형이요, 기는 유형이므로, 이는 통하고 기는 국한된 것이며, 이는 무위요 기는 유위이므로, 기가 발하면 이가 타는 것〔氣發理乘〕입니다.[3]

율곡에게 있어서 이는 결코 발할 수 있는 능동적 존재가 아니다. 발하고 활동하는 것은 기일 뿐이다. 이는 기를 타는 존재이며, 동정하고 활동하는 것은 어디까지나 기이다. 이는 능동적으로 자기를 발하는 것이 아니라, 기

3) 『栗谷先生全書』 권10, 「答成浩原」, "理氣元不相離, 似是一物. 而其所以異者, 理無形也,, 氣有形也, 理無爲也, 氣有爲也. 無形無爲而爲有形有爲之主者, 理也. 有形有爲而爲無形無爲之器者, 氣也. 理無形而氣有形, 故理通而氣局. 理無爲而氣有爲, 故氣發而理乘."

를 통해서 드러나는 기의 작용 법칙이다.

퇴계의 이기론이 이와 기의 차이를 강조하고 이를 높이는 특징이 있다면, 율곡은 상대적으로 이와 기의 불가분의 묘한 관계〔理氣之妙〕를 중시한다. 퇴계는 이는 선이고, 악은 기로 인한 것이라고 본다. 이에 비해 율곡은 본연(本然)의 이, 이일(理一)의 이는 선의 근원이지만, 유행(流行)의 이, 분수(分殊)의 이에는 선뿐 아니라 악의 근거도 있다고 인식한다.[4] 즉 이라고 해서 모두 선한 것이 아니고, '유행의 이'는 악의 근거가 될 수 있다고 본다. 퇴계는 이가 주가 되어서 기를 통제하고 경계해야 악을 막고 선을 실현할 수 있다고 생각한다. 그렇지만 율곡은 기가 맑은 청기(淸氣)냐 흐린 탁기(濁氣)냐에 따라 선악이 나누어진다고 여긴다. 이가 청기를 타면 선하게 되고, 탁기를 타게 되면 악으로 될 가능성이 있다.[5] 퇴계는 이는 선이지만 기는 악으로 흐를 가능성이 있다고 보고, 이를 중심으로 기를 통제하려고 했다. 그러나 율곡은 기의 질에 따라 그것이 맑은가 흐린가에 따라 선악이 나누어진다고 보았다. 또한 본연의 이는 선하지만, 유행의 이는 악의 근거가 될 수 있다고 한다. 즉 이가 무조건 선한 것만은 아니라고 이해한다. 율곡은 이의 실현이 기에 의존하므로 기를 맑게 하는 수양이 중요하다고 인식하였다.

여기서 우리는 퇴계와 율곡의 이와 기를 보는 방식이 매우 다름을 알 수 있다. 두 사람 모두 주자학을 수용했지만, 주자학을 이해하는 방식에서는 차이가 컸다. 이것은 주자학을 이해하고 해석하는 방식이 여러 가지일 수 있음을 보여주는 것이다. 퇴계의 철학이 이기의 관계를 이원론적 관점에

---

4) 『國譯栗谷全書』(Ⅲ), 한국정신문화연구원, 1996, 49-50쪽 참조.

5) 『栗谷先生全書』 권14, 「人心道心圖說 - 壬午」, "理本純善, 而氣有淸濁. 氣者, 盛理之器也. 當其未發, 氣未用事, 故中體純善. 及其發也, 善惡始分. 善者, 淸氣之發也. 惡者, 濁氣之發也.." 참조.

서 나누어 보고〔分開〕 수간(竪看: 세워서 보기)하는 사유라면, 율곡의 철학은 이기의 관계를 일원론적 관점에서 통합적으로 보고〔渾淪〕 횡간(橫看: 가로로 보기)하는 사유의 특질을 보여주고 있다. 또한 이의 역할 및 이기와 선악의 관계에 대한 이해에서도 관점의 차이가 크다. 주기론은 무이념적 자연주의로 흐를 가능성이 있고, 주리론은 추상적 정신주의 · 도덕주의로 흐를 가능성이 없지 않다. 율곡은 이기론에서 '이기지묘'를 통해 무이념적 자연주의나 추상적 정신주의의 극단으로 기울지 않고, 기의 자연성과 이의 정신성 · 도덕성을 조화시키는 철학을 추구하였다.

3. 중절(中節)의 심성론

율곡의 이통기국론(理通氣局論)은 우주론적 의미도 있지만, 심성론적 의미도 중요하다. 사람의 본성은 이(理)이다. 그런데 이의 발현은 기에 의해서 영향을 받는다. 이에는 두 가지 차원이 있다. 하나는 기와 관계없이 이의 본 모습을 지칭하는 의미의 이(理一의 理)이고, 다른 하나는 기에 의해서 제한되는 이(理)다. 사람의 본성에는 기에 의해서 제한되는 이와 함께 기에 영향을 받지 않고 본래 모습을 유지하는 이의 두 측면이 있다. 후자를 이통(理通)의 이, 전자를 기국(氣局)의 이라고 할 수 있을 것이다. 기국의 이는 이의 내재성과 제한성을 이통의 이는 이의 초월성 또는 온전성을 뜻한다.

이통기국론이 인성론적으로 의미하는 바는 무엇인가? 인간의 성에는 타고난 기에 의해서 영향을 받는 이〔氣局의 理〕도 있지만, 동시에 기의 영향을 초월할 수 있는 본연의 이〔理通의 理〕도 간직하고 있다는 뜻이다. 율곡에 따르면 순자가 말하는 성은 기에 의해서 영향 받는 성을 뜻하고, 맹자가 말하는 성은 기에 의해 제약되지 않고 온전히 유지되는 이의 초월적 측면을 중심으로 말하는 것이다. 그러다 보니 순자는 이의 초월적 본연적 모습을 인식하지 못했고, 반면에 맹자는 이의 내재적 기국적 측면을 간과하는 한계를 보여주었다.[6] 그러므로 인간 본성을 제대로 바라보기 위해서는 이 두 가지 측면을 함께 바라보아야 한다. 사람은 타고난 기에 따라서 이의 실현에 제약을 받지만 모든 인간의 본성에 이통(理通)의 이가 있기 때문에 수양의 노력으로 요순 같은 성인이 될 수 있다. 여기에 완전한 도덕적 존재에의 가능성이 열려 있는 것이다.

율곡은 마음이 기라고 인식한다. 성은 이(理)지만 심은 기라고 이해한다. 또한 율곡은 인심이든 도심이든 궁극적으로 마음이 하나임을 강조한다.[7] 마음을 인심과 도심으로 구분하는 것은 마음이 지향하는 바의 차이 때문이지 마음에 두 근원이 있는 것이 아니라고 한다. 단지 마음이 발할 때 도의를 위해 발하면 성명(性命)에 속하여 도심이 되고, 육체〔口體〕를 위해 발하면 형기(形氣)에 속해서 인심이 된다.[8] 도심은 순수하게 천리이기 때문에 선하고 악이 없다. 그러나 인심에는 천리도 있지만, 인욕도 있으므로 선도 있고 악도 있다. 예컨대 마땅히 먹어야 할 때 먹고, 마땅히 입어야 할 때 입는 것은 성현도 면할 수 없는 것으로 이것은 천리이다. 그러나 식색의 욕망 때문에 악을 행하는 것은 인욕이다. 한 생각이 발동할 때 그것이 도심이면 확충해야 하고 인심이면 정밀하게 살펴서 반드시 도심으로 절제를

6) 『國譯栗谷全書』(Ⅲ), 한국정신문화연구원, 1996, 90-91쪽 참조.

7) 『栗谷先生全書』 권10, 「答成浩原 - 壬申」, "人心道心雖二名, 而其原則只是一心. 其發也, 或爲理義, 或爲食色, 故隨其發而異其名." 참조.

8) 『栗谷先生全書』 권14, 「人心道心圖說 - 壬午」, "理氣渾融, 元不相離. 心動爲情也, 發之者, 氣也, 所以發者, 理也. 非氣, 則不能發. 非理, 則無所發. 安有理發氣發之殊乎! 但道心雖不離乎氣, 而其發也爲道義, 故屬之性命. 人心雖亦本乎理, 而其發也爲口體, 故屬之形氣. 方寸之中, 初無二心. 只於發處, 有此二端." 참조.

하여, 인심이 항상 도심의 명령을 듣도록 해야 한다. 율곡은 인심을 인욕과 동일시해서는 안 된다고 본다. 왜냐하면 인심 가운데도 정당한 욕망이 있고 이것은 천리이기 때문에 모든 인심을 인욕으로 규정해서는 안 된다고 생각한다.

율곡은 퇴계와 이기론에서 큰 차이를 보일 뿐만 아니라, 심성론에서도 견해의 차이가 크다. 이기론과 심성론은 서로 연관되어 있으므로 그럴 수밖에 없다. 심성론에서 쟁점은 사단과 칠정의 관계, 도심과 인심의 관계 문제이다. 퇴계는 본연지성과 기질지성, 도심과 인심, 사단과 칠정을 대체로 대립적 관계에서 주리(主理)와 주기(主氣)의 틀로 이해하였다. 율곡은 이러한 퇴계의 이론을 수용하지 않고 비판하였다. 인심도심과 사단칠정의 관계를 보면, 율곡은 칠정은 인심과 도심 그리고 선과 악을 총괄하는 명칭이라고 한다.[9] 맹자가 칠정 가운에 선한 것만을 가려서 사단으로 지목하였다. 율곡은 사단이란 도심과 인심의 선한 부분에 해당한다고 한다.[10] 율곡은 퇴계처럼 사단은 도심이고, 칠정은 인심이라고 보는 해석에 대해 반대한다. 왜냐하면 사단이 도심이라는 것은 맞지만 칠정을 모두 인심이라고 규정할 수는 없기 때문이다. 칠정은 인간의 정을 총괄하는 것인데 그것을 인심이라고 규정하면 도심은 거기에 포함되지 않기 때문이다.

율곡에 따르면 도심과 인심은 대립적 관계로 볼 수 있지만, 사단과 칠정의 관계는 그렇지 않다는 것이다. 칠정은 모든 감정을 총괄하는 것이기 때문에 사단의 감정도 칠정에 포함되는 것이지 칠정 밖에 별도로 사단이 있는 것은 아니라고 한다. 사단은 단지 칠정 가운데 선하고 순수한 감정일 뿐이다. 퇴계가 도덕적이고 순수한 사단과 욕망으로 치우치기 쉬운 칠정을

9) 『栗谷先生全書』 권14, 「人心道心圖說 - 壬午」, "七情卽人心道心善惡之摠名也."
10) 『栗谷先生全書』 권14, 「人心道心圖說 - 壬午」, "四端卽道心及人心之善者也."

구분하여 대립적으로 이해하려는 것을 율곡은 받아들이지 않는다. 율곡은 이 문제에 관한 한 퇴계의 학설을 적극적으로 비판하고 고봉 기대승의 주장을 지지한다. 우계 성혼은 주자의 "혹 형기(形氣)의 사(私)에서 나며, 혹 성명(性命)의 정(正)에 근원한다."는 설과 진북계의 "지각(知覺)이 이에서 발하는 것과 기에서 발하는 것이 있다."는 설을 근거로 퇴계의 호발설(互發說)의 타당성을 주장한다.[11] 그러나 율곡은 퇴계의 학설에 우호적인 우계의 주장을 단호히 비판하면서 자기의 입론을 견지한다. 즉 율곡은 마음은 하나이고, 이와 기는 서로 분리될 수 있는 것이 아니며, 이는 발할 수 없고 기만 발할 수 있다고 주장한다. 물론 퇴계도 마음이 하나임을 부정하거나 이와 기가 서로 분리되지 않는다는 명제를 부정하지는 않는다. 하나이고 분리되지 않지만 그럼에도 불구하고 소종래(所從來) 즉 개념의 근본 취지를 따라서 의미의 차이를 무시해서는 안 된다는 것이다. 퇴계에 따르면 인심과 도심의 소종래가 다르듯이 사단과 칠정의 소종래가 다르므로 억지로 그것을 하나로 귀일시키지 말고 차이점을 분별할 필요가 있다. 그러나 율곡은 사단은 중절(中節)하여 선하지만, 칠정도 중절(中節)하여 선한 것과 부중절(不中節)하여 선하지 않은 것을 겸하고 있다고 본다. 율곡은 감정의 소종래 즉 근원이 '이'냐 '기'냐가 중요한 것이 아니라, 감정이 발할 때 '중절'이냐 '부중절'이냐가 중요하고 그것에 따라서 선과 불선으로 나누어지는 것으로 본다. 즉 율곡은 감정의 근본 동기보다도 그것이 중(中)에 맞는지 아닌지가 중요하다고 이해하는 것이다.

성은 선한데도 정에 불선이 있는 것을 율곡은 기로 설명한다. 이는 본래 순선하지만 기에는 청탁이 있다. 기는 이를 담는 그릇과 같다고 비유한

11) 『栗谷先生全書』 권10, 「答成浩原 - 附問書」, "朱子之說曰: 或生於形氣之私, 或原於性命之正. 陳北溪之說曰: 這知覺, 有從理而發者, 有從氣而發者, 正如退溪互發之說. 何耶?" 참조.

다.[12] 그 근본은 단지 천리이지만 정(情))의 선한 것은 청명한 기를 타고서 천리가 곧게 나와서 중을 잃지 않아서 사단이 되고, 정의 불선한 것은 이에 근본하지만 탁한 기의 가리움을 받아서 본체를 잃어버리고 횡생(橫生)하여 과(過)하거나 불급하여 인의예지에 도리어 해가 되므로 사단이라고 할 수 없게 된다고 율곡은 설명한다.[13] 퇴계가 이발과 기발로 사단과 칠정을 구분하는 데 비해 율곡은 사단과 칠정을 모두 기발로 해석한다. 그리고 선악의 갈라짐은 이발이냐 기발이냐가 아니라, 기의 맑고 흐림에 따라 영향을 받는다는 것이다. 즉 퇴계는 주도권이 이냐 기냐에 따라 선악이 영향을 받는다고 보았다면, 율곡은 기라고 해서 다 같은 기가 아니라고 본다. 기에는 맑은 청기도 있고 흐린 탁기도 있는데 기가 발할 때 그 기가 청기냐 탁기냐에 따라 선악이 영향을 받는다는 것이다. 여기서 도덕적 행위의 선악에 영향을 미치는 요인을 설명하는 방식에서 율곡은 퇴계와 다른 논리를 적용함을 알 수 있다.

퇴계와 율곡의 심성론에는 중요한 차이가 있다. 퇴계는 감정의 근원이나 동기가 주리냐 주기냐에 따라서 감정을 발전시킬 것인지 경계할 것인지를 판단하고 알맞게 조치해야 한다고 본다. 이에 비해서 율곡은 감정의 근원이나 동기보다는 그것이 발할 때 중절(中節)하느냐 그렇지 못하고 과불급(過不及)에 치우치느냐를 중시하는 입장이라고 할 수 있다.

율곡과 퇴계의 심성설을 비교해 보면 단순히 언어에 대한 이해의 차이만 있는 것이 아니라, 본성과 마음과 감정의 근원과 전개에 대해 중요한 이

---

12) 『栗谷先生全書』 권14, 「人心道心圖說 - 壬午」, " 理本純善, 而氣有淸濁. 氣者, 盛理之器也." 참조.

13) 『栗谷先生全書』 권14, 「人心道心圖說 - 壬午」, "其本, 則只天理而已. 情之善者, 乘淸明之氣, 循天理而直出, 不失其中, 可見其爲仁義禮智之端, 故目之以四端. 情之不善者, 雖亦本乎理, 而旣爲汚濁之氣所掩, 失其本體而橫生, 或過或不及, 本於仁而反害仁, 本於義而反害義, 本於禮而反害禮, 本於智而反害智, 故不可謂之四端耳." 참조.

해의 차이를 보여주고 있음을 알 수 있다. 율곡은 이기론에서도 이와 기를 분리해서 이원적으로 보는 것을 반대하였는데, 심성론에서도 마찬가지로 사단과 칠정을 대립시켜 보는 것을 비판하고, 인간의 마음도 하나이고 (감)정도 하나임을 강조하는 일원론적 특성을 보여준다.

4. 교기질(矯氣質)의 수양론

성리학은 도덕적으로 이상적인 인격인 성인(聖人)이 되는 것을 목표로 한다. 율곡도 이러한 목표를 추구하였다. 율곡에 따르면 성인과 같은 존재가 되기 위해서 무엇보다도 먼저 해야 할 것은 입지(立志) 즉 뜻을 세우고 목표를 정립하는 것이다. 누구나 마음만 먹으면 요순과 같은 도덕적 존재가 될 수 있다고 믿고, 되겠다는 뜻을 세우는 것이 중요하다. 또한 뜻을 세움에 있어서 마지못해서 형식적으로가 아니라 참되고 진실하게 확고히 뜻을 세워야 한다. 그런데 율곡에 의하면 뜻을 세우는 것을 방해하는 요인이 세 가지가 있다. 불신(不信), 부지(不智), 불용(不勇)이 그것이다.[14)]

'불신' 이란 완성된 도덕적 존재가 될 수 있다는 성인의 말씀을 진실로 믿지 않는 것이다. 그래서 성인의 말씀을 형식적으로 음미할 뿐, 몸으로 실천하려고 하지 않는다. 왜냐하면, 믿음이 부족하기 때문이다. '부지' 란 스스로 자신이 좋은 능력을 갖추고 태어나지 못했다고 여겨서 퇴보하는 것을 만족으로 여기고, 앞으로 나아가서 성인과 같은 존재가 되려고 하지 않는 것이다. 타고난 능력에는 사람에 따라 차이가 있지만, 힘써 노력하여 궁

14) 『聖學輯要』(『栗谷先生全書』 권20), 「修己 上, 立志」, "志之不立, 其病有三. 一曰不信, 二曰不智, 三曰不勇."

리하고 실천하면 누구나 도덕적 존재가 될 수 있는데 스스로를 그렇지 못할 것이라고 한계 짓는 어리석음이 문제이다. '불용'은 성현이 우리를 속이지 않고, 기질은 변화시킬 수 있다는 것을 알면서도 태만하여 분발하지 않는 것이다. 용기가 없는 사람은 아무리 성인의 글을 읽어도 앞으로 나아가지 못하고 낡은 관습에 안주하게 된다고 율곡은 말한다.

율곡에 따르면 성인과 같은 도덕적 존재가 되기 위해서는 성현의 말을 깊이 믿어 자신의 부족한 기질을 바르게 변화시키고 끝까지 물러서지 않고 나아가야 목적에 도달할 수 있다.[15] 뜻을 세웠으면 그다음에는 자신을 돌아보고 경(敬)으로 수렴하고 독서로 궁리에 힘써서 밝게 이치를 인식해야 한다. 그리고 인식한 진리를 독실하게 실천에 옮겨야 한다. 율곡에 의하면 사람들이 도덕규범을 잘 알면서도 실천을 하지 않는 것은 성실한 마음이 없기 때문이다. "한마음이 성실하지 못하면 만사가 모두 거짓이 되니 어디 가나 행할 수 있겠는가. 한마음이 진실로 성실하면 만사가 모두 참이니 무엇을 한들 이루어지지 않으리오!"[16] 율곡에게 성실은 뜻을 세우는 데 있어서나, 이치를 궁구하는 데 있어서나, 기질을 변화시키는 데 있어서나, 의리를 실천하면서 모두 요구되는 덕목이라고 할 수 있다.

기를 중시하는 율곡에게 기질은 인간의 심성과 윤리적 행동에 큰 영향을 미치는 것으로 이해된다. 타고난 기질의 양상은 사고와 행동에 어떻게 영향을 미치는가? 예컨대 기가 맑고 질이 순수한 사람은 알고 행하는 것이 힘쓰지 않아도 능하다. 기는 맑되 질이 잡박한 사람은 앎에는 능하되 행에는 능하지 않다. 그러나 힘써 행하기를 돈독히 하면 행할 수 있고 유

15) 『聖學輯要』(『栗谷先生全書』 권20), 「修己 上, 立志」, "苟能深信聖賢之言, 矯治不美之質, 實下百千之功, 終無退轉之時, 則大路在前, 直指聖域, 何患不至乎?" 참조.

16) 『聖學輯要』(『栗谷先生全書』 권21), 「修己 中, 誠實」, "一心不實, 萬事皆假, 何往而可行. 一心苟實, 萬事皆眞, 何爲而不成."

약한 것이 강해질 수 있다. 질은 순수하나 기가 탁한 사람은 행(行)에는 능하나 앎에는 능하지 않다. 그러나 학문에 힘써서 성실하고 정밀하면 앎에 도달할 수 있고, 어리석은 사람도 밝아질 수 있다.[17] 율곡에 의하면 이처럼 인간의 기질은 불변적인 것이 아니라 가변적인 것이다. 후천적 학문과 공부로 변화될 수 있다. 따라서 타고난 기질이 맑고 순수하지 않다면 도덕적 사고와 행동을 위해서는 기질을 맑고 바르게 하는 수양의 노력이 요구된다.

어린이가 거문고와 비파를 배울 때 처음에는 잘 못 해도 쉬지 않고 계속 노력하면 점차 나아져서 높은 경지에 오른다. 기예에 대한 학습만 그러한 것이 아니다. 기예에 있어서 점진적 노력이 진보를 가져오는 것처럼 도덕에서도 인간이 학문을 통해 노력을 계속해 나가면 마침내 자기 기질의 한계를 극복할 수 있다고 율곡은 인식한다. 그럼에도 불구하고 사람들은 기예에서는 열심히 노력하여 진보가 있는데 기질의 교정에 있어서는 그렇지 못해서 다음과 같이 어느 한쪽으로 치우침을 면하지 못한다.

> "강한 사람은 끝내 유선(柔善)에 부족하고, 부드러운 사람은 끝내 강선(剛善)에 부족하고, 탐욕스러운 사람은 염치를 보지 못하고, 모진 사람은 자애로움을 보지 못하고, 경솔한 사람은 신중함을 못 보고, 사람들의 노력이 여러 가지 기예에만 힘쓰고, 기질을 변화시키는 학문에는 힘쓰지 않으니 탄식하지 않을 수 있겠는가?"[18]

---

17) 『聖學輯要』(『栗谷先生全書』 권21), 「修己 中, 矯氣質」, "氣淸而質粹者, 知行不勉而能, 無以尙矣. 氣淸而質駁者, 能知而不能行. 若勉於躬行, 必誠必篤, 則行可立而柔者强矣. 質粹而氣濁者, 能行而不能知. 若勉於問學, 必誠必精, 則知可達而愚者明矣." 참조.

18) 『聖學輯要』(『栗谷先生全書』 권21), 「修己 中, 矯氣質」, "剛者終不足於柔善, 柔者終不足於剛善, 貪者未見其爲廉, 忍者未見其爲慈, 輕者未見其爲沈重. 然則人之實功, 只在百工伎藝而已, 不在於學問也, 可勝歎哉!"

기질의 교정과 밀접한 관련이 있는 것이 정기(正氣)를 기르는 양기(養氣)이다. 정기를 기르는 것이 곧 객기를 교정하는 방법이 되기도 한다. 그러므로 율곡은 기질 교정과 양기는 두 가지 서로 다른 것이 아니라고 한다. 율곡에 의하면 인의(仁義)의 마음은 진원지기(眞元之氣)와 밀접한 관련이 있다. 그런데 사람은 인의의 마음을 같이 받으나 품부 받은 기에 의해 열림과 가림이 있다. 그러나 타고난 인의의 마음을 잘 기르면 가림이 열려서 하늘로부터 받은 것을 온전히 할 수가 있다. 진원지기도 사람이 모두 같이 가지고 있지만, 부여받은 혈기에 따라 허와 실의 차이가 있다. 그러나 진원지기를 잘 기르면 허한 것이 실해져서 명받은 것을 잘 보전할 수 있다.[19] 그러면 잘 기르는 방법은 무엇인가? 천지의 기화(氣化)는 생생불궁하여 잠시라도 그침이 없다. 그리고 사람의 기는 천지의 기와 서로 통한다. 그래서 사람의 양심과 진원지기도 천지의 기와 더불어 자란다고 율곡은 말한다.[20] 양심과 진원지기를 해치는 것은 무엇인가? 그것을 율곡은 이목구비(耳目口鼻)와 사지(四肢)의 욕망이라고 한다.[21] 예컨대 귀에 좋은 소리와 눈에 좋은 색은 마음에 해가 되고, 음란한 소리와 아름다운 색은 뼈를 무너뜨리는 도끼와 같다. 율곡은 "마음을 기르는 것과 기를 기르는 것은 실제로는 하나의 일이다."라고 한다. 그러므로 양심이 날로 자라서 해침을 받지 않으면 그 가리움이 모두 제거되고 그렇게 되면 호연지기가 성대하게 유행하여 천지와 더불어 일체가 된다고 한다.[22]

---

19) 『聖學輯要』(『栗谷先生全書』 권21), 「修己 中, 養氣」, " 仁義之心, 人所同受, 而資稟有開蔽. 眞元之氣, 人所同有, 而血氣有虛實. 善養仁義之心, 則蔽可開而全其天矣. 善養眞元之氣, 則虛可實而保其命矣." 참조.

20) 『聖學輯要』(『栗谷先生全書』 권21), 「修己 中, 養氣」, "天地氣化, 生生不窮, 無一息之停. 人之氣, 與天地相通, 故良心眞氣, 亦與之俱長." 참조.

21) 『聖學輯要』(『栗谷先生全書』 권21), 「修己 中, 養氣」, "害良心者, 耳目口鼻四肢之欲. 而害眞氣者, 亦不出是欲焉." 참조.

율곡에 의하면 마음의 본체는 맑고 허명 하여 거울의 텅 빔과 같고 저울의 평평함과 같다. 그런데 이러한 마음의 본체가 기에 구애되고 욕심에 가려질 수 있다. 그 병폐는 (지혜와 기에 있어서) 어두움〔昏〕과 (나쁜 생각과 잡생각의) 어지러움〔亂〕이다.[23] 지혜가 어두우면 궁리를 할 수가 없어서 시비에 어둡게 된다. 기가 어두우면 나태하고 방종하게 된다. 나쁜 생각으로 인한 어지러움은 외물의 자극을 받아 사욕이 발생하는 것이다. 또한 잡생각으로 인한 어지러움이 있다. 보통 사람들은 이러한 두 가지 병으로 어려움을 겪어서 사물을 접하지 않을 때조차도 어둡거나 어지러워서 미발(未發)의 중(中)을 잃게 된다. 그러다가 사물을 접해서 느끼게 되면 지나치거나 모자라서 이발(已發)의 화(和)를 이루지 못하게 된다.[24]

그러면 이러한 두 가지 병에 대해서 어떻게 치유해야 하는가? 지혜의 어두움을 이기기 위해서는 궁리를 해서 선을 밝히는 것이 필요하고, 기의 어두움을 이기기 위해서는 의지를 돈독히 하여 기를 잘 거느려야 한다. 그리고 나쁜 생각으로 인한 어지러움을 막기 위해서는 마음의 본체를 잘 함양하여 성(誠)을 보존하고 선악을 잘 성찰하여 거짓됨을 제거하여야 한다.[25] 율곡은 안으로 마음을 바르게 하는 것과 함께 다른 한편으로 밖으로 몸가

---

22) 『聖學輯要』(『栗谷先生全書』 권21), 「修己 中, 養氣」, "然則養心養氣, 實是一事. 良心日長, 而無所戕害, 終至於盡去其蔽, 則浩然之氣盛大流行, 將與天地同其體矣." 참조.

23) 『聖學輯要』(『栗谷先生全書』 권21), 「修己 中, 正心」, "心之本體, 湛然虛明, 如鑑之空, 如衡之平. 而感物而動, 七情應焉者, 此是心之用也. 惟其氣拘而欲蔽, 本體不能立, 故其用或失其正, 其病在於昏與亂而已." 참조.

24) 『聖學輯要』(『栗谷先生全書』 권21), 「修己 中, 正心」, "昏之病有二. 一曰智昏, 謂不能窮理, 昧乎是非也. 二曰氣昏, 謂怠惰放倒, 每有睡思也. 亂之病有二. 一曰惡念, 謂誘於外物, 計較私欲也. 二曰浮念, 謂掉擧散亂, 掉擧念起之貌, 相續不斷也, 此念非善非惡, 故謂之浮念. 常人困於二病, 未感物時, 非昏則亂, 旣失未發之中矣. 其感物也, 非過則不及, 豈得其已發之和乎!" 참조.

25) 『聖學輯要』(『栗谷先生全書』 권21), 「修己 中, 正心」, "故窮理以明善, 篤志以帥氣, 涵養以存誠, 省察以去僞, 以治其昏亂." 참조.

짐도 바르게 하여야 한다고 보았다. 용모(容貌), 시청(視聽), 언어(言語), 위의(威儀)가 천칙(天則) 즉 예의에 맞아야 한다고 강조한다.[26] 외모가 장엄하지 못하면 마음도 풀어져서 방탕하게 될 수 있기 때문이다.

이상에서 보듯이 율곡의 수양론은 입지, 성의, 교기질, 양기, 궁리, 함양 성찰, 예의 중시로 구성되어 있다. 즉 성인이 되기 위해서는 먼저 뜻을 굳건히 세우고, 성의를 다해서 수양해야 하며, 수양의 방법으로는 기질을 바로잡는 교기질과 정기를 잘 기르는 양기가 있다. 또한 궁리를 통해 선을 밝히고 안으로 함양 성찰을 하며, 밖으로 예의를 잘 지킴으로써 자신의 욕심을 이기고 자기 관리를 철저히 하여 타고난 선한 양심과 진원지기를 잘 기르도록 해야 한다. 율곡은 수양론에서 특히 교기질과 양기, 예의를 중시하며, 성실을 기반으로 한 점진적 지속적 노력을 강조한다.

5. 무실(務實)과 수시득중(隨時得中)의 경세론

율곡은 조선 중기 붕당이 태동하던 시기에 살았다. 선조 임금 때 외척이면서도 사림의 보호에 힘썼던 심의겸과 신진 사류 김효원을 중심으로 사림이 양분되었다. 소장파들은 김효원을 지지하면서 세를 형성하였다. 심의겸은 김효원이 이조전랑에 오르려고 하자 그가 한때 외척 윤원형의 집을 출입했다는 사실을 들어서 흠결이 있다고 반대하였다. 이에 불만을 품은 김효원은 나중에 이조전랑에 올라서 그의 후임으로 심의겸의 아우가 오는 것을 외척이라는 이유로 반대하였다. 많은 신진 사류들이 김효원

26) 『聖學輯要』(『栗谷先生全書』 권21), 「修己 中, 檢身」, "心爲身主, 身爲心器, 主正則器當正. 但不可任其自正, 不爲之檢攝故. 大學之序, 修身在正心之後. 其用功之方, 不過容貌視聽言語威儀, 一循天則而已." 참조.

을 지지하는 동인으로 쏠리자 율곡은 심의겸을 옹호하였다. 또한 서인들이 김효원을 지나치게 공격할 때는 김효원을 옹호하기도 하였다. 율곡은 박순과 협의하여 이 둘을 외직으로 내보냄으로써 갈등을 보합하려고 하였다.

율곡 자신은 조정이 당파로 나누어지는 불행을 막기 위해서 당파 간의 극심한 대립을 보합하고 통합하려고 힘썼다. 그러나 동인의 입장에서 보면 율곡은 외척인 심의겸의 편을 드는 것으로 보였다. 그래서 공격의 대상이 되었다. 율곡의 노력에도 불구하고 조정에는 당파가 형성되었고, 율곡도 결과적으로는 성혼 · 정철 등과 서인의 중심이 되었다. 그래서 율곡은 만년에 병조판서 등에 있을 때 반대파로부터 "나라를 그르치는 소인" 이라는 비난까지 받으면서 물러나야 하는 안타까운 처지에 내몰렸다. 율곡 사후 동인이 득세하다가 정여립의 난을 계기로 다시 서인이 재등장하는 등 동인과 서인 사이에 일진일퇴의 공방이 벌어지다가 마침내 임진왜란을 맞이하게 되었다.

율곡은 사림으로부터는 왜 그렇게 벼슬에 집착하느냐? 군주가 신하의 말을 채택해주고 도를 실천할 의지가 없으면 당장 조정을 떠나야지, 왜 그렇게 한양 주변에서 오랫동안 머뭇거리느냐? 즉 출처가 분명치 못하다는 비난을 받았다. 그러나 다른 한편에서는 임금을 섬기고 벼슬을 하는 것을 좋아하지 않고 자꾸 그만두기를 좋아한다는 비난도 받아야 했다. 정치적 이상과 현실 정치의 장벽 사이에서 율곡은 양쪽의 비난을 감수하면서 도를 실현하고 백성을 고통으로부터 구하고 나라를 안정시키기 위해 열성을 다하였다.

율곡은 성리학의 정치 철학을 현실 정치에 그대로 적용하고자 하였다. 도는 철학적 관념으로 그치는 것이 아니라, 현실의 삶과 정치에서 구현되어야 의미가 있다. 주자의 정치 철학에서는 군주의 마음을 바로잡는 것을 정치의 요체로 보고 군주의 수양을 매우 중시한다. 율곡도 좋은 정치를 위해서는 군주가 바른 뜻을 세우고, 뜻을 진실하게 하고, 마음을 바르게 하여야 한다고 해서 군주의 수양을 강조하였다. 또한, 율곡은 군주가 선비들의 언로(言路)를 자유롭게 개방하고 공론을 활성화하여 공론에 따라 정의로운 정치가 되도록 해야 한다고 인식하였다. 정치는 군주 한 사람의 뜻과 의지가 아니라 사대부들의 공론에 따라 합리적 방식으로 이루어져야 한다고 보았다.

율곡은 경세론에서 시대에 맞지 않거나 미비한 법과 제도의 개혁 즉 경장(更張)을 주장하였고, 실제에 나아가 힘쓰는 것이 중요하다고 인식하였다. 그 시대에 백성의 삶에 가장 영향이 크고 중요한 문제부터 파악하여 그것부터 개혁하고자 하였다. 시급한 급선무로 본 것은 공물 폐단 · 군적 폐단 개혁이었다. 실학자 성호 이익은 조선에 시무를 아는 사람으로 율곡과 반계 유형원을 손꼽았고, 다산 정약용도 율곡의 경세론을 높이 평가하였다. 율곡이 선조에게 올린 상소문을 보면 임금의 마음을 바르게 하고 정치를 개혁하려는 간절한 충정과 뜨거운 애민 정신을 읽을 수 있다.

율곡의 경세론은 그의 상소문과 『성학집요』, 『경연일기』 등에 두루 나타나 있지만, 「만언봉사」에 압축적으로 잘 표현되어 있다. 율곡은 정치에서는 지시(知時) 즉 시대 변화에 따른 마땅함〔時宜〕을 아는 것이 귀하고, 일하는 데는 실질에 힘써야〔務實〕 한다고 주장한다. 만일 그렇게 하지 않으면 성군과 현인이 서로 만나 다스려도 효과가 이루어지지 않는다고 한다.[27] 시의(時宜)란 시대의 때에 따라서 변통하여 법을 제정하여 백성을 구제하는 것이라고 한다. 율곡에 의하면 법은 시대에 따라 만드는 것이고, 시

---

27) 『栗谷先生全書』 권5, 「萬言封事」, "政貴知時, 事要務實. 爲政而不知時宜, 當事而不務實功, 雖聖賢相遇治, 效不成矣." 참조.

대가 바뀌면 법도 같지 않다.[28] 시대에 따라 바꾸어도 되는 것은 법과 제도이고, 시대를 초월해서 바꿀 수 없는 것은 왕도 정치의 이상, 인정(仁政)의 정치 철학, 삼강과 오상 같은 도덕 원리일 뿐이라고 한다. 그런데 사람들이 이것을 잘 인식하지 못해서 바꾸어도 되는 법을 바꾸려 들지 않고 묵수하려고 한다는 것이다.[29] 그래서 백성에게 불편한 폐단을 개혁하지 못하고 있는 것이다.

율곡은 정사를 다스림에 있어서 권(權)과 의(義)를 아울러 중시한다. 여기서 권이란 때에 따라 중을 얻음〔隨時得中〕을 뜻하고, 의란 일을 처리함에 마땅함에 부합〔處事合宜〕하는 것을 말한다. 그래서 권으로 변화에 대응하고, 의로써 사무를 처리하면 된다는 것이다. 또한 정사를 처리하면서 옳고 그름의 시비 문제와 함께 결과가 가져오는 이익과 손해도 아울러 고려해야 한다고 한다. 이해(利害)가 급하다고 하여 시비(是非)를 분별하지 않게 되면 일을 처리하는 올바름에 어긋나고, 반대로 시비만 따지고 이해를 고려하지 않으면 변화에 대응하는 권에 어긋나기 때문이다.[30]

그런데 율곡에 의하면 권에는 고정된 규칙이 없고〔權無定規〕 중을 얻는 것〔得中〕이 귀중하고, 의에는 항상된 법제가 없고〔義無常制〕 마땅함에 합치되는 것(合宜)이 귀중하다. 중을 얻고 마땅함에 합치되면 올바름과 이익이 그 가운데 있는 것이라고 한다.[31] 여기서 궁극적인 것은 나라에 편리하

28) 『栗谷先生全書』 권5, 「萬言封事」 "蓋法因時制, 時變則法不同." 참조.

29) 『栗谷先生全書』 권5, 「萬言封事」, "大抵隨時可變者, 法制也. 亘古今而不可變者, 王道也, 仁政也, 三綱也, 五常也. 後世道術不明, 不可變者, 有時而遷改. 可變者, 有時而膠守. 此所以治日常少, 亂日常多者也." 참조.

30) 『栗谷先生全書拾遺』 권5, 「時弊七條策」, "竊謂道之不可竝者, 是與非也. 事之不可俱者, 利與害也. 徒以利害爲急, 而不顧是非之所在, 則乖於制事之義. 徒以是非爲意, 而不究利害之所在, 則乖於應變之權." 참조.

31) 『栗谷先生全書拾遺』 권5, 「時弊七條策」, "權無定規, 得中爲貴. 義無常制, 合宜爲貴. 得中而合宜, 則是與利在其中矣." 참조.

고 백성에 이로우냐가 중요하다. 만약 나라를 편안히 하고 백성을 보호하는 데 도움이 되면 해야 하고, 그렇지 않으면 해서 안 되는 것이다.[32] 율곡의 경세론에 있어서 궁극적인 것은 '백성을 이롭게 하고 보호하는 것' 과 '나라에 편리하고 나라를 안정되게 하는 것' 임을 알 수 있다.

율곡의 무실론에 의하면 일을 함에는 공허한 말이 아니라 진실함이 있어야 한다. 진실한 노력〔實功〕이 있어야 실제적 효과(實效)가 있다.[33] 진실한 노력이 없이는 실제적 효과를 기대할 수 없다. 율곡은 그 시대 정치에 있어서 일곱 가지가 실효가 없다고 비판하고, 실효를 얻기 위해서는 실공(實功) 즉 실제적 노력이 필요하다고 역설한다.[34] 그 일곱 가지는 다음과 같다. ① 상하 즉 군신이 서로 믿는 실이 없고, ② 신료들이 정무를 책임지는 실이 없고, ③ 경연에서 무언가 이루어지는 실이 없고, ④ 현인을 초청해서 임용해 쓰는 실이 없고, ⑤ 천재(天災)를 만나서도 하늘에 응하는 실이 없고, ⑥ 여러 가지 정책이 백성을 구제하는 실이 없고, ⑦ 백성들의 마음이 선을 향하는 실이 없다.

그래서 결과적으로 나라 꼴이 만 칸의 거대한 궁궐이 오랫동안 수리를 하지 않아서, 크게는 대들보가 작게는 서까래가 썩지 않은 것이 없다고 비유한다. 이러한 현실 국가의 위기 사태를 맞이하여 율곡은 어떤 처방을 내렸을까? 율곡은 군주에게 수기의 요점 네 가지와 백성을 편안하게 하는 안

---

32) 『栗谷先生全書拾遺』 권5, 「時弊七條策」, "苟可以便於國利於民, 則皆可爲之事也. 苟不能安其國保其民, 則皆不可爲之事也." 참조.

33) 『栗谷先生全書』 권5, 「萬言封事」, "所謂實功者, 作事有誠, 不務空言之謂也. 子思子曰: 不誠, 無物. 孟子曰: 至誠, 未有不動者也. 苟有實功, 豈無實效哉. 今之治效靡臻, 由無實功." 참조.

34) 『栗谷先生全書』 권5, 「萬言封事」, "今之治效靡臻, 由無實功, 而所可憂者有七. 上下無交孚之實, 一可憂也. 臣鄰無任事之實, 二可憂也. 經筵無成就之實, 三可憂也. 招賢無收用之實, 四可憂也. 遇災無應天之實, 五可憂也. 羣策無救民之實, 六可憂也. 人心無向善之實, 七可憂也." 참조.

민(安民)의 요점 다섯 가지를 제시한다. 수기의 요점 네 가지는 다음과 같다.[35] ① 군주의 뜻을 떨쳐서 삼대의 홍성한 정치를 회복하려고 기약하는 비전이 있어야 한다. ② 성학에 힘써서 성의(誠意), 정심(正心)의 수양 공부를 극진히 해야 한다. ③ 편벽되고 사사로운 마음을 제거하고 지극히 공정한 덕량(德量)을 갖춰야 한다. ④ 현명한 선비를 가까이해야 한다. 즉 큰 이상을 가지고 마음을 바르게 하여 매사를 공정하게 처리하며 현명한 신하를 가까이 두어야 한다는 것이다.

안민의 요점 다섯 가지는 다음과 같다.[36] ① 군주가 진실한 마음을 가지고 신하들의 마음을 얻어야 한다. 신하를 의심하지 말고 믿고 일을 맡겨야 한다. ② 공안(貢案)을 개혁해서 함부로 거둬들이는 폐해를 제거해야 한다. ③ 절검을 숭상해서 사치 풍조를 바꾸어야 한다. ④ 선상(選上)을 변화시켜서 공천(公賤)의 고통을 구제한다. ⑤ 군정(軍政)을 개혁하여 내외의 방비를 견고하게 해야 한다.

율곡의 경세론은 한편으로는 군주의 마음을 바르게 하는 것과 덕을 강조하고 다른 한편으로는 사대부의 공론에 의한 정치, 그리고 백성과 나라의 평안을 위한 제도의 개혁과 실제적인 것에 힘쓰는 무실 사상으로 특징지어진다. 그는 군주의 덕을 기르기 위해 노력하였고, 실제적인 것에 힘써서 민폐 개선을 위한 제도 개혁(경장)의 정책 대안을 제시하였고, 사림의 공론에 의한 정치를 주장하였다. 그러나 안타깝게도 율곡이 생존하던 당시에는 그가 주장한 정책이 왕이나 사대부에 의해서 적극적으로 받아들여

35) 『栗谷先生全書』 권5, 「萬言封事」, "修己爲綱者, 其目有四. 一曰: 奮聖志期回三代之盛, 二曰: 勉聖學克盡誠正之功, 三曰: 去偏私以恢至公之量, 四曰: 親賢士以資啓沃之益." 참조.

36) 『栗谷先生全書』 권5, 「萬言封事」, "安民爲綱者, 其目有五. 一曰: 開誠心以得羣下之情, 二曰: 改貢案以除暴斂之害, 三曰: 崇節儉以革奢侈之風, 四曰: 變選上以救公賤之苦, 五曰: 改軍政以固內外之防."

지지 않았다. 그렇지만 인조반정 이후 서인이 집권하면서 율곡의 『성학집요』는 정치학의 교과서가 되고, 율곡이 제안한 정책은 새롭게 주목을 받고 일부는 시행되기도 하였다. 예컨대 율곡이 제안한 대공수미법(貸貢收米法)은 대동법으로 결실을 보았다.

6. 맺음말

율곡은 성리학을 조선 사회의 현실에 맞게 재해석하여 도덕적이고 합리적인 나라를 만들기 위한 이념의 정립과 함께 그것의 실현을 위해 헌신하였다. 율곡은 같은 성리학자이면서도 퇴계와는 다른 이기론과 심성론을 펼쳐 보였다. 나아가 수양론에서도 퇴계는 경을 주로 하는 수양론을 발전시킨 데 비해 율곡은 정기(正氣)를 기르거나 기질을 바로잡는 교기질을 중시하고 성의를 강조하였다. 그리고 마음 수양과 함께 예를 중시하는 방향으로 전개되었다. 정치사상에서는 군주의 수양을 강조하는 한편 사대부의 공론에 의한 합리적 정치를 주장하였고, 백성을 이롭게 하고 나라를 안정시키기 위해 시대에 맞지 않는 법과 제도의 합리적 개혁을 주장하였다. 백성을 위해 변화하는 현실에 적응하는 법과 제도의 개혁 이념은 그의 경세론이 현실 상황 대처에 있어서 실용성을 중시했음을 보여준다.

율곡의 철학은 이기론에서는 이와 기의 불가분리 한 '이기지묘' 를 강조하여, 이(理)와 기(氣)의 어느 한쪽에 치우치지 않는 중도적 입장을 견지한다. 심성론에서는 사람의 정(情)이 중을 얻으면 선이 되며, 그렇지 못하면 악이 될 수 있다고 보았다. 수양론에서도 편중된 기질을 바로잡아 어느 쪽에 치우치지 않는 중에 도달하여야 한다고 인식하였다. 정치에서도 '수시득중(隨時得中)' 과 '처사합의(處事合宜)' 를 중시하였다. 제도와 정책이 시대의 변화에 부합하여 득중할 수 있도록 역동적 대응을 추구하였다. 이처럼 율곡은 철학과 경세론에 있어서 일관되게 중(中)을 중시하는 특징을 보여준다. 그의 무실(務實)과 경장(更張)을 강조한 경세론은 실학사상에도 영향을 주었다.

우리는 여기서 율곡 사상의 적극적 의의와 함께 현실적 한계를 논의해 보도록 한다. 사림의 공론 정치는 가능할까? 같은 사림이라고 하더라도 당파에 따라 정치적 판단이나 정책에 대한 의견이 달라서 서로 대립하고 갈등하는 적이 많은데 과연 공론에 따른 합리적 정치는 가능한가에 대해서 현실적으로 의문을 제기할 수 있다. 또한 인간의 기질을 교정한다는 것이 현실적으로 가능할까? 우리는 대부분의 사람들이 타고난 기질대로 살아가는 모습을 목도한다. 그것을 바꾸는 것이 매우 어렵다는 것을 경험한다. 물론 그것이 불가능한 것은 아니라고 하더라도 매우 지난해서 일반인에게는 어려운 목표로 보일 수 있다. 그리고 사단과 칠정이 다른 종류의 감정이 아니라고 할 수 있을까? 타자와의 공존을 중시하는 도덕적 '본성' 과 유기체의 생존을 위한 이기적 '본능' 은 다르다. 본성에서 비롯된 감정과 본능에서 비롯된 감정을 동일한 감정으로 볼 수 있을까에 대해서도 의문을 제기할 수 있다. 율곡의 이기론과 심성론은 퇴계 철학을 따르는 갈암 이현일 · 우담 정시한 등에 의해서 문제점이 비판되었다. 그러나 실학자 다산 정약용의 율곡의 학문에 대한 다음 평가는 정곡을 찌르는 것이다. "우리나라의 선배 가운데 오직 문성공 이이만이 공안(貢案) 개혁과 군적(軍籍) 개혁과 십만의 군대를 양성하는 것을 임금 앞에서 거듭하여 간곡하게 개진하였으니, 참으로 유용한 학문이다." (『경세유표』 권7)

참고문헌

이 이, 『율곡전서』
이 황, 『퇴계전서』
주 희, 『주자전서』
기대승, 『고봉집』
성 혼, 『우계집』
한국학중앙연구권 편, 『율곡학연구총서』, 율곡학회, 2007.

유명종, 『율곡의 학풍과 사상』, 세종출판사, 2016.
이상익, 『기호성리학논고』, 심산, 2005.
황의동, 『율곡사상의 체계적 이해』, 서광사, 1998.
황의동, 『율곡학의 선구와 후예』, 예문서원, 1999.
황준연, 『율곡철학의 이해』, 서광사, 1995.

남명 조식(曺植)(1501년~1572년): 자는 건중(健中), 호는 남명(南冥). 1501년 경남 합천에서 조언형과 이국의 딸 사이에서 태어났다. 어려서 벼슬을 하는 아버지를 따라 한양에 와서 20대 중반까지는 주로 한양에서 살았다. 성운, 성수침과 가까이 교유하였다. 젊어서 과거 공부를 하였으나 37세에 낙방하고 나서는 처사로서 학문과 수양에 몰두하였다. 학자로서의 명망이 높아져서 55세에는 단성현감에 임명되었으나 척신 정치를 비판하는 격한 표현의 단성현감 사직소를 올려서 위태로운 처지에 놓이기도 하였지만, 조야에 올곧은 선비로서의 명성을 드날렸다. 20대 중반에 한양에서 다시 고향으로 돌아와 합천, 김해, 산청 등으로 옮겨 다니며 강학에 힘써서 많은 제자를 양성하였다. 현실 정치에 관심이 많았지만, 능력을 발휘하기에 적절한 임금을 만나지 못했기 때문에 벼슬에 나아가지 않았다. 현실을 벗어난 추상적인 논변이나 저술을 그다지 좋아하지 않아서 저술을 많이 남기지는 않았다. 현실 정치 비판에 거리낌이 없었고 권력과 타협하지 않는 의로움을 보여주었다. 일생 자기 수양에도 엄격하였고 불의에 대해서는 용납하지 않았다. 그의 제자 중에는 임진왜란 때 의병을 일으킨 사람이 많았다. 제자로는 정인홍, 최영경, 정구, 김우옹, 곽재우 등이 있다. 시호는 문정(文貞)이다. 남긴 저술로는 『남명집』, 『신명사도(神明舍圖)』 등이 있다.

제3장

지리산을 사랑한 야성의 철학자, 남명 조식

|

남명 조식의 의(義)의 철학과 수양론

1. 들어가는 말: 남명학의 한국철학사적 위상과 남명학의 독법

남명 조식(南冥 曹植: 1501~1572)은 한국철학사에서 독특한 위치를 차지한다. 16세기 조선 성리학은 크게 보면 주자학 계열과 비주자학 계열로 나누어 볼 수 있다. 퇴계가 주자학 계열을 주도하였다면, 성리학계 안에서도 남명과 화담은 순수 주자학 계열과는 구별되는 다른 길을 지향하였다. 그리하여 남명학은 나중에 주류로 발전하는 순수 주자학 계열과는 다른 독특한 특성을 지니게 된다. 퇴계와 남명은 공통으로 경(敬)을 중시하면서도 퇴계는 인(仁)을 남명은 의(義)의 실천을 강조한다.

남명 사상에 대해서는 '노장적이다', '양명학적이다' 또는 '법가적이다'는 주장이 제기되었다. 이에 대해 남명학은 정주학 또는 성리학의 범위와 성격을 벗어나는 것은 아니라고 보는 반론도 만만치 않다. 그러면 어느 쪽 주장이 옳은가? 우리는 남명학의 사유를 이중적 구조로 나누어 분석할 필요가 있다. 정신분석학은 인간의 정신을 의식과 무의식의 차원으로 구분하여 분석한다. 인간은 자신도 잘 의식하지 못하는 무의식적 욕망이 있고, 이러한 무의식적 욕망이 인간의 행동에 중대한 영향을 미친다. 어떤 사람을 이해할 때 표층의 의식만 보아서는 안 되고, 심층의 무의식을 꿰뚫어 보아야 한다. 텍스트를 분석하는 데에도 텍스트의 표면적 의미만이 아니라 숨겨진 심층적 의미를 해독하지 않으면 그 텍스트를 제대로 이해했다고 보기 어렵다. 이러한 논리는 『남명집』 분석에도 적용될 수 있다. 『남명집』에 나타난 표면적 언술만으로 남명 사상을 이해하는 것은 일면적이고 피상적이다. 그러한 한계를 넘어서 심층적 내면에 있는 남명의 고유한 소리에 주목할 필요가 있다.

남명이 살던 조선 중기는 유교 국가로서 특히 정주학의 이념이 강하게 확산되던 시대이니만큼 그것과 다른 사유가 쉽게 용납되기가 어려웠다. 이러한 시대적 한계 때문에 남명은 자신의 고유하고 독특한 사상을 체계적으로 논술하기에는 제약이 있었을 것이다. 남명으로서도 정신적으로 자기 검열로부터 완전히 자유로울 수 없었던 것이다. 그럼에도 불구하고 남명은 그의 시(詩)나 부(賦), 서(書) 등의 작품을 통해 자신의 무의식적 내면의 목소리를 곳곳에 뿌리고 있고, 행간을 통해 자기의 목소리를 은근히 내비치고 있는 것이다. 즉 표면적 차원에서 보면 남명은 기존 성리학의 한계를 벗어나지 못하는 것으로 보이지만, 심층에서 보면 남명은 성리학과 다른 자기만의 또 다른 목소리를 보여주고 있는 것이다. 그래서 혹자는 남명의 심층의 목소리를 '도가적', '양명학적', '법가적' 이라고도 하는 것이다. 정주학적 또는 성리학적이라고 보는 쪽이 표면적 의식적 관점이라면 다른 한쪽은 심층적 무의식적 관점이다. 즉 양쪽은 남명 사상의 서로 다른 층위를 보고 있는 것이다.

우리는 남명이라는 인물의 철학을 해독하는 데 있어서 다른 유학자와는 달리 어려움을 겪는 것이 사실이다. 남명은 때로는 안회(顔回)와 같은 초연한 이미지로 때로는 이윤(伊尹)처럼 이 세상의 일에 깊은 관심과 고뇌를 보이는 참여형 선비의 이미지로 다가온다. 때로는 자연에 숨어 살아가는 담백한 은자로 보이는가 하면 다른 한편으로는 이 세상의 권력에 깊은 관심을 보이고 그것에 대해 목숨을 걸고 비판하는 광야의 예언자형 선비로도 보인다. 도학적 이념을 추구하는 성인군자를 지향하는가 하면 난세를 평정하는 영웅호걸의 모습으로도 다가온다. 유학적 의리와 예절에 목숨을 거는 철저한 유자인가 하면 유학의 굴레를 벗어나 노장(老莊)사상까지 받아들이는 호방하고 무애한 개방적 사상가로 보이기도 한다. 이러한 남명 사상의 초점 불일치는 그의 시대와 그의 사상이 서로 코드가 다를 때 나타나기 쉬운 현상이다. 시대적 흐름과 개인의 기질적 성향이 상이할 때는 이러한 분열과 불일치가 나타나기 쉽다. 이것을 긍정적으로 보면 그의 사상이 진보적이고 복합적이고 창조적임을 뜻한다. 그의 사상의 이러한 특성이 그의 수양론 속에 어떻게 나타나고 있을까?

남명철학의 핵심은 이기론이나 심성론보다는 수양론에서 발견할 수 있고, 남명의 수양론은 그의 의리론과 밀접한 관계를 맺고 있다. 우리는 이 글에서 남명철학의 핵심을 형성하는 수양론과 그것의 특성 및 그것의 현대적 철학적 의미를 탐색해 보도록 한다. 이 연구를 위하여 우리는 『남명집』을 비롯하여 남명의 독서 기록과 같은 『학기류편(學記類編)』, 그리고 남명의 문인의 문집을 분석할 것이다.

2. 남명 수양론의 체계

1) 수양론이 지향하는 인간상

성리학은 크게 보면 본체론 · 인성론 · 수양론 · 경세론으로 나누어 볼 수 있다. 수양론은 성리학의 목표인 내성외왕(內聖外王)의 성인이 되기 위한 공부론이라고도 할 수 있다. 서양 철학과는 달리 동양 철학에서는 수양론이 크게 발달하였다. 공자 · 맹자 · 순자의 선진 유학에서도 수양론의 원리가 제시되었지만, 불교와 도가의 영향을 많이 받은 송대 성리학에서 특히 수양론이 크게 발전하였다. 수양론은 좁게 말하면 존양성찰(存養省察)을, 넓은 의미로 말하면 존양성찰과 격물치지(格物致知)를 함께 아우른다. 송대 성리학에서 수양론의 근본 원리를 무엇으로 보느냐 하는 것은 학자에 따라 차이가 있다. 주돈이(周敦頤)는 '정(靜)' 을 위주로 하는가 하면, 정이(程頤)는 '경(敬)' 을 정호(程顥)는 '성(誠)' 을 위주로 하였다. 또한 상대적으로 '정좌(靜坐)' 와 '존덕성(尊德性)' 을 중시하는 학자가 있는가 하면, 다른 한편으로는 '격물치지' 와 '도문학(道問學)' 의 지적 탐구를 우선시하는 학자도 있다. '미발(未發)' 에서의 존양을 우선으로 하는가 하면 '이발(已發)' 에서의 성찰을 중시하는 학자도 있다. 성리학의 수양론이라 하더라도 이처럼 단순하지 않고 다양한 이론이 있어서 그 가운데 상대적으로 선택의 가능성이 열려 있었다. 남명은 이러한 다양한 이론 가운데 어떤 원리를 중심으로 자기의 수양론을 정립하였을까?

남명의 수양론을 고찰하기 위해서는 우선 그가 지향하는 인간상이 무엇인지부터 살펴볼 필요가 있다. 남명이 수양을 통해 목표로 하는 인간상은 어떤 존재일까? 일반적으로 성리학이 지향하는 인간은 '내성외왕' 의 성인이다. 남명은 25세 때 『성리대전』을 읽다가 원나라 허형(許衡)이 "이윤(伊

尹)의 뜻에 마음을 두고 안자(顔子)의 학문을 배워 벼슬길에 나아가면 큰일을 해내고, 초야에 숨어 살면 자신을 지키는 것이 있어야 한다. 대장부는 이와 같이 해야 한다."라고 한 말에서 큰 감명을 받았다고 한다. 그래서 남명에게는 안자(顔子)를 삶의 모델로 보는 측면도 있다. 그런데 다른 한편으로 남명에게 있어서는 도덕적 성자 못지않게 영웅을 지향하는 측면이 강하다. 영웅은 이 세상에 큰 공적을 남기려 한다. 영웅을 지향하는 남명에게 있어서 그에게 내려지는 벼슬은 너무나 약소했고 군주의 뜻은 낮았다. 크게 한번 영웅이 되어 이 세상을 제대로 바로잡아 보려는 의지가 남명 수양론의 밑바탕에 있다.

남명은 평소 '용'과 '우레'와 '칼'의 상징을 자주 사용하였다. 용과 우레와 칼은 영웅의 이미지와 밀접한 연관이 있다. 용은 하늘로 날아 자기 뜻을 마음껏 펼치고, 우레는 세상을 크게 놀라게 하는 것이고, 칼은 악을 제거하고 정의를 실천하는 매개물이다. 용과 우레와 칼의 이미지는 마치 영웅이 갑자기 세상에 나타나 사람들을 놀라게 하면서 자기의 뜻을 마음껏 펼쳐서 난세를 평정하는 것을 연상하게 한다. 영웅은 큰 뜻을 품고 대사를 위해 자신의 모든 것을 바친다. 그러기 위해서는 뜻을 이루기 위해서 착실하게 준비를 쌓아 나가야 한다. 영웅이 되기 위해서는 먼저 강건하고 독실한 기상을 키우지 않으면 안 된다. 또한 영웅은 자신에게 엄격하게 하지 않으면 안 된다. 영웅은 이론적인 논의보다는 늘 실천에 우선을 둔다. 남명이 제자들에게 당부한 다음 언명도 그의 영웅 지향적 면모를 보여준다.

> "대장부의 거동과 멈춤은 산악처럼 장중해야 한다. 만 길이나 되는 높은 벽처럼 우뚝 솟아 있다가 때가 오면 자기를 펴서 수많은 사업을 해낸다. 비유컨대 천근이나 되는 큰 활을 한번 쏘아서 만 겹이나 되는 견고한 벽을 부수는 것과 같아야 한다. 그러나 쥐를 잡기 위해 그러한 활을 쏘지는 않는다."[1)]

그렇다고 남명이 성인의 길을 버리고 오로지 영웅의 길을 택했다고 말할 수는 없다. 남명도 자기 시대의 아들인 이상 도덕적 성인의 이상에 대한 집착을 떨쳐버리지는 못하였다. 또한 다른 한편에서는 세상이라는 권력의 틈바구니를 초탈하여 자연의 도와 융화된 노장의 진인 내지 도교 신선을 지향하는 면도 없지 않다.[2] 이 세 가지는 피상적으로 보면 서로 별개의 것으로 보이지만 남명에게는 그것들이 하나의 큰 인격 속에 통합된다. 뜻을 얻지 못했을 때는 신선처럼 세상을 잊고 자연 속에서 고결하게 살거나, 아니면 안회처럼 독선기신(獨善其身) 하면서 성자와 같이 산다. 그러나 때를 만나서 뜻을 얻으면 영웅처럼 나타나 세상을 바로잡고 도덕과 정의를 구현한다. 남명의 「엄광론(嚴光論)」은 엄광이 출사하지 않은 것에 대한 변명이지만, 사실은 남명 자신의 출처에 대한 입장을 드러내 보여주고 있다. 엄광이 광무제를 섬기지 않은 것은 그의 뜻이 높았기 때문이라고 남명은 변호한다.

> "용을 잡는 기술을 가진 사람은 (제사에 바칠) 희생을 잡는 부엌에 들어가지 않고, 왕도 정치를 보좌할 수 있는 사람은 패도 정치를 하는 나라에 들어가지 않는 법이다. 엄광이 양털 가죽옷을 입고 시골에 살면서 스스로 고기 낚는 사람이라고 하면서 한(漢)나라를 위해 자기 뜻을 조금도 굽히려 하지 않았던 것은, 품고 있는 포부가 커서 그런 것이 아니겠는가?"[3]

---

1) 金宇顒, 『東岡集』 권17, 20면, 「南冥先生言行錄」, "丈夫動止, 重如山岳, 壁立萬仞, 時至而伸, 方做出許多事業. 譬之, 千鈞之弩一發, 能碎萬重堅壁, 固不爲遏鼷鼠發也."

2) 『東岡集』 권17, 19면, 「南冥先生行狀」, "平生酷好山水, 凡泉石佳處, 遊歷靡遺. 尤愛頭流山水之壯麗, 至於十往來不厭. 常與李黃江諸公遊頭流, 有錄行于世." 참조.

3) 조식, 『남명집』, 경상대 남명학연구소 옮김, 한길사, 2004, 334면.

남명도 엄광처럼 그 뜻이 높은 데 비해서 자신의 높은 뜻을 헤아려주는 성군을 만나지 못하였기 때문에 끝내 출사하지 않고 '독선기신' 하면서 때로는 자연 속에서 도가적 자유를 만끽하기도 하였다. 남명은 의식적 차원에서 성인을 추구하면서도 무의식적으로는 영웅과 신선(또는 진인)에 대한 동경이 있었다. 수양의 목표가 다른 여느 성리학자와는 차이가 있기 때문에 수양의 방법론에서도 차이가 있을 수 있다. 남명이 추구하는 인간상이 성인이든, 영웅이든, 신선이든 간에 공통된 점이 있다. 그것은 천하를 준다고 하더라도 흔들림이 없는 지조와 절개, 그 무엇에도 두려움이 없는 용기와 평정심, 불의와 타협하지 않는 고결한 인격일 것이다. 이러한 벽립천인(壁立千仞)·추상열일(秋霜烈日)의 고고한 인격과 자유정신이야말로 남명이 평생 동안 수양을 통해 도달한 높은 정신 경지인 것이다. 이러한 정신 경지는 선천적으로 타고나는 것만도 아니고, 단순히 독서를 많이 해서 되는 것도 아니다. 그가 일생을 바쳐 전력을 다해서 자기 수양에 몰두한 소중한 결실인 것이다.

2) 수양의 중요성

남명은 지리산을 유람하고서 쓴 「유두류록(遊頭流錄)」에서 다음과 같은 소회를 밝혔다.

> "…… 이 광경을 보면 사람의 습성이라는 것은 주의하지 않으면 잠깐 동안에 낮은 쪽으로 내려가는 것임을 알 수 있는 것이다. 왜냐하면, 앞서도 그 사람이고 뒤에도 같은 사람인데, 전날 청학동에 들어가서는 마치 신선들이 된 듯해도 오히려 만족하지를 않았고, 또 신응동에 들어가서는 바야흐로 신선들이 된 것 같았으나 오히려 모두들 부족하다고 여기면서, 은하수를 걸터타고서 하늘에 들

어가거나, 학을 부여잡고 하늘 높이 날아올라 가 문득 인간 세상에 내려오지 않으려고 하였었다. 그러나 뒤에 와서는 모두들 좁은 방안에 몸을 굽혀 잠을 자면서 또 그것을 자기의 분수로 달게 받아들이고 있는 것이다. 이것은 비록 현재의 지위를 편안하게 여기는 경우라 하더라도 그 수양한 바가 높지 않아서는 안 되며, 머무는 곳이 작고 낮아서는 안 되는 것임을 알게 하는 것이다. 또한 착하게 되는 것도 습관으로 말미암는 것이요, 악하게 되는 것도 습관으로 말미암는 것임을 알게 한다. 또한 끊임없이 발전하는 사람이 되느냐 끊임없이 퇴보하는 사람이 되느냐 하는 것도 다만 발 하나 까닥하는 사이에 달려 있음을 알게 하는 것이다."[4]

위의 글에서 남명은 지리산 산행을 하면서 느끼는 소회를 인간의 삶과 인간 존재의 본질에 대한 성찰로 이어가고 있다. 여기서 남명은 인간이란 정태적 실체가 아니라 부단히 변화해 가는 존재임을 말하고 있다. 인간은 그의 습관에 의해 선하게도 악하게도 될 수 있는 가변적 존재이다. 크고 높은 경지로 상승할 수도 있고, 작고 낮은 경지에 안주할 수도 있다. 인간은 위로 상승하고 고양하지 않으면 아래로 하강하고 퇴락하는 존재이다. 남명에 의하면 인간은 부단히 자신의 인격을 수양하여 위로 상승하느냐 아니면 아래로 하강하느냐의 갈림길에서 매 순간 선택하고 결단해야 하는 존재이다. 남명 사상에서 인간이란 그의 소유나 사회적 지위가 아니라, 인격의 품격에 의해 평가되어야 한다. 사회적 척도가 아니라 실존적 척도가 중요한 것이다. 따라서 수양은 절대적 과제인 것이다. 수양의 질과 정도에 비례해서 의리를 올바르게 인식하고 또한 올바르게 실천할 수 있다. 반면에 수양이 부족할 때는 의리를 인식하는 것이 올바르지 못하거나 실천이

4) 『남명집』, 경상대 남명학연구소 옮김, 한길사, 375면.

철저하지 못할 수 있다. 그러므로 남명은 수양의 중요성을 무엇보다 강조한다. 남명이 쓴 「원천부(原泉賦)」 역시 수양의 중요성에 대한 인식을 잘 보여주고 있다.

> "큰 근원이 곤륜산에서 발원하여,
> 온 천지 사방에 가득 퍼진다.
> 큰 물결 하늘에 닿을 듯이 도도히 흘러가면,
> 결코 물길을 바꾸거나 흐리게 할 수 없나니,
> 태양이 땅을 태울 듯이 강력히 내리쬐더라도,
> 누가 한 바가지의 물인들 줄일 수 있으랴!
> 또한 군자가 선의 단서를 미루어 극진히 하는 데는,
> 근본을 세우는 것이 무엇보다 중요하다.
> 또한 학문이란 쌓지 않으면 두터워지지 않으니,
> 비유컨대 오줌을 받아놓고 바다를 묻는 것과 같다.
> 진실로 신령한 뿌리가 마르지 않으면,
> 천하를 적시고도 마르기 어려우리.
> 덮어놓지 않은 샘의 차가운 물을 보라.
> 아무리 퍼내어도 여전하지 않은가!"[5)]

마치 큰 근원이 있는 물이 끝없이 천지 사방으로 줄기차게 흐르는 것처럼 인간도 그 본원(本源)을 잘 함양해야 한다고 남명은 말하고 있다. 그 용(用)이 무궁하게 전개되기 위해서는 우선 그 근원이 되는 체(體)를 굳건하게 잘 함양해야 하는 것이다.

---

5) 『남명집』, 경상대 남명학연구소 옮김, 한길사, 151-152면.

3) 수양의 원리로서의 경(敬)과 조식(調息)

그렇다면 인간은 어떤 원리에 따라 수양을 해야 할까?

> "마음으로 세상만사에 대응하면,
> 온갖 물욕의 감정이 마음을 흔들고 돋운다.
> 학문으로 근본을 삼으면,
> 물욕의 감정이 마음을 흔들지 못한다.
> 물욕의 감정에 빠져버리면 근본이 없어지며,
> 물욕의 감정에 흔들리면 쓰임이 없어지리라.
> 경을 통하여 그 근원을 함양하고
> 하늘의 법칙에 근본 해야 하리라"

위의 글에서 남명은 물욕의 감정이 마음을 흔들지 않게 하려면 학문을 해야 하고, 학문함에 있어서 경으로써 근원을 함양하고 하늘의 법칙에 따라야 한다고 언명한다. 여기서 볼 수 있듯이 남명의 수양론의 근본 원리는 경(敬)이다. 남명에게 있어서 경은 무엇일까? 「경도(敬圖)」에 의하면 남명은 경을 "주일무적(主一無適)", "정제엄숙(整齊嚴肅)", "상성성법(常惺惺法)", "기심수렴(其心收斂)" 등의 개념으로 설명하고 있다.

또한 송파자에게 보내는 글에서도 경이 성학(聖學)의 시작과 끝이며, 주경(主敬) 공부가 없으면 그 학문은 거짓이라 하였다.

> "경(敬)이란 성학(聖學)의 시작과 끝을 이루는 것이다. 초학에서부터 성현에 이르기까지 모두 주경(主敬)으로써 도에 나아가는 방도로 삼았다. 학문하면서 주경 공부가 없다면 그 학문은 거짓이다. 맹자가 말하기를 '학문의 도는 다른

데 있는 것이 아니다. 놓아 버린 마음을 거두어들이는 것일 뿐이다.' 고 하였다. 이것이 주경의 공부이다. 옛날 성현의 책이 비록 많지만, 이 한마디 말이 지극하고 극진하다. 배우는 사람이 진실로 이 마음을 수렴(收斂)하여 오랫동안 잃지 않는다면 모든 사사로움이 스스로 그친다. 그리고 만 가지 이치가 스스로 통한다. 이것은 나의 망령된 말이 아니고, 성현이 남긴 가르침이다. 그래서 매번 학자에게 이것으로써 고한다."[6)]

남명은 선조에게 올린 「무진봉사(戊辰封事)」에서도 수양의 요체로서 경을 제시하였다.

"그 이치를 궁구하고 몸을 닦으며, 가슴 속에 본심을 보존하고 밖으로 자신의 행동을 살피는 가장 큰 공부는 곧 반드시 경을 위주로 해야 합니다. 이른바 경이란 것은 정제하고 엄숙히 하여, 항상 마음을 또렷이 하여 어둡지 않게 하는 것입니다. 한마음의 주인이 되어 만사에 응하는 것은, 안은 곧게 밖은 방정하게 하는 것입니다. 공자께서 이른바, '경으로써 몸을 닦는다' 라는 것이 이것입니다. 그러므로 경을 주로 하지 않으면 이 마음을 보존할 수 없고, 마음을 보존하지 못하면 천하 이치를 궁구할 수 없으며, 이치를 궁구하지 못하면 사물의 변화를 다스릴 수가 없습니다."[7)]

남명에서 경은 늘 의(義)와 짝을 이루고 있는 개념이다〔敬義夾持〕. 『주역』에서는 경으로써 안을 곧게 하고 의로써 밖을 바르게 해야 한다고 하였

---

6) 『남명집』 권2, 22면, 「示松坡子」, "且敬者. 聖學之成始成終者. 自初學以至聖賢. 皆以主敬爲進道之方. 學而欠主敬工夫. 則其爲學僞矣. 孟子曰學之道無他. 收其放心而已. 此是主敬工夫. 古者. 群聖賢之書雖多. 而於此一言. 至矣盡矣. 學者苟能收斂此心. 久而不失. 則群邪自息. 而萬理自通矣. 此非我妄言. 乃聖賢之遺訓. 而每於學者. 以是告焉."

7) 『남명집』, 경상대 남명학연구소 옮김, 한길사, 321-322면.

다.[8] 경과 의의 관계에 대해서 남명은 어떻게 인식하였을까? 패검명(佩劍銘)에서는 "안으로 마음을 밝히는 것은 경이요, 밖으로 행동을 결단하는 것은 의이다〔內明者敬, 外斷者義〕."고 하였다. 『학기류편』에서도 경과 의의 상호 관계를 보여주는 몇 가지 언명을 발견할 수 있다.

"오봉 호씨가 말하기를 '거경은 의를 정밀하게 하는 것이다'."[9]

"주자는 말하기를 '경을 거울에 비유하면 의는 거울로 비추는 것이다'."[10]

여기서 오봉 호씨와 주자는 의에 대해 경이 더욱 근본적이고, 의는 경의 밑바탕 위에서 가능한 것으로 인식한다. 또한 주자에 의하면 경이라고 하더라도 '살아있는 경'과 '죽은 경'이 있다. 만약 주일(主一)의 경에만 집착하여 일을 처리함에 의로써 시비를 올바르게 분별하지 못한다면 이것은 '살아있는 경'이 아니다. 경에 의가 있고 의에 경이 있어서 고요할 때는 경과 불경의 여부를 살피고, 움직일 때는 의와 불의의 여부를 살펴야 하는 것이다. 그래서 경과 의를 아울러 함께 지녀서 경과 의가 맞물려 끝이 없이 같이 돌 때 나의 안과 밖이 서로 통하여 하나가 된다고 하였다.[11] 그리고 운봉 호씨는 말하였다. "근독은 경으로써 내 마음을 곧게 하는 것이고, 법도에 근

---

8) 『周易』, 「坤卦 文言」, "君子敬以直內, 義以方外, 敬義立而德不孤."

9) 『사람의 길 배움의 길(학기류편)』, 경상대 남명학연구소 역주, 한길사, 2002년, (이하 『사람의 길 배움의 길(학기류편)』로 간략히 표기함) 184면, "五峯胡氏曰, 居敬, 所以精義也."

10) 같은 책 같은 곳, "朱子曰: 敬比如鏡, 義便是能照底."

11) 『사람의 길 배움의 길(학기류편)』, 185면, "有死敬, 有活敬. 若只守着主一之敬, 遇事不濟之以義, 辨其是非, 則不活. 若熟後敬便有義, 義便有敬, 靜則察其敬與不敬, 動則察其義與不義, … 須敬義夾持, 循環無端, 則內外透徹." 참조.

거하여 판단하는 것은 의로 세상의 일을 정당하게 처리하는 것이다."[12]

이상에서 보면 경과 의의 관계에서 경은 의의 근본으로서 경은 내/외(內/外)와 동/정(動/靜)을 관통하는 것이기도 하고, 다른 한편으로 상대적으로 말하면 경은 의와 짝을 이루어 경은 내를 의는 외를 다스리는 원리로써, 서로가 서로를 확립해 주는 변증법적 관계이기도 하다.

남명이 성학의 처음과 끝으로서 경을 강조하는 것은 퇴계와 크게 다르지 않는 것처럼 보인다. 퇴계 역시 내/외 · 동/정을 아우르는 수양의 원리로 경을 강조하였다. 그러나 중요한 점에서 남명의 경론은 퇴계의 것과 차이가 있다. 남명에게 있어서는 '경' 개념이 주로 '의' 와 짝을 이루는 데 반해 퇴계에게 있어서는 거경(居敬)은 궁리(窮理)와 짝을 이루는 경우가 많다. 그리고 남명은 경을 조식법(調息法)과 연관 지어 실천한다는 점에서 독특한 특성이 있다.[13] 여기서 연관 짓는다는 것은 경을 논하면서 호흡 공부인 조식을 통해 마음을 잘 보존하고, 또한 마음공부를 통해서 조식 공부가 더욱 잘되도록 한다는 것이다.[14] 경에 있어서 마음공부와 조식(調息)을 상호 연관 지어 파악한다는 점에서 남명의 경론은 매우 독특한 점이고 이것 때문에 당시에 다른 학파로부터 공격을 당하기도 하였다.[15] 왜냐하면 조식법은 도교 수련법의 일종이기 때문이다. 남명은 당시에 성리학자로서는 드물게 『주역참동계』를 매우 좋아하였다.[16] 『주역참동계』는 단학의 바이

---

12) 『사람의 길 배움의 길(학기류편)』, 185면, "雲峯胡氏曰, 謹獨是敬以直內, 絜矩是義以方外."

13) 『學記類編』, 「易書學庸語孟一道圖」에서는 "整齊嚴肅 心息相顧"라고 하였다.

14) 『남명집』, 경상대 남명학연구소 옮김, 한길사, 476면, "要在心與息, 常相顧. 有一息之放, 則君喪而走尸, 其國亡." 참조.

15) 『광해군일기』(광해군 3년 3월 26일), "植之學, 以講論義理爲大忌, 此朱子所以攻陸氏者也, 論敬, 以心息相依爲要, 此出於道家修鍊法, 吾儒未嘗有此工程也."

16) 『東岡集』 권17, 19면, 「南冥先生行狀」, "頗喜看參同契, 以爲極有好處, 有補於爲學."

블이다.[17] 단에는 외단과 내단이 있는데 아마도 남명은 내단에 관심이 있었을 것이다. 내단은 단전 호흡을 통한 심신 수련을 중시한다. 남명은 참동계를 익혀서 몸을 수련하는데도 남다른 관심을 두었던 것이다. 남명의 수양론은 정좌를 통해 마음을 보존하고 함양하는 것 못지않게 몸의 수련과 단련을 중시했던 점이 특징이다. 이러한 전통은 그의 제자 곽재우에게도 이어져 곽재우도 단학 수련을 한 것으로 알려졌다.[18] 『주역참동계』와 관련된 내용은 남명의 주저인 「신명사도 · 명」 가운데도 자주 나온다. 예컨대 「신명사명」에 나오는 '명당포정(明堂布政)' '삼요(三要)' '삼관폐색(三關閉塞)' 등은 『주역참동계』에 나오는 주요 개념이다. 그 밖에 병오본 「신명사명」 부주(附註)에 나오는 주요 개념들도 『주역참동계』에 나오는 것이 많다.[19] 그리고 「신명사도」에 나오는 성곽의 비유도 『주역참동계』에 나오는 것이다. 이것을 보면 남명 수양론의 대표적 작품인 「신명사도 · 명」은 그가 평소에 좋아하였다는 『주역참동계』와 밀접한 연관 관계가 있다. 『주역참동계』에서 연단(煉丹)과 관련하여 사용한 개념을 남명은 마음의 도덕적 수양을 위해 차용하고 있다. 이것을 통해서 남명의 수양론과 경 사상은 기

17) 주역참동계는 동한(東漢)의 위백양(魏伯陽)에 의해 저술된 것으로서 '만고단경왕(萬古丹經王)'으로 불린다. 참동계는 주역의 효상(爻象)을 빌려서 연단(煉丹)과 수선(修仙)의 방법을 논한 것이다. 주역과 황로(黃老)를 이론의 기초로 하여 연단(煉丹)을 하려고 하는 것이다. 여기서 연단은 외단과 내단의 수련술을 아우르고 있다. 그런데 참동계 문장은 대부분 우언이나 비유를 사용하여 그 의미가 분명하지 않고 이해하기가 쉽지 않다. 사람은 일종의 소천지(小天地)이고, 이 소천지와 외부의 대천지(大天地)는 나누어질 수 없으며, 사람이 천지와 하나가 되려면 내단으로 성명(性命)을 굳건히 하고 외단으로 사람의 형체(形體)를 보호하여야 본다. (이원국 지음, 『내단 1』, 김낙필 · 이석명 · 김용수 · 나우권 옮김, 성균관대 출판부, 2006, 298-354면 참조.)

18) 곽재우가 남긴 시 가운데 예컨대 '江舍偶吟' 등에는 벽곡(辟穀)하고 조식(調息)하면서 단학 수련에 매진하는 모습이 잘 나타나 있다. (한국도교사상연구회 편, 『한국 도교의 현대적 조명』, 아세아문화사, 1992, 266-272면 참조.)

19) 『남명집』, 경상대 남명학연구소 옮김, 한길사, 172-173면 참조.

수련과 깊은 관련을 맺고 있음을 알 수가 있다.

퇴계의 경 사상이 경을 통해 기를 통제하고 이(理)를 받들어 모시기 위한 존리적(尊理的) 경학이라면, 남명의 경 사상은 기 수련과 관련이 깊은 '기학적 경학' 이라고 하겠다. 또한 퇴계의 경학에서 거경은 궁리와 짝을 이루는 개념으로서 구인(求仁)을 지향한다. 이에 반해서 남명의 경학에서 경은 늘 의와 짝을 이루며, 의(義)의 실천을 지향한다. 나아가 퇴계의 경학은 향내적으로 내면세계에서 이(理)/상제(上帝)를 섬기기 위한 종교적 성향을 지닌다면, 남명의 경학은 향외적으로 사회적 모순의 시정과 의의 확립을 추구하는 사회적 차원이 중시된다. 남명과 퇴계가 수양론의 근본 원리를 경으로 보는 점은 공통적이지만, 경이 함축하는 의미는 이처럼 매우 다르다. 남명과 퇴계는 외면상으로는 동시대의 비슷한 성리학자로 보이지만 내면적 성향과 철학적 태도에서는 매우 다른 입장이다.

4) 정좌와 격물 공부

남명의 수양론은 심득을 중시하였다. 진리란 마음으로 체득해야 하는 것이다. 이를 위해서 고요히 앉아서 자기의 마음을 안으로 거두어 안정시키는 정좌(靜坐)의 수양법을 남명은 중시하였다.[20] 정좌를 통해 경으로써 마음을 다잡고 깨어있는 상태로 유지하는 것은 사욕의 공격으로부터 자기를 지키고, 나아가 의를 실천하기 위한 기반을 조성하는 것이다. 김우옹은 남명의 행장에서 남명이 '정좌잠양(靜坐潛養)' 하였다고 진술하고 있다.

---

20) 남명의 정좌수행에 대한 자세한 설명은, 손병욱, 「남명 '경의敬義' 사상의 기저로서의 정좌수행」(『남명 조식 - 한국의 사상가 10인』, 예문동양사상연구원 · 오이환 편저, 예문서원, 2004, 303-339면) 참조.

『학기류편』「존양」에도 '정좌'를 중시하는 내용이 많이 나온다. 명도와 연평은 제자들에게 정좌를 가르쳤다. 왜냐하면, 우선 정신이 안정되지 않으면 도리가 모여 있을 곳이 없기 때문이다. 정좌해야만 마음을 (흩어지지 않도록) 거두어들일 수 있다.[21] 그러나 정좌라고 하여 일상의 생활을 떠나 고요함만을 추구해서는 안 된다. 일상 속에서의 인륜을 떠나 문을 닫고 정좌에만 몰입해서는 안 된다. 일이 있으면 일에 도리에 맞게 대응하고 일이 지나가면 다시 고요함으로 돌아가야 한다.[22]

남명이 정좌를 통해 마음을 수련하는 주관적 공부만 한 것은 아니다. 남명 역시 격물치지의 공부에 남다른 공력을 쌓았다. 그런데 남명의 격물치지 공부는 일반적인 정주학자의 그것에 비해서 한층 박학(博學)을 추구하였다. 박학의 대상은 경세치용에 도움이 되는 실용적인 것이 많았다. 남명은 궁리를 하지 않으면 사물의 변화를 통제할 수가 없다고 하였다.[23] 바꿔 말하면 남명은 사물의 현실 변화와 그것의 통제에 깊은 관심이 있었다.

남명이 추구했던 지식의 분야를 보면 철학, 윤리, 역사, 정치 분야만이 아니었다. 음양, 지리, 의학, 약학은 물론이고 궁술과 말, 진을 치는 법, 방어 시설 등 군사와 국방에 관한 지식도 중시하였다.[24] 남명의 군사와 국방에 대한 깊은 관심은 다른 성리학자들에게서는 쉽게 찾아보기 어려운 것으로서, 그의 문하에서 의병장이 많이 배출된 것이 결코 우연이 아님을 알 수가 있다. 이기(理氣), 심성 등 성리학적 주제에 관한 사변적 연구는 퇴계학파보다 상대적으로 관심이 적었으나, 실용적 분야에 관한 탐구는 오히

21) 『사람의 길 배움의 길(학기류편)』, 296면, "明道教人靜坐, 李先生亦教人靜坐. 蓋精神不定, 則道理無湊泊處. 又云, 須是靜坐, 方能收斂." 참조.

22) 『사람의 길 배움의 길(학기류편)』, 299-300면 참조.

23) 『南冥集』 권2, 83면, 「戊辰封事」, "非窮理, 無以制事物之變."

24) 『東岡集』 권17, 19면, 「南冥先生行狀」, "至於陰陽地理醫藥道流之言, 無不涉其梗槩, 以及弓馬行陣之法, 關防鎮戍之處, 靡不留意究知."

려 더 큰 관심을 보여주었다.

5) 산해정에서 산천재까지

남명이 기거하던 집과 서재의 명칭도 수양론적으로 큰 의미가 있다. 남명이 30세 되던 해 김해 신어산 아래 탄동으로 이사하여 그곳에 산해정(山海亭)이란 정사를 짓고 성리학 연구에 몰두하였다. 여기서 정사의 명칭을 '산해정' 라고 한 것은 산처럼 높고 바다처럼 깊은 학문을 하겠다는 큰 뜻이 담긴 것이다. 48세 되던 해 삼가 토동에 계부당(鷄伏堂)과 뇌룡사(雷龍舍)를 지어 강학하며 제자를 길렀다. 계부당이란 닭이 알을 품고 있듯이 자신을 수양할 때 중단해서는 안 되고 지속해서 수행해야 한다는 뜻을 담고 있다. 닭이 알을 부화하기 위해서는 중간에 쉬면 안 된다. 알을 품다가 중지하면 식어버리기 때문이다.

"모름지기 중단하지 말아야 한다. 마치 닭이 알을 품다가 중지하면 식어버리는 것과 같고, 물을 끓이다가 불을 빼면 식어버리는 것과 같다. 그러므로 긴장해서도 안 되고, 게을러서도 안 된다."[25)]

쉬지 않고 꾸준히 품어야 마침내 알에서 병아리가 나오듯이 자신을 수양하는 사람은 한결같이 꾸준히 수행하여야 비로소 결실을 볼 수 있다. 뇌룡사란 당호는 『장자』「재유」의 "시동처럼 가만히 있지만 용처럼 조화가 드러나고, 연못처럼 고요하지만 우레처럼 큰 소리를 낸다〔尸居而龍見, 淵默而雷聲〕." 에서 따온 말이다. 이것은 모두 깊은 곳에서 조용히 수양하면 그것 효과는 마침내 세상에 크게 나타날 수 있다는 것이다. 수양은 당장은

25) 『사람의 길 배움의 길(학기류편)』, 279면, "須是莫斷了, 如雞抱卵, 纔住便冷了. 若把湯去湯, 便死了. 故緊也不可, 慢也不得."

별다른 효과가 없어 보이지만 높은 경지에 이르면 효과는 수양의 강도에 비례하여 헤아릴 수 없이 크게 나타날 수 있음을 뜻하는 것이다. 정(靜)의 수양은 필연적으로 세상을 움직이는 동(動)으로 이어진다는 것이다.

61세에 덕산(德山)으로 이주하여 서재를 짓고 '산천재(山天齋)' 라 하였다. 여기서 '산천' 은 주역의 대축괘(大畜卦)에서 따온 것이다〔山天大畜〕. 그러면 대축괘는 어떤 의미를 지니고 있을까? 대축괘의 수양론적 의미는 무엇인가? 대축괘는 내괘가 건(乾: 天), 외괘가 간(艮: 山)으로 되어 있다. 건(乾)은 강건을, 산은 그침〔止〕을 뜻한다. 대축괘의 단사에 의하면 강건하고 독실하여 쌓는 바가 크고 충실하여 마침내 빛이 나고, 이렇게 쌓기를 계속하면 그 덕이 날로 새로워진다고 하였다.[26] 그리고 대상전에서는 "하늘이 산속에 있는 것이 대축이니, 군자는 이로써 앞선 성인의 언행을 많이 알아서 자기의 덕을 쌓는다고 하였다."[27] 그리고 상구(上九)는 "어느 하늘의 거리인고 형통하니라."라고 하였다. 이에 대해서 상전(象傳)에서는 "어느 하늘의 거리인고 한 것은 도가 크게 행해짐이라."[28]라고 하였다. 즉 대축괘의 극치는 활연관통한 도통군자가 평천하의 대임을 맡아서 도가 크게 행해지는 것을 상징한다. 대축괘는 앞선 성인의 언행을 많이 알아서 자기의 덕을 쌓아나가는 수양을 계속하여 마침내는 도가 크게 행해지도록 사회정치적 실천을 완성해나가는 것을 목표로 한다. 대축괘는 만년의 남명 수양론이 지향하는 바를 압축적으로 보여주는 괘라고 해도 과언이 아니다.

남명이 기거하던 집의 당호에 담긴 의미를 순차적으로 분석해보면, 큰 뜻을 품은 청장년 시기와 조용히 그러나 꾸준히 수양에 힘쓰던 중년 시기,

---

26) "彖曰: 大畜, 剛健篤實, 輝光日新., 其德 剛上而尙賢, 能止健, 大正也. 不家食吉, 養賢也. 以涉大川, 應乎天也."

27) "象曰: 天在山中, 大畜. 君子以多識前言往行, 以畜其德."

28) "上九, 何天之衢, 亨. 象曰: 何天之衢, 道大行也."

그리고 그러한 수양을 더욱 쌓아나가서 마침내 '도가 크게 행해지는' 원숙의 경지에 도달하는 말년기의 수양 철학이 당호 속에 함축적으로 잘 표현되어 있다.

3.「신명사도 · 명」의 표면적 · 심층적 의미

「신명사도 · 명」은 남명의 수양론의 체계와 특성을 가장 잘 보여주는 그의 주저이다.[29] 남명학파의 사상을 축약한 비결과도 같은 것이다. 이것에 대해서는 이미 여러 학자들이 번역하고 해설한 바가 있다. 그러나 이것의 의미를 정확히 이해하는 것이 그리 쉬운 것은 아니다. 우리는 신명사도의 드러난 의미 못지않게 그 속에 함축된 심층적 의미를 함께 분석해야만 이것이 갖는 수양론적 의의를 충분히 드러낼 수 있을 것이다. 이것의 표면적 의미는 말할 나위도 없이 정치와 국방(도성의 방위)을 비유로 하여 마음을 다스리는 문제를 다루고 있다. 즉 경과 의로써 존양성찰을 하고, 사욕의 기미를 살펴서 힘써 다스려서〔審幾 · 克治〕 마침내 지선의 경지에 도달하는 것〔止於至善〕을 나타낸 것이다. 이것은 마음을 수양하는 선비의 과제이다. 이제까지 신명사도는 주로 이렇게 읽혔다. 그러나 이런 식으로만 읽어서는 그것이 가진 복합적 의미가 다 드러나지 않는다.

왜 수많은 것 가운데 굳이 '정치'와 '군사'적인 것을 마음 다스리는 데 비유로 사용하였을까? 비유는 단지 비유일 뿐인가? 어떤 것을 알기 쉽게 설명하기 위해 비유를 사용하는데, 비유를 사용할 때는 자기가 가장 잘 아

29)「신명사도 · 명」에 대한 상세한 문헌적 분석과 해석은, 김충렬, 『남명 조식의 학문과 선비정신』, 2006, 예문서원, 301-338면 참조.

는 분야 또는 가장 관심이 있는 것을 가지고 비유를 많이 든다. 가령 농부라면 농사짓는 것에, 스포츠맨이라면 운동 경기에, 요리사라면 음식 만드는 것, 정치인은 정치하는 것을 비유로 사용할 것이다. 여기서 남명이 마음 다스리는 문제를 정치와 군사를 가지고 비유한 것은 무의식적으로 그의 깊은 관심을 반영하는 것이다. 신명사도에서 적을 섬멸하는 것은 비유이면서 동시에 비유가 아니다. 여기서 비유가 아니라고 하는 것은 남명의 무의식에는 악의 세력을 소탕하고 국가의 위기를 극복하는 영웅의 꿈이 숨어 있음을 말한다. 신명사명에서 적을 섬멸하는 표현〔動微勇克 進教厮殺〕은 영웅의 이미지와 연관이 있는 내용이다. 즉 「신명사도 · 명」의 심층적 의미는 국난을 극복하기 위해서는 영웅의 기상과 기량을 연마해야 한다는 뜻을 내포하고 있다. 「신명사도 · 명」의 비유는 단순히 비유로 그치는 것이 아니라, 그 이상의 실제적 메시지를 심층 속에서 간직하고 있는 것이다.

그러면 이것이 「신명사도 · 명」의 전체 의미인가? 심층에는 영웅의 뜻만이 있는 것은 아니다. 다른 한편에서 보면 신명사명의 주요한 개념이 『주역참동계』에 나오는 개념과 일치하거나 유사한 것이 많고, 나아가 신명사명에 대한 주석에서도 참동계의 개념 내지 내용과 유사한 것이 많다. 참동계에서 연단(煉丹)을 위해 사용한 개념들과 장치를 남명은 마음 다스리기를 위한 목적으로 차용하고 있는 것이다. 즉 「신명사도 · 명」의 심층에는 『주역참동계』의 밑그림이 숨어있다. 참동계는 연단을 통해 심신을 수련하기 위한 것이다. 따라서 「신명사도 · 명」은 단순히 마음 다스리기에 그치는 것이 아니라, 심층에는 몸을 수련하는 것에 대한 깊은 관심이 숨어 있음을 알 수가 있다. 연단은 말할 나위도 없이 도교에서 신선 또는 진인이 되기 위한 방법이다. 남명의 수양론의 심층에는 이처럼 도교적 수련법에까지 연결되고 개방되어 있는 것이다.

「신명사도 · 명」을 성리학적인 도덕적 마음 수양론이라는 차원에서만 보아서는 한계가 있다.[30] 그것의 심층적 이면에는 남명 수양론의 영웅적 지향과 도교적 관심이 깊이 배어 있다. 신명사도의 표면적 의미는 도덕적인 마음의 다스림(수양)이지만, 심층에는 몸의 다스림(수련)과 나라의 다스림(정치)이라는 중층적 의미를 함께 지니고 있다. 남명의 사유에서 마음과 몸 그리고 국가 정치는 서로 분리될 수 없는 유기적 연관 구조를 형성하고 있다. 우리는 남명 수양론의 이러한 입체적 구조를 종합적으로 바라보고 심도 있는 이해를 추구할 때 비로소 그의 수양론이 갖는 독특한 특성을 올바르게 파악할 수 있을 것이다.[31]

4. 남명 수양론의 전투적, 도교적 특성

16세기의 다른 성리학자와 비교할 때 남명의 수양론은 어떤 특성을 보이고 있을까? 이 문제는 남명 철학의 특성을 무엇으로 파악하느냐 하는 문제하고도 직결되는 매우 중요한 과제이다.

남명은 수양의 과정과 방법에서 자득과 실존적 자각을 중시한다.[32] 자

30) 이상필은 남명이 「신명사명」에서 참동계 등 도가 서적의 용어를 인용한 것은 단순히 정신수련을 위한 방편이지 결코 노장을 추향(趨向)한 것은 아니라고 하여 유가의 틀 안에서 남명의 수양론을 이해하려고 한다. 이상필, 「남명 사상의 특징」(『한국의 사상가 10인-남명 조식』, 예문서원, 2004』) 169-178면 참조.

31) 김충렬은 신명사도가 갖는 복합적 의미에 대해 다음과 같이 결론지었다. "이 「신명사도 · 명」은 유가 수양 공부론의 총 귀결이요, 대표적 방법론이라고 할 수 있다. 그러나 이것이 어찌 죄악이나 사욕과 싸워 이기는 도덕 전쟁의 진법에만 그치겠는가? 이것은 앞에서도 언급한 것처럼 질병과 싸우는 의사의 치료법, 사회 죄악과 싸우는 사법, 공권력의 정당한 치죄 행위, 기타 모든 정화와 정도를 되찾아 가는 일체 방법의 모범과 참고 및 시사가 되기에 원천적인 공능을 가진다고 믿어 의심치 않는다." (김충렬, 『남명 조식의 학문과 선비정신』, 2006, 예문서원, 337-8면)

아를 수양해 가는 과정에서 스승의 역할이 중요하긴 하지만 궁극적으로 수양이란 스스로 새로운 경지를 열어나가는 창조적 과정이고 실존적 코스이다. 그 누구도 그 길을 대신 열어줄 수가 없다. 지식과 이론도 그 길을 가는데 도움말에 불과하다. 이론과 지식을 많이 아는 것이 곧바로 수양을 높은 단계로 이끄는 것은 아니다. 남명은 학문의 이론적 천착이 실존의 변형을 보증해 주는 것이 아님을 너무나 잘 알고 있었다. 그래서 그는 수양의 과정과 방법에서 자득(自得)을 무엇보다 강조하였다.

또한 남명의 수양 방법론은 신명사명에서 "낌새가 있자마자 용감하게 이겨내고 나아가 반드시 섬멸토록 한다〔動微勇克 進教厮殺〕."에서 볼 수 있듯 매우 치열하고 전투적이다. 이 구절에 대한 부주(附註)에서 시살(厮殺)에 대해서 부연하기를 "밥해 먹던 솥도 깨부수고 주둔하던 막사도 불사르고 타고 왔던 배도 불사른 뒤, 사흘 먹을 식량만 가지고 사졸들에게 죽지 않고는 결코 돌아오지 않으리라는 의지를 보여주어야 하는데, 이와 같아야 바야흐로 반드시 섬멸〔厮殺〕할 수 있다."[33]라고 하였다. 마치 전쟁에서 싸움에 이기느냐 지느냐의 승패를 다투듯이 자아 수양에서도 자기 욕심과의 싸움에서 매우 치열한 자세를 견지할 것을 강조한다. 「신명사도 · 명」은 마음을 지키는 문제를 외적의 침입에 맞서 사생결단의 각오로 도성을 지키는 것에 비유함으로써 그의 수양론이 갖는 치열한 성격을 잘 보여주고 있다. 남명 수양론의 치열하고 전투적인 성격은 그의 고제 김우옹이 왕에게 올린 '극기잠'에도 다음과 같이 그대로 계승되고 있다.

---

32) 『명종실록』(명종 21년 12월 2일조), "曹植 居家, 凡喪祭冠婚, 皆倣《朱文公家禮》, 不混於流俗. 教學者每勤讀《近思錄》·《性理大全》等書, 皆以體會自得爲急, (丁)〔不〕屑屑於口讀之末. 常以近日初學之士, 好談高遠, 不知灑掃應對之節, 而先學《啓蒙》·《太極圖》等書, 無益於身心, 而卒歸於爲名. 嘗以是貽書 李滉, 欲禁此習." 참조.

33) 『남명집』, 경상대 남명학연구소 옮김, 한길사, 171면.

"하물며 군주의 마음은 날마다 공격하고 빼앗음이 있습니다. 보고 듣는 즐거운 오락, 재화의 증식, 좋아하는 것이 마음을 다합니다. 분주하고 화려한 것이 뜻을 손상케 하고, 인욕이 끝이 없으니 막지 않으면 더욱 치열하게 됩니다. 그러니 극기의 공부에 어찌 힘쓰지 않을 수 있겠습니까. 우레는 하늘 위에 있으니 군자가 이를 본받습니다. 일상에서 공부하는 과정에서 예가 아닌 것은 모두 보고 듣거나 말하거나 행동에 옮겨서는 안 됩니다. 외로운 군대가 적을 만나서 죽음을 각오하고 먼저 앞장서서 오르며, 뜻을 결정하여 배를 불사르고 용감히 매진하여 솥을 부서야 합니다. 내 속에 있는 욕심의 싹을 감히 따르지 않아야 합니다. 분을 삼키기를 산을 막듯이 하고 욕심을 억제하기를 계곡을 막듯이 하여야 합니다. 잘못을 바로잡고 선으로 옮겨가는 것은 바람같이 빠르고 우레처럼 열렬하여야 합니다. 한칼로 양단을 내는 것이 마치 오동잎을 자르듯이 해야 합니다. ……"[34]

남명 수양론의 중요한 특징은 심학과 기 수련이 밀접히 연관되어 있다는 점이다〔論敬以心息相依爲要〕.[35] 남명은 마음공부는 호흡을 고르게 하는 조식법(調息法)과 함께 해야 한다고 보았다. 이것은 그가 도교의 수련법 특히 『주역참동계』를 좋아했던 사실과 관련이 있다. 남명의 수양론에서 마음공부는 호흡 공부 즉 기를 기르는 양기 공부와 서로 분리될 수 없는 것이다. 즉 남명은 마음과 몸을 심신 일원론적 관점에서 보고 있다. 수련법을 통해 몸의 기 즉 호연지기를 잘 함양함으로써 마음도 바르게 될 뿐만 아니라, 나

---

34) 『東岡集』 권15, 「進聖學六箴」, "況人主心. 日有攻奪. 聲色之娛. 貨財之殖. 嗜好盡心. 紛華損志. 人欲無涯. 不遏則熾. 克己之功. 庸可不力. 雷在天上. 君子是則. 日用工程. 四非皆勿. 孤軍遇賊. 舍死先登. 志決焚舟. 勇邁破甑. 固我之萌. 莫我敢承. 懲忿摧山. 窒欲塡壑. 遷善改過. 風迅雷烈. 一劍兩段. 如分桐葉. …"

35) 『광해군일기』(광해군 3년 3월 26일), "植之學, 以講論義理爲大忌, 此朱子所以攻陸氏者也, 論敬, 以心息相依爲要, 此出於道家修鍊法, 吾儒未嘗有此工程也."

아가 의를 실천하는데 요구되는 도덕적 용기를 배양할 수 있다고 본다.

남명의 이러한 '심식상의론(心息相依論)' 은 다른 성리학자들과 구별되는 남명의 독특한 수양론이다. 비록 주자가 『참동계고이(參同契考異)』를 남겼지만[36], 『주역참동계』는 도교적 수련법이지 유교의 정통 수양론과는 거리가 있는 것이다. 그런데 남명은 이것을 심신 수양을 위해 활용하였다. 도교의 내단 수련법은 '형신통일(形神統一)' 과 '성명쌍수(性命雙修)' 를 특성으로 한다.[37] 남명도 단순히 마음 수양에 그치지 않고 심신의 전인적 수양을 지향하였다. 수련법을 통해 신체적 강건함을 연마함으로써 이 세상에서 정의를 실현하는데 요구되는 도덕적 용기를 자연스럽게 함양함으로써 의(義)의 실천을 담보할 수 있었다. 임진왜란 때 그의 제자 중에서 많은 의병 지도자가 배출된 것도 이러한 심신의 합일적 수양법과 관련이 없지 않은 것으로 해석된다.

영웅을 지향하는 남명의 수양론에서는 강건(剛健)한 기상(氣像)을 함양하는 것이 무엇보다 중요하다. 대장부가 세상에서 올바른 의를 구현하기 위해서는 악과 맞서 싸울 수 있는 강건한 투지가 있어야 하고, 세속적 유혹에 흔들리지 않는 굳건한 의지가 있어야 한다. 그러기 위해서는 평소 강건한 기상을 기르지 않으면 안 된다. 남명은 김효원(金孝元)에게 주는 편지에서 "오늘날의 시속은 오염되고 훼손된 것이 매우 심하니, 천길 절벽처럼 우뚝하게 서서〔壁立千仞〕 머리가 쪼개지고 사지(四肢)가 분해되더라도 시속에 따라 변하지 않은 뒤에야 길인(吉人)이 될 수 있을 것입니다."[38]고 하

36) 주자의 『참동계고이』와 「조식잠」에 대해서는 미우라 구니오, 『주자와 기 그리고 몸』(이승연 옮김, 예문서원, 2003) 186-212면 참조.

37) 이원국 지음, 『내단 1』, 김낙필 · 이석명 · 김용수 · 나우권 옮김, 성균관대 출판부, 2006, 72-100면 참조.

38) 『남명집』, 경상대 남명학연구소 옮김, 한길사, 224면.

여 벽립천인(壁立千仞)의 강건한 기상을 당부하였다. 그리고 『학기류편』에 나오는 다음과 같은 주자의 말은 남명 수양론의 중요한 특성을 보여주는 언명이다. "사람의 기상은 모름지기 강건해야만 일을 실천해낼 수 있다. 이는 마치 하늘과 땅의 기가 강건해서 어떤 사물이든 모두 침투하는 것과 같다."[39)]

그리고 남명 수양론의 또 다른 주요한 특성은 그가 천리(天理)에 대한 지적 탐구보다 일상에서의 도덕 실천에 우위를 두었다는 점이다. 남명은 당대의 학자들이 사람으로서의 기본 도리를 실천하는 기초적인 것조차 제대로 익히지 않으면서 입으로는 고원한 도덕 형이상학적 담론을 주고받는 것이 유학의 본래 정신에 맞지 않는다고 비판한다.[40)] 그렇다고 그가 이론적 탐구가 의미가 없다고 그것을 무시한 것으로 보아서는 안 된다. 학문은 학문 자체를 위한 것이 아니라 자기를 수양하고 의를 실천하기 위한 것이라고 보는 것이다. 그가 성리학 이론 논쟁에 그다지 흥미를 갖지 않았고, 또한 학문적 저술에 힘쓰지 않은 것은 성리학의 근본이념에 비추어 볼 때 이론에 대한 탐닉이 도리어 본말을 전도시킬 수 있다고 우려하였기 때문이다. 마치 선종에서 불립문자(不立文字)나 교외별전(敎外別傳)을 말하면서 언어와 문자의 한계를 넘어 진리를 곧바로 직관할 것을 중시한 것처럼 남명의 수양론에서도 문제는 자기 수양과 실천이다. 이론은 단지 그것을 위한 부차적인 것에 지나지 않는다. 그런데 그 당시의 시대사조는 점차 이론적 천착이 하나의 자기 목적성을 가지고 진행되어 나갔고, 그러다 보니

39) 『學記類編 上』, 「爲學之要」, "朱子曰: 人氣須是剛, 方做得事. 如天地之氣剛, 故不論甚物, 皆透過."

40) 『南冥集』, 成大谷 撰, 「墓碑文」, "嘗語學者曰. 今之學者. 捨切近趨高遠. 爲學. 初不出事親敬兄悌長慈幼之間. 如或不勉於此. 而遽欲窮探性理之奧. 是不於人事上求天理. 終無實得於心. 宜深戒之." 참조.

실천과 유리된 공소한 학문이 조장되는 폐단이 우려되는 시점이었다. 남명은 이 점을 심히 우려했다.

남명의 지나친 실천 우위론과 이론 경시 태도에 문제점이 없는 것은 아니다. 논리적, 이론적 논구와 토론이 없이 이루어지는 실천은 잘못되면 객관성이 없어서 주관적 독선에 빠질 수도 있기 때문이다. 의(義)의 내용은 어떤 경우에는 자명하지만 어떤 경우에는 사회적 입장과 위치에 따라서 서로 다를 수도 있다. 그러므로 의(義)의 실천 이전에 상황에 따라서 무엇이 의인가에 대해서는 학술적 담론을 통한 의사소통의 과정이 필요할 수 있다. 이러한 문제에 대한 해법이 남명 수양론과 철학에서는 적절하게 제시되고 있지 않다. 이것이 그의 사상에 내재하는 문제점이라고 지적할 수 있다.

5. 맺음말: 남명 수양론의 현대적 철학적 의미

조선 후기의 대표적 실학자의 한 사람인 담헌 홍대용(1731~1783)은 조선 성리학의 폐단을 다음과 같이 날카롭게 지적하고 있다.

"육경이 공문(孔門)에서 정리되자 사람의 도리가 성립되었고, 주석이 낙민(洛閩)에서 이루어지자 사람의 도리가 밝아졌으니, 대개 저서의 공로는 이보다 더 큰 것이 없소. 그러나 공자 주자로부터 지금까지 불행히도 세상을 만나지 못하고 도를 글에다 실어 놓았소. 그런데 선비들은 그 근본은 버리고 끝을 따라서 겉모양을 본뜨느라고 주각(註脚)에 주각을 첩첩히 내는데, 〈그들은 실로〉 공자 주자가 공자 주자답게 된 소이는 도에 있고 글에 있지 않았다는 것은 알지 못하오. 반평생 동안 정신을 소모하면서 백여 권의 쓸데없는 글을 지었으니, 사리

(私利)를 위하는 문서로써 한갓 사람의 의견만 어지럽혔을 뿐, 마침내 세상 교화에는 도움이 없게 되었소. 아아! 이것은 실로 근세 유학자의 마음속에 도사린 불치의 고질병이오. 또한 대개 사람의 마음과 힘은 한도가 있고, 의리의 참되고 정성스러움은 끝이 없으므로, 일에 따라서 계획을 배우되 밖으로는 사업에 대한 실무가 있어야 하고, 고요히 쉬면서 수양하되 안으로는 본원의 참된 공부가 있어야 하는 것이오. 그런데 지금은 배움을 좋아하는 자로서는 해를 마치도록 부지런히 하고 애쓴다는 것은 결국 글줄이나 찾든가 아니면 이것저것 뒤적이면서 고증하는 데에 지나지 않소. 그리고 차라리 사업에는 게을리할지라도 오직 글 읽는 데에는 널리 못 할까 두려워하고, 차라리 본원은 날로 거칠어갈지언정 오직 저술을 많이 못 할까 두려워하니, '행하고 남은 힘이 있으면 글을 배운다'라는 성인의 훈계가 사라진 지 아아! 이미 오래되었도다."[41]

위 홍대용의 비판에서 보듯이 조선 유학은 지나치게 학문 위주로 치달으면서 유학 본래의 실천 정신으로부터 일탈해 갔다. 번쇄한 이론 논쟁이나 고증 작업에만 매달리다 보니 도덕적 실천 정신은 쇠퇴하고 점차 사대부의 기득권 옹호에만 급급해져 갔다. 지나친 숭문주의는 무를 소홀히 하여 문약의 폐해를 낳았다. 선비의 비판 정신은 체제에 흡수되어 형식화되거나 아니면 당파적인 것으로 변해갔다. 과거를 통한 입신 영달에 급급하여 선비 본래의 책임 의식과 경세 정신은 무너져갔다. 성리학은 본래는 상당히 현실 비판적이었지만, 조선 중기 이후 성리학은 체제에 흡수되어 점차 세속화의 길을 가게 된다. 성리학은 갈수록 교조화되고 경직화되었다. 이렇게 되면서 선비의 수양도 형식에 치우치고 참된 내실은 없는 공허한

41) 홍대용, 『국역 담헌서 1』, 민족문화추진회, 1982, 「어떤 사람에게 주는 편지, 두편(與人書 二首)」(내집 3권).

것이 되어 갔다.

남명은 성리학의 이러한 교조화 · 경직화 · 세속화를 예견이라도 한 것처럼 보인다. 그리고 성리학 본래의 치열한 비판 정신과 강인한 극기 정신을 연마하여 사회를 위해 대의를 실천할 태도를 잃지 않기 위해 분투하였다. 성리학이 주자학으로 교조화되는 풍조에 맞서 성리학의 다양성을 지키고, 결코 주자 개인에 대한 우상 숭배에 빠지지 않았다. 남명의 수양론은 어디까지나 참된 자기 자신을 위한 수양이고, 사회 정의를 위해 자기를 던지는 용기 있는 선비를 양성하고자 하였다. 남명은 세속의 이목과 명분이 아니라 내면의 신념과 실존적 가치를 존중하는 실존주의적 유학의 길을 보여주었다.[42)]

서양에서도 고대에는 철학과 삶이 결코 분리되지 않았다. 철학자들은 지혜 사랑을 통해 참된 삶을 추구하였다. 그들은 이 세속의 가치가 전부라고 여기지 않았다. 영원한 진리를 인식하고 영혼을 정화함으로써 마음의 평화를 누리고자 하였다. 고대에 있어서 철학은 삶의 방식이었고, 삶의 기술이었다. 철학은 이론을 위한 이론이나 논증이나 저술이 주된 목적이 아니라, 자기의 삶을 음미하고 새롭게 하는 일종의 정신 수양이었다. 이러한 전통은 스토아학파나 에피쿠로스학파에까지 잘 이어졌다. 그러나 중세가 되면서 정신 수양으로서의 철학의 역할은 신학에 의해서 대체되고, 철학은 존재와 인식의 문제에 대한 번쇄한 이론적 논증에 치중하면서 정신 수양의 기능은 점차 잊히게 되었다.[43)] 그러나 서양 철학과는 달리 동아시아

42) 유명종에 의하면 퇴계학은 도덕적 이상주의이고, 율곡학은 경세제민을 본질로 하는 경세철학이며, 이에 비해 남명학은 자기를 문제 삼는 실존(實存)을 철학의 본질로 하는 실존철학이라고 하였다. (유명종,「남명사상과 퇴계 · 율곡」,『남명학보』제2호, 남명학회, 2003년, 1-3면 참조.)

43) Pierre Hadot, *Philosophy as a way of life*, Oxford: Blackwell, 1995, pp. 269-270.

에서는 수양론이 늘 철학의 중심 문제였다. 성리학에서도 수양론은 중심적 과제였다. 남명은 이러한 동양 철학의 고유한 전통을 잘 계승하고 실천하였다. 철학이 삶의 행복과 무관하다면 그것은 무슨 의미가 있겠는가? 그러나 진정으로 행복한 삶은 그저 물질적 조건의 개선으로만 되는 것이 아니다. 무엇보다 안팎으로부터의 두려움과 공포가 없어야 한다. 어떤 유혹과 자극에도 흔들리지 않는 태산 같은 평정심을 지킬 수 있어야 한다. 그리고 부귀와 같은 외재적 가치가 아니라 덕과 같은 내면적 가치에서 행복을 즐길 수 있어야 한다.

그러나 남명의 수양론은 이러한 개인의 내면적 행복에만 그치지는 않는다. 개인의 행복을 추구하되 늘 사회적 정의와 일치되는 삶을 위하여 극기복례의 고행을 감내하였다. 사회적 정의를 위하여 자기 존재를 열고 던지는 매우 개방적이고 사회적인 성격이 강한 수양론이었다. 남명에서 삶의 양식으로서의 철학은 마음의 평화를 추구하면서도 동시에 사회적 실천을 지향하는 사회성이 강하였다. 이 점에서 서구의 에피쿠로스학파나 실존주의보다 더욱 적극적인 철학이다. 서구 철학이 오래전에 망각해버린 자아 수양의 전통을 남명의 수양론은 잘 보여주고 있다. 남명은 삶의 양식으로서의 철학(philosophy as a way of life), 자아 수양으로서의 철학의 생생한 전통을 자신의 삶을 통해 구체적으로 보여주었을 뿐만 아니라, 교육을 통해 제자들에게 전수하고자 노력하였다. 이 점에서 우리는 삶의 지혜로서의 철학, 자기 수양으로서의 철학의 본모습을 남명을 통해 새롭게 재발견할 수 있다. 이것이 남명 철학이 오늘날 우리에게 뜻하는 중요한 메시지이다.

오늘날 현대인은 내적인 수양이 부족한 상태에서 남에게 자기를 보이고 과시하기를 좋아한다. 내공이 부족한 사람들이 높은 자리를 차지하면 그것은 그 사람 개인의 불행일 뿐만 아니라, 그러한 사람의 영향을 받게 되는 주위의 모든 사람까지 고통스럽게 할 수가 있다. 또한 현대의 교육은 너무나 지식과 기능의 전달에 치중하여 전인적 인격을 함양하는 데는 소홀하기 짝이 없다. 한 마디로 영혼이 없는 인간을 양산한다. 우리 사회를 이끌어갈 진정한 지도자가 되려면 먼저 기본적인 자기 수양이 선행되어야 한다. 수양에서 지식과 기능의 함양은 그 일부이지 전부가 아니다. 더 중요한 것은 덕성을 발견하고 함양하는 것이며, 욕망과 유혹에 흔들리지 않는 굳건한 평정심, 그리고 의를 보고 과감하게 실행할 줄 아는 도덕적 용기와 굳건한 기상을 함양하는 것이다. 이 점에서 남명의 수양론이 현대인에게 주는 의미는 결코 적지 않다.

참고문헌

조　식, 『南冥集』, 한국문집총간 31, 민족문화추진회.
김우옹, 『東岡集』, 한국문집총간 50, 민족문화추진회.
『학기류편 – 사람의 길 배움의 길』, 조식 엮음, 경상대 남명학연구소 역주, 2002.
조　식, 『남명집』, 경상대 남명학연구소 옮김, 한길사, 2004.
『한국의 사상가 10인 – 남명 조식』, 예문동양사상연구원 · 오이환 편저, 예문서원, 2004.
『퇴계학과 남명학』, 경북대 퇴계학연구소 · 경상대 남명학연구소 편, 지식산업사, 2001.
박병련 · 이종묵 · 정순우 · 한형조, 『남명 조식: 칼을 찬 유학자』, 청계, 2001.
김충렬, 『남명 조식의 학문과 선비정신』, 예문서원, 2006.
신병주, 『조선 중 · 후기 지성사 연구』, 새문사, 2007.

2부

퇴계학파의 전개

서애 류성룡(柳成龍)(1542년 ~1607년): 자는 이현(而見), 호는 서애(西厓). 황해도 관찰사를 지낸 류중영과 진사 김광수의 딸 사이에서 1542년에 태어났다. 21세에 퇴계 선생에게 나아가 가르침을 청하고 문인이 되었다. 23세에 생원 · 진사가 되고, 25세에 문과 급제하여 벼슬에 나아갔다. 정언, 병조좌랑, 이조좌랑, 교리, 사간, 부제학, 대사간, 도승지, 대사헌, 경상도 관찰사 등의 벼슬을 지냈고 좌의정에 있을 때 임진왜란이 일어났다. 왜란 때에는 영의정이 되었으나 나라를 그르쳤다는 책임을 지고 물러났다가 다시 복직하여 도체찰사와 영의정을 맡아서 전쟁을 총지휘하고 국난 극복에 앞장서서 조선의 명재상으로 이름을 날렸다. 동서 분당시 동인에 속하였으며, 동인이 다시 남인과 북인으로 나누어지자 남인의 핵심이 되었다. 임란이 끝날 무렵 북인의 탄핵으로 낙향하였다. 고향에 돌아와서는 전쟁의 비극이 되풀이되지 않도록 하고자 『징비록』을 저술하였다. 서애는 정치인으로서 이름이 높았지만, 경세론 뿐만이 아니라 학문에 두루 밝은 학자이기도 하였다. 퇴계의 제자이면서도 양명학에 대해서도 개방적 자세를 취하였고 심학을 중시하였다. 변통을 중시하는 그의 실용적 경세론은 전란 극복에 기여하였다. 시호는 문충(文忠)이다. 제자로는 정경세 등이 있다. 저술로는 『서애집』, 『징비록』, 『난후잡록』 등이 있다.

제4장

임진왜란을 승리로 이끈 조선의 명재상, 서애 류성룡

|

서애 류성룡의 심학적 철학과 창조적 경세론

1. 들어가는 말

서애 류성룡(1542~1607)은 임진왜란 때 도체찰사와 영의정을 맡아서 국난 극복에 기여한 명재상으로 많이 알려져 있다. 그의 학자로서 그리고 사상가로서의 면모와 업적에 대해서는 아직도 많은 연구가 요구된다.[1] 서애에 대해서는 사상적으로는 양명학과의 관계가 많이 논의되고 있고, 학문적으로는 경세론과 관련된 문제가 많이 연구되고 있다. 서애는 퇴계 이황(1501~1570)의 고제이지만 철학적 입장이 반드시 퇴계와 일치하는 것만은 아니고 서애만의 독특한 특성이 있고, 이러한 특성이 그에게 창조적 경세

1) 서애 류성룡에 대한 단행본 연구서로는 다음 저서들이 참고 된다.
이성무·이태진·정만조·이헌창 엮음, 『류성룡의 학술과 경륜』(서울: 태학사, 2008) ; 이재호 편집, 『西厓 柳成龍의 經世思想과 救國政策』(上)(下), 서애선생기념사업회 발행(서울: 책보출판사, 2005) ; 송복, 『서애 류성룡 위대한 만남』(서울: 지식마당, 2007)

론을 가능하게 하였다.

서애의 철학과 경세론에 대한 기존 연구를 살펴보면 다음과 같다. 금장태는 서애의 성리설과 수양론, 경세론과 전략에 관해 연구하고 서애의 학문 체계와 사상이 가지는 의미를 ① 학문적 영역의 다양성과 경세론의 높은 비중, ② 학문적 깊이에서 엄밀한 실증성과 창의성 내포, ③ 천리보다 인사를 우선시하고 인사에서 실용성을 중시한다고 평가하고, 17세기의 초기 실학적 사상과 이어지고 있다고 분석한다.[2] 송긍섭은 서애의 양명학 비판을 중점적으로 분석하였고,[3] 권오영은 서애의 경학 사상에 심학적 성향이 있음을 강조한다.[4] 그 외에도 서애의 학문과 학통에 관한 연구,[5] 서애의 경학관과 경세 사상의 특징을 분석한 연구[6] 등이 있다. 그리고 서애의 정치, 외교, 경제, 군사 사상 등 경세 분야에 관한 연구는 이재호, 김종수, 이수건, 허선도, 정만조, 한명기, 송재소, 이헌창 등에 의해 일정한 성과를 내었다.[7]

이 글은 기존 연구를 토대로 서애 철학의 특성을 주자학과 육왕학 사이에서 이것을 어떻게 비판적으로 지양하면서 자신의 철학적 입장을 정립하였는지를 중심으로 고찰하고자 한다. 그리고 그의 경세론의 일반적 특성을 구명하고, 나아가 철학과 경세론을 어떻게 상호 유기적으로 이해할 것

2) 금장태, 『퇴계학파의 사상 I』(서울: 집문당, 1996), pp. 119-121 참조.

3) 송긍섭, 「서애선생의 양명학 비판」, 『서애 류성룡의 경세사상과 구국정책』(上), 서애선생기념사업회 (서울: 책보출판사, 2005), pp. 113-135 참조.

4) 권오영, 『조선 성리학의 의미와 양상』(서울: 일지사, 2011), pp. 307-349 참조.

5) 이수건, 「서애 유성룡의 학문과 학맥」, 『퇴계문하 6철의 삶과 사상』(서울: 예문서원, 1999), pp. 299-324; 김호종, 「서애 류성룡의 학문과 학통」, 『역사교육논집』(역사교육학회, 2003) 제31집, pp.135-164 참조.

6) 최종호, 「류성룡의 경학관과 경세사상의 특징」, 『태동고전연구』(태동고전연구소, 2012) 제29집, pp. 27-55 참조.

7) 서애의 경세사상에 대해서는 주1)에서 언급한 『서애 류성룡의 경세사상과 구국정책』(上)(下), 『류성룡의 학술과 경륜』, 『서애 류성룡 위대한 만남』이 많은 도움이 된다.

인지를 탐색해보고자 한다.

2. 서애의 철학

한 개인의 철학은 그 시대의 학문적 풍토나 사회적 환경과 긴밀한 연관 속에서 형성된다. 서애의 시대에는 그의 스승인 퇴계에 의해서 주자학이 본격적으로 널리 보급되고 다른 한편에서는 중국에서 유행하던 양명학이 새롭게 도입되어 주자학과 양명학 사이에 사상적 갈등과 충돌이 발생하게 된다. 그러한 충돌의 결과로 퇴계의 「전습록논변」이 나왔다. 서애는 17세라는 이른 나이에 『양명집』을 접해서 읽고 양명학의 문제의식을 이해하고 있었다. 21세에 처음 퇴계 선생을 만나기 전에 이미 『양명집』을 접한 서애로서는 주자학만을 공부한 다른 학자들과는 시각과 사상이 같을 수 없었을 것이다. 서애는 주자학을 본격적으로 배우기에 앞서 이미 주자학의 폐단에 대한 문제의식을 품고 있었다고 보아야 할 것이다. 물론 퇴계 선생을 만나 가르침을 받고 퇴계 문하생들과 같이 공부를 하는 가운데 주자학에 대한 생각에 변화가 발생하였을 가능성은 충분히 있다. 그러나 주자학에 대한 초기의 선입견이 쉽게 바뀌지는 않았을 것이다.

주자학과 양명학은 『대학』의 해석을 둘러싸고 중요한 차이를 보여준다. 서애는 『대학』에 대한 논의를 저술에서 많이 보여주고 있는데, 그는 적어도 『대학』에 대한 이해에 있어서 주자와 다른 입장을 보여줌으로써 주자학에 대한 일방적 수용을 거부하는 주체적 학문 자세를 보여주고 있다. 그는 주자의 수양론에 문제점이 있다고 생각하였다. 물론 그렇다고 서애가 양명학의 수양론을 전적으로 동의하는 것은 아니고, 양명학의 문제점에 대해서도 비판의 화살을 보낸다. 그는 『중용』의 "하늘로부터 받은 덕성을 높이되 묻고 배우는 학문의 방법을 말미암는다〔尊德性而道問學〕." 의 구절을 언급하면서 학자에게는 '존덕성' 과 '도문학' 의 공부가 다 필요하지만, 양자 가운데 하늘로부터 받은 덕성을 높이는 '존덕성' 공부가 우선임을 강조한다.[8] 서애가 주자학과 육왕학의 양대 학문 조류 가운데서 자신의 철학을 어떻게 정립하였는지 고찰해 보도록 하자.

1) 주자학과 육왕학에 대한 입장

조선의 학계는 16세기에 와서 회재 · 퇴계 · 율곡 등 대학자들이 출현하면서 정주학이 학문의 주류로 정착하게 된다. 그러면서도 일부에서는 명으로부터 양명학이 도입되게 된다. 서애는 주자학에 대해서 직접적인 비판은 삼가고 있지만, 그의 편지글을 보면 세상의 이른바 주자학자들의 학문의 병폐에 대한 비판적 언설이 많이 나온다. 그들은 경서의 구절과 주석을 귀로 듣고 입으로 외워서 기억할 뿐, 그것이 몸과 마음의 근본을 바르게 하지는 못하는 한계가 있다고 비판한다.

> "옛사람의 학문을 하는 것이 별다르게 기묘한 방법이 있는 것이 아니라, 그 근본은 다만 마음을 다잡아 가라앉게 하고 수양하여, 산만해진 마음을 한 곳으로 모으는 한 가지 일에 있었다는 것입니다. 만약 여기서 힘을 얻지 못한다면 근본인 바탕이 전혀 근거할 데가 없어져서, 박학(博學) · 심문(審問) · 신사(愼思) · 명변(明辨)도 다시 시행할 수가 없으며, 입과 귀의 사이의 천 마디 말이 모두 쓸모가 없게 될 것입니다."[9]

---

8) 『西厓集』 권11(민족문화추진회, 한국문집총간 52, 1990. 이하 동일), p.29, "中庸言尊德性而道問學. 不曰道問學而尊德性. 所爭先後幾何. 畢竟向望歸宿處, 不可不思耳." 참조.
9) 『국역 서애전서 Ⅱ-2』, 「조사경에게 회답하다.」(서애선생기념사업회, 2001), p.23.

서애는 우복 정경세(1563~1633)에게 보내는 글에서 세상의 주자학자들이 누에고치 실이나 쇠털 같은 자질구레한 지엽말단적인 것에 빠져서 큰 뜻을 놓치고 있음을 지적한다.

"주자께서 저술한 서적을 삼가 보내드리는데, 이 책 속에는 비 온 뒤의 화창한 날씨와 맑게 갠 달과 같은 뜻이 한량없이 들어 있으나, 다만 세상의 책 읽는 사람들은 먼저 누에고치에서 켜낸 실이나 쇠털〔蠶絲牛毛〕과 같은 자질구레한 것들의 겉만 보고 일의 실마리를 찾아내려는 것을 면치 못하고 있으므로, 하늘과 같이 높고 바다와 같이 넓은〔天高海闊〕 마음을 잃게 되는 것입니다."[10)]

서애는 그의 나이 17세에 아버지를 따라 의주에 갔다가 사은사 심통원이 연경을 방문하고 오는 길에 압록강 강가에 버린 짐 보따리에서 『양명집』을 발견하고 이것을 베껴서 간직하였다고 한다. 그러다가 임진란에 서애 고향 집의 책들이 대부분 없어졌는데 오직 『양명집』을 비롯한 몇 권만이 수풀 사이에서 온전하여 이를 자제에게 잘 보존하여 다시는 유실되지 않도록 하게 하였다고 한다.[11)] 이로 미루어 보아 서애는 일찍부터 『양명집』을 통해 왕양명의 사상과 삶을 접하고 그것에 대해 상당한 관심을 보인 것으로 보인다. 그리고 『양명집』을 통해 명대 주자학의 문제점을 깊이 인식하고 있었을 가능성이 크다. 서애의 동시대 학자들 특히 퇴계 문도들이 주자학 일변도에 기울어 있을 때 서애는 이미 주자학풍의 문제점에 대해서 깊은 관심을 두게 된 것이다. 이것은 그가 주자학을 보는 시각이 긍정 일변도만이 아니게 하였을 것이다. 나아가 주자와 대립적 관계를 유지하

10) 『국역 서애전서 Ⅱ-2』, 「정경임(鄭景任)에게 회답하다. 갑진년」(서애선생기념사업회, 2001), p.178.

11) 『西厓集』 권18, pp.6-7, 「書陽明集後」 참조.

던 육상산에 대해서도 편견 없이 깊은 관심을 가지게 하였다.

서애는 「상산학은 불학과 한 종류(象山學與佛一樣)」에서 자신이 29세, 30세 무렵 홍문관 수찬으로 있으면서 육상산의 의론을 좋아해서 그의 좋은 말을 뽑아서 베껴 한 권의 책을 만들어 가지고 다녔다고 한다. 그리고 주자가 상산을 공격한 것이 지나친 것이 아닌가 하고 의심을 가질 정도로 상산학에 심취했다고 한다. 그러다가 1573년 32세 때 부친상을 당하여 금계산에 머물면서 불경, 대혜어록, 증도가 등의 책을 보면서 상산학이 겉모양은 유가이지만 속은 불가와 다르지 않고, 한 모습임을 깨달았다고 한다. 이를 계기로 서애는 (육상산에 대한) 주자의 의론을 독실하게 믿고 감히 의심을 품지 않았다고 한다.[12] 이것을 보면 서애가 30세를 전후한 나이에 주자와 육상산의 학문 사이에서 매우 고뇌하였음을 알 수가 있다. 주위의 선배와 동학들도 서애가 상산학에 빠진 것에 대해 충고를 하였다. 서애가 월천 조목(1524~1606)에게 보낸 글에도 이런 문제에 대한 고민이 담겨있다.

> "무릇 강서(江西)의 학문(육상산의 학문을 말함)이 노맥(路脈)은 비록 다르다 할지라도 몸과 마음으로 힘써 행한 공부는 역시 우연히 이뤄진 것이 아니며, 한가롭게 세월이나 보내는 자들이 미칠 바가 아닙니다. 그 잘못된 점을 말한다면 선현들의 변론에서 볼 수 있고, 그 어려운 점에 대해서 말한다면 성룡으로서는 쉽게 본받을 수 있는 것이 아니었습니다."[13]

서애는 월천 조목에게 보낸 글에서 육상산의 학문의 문제점을 선현이 이미 변론하였으나, 그들이 몸과 마음으로 힘써 하는 공부는 보통 사람이 미칠 바가 아니고 그 어려운 점은 자신도 쉽게 본받을 수 있는 것이 아니라

---

12) 『西厓集』 권15, pp.15-16, 「象山學與佛一樣」 참조.

13) 『국역 서애집 1』, 「답조사경」, 민족문화추진회 편(서울: 솔, 1997), p.345.

고 평가한다. 즉 서애는 여기서도 육상산의 학문에 대해서 일견 부정하는 듯하면서도 사실은 전면 부정하지는 않고 나름의 중요한 의의를 강조한다. 이것을 통해 서애가 육상산의 심학에 대해 가지고 있는 생각의 일단을 엿볼 수가 있다. 서애는 그것이 이론적으로 분명 문제도 있지만, 마음을 다스리고 뜻을 진실하게 하는데 실제적 효력이 있고, 따라서 주자학의 말폐를 극복하는 데 도움이 되는 측면이 있다고 여기는 것이다.

서애가 동강 김우옹(1540~1603)에게 보낸 글에서도 다음과 같이 상산학에 대한 언급이 있다.

> "선학(禪學)에 대한 경계는 옳은 말씀입니다. 그러나 강서(江西)의 이학(異學)은 노선생(퇴계를 말함)께서 벌써 십분 물리치셨으니 유학자들이 대체로 지켜온 것은 설명하지 않아도 알 만합니다. 그러나 정신적으로 깨달은 장점은 스스로 감출 수가 없으므로 옛 성현들도 취했던 것입니다. 그것이 어째서 나쁘겠습니까? 대체로 배우고 묻고 생각하고 분별하며 마음을 성찰하여 사욕을 다스리는 일은 참으로 급선무입니다마는, 만일 마음속에 미리 길러서 쌓아 둔 힘이 없다면 어디에 근거하겠습니까? 보통 벗들과 학문을 토론할 때 말이 이와 같았는데 벗들 사이에서도 나의 참뜻을 알지 못하고 번번이 선학이라고 비방하는 것을 늘 웃어넘겼더니 뜻밖에도 또 이처럼 말씀하셨군요. 그러나 앞으로는 깊이 반성하겠습니다."[14)]

여기서 서애는 평소 벗들이 자기를 선학(禪學)이라고 비방하여도 웃어넘겼다고 하고, 상산학이 정신적으로 깨달은 강점이 있음을 지적하면서

---

14) 『국역 서애집 1』, 「답김숙부」, 민족문화추진회 편(서울: 솔, 1997), p.362.

반드시 나쁜 것만은 아니라고 해명하고 있다. 서애는 육왕학과의 만남을 통해 주자학의 문제점을 치유할 대안을 모색하였을 것이다. 그러나 육왕학의 학문적 모순에 대해서도 인식하고 있었기 때문에 육왕학을 전적으로 존신하지는 않았다. 서애가 육왕학에서 정주학으로 돌아왔다고 언명하였다고 해서 육왕학을 완전히 떠난 것은 아니고, 그의 학문에 만년까지 지속적으로 영향을 주고 특히 경세학에도 적지 않은 영향을 준 것으로 보인다. 서애의 중요한 철학적 문제의식 가운데는 주자학과 육왕학의 모순을 지양하는 것이 포함되어 있다. 이러한 문제의식은 『대학』의 '격물치지' 에 대한 해석에 잘 나타나고 있다.

2) 『대학』의 '격물치지' 에 대한 해석 – 주희와 왕수인의 해석을 넘어서

『대학』의 '격물치지' 에 대한 해석은 주자학과 양명학을 갈라놓을 만큼 중요한 사상적 관건이 된다. 서애는 다른 경전보다도 특히 『대학』에 큰 관심을 가져서 「대학연혁편차(大學沿革編次)」·「대학(大學)」·「대학장구보유(大學章句補遺)」·「격물설(格物說)」 등의 저술을 남겼다. 주자의 『대학장구』의 체제에 대해서 서애는 의문을 제기한다. 물론 여기에는 양명학의 영향이 있었을 것이다. 서애는 양명학의 영향을 받았지만 그렇다고 그것을 그대로 받아들이지는 않고 비판적으로 수용하고 있다. 『대학』 가운데서도 서애는 특히 '격물치지' 에 대한 해석을 중시한다. 서애는 59세 때인 1600년(선조 33년) 10월 29일 밤, 마침내 대학에 대한 깨달음에 도달하였다. 이 깨달음을 서애는 "독대학유감십수(讀大學有感十首)" 라고 하여 10수의 시로 표현하였고[15] 또한 '격물설(格物說)' 을 저술하여 깨달음을 논리적으로 설명하기도 하였다.[16] 그리고 가까운 제자인 김창원에게 편지로 이

소식을 알렸다.[17] 이것은 서애 만년 사상의 중요한 분기점을 시사하는 것이다.

주자는 『대학』에 '격물치지' 에 대한 해설이 빠졌다고 보고 이른바 '보망장' 을 지었다. 그러나 주자와 달리 서애는 '격물치지' 에 대한 해설이 『대학』에 빠져있는 것이 아니라고 주장한다.

> "또 내 생각에는, 격치장은 반드시 따로 세울 필요가 없다고 늘 여겨 왔다. '대학의 도는 명덕을 밝히는 데 있다' 는 데서부터 바로 '천하를 평정한다' 는 데까지 격치의 설 아닌 것이 없는 것 같다. …… 이른바 격치란 성의 · 정심 · 수신의 그 하는 일을 구하는 데에 지나지 않으니, 이렇게 해서 성의가 되고, 이렇게 해서 정심이 되며, 이렇게 해서 수신이 되고, 이렇게 해서 제가 · 치국 · 평천하가 되니, 이것이 격물치지의 학이 되는 것이 어찌 분명하고 또 갖추어지지 않은 것이겠는가?"[18]

서애는 '격물치지' 란 '성의' · '정심' · '수신' · '제가' · '치국' · '평천하' 와 분리된 별개의 공부가 아니라, 그것들을 어떻게 하느냐 하는 문제를 생각하는 것이다. '격물치지' 의 대상은 자기에게 절실하고 생활에서 가까운 것이지 범범하고 우원한 것이 아니다. 대학에서 말하는 격물치지의 대상은 다름이 아니라, "성의 · 정심 · 수신 · 제가 · 치국 · 평천하의 도를 알려고 하는 것에 불과하다."라고 한다.[19] 즉 서애는 격물치지의 대상과 범

15) 『西厓集』 권2, 「讀大學有感十首」, pp.3-5 참조.

16) 『국역 서애전서 Ⅱ-1』, 「격물(格物)에 관한 논설」(서애선생기념사업회, 2001), pp.260-264 참조.

17) 『국역 서애전서 Ⅱ-2』, 「김창원에게 회답하다」(서애선생기념사업회, 2001), pp.160-162 참조.

18) 『국역 서애집 2』, 「대학장구보유」, 민족문화추진회 편(서울: 솔, 1997), p.91.

위를 자기 수양과 가정 · 국가를 다스리는 실질적 실천적 문제에 초점을 맞춤으로써 그의 사상의 실용주의적 성격을 보여주고 있다.

또한 서애에 의하면 '격물치지'는 마음에서 하는 공부이지 마음을 버리고서 '격물치지'를 말할 수가 없다고 한다. '격물치지'와 '성의정심'이 두 가지로 확연하게 나누어지는 것이 아니다. 만일 별개의 두 가지가 된다면 '격물치지'는 속유의 '기송사장(記誦詞章)'에 빠져서 성인의 정일(精一)의 학문이 아니게 된다고 한다.[20)]

서애는 『대학』의 참된 공부는 하나의 '명(明)'자 즉 '명명덕'의 '명'자에 있다고 하고, 격물치지가 모두 심법(心法)임을 선언한다.[21)] 또한 서애는 진부한 책에서 앎을 찾지 말라고 한다. 독서 위주의 주자학적 격물치지를 부정하고 마음을 닦는 것을 중시한다. 서애는 격물치지를 "인심은 위태롭고 도심은 은미하니 마음을 정밀하게 살펴서 한결같이 하여 진실로 그 중정을 잡으라〔人心惟危 道心惟微 惟精惟一 允執厥中〕."과 연관시킨다. 즉 '격물치지'와 '유정유일'이 서로 통하는데, '유정유일'의 '정(精)'이 곧 '격치'이고, '일(一)'이 곧 성정(誠正)이라고 한다. 격물치지를 마음공부로 인식하므로 '유정유일'과 통하게 되는 것이다.

서애의 격물에 대한 해석이 왕양명의 지행합일설과 가깝지 않느냐는 물음에 대해, 서애는 지와 행의 공부가 서로 분리되는 것은 아니지만, 필경에는 지는 지고 행은 행이라고 하여 지행합일을 주장하는 양명학과는 다르

---

19) 『국역 서애전서 Ⅱ-1』, 「격물(格物)에 관한 논설」(서애선생기념사업회, 2001), pp.266-267. "大學之格致無他道. 不過欲知誠意正心修身齊家治國平天下之道而已." 참조.

20) 『국역 서애전서 Ⅱ-1』, 「격물(格物)에 관한 논설」(서애선생기념사업회, 2001), p.266. "格物致知, 雖曰講習討論之事, 誠意正心已在其中, 非截然爲二物, 而各自用力也. 若曰判爲二物, 而不可關涉, 則所謂格致者, 陷於俗儒記誦詞章, 而非聖人精一之學矣." 참조.

21) 『西厓集』 권2, pp.3-4, "大學眞功在一明, 大學不言修明德. 只說明明德. 不知明字屬知乎. 屬行乎. 抑通知行無欠否. 當着眼看. 不可草草. 八條詳說是修爲. 不但格致連誠正修. 只消一明字. 故章句正心修身救病處. 只下察字. 更無別法. 須知格致皆心法." 참조.

다고 한다.[22] 또한 서애는 격물치지론에서 치지를 양명학에서처럼 치양지로 해석하지는 않는다.[23] 서애는 인식이란 인식 주관이 인식 대상을 탐구하여 주관과 대상이 합치하는 과정으로 파악하고 있다. 이 점은 주자학과 공통되는 측면이다.

『대학』에 대한 해석을 보면 서애는 나름대로 주체적이고 독자적인 입장을 추구한다. 이것은 주자의 해석과 중요한 차이가 있다. 주자가 격물치지를 사물의 이치에 대한 객관적 탐구와 인식으로 보는 데 비해 서애는 마음공부로 보는 것이다. 그렇다고 양명의 치양지설처럼 지나치게 주관적인 방향으로 기울지도 않는다. 서애는 인식 대상의 객관성을 인정하면서도, 격물치지설을 상당히 실천주의적 관점에서 심학적으로 해석하는 특성을 보여주고 있다. 이 점에서 서애는 주자학과 양명학의 격물치지론의 문제점을 분명하게 인식하고 양자를 변증법적으로 지양하는 창조적 태도를 보여주고 있다고 하겠다. 그것은 한편으로는 심학적이고 다른 한편으로는 실천적이다. 서애는 진부한 책에서 관념적 지식을 찾는 것이 아니라, 생생한 마음과 역동적 현실에서 역동적인 지를 구하고 실천하고자 하였다.

3) 인식과 실천의 문제 – 지행설을 중심으로

서애는 64세에 「지행설(知行說)」과 「지행합일설(知行合一說)」을 저술하여 지와 행에 대한 자신의 견해를 확립하였다. 서애는 「지행설」에서 성현의 학은 비록 행동을 중시하지만, 그러나 또한 '지(知)' 도 귀하게 여긴다고

22) 『국역 서애전서 Ⅱ-1』, 「격물(格物)에 관한 논설」(서애선생기념사업회, 2001), p.267, "或曰子之論近於知行合一. 夫知行果可合一乎? 曰功夫雖不相離, 畢竟知自知行自行. 大抵知行二者, 先後次第甚分明, 不可相混. 但纔知得便可行." 참조.

23) 왕양명의 양지설에 대한 비판은, 「王陽明以良知爲學」(『西厓集』 권15, p.16) 참고.

주장한다. 그래서 비록 행동이 돈독하다고 하더라도 '지'가 이르지 못하면 아직 학습이 드러나지 못하고 행동이 밝지 못한 것을 면하지 못한다. 그래서 '선인군자(善人君子)'라고는 할 수 있으나, 끝내 미묘한 것에 통하고 궁극의 경지에까지 도달했다고 하기에는 부족하다고 한다. 그러면서 공자 문하에 덕행으로는 민자건 · 염백우 · 중궁 등이 있으나, '일이관지(一以貫之)'의 깊은 원리는 위 세 사람이 아닌 오직 자공에게 알려주었음을 지적한다. 비록 그 세 사람이 지극한 행동이 있었지만 '지'는 더불어 알려주기에 부족하였기 때문이다. 그리고 맹자도 지(智)는 공교함에 성(聖)은 힘에 비유하였음을 거론한다.[24] 100보 밖에서 활을 쏘아서 도달하게 하는 것은 힘이지만, 적중하게 하는 것은 힘이 아니라 지이다. 그러므로 적중하게 하는 '지'가 중요하다는 것이다. 그리고 백이와 류하혜가 공자처럼 시중(時中)에 맞게 행하지 못한 것은 행동이 못 미친 것이 아니라, 지(知)가 공자만 못한 것이라고 서애는 설명한다. 이처럼 서애는 공자와 맹자의 언설을 인용하면서 성인이 행에 비해서 결코 지를 낮추어 본 것이 아님을 강조한다.

역(易)에서도 "그칠 바를 알고서 그치면 더불어 기미를 알 수 있고, 마칠 바를 알고서 마치면 더불어 의리를 보존할 수 있다"라고 하였다. 서애는 성현이 종시와 본말을 통한 것이 지(知)일 따름에 지나지 않는다고 하여 지의 중요성을 확인한다. 그러나 옛사람이 이처럼 강조한 지는 "아침에 도를 들으면 저녁에 죽어도 좋다."고 할 만큼 진지(眞知)이지 길에서 주워들은 얕은 지식이 아니다. 서애에 따르면 본성을 논하고 이(理)를 논하면서 스스로 안다고 여기지만, 심신 수양으로 연결되지 않는 것은 참된 지가 아니다. 즉 참된 지는 자기의 몸과 마음에 와닿는 실존적이고 주체적인 것이어야 한다.

---

24) 『국역 서애전서 Ⅱ-1』, 「知行說」(서애선생기념사업회, 2001), p.303, "孟子曰智譬則巧也. 聖譬則力也. 由射於百步之外, 其至爾力也, 其中非爾力也." 참조.

유학의 전통에서 지와 행은 예로부터 구별되어 왔는데 왕양명은 정주의 설을 싫어하여 합치려고 하였다. 서애는 왕양명의 지행합일설의 배경을 어떻게 이해하고 있을까? 서애는 왕양명이 시속의 학문이 밖으로만 치닫는 것을 경계하여 한결같이 본심을 위주로 하여 마음으로 강구하는 바를 모두 행으로 삼았으니, 이는 굽은 것을 바로잡으려다 오히려 바른 것을 지나친 것이라고 비판한다.[25] 서애는 왕양명의 지행합일설이 지나쳤음을 비판하면서도 그러한 주장을 하게 된 의도, 즉 학문이 밖으로만 치닫고 자기에게 절실한 것이 되지 못함을 바로잡으려고 한 것에 대해서는 공감하고 있다. 요컨대 서애는 지와 행은 서로 구별되는 것이고, 지는 행에 못지않게 중요한 것이라고 파악한다. 그러면서도 참된 지는 지적 차원에서 그치는 것이 아니라, 심신을 바르게 하고 실천으로 이행되는 것이어야 한다고 인식한다.

지에 이르는 방법으로는 학(學)과 사(思)가 있는데 서애는 '학' 즉 배움보다 상대적으로 '사' 즉 생각을 중시한다.[26] '사'는 오행으로 보면 토(土)에 해당하는데 토가 모든 데 두루 속하고 통하는 것처럼 '사'가 중요하다고 인식한다. 그리고 『중용』에 나오는 '박학', '심문', '신사', '명변', '독행' 다섯 가지 가운데 '신사(愼思)'가 그 중간에 자리하는 것은 생각하는 것이 주가 되기 때문이라고 한다. "마음의 기능은 생각하는 것이니, 생각하면 얻고 생각하지 않으면 얻지 못한다."는 맹자의 언설을 인용하면서 생각하는 능력은 하늘이 나에게 부여한 것이라고 한다. 서애는 생각이 없는 배움은 귀로 듣고 입으로 말하는 '구이지학(口耳之學)'이 되어서 비록 (지

---

25) 『국역 서애전서 Ⅱ-1』, 「知行合一說」(서애선생기념사업회, 2001), p.305, "詳王氏之意. 蓋懲俗學之外馳, 於是一以本心爲主. 凡所著心講求者, 皆以爲行. 蓋矯枉而過直者也." 참조.

26) 이하는 「學以思爲主」(『西厓集』 권15, pp.14-15) 참조.

식이) 많다고 하더라도 별 의미가 없으며, 성현의 학은 오직 생각하는 것을 주로 한다고 말한다. 농부가 밭을 갈아서 가라지를 제거하고 좋은 곡식을 기르는 것처럼 사람은 생각〔思〕을 통해서 마음의 밭을 잘 갈아 다스려야 마음이 바르게 되고 뜻이 성실해져서 악한 생각이 물러가고 천리가 스스로 밝아진다고 한다. 서애는 경서를 읽을 때도 처음에는 주를 보지 않고 본문을 위주로 보면서 그 뜻을 스스로 반복해서 생각하고 그다음에 주를 참고해야 한다고 한다.[27] 이처럼 주체적으로 깊이 있는 사색을 통해서 참된 지를 인식하게 되면, 이렇게 얻어진 참된 지는 자연스럽게 행으로 이어진다고 서애는 생각한다.

4) 주재설과 수양론의 문제

서애는 성리학에서 핵심을 차지하는 수양론에 대해 어떤 입장을 취하고 어떤 특성을 보여주고 있을까? 서애는 학문을 하는 데 있어서 흩어진 마음을 거두어들이고, 본래 마음을 잘 잡아서 보존하고 함양하는 것이 무엇보다 중요하다고 인식하였다.[28] 마음이 '조존함양(操存涵養)'이 되지 않은 상태에서는 지적인 탐구와 논변을 하여도 그것을 베풀 곳이 없고, 입으로 말하고 귀로 듣는 수많은 말들은 모두 헛되다고 한다. 이처럼 서애는 수양론에서 학문적 탐구보다도 마음 수양이 더 근본적이라는 문제의식을 지니고 있었다. 서애는 자신의 수양론을 「주재설(主宰說)」로 정리하여 제시하였다.[29]

---

27) 『西厓集』 권15, p.15, 「讀書法」 참조.

28) 『국역 서애전서 Ⅱ-2』, 「조사경에게 회답하다」(서애선생기념사업회, 2001), p.25. "從前妄意 以爲古人爲學別無妙法. 其本惟在於操存涵養, 收拾放心一事. 若於此未得力, 根本田地, 蕩無可據, 則學問思辨, 更無可施, 而口耳間千言萬言, 都不濟事." 참조.

서애는 「주재설」에서 '주재(主宰)' 두 글자가 몸을 다스리고 본성을 기르는 묘법이라고 주장한다. 사람의 눈이 보는 것이 밝고, 귀가 듣는 것이 총명하고, 입이 맛을 바르게 분별하고, 사지가 움직일 때 민첩한 것은, 그것을 주재하는 것이 있기 때문인데 그것은 바로 심이라고 한다. 또한 서애는 『중용(中庸)』의 "중화(中和)를 이루면 하늘과 땅이 제자리를 지키고 만물이 잘 생육한다〔致中和, 天地位焉, 萬物育焉〕."에서 중(中)은 주(主)이고 화(和)는 재(宰)라고 해석한다. 그리고 『대학』에서 말하는 "마음이 없으면 보아도 보이지 않고, 들어도 들리지 않고, 먹어도 그 맛을 모른다〔心不在焉, 視而不見, 聽而不聞, 食而不知其味〕."는 주재가 없을 때 발생하는 병이라고 한다. 고요한 정(靜)에서는 주(主)를 해서 적연부동(寂然不動)하고, 움직이는 동(動)에서는 재(宰)를 해서 감이수통(感而遂通)하게 되면 이목구비와 사지의 작용이 거느려져서 모두 마음의 명령을 듣는다. 그래서 잠시도 끊어짐이 없고 총명예지가 모두 이것으로부터 나온다는 것이다. 서애는 성인의 도가 별다른 것이 없고 이와 같을 뿐이라고 한다.

서애의 주재설에 대해서 갈암 이현일(1627~1704)은 문제를 제기하였다.[30] 갈암은 주자의 말을 인용하여 주(主)가 곧 재(宰)이지, 주(主)자와 재

---

29) 이하는 『西厓集』 권15, p.1, 「主宰說」 참조. 主宰라는 개념은 주자도 사용하였지만, 특히 육상산이 "收拾精神, 自作主宰"라고 한 말이 유명하다.

30) 이현일, 『葛庵集』 권19(한국문집총간 128), pp.9-10, 「愁州管窺錄」, "竊謂主宰二字, 乃是主管裁制之義, 恐不可使作他用. 或有問於朱子曰: 宰萬物, 是主宰之宰? 宰制之宰? 曰:主便是宰, 宰便是制. 未嘗以主宰字, 作兩義說. 蓋言心之虛靈知覺,能酬酢萬變, 爲一身之主也. 今曰主宰二字, 是治身養性之方, 則以主宰作做工夫說. 恐非主宰字命名之義. 既又繼之曰耳目口鼻四肢之用, 皆得聰明辨捷者, 於此有主焉, 心而已. 是又反以心做主宰說, 言句之間, 首尾似不相應. 愚竊惑焉. 若夫致中和者, 是學問之極功, 聖人之能事, 與主宰字語意不相關, 似不可拖引以爲說也. 朱子曰, 中和者, 不是說做工夫處, 只是說道理名色地頭也. 然則所謂中和者, 乃所以狀性之德, 顯道之用, 非謂是治心養性之工夫節度也. 故程子曰, 敬不可謂中, 但敬以無失, 乃所以中. 學者若從程朱兩夫子言句中, 仔細體認來, 則可以不失其文義矣." 참조.

(宰)자가 두 가지 뜻이 있는 것이 아니라고 한다. 그리고 대개 마음이 몸을 주재한다고 하지, 주재를 공부의 의미로 사용하는 것은 아니라고 한다. 뿐만 아니라 '치중화(致中和)'는 학문의 궁극적 공효이고 성인만 가능한 일이고, 치중화는 주재(主宰)라는 말과는 뜻이 서로 관계가 없다고 비판한다. 그리고 중화란 치심양성의 공부와 절도(節度)를 일컫는 것이 아니라고 한다.[31]

이러한 갈암의 비판에 맞서 서애의 주재설을 적극적으로 옹호하고 해명한 학자는 구한말 성리학자 한주 이진상(1818~1886)이다.[32] 한주는 주재(主宰)에는 두 가지 뜻이 있다고 한다. 첫 번째는 하늘이 정한 것으로서 마음이 한 몸의 주재라고 하는 의미이고, 다른 하나는 사람이 세운 것으로서 경이 일심의 주재가 된다는 의미이다. 한주에 의하면 주재를 오로지 (하나로) 말할 수도 있고, 나누어 말할 수도 있다. 오로지 (하나로) 말하면 주(主)가 곧 재(宰)이고, 재가 곧 주이다. 그러나 주와 재를 나누어 말하면 정(靜)에서 체를 세우는 것을 주라 일컫고, 동(動)에서 용(用)이 운행하는 것을 재(宰)라고 일컫는다고 한다. 그래서 서애는 주와 재를 합쳐서 말하기도 하고 나누어 쓰기도 한다고 한주는 설명한다. 그리고 한주는 '치중화(致中和)'

---

31) 이현일, 같은 글(「愁州管窺錄」) 참조.

32) 이진상, 『寒洲集』 권30, 「書西厓柳先生主宰說後」, "於乎! 此先生一生受用之眞訣妙詮也. 蓋先生首登溪門, 親受主敬之旨而久視明道全體大用, 卓然爲吾嶺儒宗. 處黨伐角勝之世, 而不激不隨, 値患難顚敗之秋而不撓不沮, 卒之道德光於百世, 勳業著於社稷, 其道靡佗, 心有主宰而已. 夫主宰有二義, 一是天定底心爲一身之主宰是已, 一是人立底敬爲一心之主宰是已. 此雖有天人之別, 而天以是畀乎人, 人以是全其天, 其實則一而已. 先生晩年, 作此說以示學者, 首以爲治心養性之妙法者. … 主宰固是心, 而存心須用敬. 苟不用敬, 則心亦失其主宰而不足倚恃.以吾心本有之則, 爲吾心存養之法, 斯乃聖學之眞詮. 旣以主宰作做工夫說, 又以心做主宰說, 果何妨乎? 中和固不是說做工夫處, 而致中和則不得不謂之做工夫處. 戒懼謹獨, 果非治心養性之節度乎? 愚故曰: 學問之極工, 聖人之能事, 亦不外於心有主宰四字, 又只是一敬字而已." 참조.

의 '치(致)' 는 스스로 경의 뜻이 있다고 해석함으로써 갈암의 비판에 맞서 서애의 주재설의 의의를 적극적으로 옹호하였다. 한주는 서애의 주재설을 경의 관점에서 이해하고 적극적 의미를 부여하였다.

서애는 만년에 이르러서는 학문사변(學問思辨)보다 마음공부를 중시하는 심학적 경향을 더욱 강하게 보여준다. 서애가 63세에 제자인 우복 정경세에게 준 시를 보자.

> "이끼의 창연한 빛이 섬돌을 잇고,
> 대나무 그늘 성글게 드리운데,
> 한가로이 지내는 맛에 내 초가집이 좋다네.
> 오직 마음 심(心)자 가지고서 긴긴 해를 보내니
> 책상머리 만 권 서책은 내던지고 말았네."[33]

만 권 서책을 물리고서 마음공부에 몰두하는 서애는 자신의 심정을 강 한가운데서 배를 잃어버리고 표주박 하나를 천금과 같이 귀하게 여기는 것에 비유한다.[34] 여기서 표주박은 마음을 상징하는 것이다. 다른 한편에서는 자기 안에 있는 (마음이라는) 보물을 알지 못하고 마음 밖에서 (서책이라는 대상에서) 진리를 찾아다니다가 마침내 안에 있는 보물을 발견한 것에 비유하기도 한다. "자기가 지닌 한없이 많은 것을 내버리고, 남의 집 문간을 돌며, 바리때〔鉢〕를 가지고서 가난한 아이를 본받는다."[35] 서애의

---

33) 『국역 서애전서 Ⅱ-2』, 「정경임에게 회답하다」(서애선생기념사업회, 2001), p.177, "苔色連階竹影疎, 閒居一味愛吾廬, 惟將心字消長日, 抛却床頭萬卷書"

34) 『국역 서애전서 Ⅱ-2』, 「정경임에게 회답하다」(서애선생기념사업회, 2001), p.177 참조.

35) 『국역 서애전서 Ⅱ-2』, 「이숙평에게 회답하다」(서애선생기념사업회, 2001), p.204.

이러한 마음공부 우선론에 대해 주자학적 견해를 고수하는 우복으로서는 동의하기가 어려웠다. 그래서 우복은 스승인 서애에게 그 시를 다음과 같이 고치는 것이 어떠냐고 수정하여 제시한다.

> "그윽할사 정은 원체 세정과는 머나니
> 텅 빈 산에 문 닫아건 한 채의 초가네
> 맘 찾는 법 완롱거리 삼을 줄을 모르기에
> 한가하면 성현의 책 건성으로 읽는구나."[36]

우복이 고친 시에는 여전히 성현의 서책이 남아 있다. 서애가 만 권 서책을 내던지고 초월하려고 한 것과는 큰 차이가 있는 것이다. 서애와 우복이 주고받은 시는 비록 짧지만, 그 의미는 매우 심장한 것이다. 두 사람은 사제 간임에도 수양론에서 중요한 차이를 보여주고 있다. 우복은 주자학의 틀을 고수하고자 하였고, 서애는 선적(禪的)이라고 할 정도로 주자학의 틀을 벗어나 마음의 자유로운 자득을 중시하고 있다. 서애의 수양론에는 확실히 강한 심학적 경향이 있음을 부정할 수 없다.[37] 이것은 서애가 젊은 시절 접했던 육왕학적 학풍이 그의 학문적 문제의식에서 사라지지 않고 만년까지 지속해서 이어지고 있음을 보여주는 것이다.

『서애집』에는 이기 심성에 대한 논의가 드물다. 그리고 경전에 대한 주석도 많지 않다. 이것은 퇴계와 율곡 문하 동시대 학자들과 다른 점이다. 논설은 몇 편 있지만 비교적 간명하다. 이것은 서애의 학풍이 성명(性命)에 대한 형이상학적 논변이나 세밀한 경전 주석을 그다지 중시하지 않았음을

36) 정경세, 『국역 우복집 2』(서울: 민족문화추진회, 2005), p.69, "幽情全與世情踈, 門掩空山一草廬. 不解覓心資玩弄, 閑來遮眼聖賢書."

37) 권오영, 『조선 성리학의 의미와 양상』(서울: 일지사, 2011), pp.307-349 참조.

보여주는 것이다. 대신에 서애는 마음을 다잡는 마음공부를 요체로 하고 있다.

주자학에 대해서는 『대학』의 격물치지에 대한 해석을 비판하는 것 외에는 직접적인 비판은 많지 않다. 그러나 주자학의 말폐에 대해서는 매우 회의적이다. 서애가 비판하는 주자학의 말폐는 크게 보면 대략 다음과 같다. ① 문자에 집착하여 지엽적인 자구 분석에만 치중한다. ② 귀로 듣고 입으로 외우고 말하는 구이(口耳)의 학문에 그치고 만다. ③ 관심이 밖으로 치달아서 정작 자신의 마음을 다잡는 데는 소홀하다. ④ 자기 마음에서 나오는 무궁한 지혜를 보지 못한다.

다른 한편 양명학의 문제점에 대해서는 다음과 같이 지적한다.[38] ① 지와 행은 하나가 아닌데 하나라고 한다. ② 마음이 이(理)라고 하는데 마음이 곧 이(理)인 것은 아니다. ③ 양지만으로 모든 것을 다 알 수 있는 것이 아니고 독서를 통한 지식도 필요하고 의미가 있다. ④ 보고 듣는 이목의 능력이 모든 사람이 다 같은 것이 아닌 것과 마찬가지로 양지의 능력도 모든 사람이 다 똑같다고 할 수는 없다.

성학의 연원이 있는데 그 핵심은 정일(精一)이라고 하여, 정일(精一)의 마음공부를 서애는 중시하고 있다.[39] 그는 정일(精一)의 마음공부를 통해 마음의 주재를 확고히 함으로써 어떤 일을 당해서도 흔들림 없이 창조적으로 대응할 수 있는 실천의 기반을 확립하고자 하였다.

서애는 지와 행의 합일이나 주관적 양지만을 강조하는 양명학의 모순을 비판하였다. 또한 주자학은 도문학에 경도되어 마음을 떠나 관념적인 문자상의 의미 분석과 형이상학적 공담의 말폐가 있다고 인식한다. 이에 대해서 서애는 향내적 마음공부를 위주로 하면서도 객관적 궁리나 독서의

---

38) 『西厓集』 권15에 나오는 「知行合一說」, 「王陽明以良知爲學」 참조.

39) 『西厓集』 권2, p.20, 「盧弘仲景任寄詩論學感其意次韻」, "聖學有淵源. 要言是精一." 참조.

중요성을 간과하지 않음으로써 주자학과 양명학의 모순을 지양하여 제3의 길을 탐색하는 철학적 특성을 보여주고 있다.

3. 서애의 경세론의 창조적 특성

서애는 경서를 공부하는 것은 시무(時務)를 알기 위함이라고 할 정도로 현실 문제에 깊은 관심을 가졌다.[40] 정경세가 쓴 서애의 행장을 보면 서애는 일찍부터 경국제세(經國濟世)의 큰 꿈을 가지고 있어서 다방면에 걸쳐서 많은 공부를 하였다.

> "항상 경국제세의 업적을 이루는 데 뜻을 두어 예악의 교화를 일으키는 이외에 군대를 다스리고 재정을 처리하는 따위의 일에 대해서도 자세하게 강구하지 않는 것이 없었는데, 재주는 실무에 응하기에 족하였고, 학문은 쓰임을 이루기에 족하였다."[41]

서애는 경세와 관련하여 특히 『관자』, 육지(陸贄)의 『육선공주의』, 진서산의 『대학연의』를 중시하였다. 『육선공주의』는 경연 교재로도 추천하였으나 선조가 받아들이지 않았다고 안타까워하였다.[42] 서애는 문과 출신의 다른 사대부들과는 달리 이재(吏才) 즉 행정 능력이 뛰어나고 정치 · 행정 · 외교 문서의 작성과 처리에 있었어도 탁월한 재능을 발휘한 것으로 평가된다. 서애에게 있어서 철학 · 경학은 현실 경영을 도모하는 경세학과

---

40) 『西厓集』 권14, 「策問三首」, "夫通經所以識務, 鑑古所以知今." 참조.

41) 정경세, 『국역 우복집 3』(서울: 민족문화추진회, 2005), p.430.

42) 『국역 서애전서 Ⅱ-1』(서애선생기념사업회, 2001), p.344, 「經筵請講陸宣公奏議」 참조.

밀접한 연관성을 지니고 있다. 우리는 여기서 서애의 방대한 경세론을 다 논의할 수는 없고, 그 일반적 특성을 중심으로 살펴보도록 한다. 서애의 경세론은 임란 이전의 평화 시기와 임란기의 비상시기로 구분해 볼 수 있다. 임란기에 서애는 영의정과 도체찰사로서 정국을 주도하는 책임을 맡았기 때문에 이 시기를 중심으로 경세론의 특징을 고찰한다.

서애에 따르면 세상의 도리는 강물의 흐름과 같이 변하므로 법은 오래되면 폐단이 발생하기 때문에 성인은 때에 따라 마땅한 것을 제정하여〔因時制宜〕 그 폐단을 구제한다.[43] 성인의 도는 때에 따라 올바름에 처해서 각각 마땅한 바를 둔다고 한다.[44] 그래서 성인은 때에 따라서 다양하게 대응하고〔隨時應之〕, 변통하는 데 있어서 일정한 고정된 방법이 없다고 하였다〔通變無方〕.[45] 예컨대 요순처럼 무위의 왕도 있지만 황제(黃帝)나 우임금처럼 천하를 분주하게 다닌 성인도 있었다고 지적한다. 이처럼 서애의 경세론은 '인시제의(因時制宜)' '수시응지(隨時應之)' 처럼 시대 변화에 따른 역동적 적응을 중시하며, '통변무방(通變無方)' 처럼 변통하는 데 있어서 일정한 방법에 구애되지 않고 열린 융통성을 강조한다. 이러한 역동적이고 개방적인 경세 사상이 전란의 위기 속에서 나라를 구하는데 창조적 대책을 가능하게 하였다고 파악된다.

군주의 역할과 관련하여 군주는 덕을 닦는 데 힘쓰고 수동적 자세로 통치하는 것이 만능이 아니라, 때에 따라서는 군주가 적극적 능동적 역할을 수행해야 한다고 서애는 인식한다. 군주가 안으로 덕만 닦고 공손히 가만

---

43) 『西厓集』 권15, p.17, "世道如江河之推移, 故法未有久而無弊者. 聖人因時制宜, 或損或益, 以救其弊" 참조.

44) 『西厓集』 別集 권4, p.11, 「讀余隱之尊孟辨」, "大抵聖人之道, 因時處宜, 各有攸當. 言語行事, 未必盡同也." 참조.

45) 『西厓集』 권8, p.2, 「柳祖訒上疏回啓」, "大抵世運有興替之機, 聖人隨時應之, 通變無方." 참조.

히 있어도 항상 저절로 다스려지는 것은 아니라고 한다. 서애는 무위(無爲)로 세상을 다스린 요순이 성인의 전부가 아니고, 우임금처럼 발이 닳도록 뛰어다닌 성인도 있음을 강조한다. 성인은 시대의 변화에 따라 그것에 맞게 정치를 해야 한다. 성리학에서는 체용과 본말에서 체와 본이 용과 말의 근본이라고 본다. 서애는 정치에서 체뿐 아니라 용도 함께 갖추어야 하며, 본만 아니라 말도 겸해야 함을 강조한다.

"무릇 제왕으로서 닦아야 할 학문은 천하를 다스리는 데 중점을 두어야 하므로 반드시 근본인 마음과 지엽인 시책이 함께 이루어져야 하며, 체와 용이 다 갖추어져서 안으로는 심신(心神)과 성정(性情)의 정미한 데에서부터 시작하여 밖으로는 정책과 행정의 실제에 이르기까지 순서에 따라 조리에 맞으며 정묘로운 것과 거친 것, 큰일과 작은 일을 가릴 것 없이 그 어느 하나도 관통되지 않음이 없어서 큰 경우는 천하를 다스리고, 작은 경우는 추호와 같이 작은 일에도 정성을 다한 뒤에라야 비로소 실체를 밝히고 응용에 적합한 학문이 될 것이요, 체는 있어도 용이 없다는 비웃음을 받게 되지 않을 것입니다."[46]

이것은 정치에 있어서 정치 철학이나 정치 윤리, 심성 수양뿐만이 아니라 정치 제도와 법령, 실용적 정책이 함께 구비되어야 함을 뜻하는 것이다. 이처럼 서애의 경세론은 도덕 정치론의 관념적 이상에 머무르지 않고, 현실의 변화에 맞추어 능동적으로 실용적 정책 대응도 겸해야 한다고 인식하였다. 즉 체용겸전(體用兼全)이 요구된다고 보았다.

---

46) 이재호 편집, 『서애 류성룡의 경세사상과 구국정책(下)』(서울: 책보출판사, 2005), pp.87-88. "若夫帝王之學, 貴於經綸, 必須本末兼擧, 體用該備, 內自心神性情之微, 外及政事施措之間, 順序條達, 精粗巨細, 無一不貫, 大則經綸六合, 小則密勿秋毫. 然後, 方爲明體適用之學, 而不歸於有體無用之譏." 참조.

서애는 경세에 있어서 문치(文治)를 기본으로 하면서도 무비(武備)도 함께 중시하는 입장이다. 스스로 병법에 대해서도 연구하고 군사적인 전략 전술에 대해서도 깊은 조예가 있었다. 이 점은 다른 유학자 출신 관료와 다른 면이다. 서애는 당시로서는 최신의 병서인 척계광의 『기효신서(紀效新書)』를 탐독하여 최신 전략과 전술 그리고 병기를 활용하여 전란에 대한 대책을 세우고자 하였다. 서애는 왜군이 강하고 훈련이 잘되어 있어서 우리 군이 함부로 싸우면 이길 수가 없다고 판단했다. 그래서 효과적 전략을 구사할 필요가 있다고 여겼다. 서애는 우리 백성들이 마을에 아무것도 먹을 것이 없도록 텅 비우고 산으로 가서 산성과 같은 요새지에서 지형의 이점을 살려서 적을 대적해야 이길 수 있다고 하였다. 또한 적의 후방과 식량 보급로를 차단함으로써 적군을 고립시켜서 마침내 스스로 퇴각하게 만들고 후퇴할 때를 틈타서 우리가 적을 공격하여야 이길 수 있다고 분석한다.

그리고 승리를 위한 구체적 전략 전술을 종합하여 척후, 장단점 파악, 속오(束伍) 즉 군 조직 체계 정비, 명령 엄수, 중호(重壕) 즉 겹해자 설치, 설책 즉 군영에 영책 설치, 수탄(水灘) 즉 얕은 여울 방어법, 수성(守城), 질사(迭射), 통론형세(通論形勢)로 구성되는 「전수기의십조(戰守機宜十條)」를 체계화하였다.[47] 그리고 훈련도감을 창설하여 무기 다루는 법을 전문적으로 익힌 정예화 된 군인을 양성하여 군의 전력을 획기적으로 강화하고자 하였다. 서애는 임란이 발발하기 이전에 이순신에게 병서를 보내서 읽고 전쟁에 대비책을 마련하도록 지시할 정도로 무비에 큰 관심을 보였다. 군사에 대한 깊은 지식과 식견이 있었기에 임란기에 전시 수상으로서 전쟁을 총지휘하여 마침내 왜적의 침략으로부터 나라를 지키는데 중추적 역할을 할 수 있었다. 서애 경세론의 중요한 특징은 문무겸전(文武兼全)이라고

47) 『西厓集』 권14, pp.1-14, 「戰守機宜十條幷序」 참조.

할 수 있다.

국가 경영에서 무엇보다 먹고사는데 필요한 식량을 포함한 재물의 생산과 유통이 중요하다고 인식하고 생재지도(生財之道) 즉 경제 문제를 매우 중시하였다. 서애는 농업을 중시하면서도 상업에 대해서도 소홀히 하지 않고 시장에 대해 적극적인 태도를 보여주었다. 다른 성리학자들과 달리 국가의 시장 개입에 대해서도 긍정적이고 적극적이었다. 군량 확보를 위해서는 소금을 굽도록 장려해서 식량과 교환하게 하는 방법이 효과적이라고 제안하였다. 해변의 주민들에게 소금을 굽게 하여 그것으로써 내륙 백성들의 쌀과 교환하여 군량으로 사용하자는 것이다. 소금은 생필품이어서 백성들이 잠시라도 사용하지 않으면 안 되므로 소금을 구어서 쌀과 교환하는 것이 식량 · 군량 확보에 있어서 가장 효과적 방법이라고 주장한다.[48)]

서애는 백성들의 민생의 편의와 국가 이익 증대를 위해 노력하였다. 조선시대에는 지역마다 그 지역의 특산물을 나라에 바쳐야 했다. 그런데 이것은 중간에서 토호와 관리와 아전들이 농간을 부려서 많은 부당 이익을 취하는 반면 백성들로서는 엄청나게 불편하고 부담스러운 세였다. 서애는 지역별 특산물 대신에 쌀로써 통일하여 대체함으로써 백성들의 부담을 줄이고 편리하도록 하고, 국가로서는 필요로 하는 양식과 군량을 확보하고자 하였다. 이것은 훗날 대동법으로 발전하였다. 서애는 경제를 중시하여 재물생산과 유통에 큰 관심을 가지고 대책을 마련하였으며 세제 개혁으로 백성의 편의와 국가 이익 증진을 동시에 이루고자 하였다. 이처럼 서애 경세론은 국가와 백성들의 경제 문제 해결에 깊은 관심을 보여주고 있다.

인사 문제와 관련하여, 서애는 실력에 기반을 둔 인재 선발을 중시하고 신분에 대해서는 유연한 태도를 보였다. 조선 사회는 양반, 중인, 상민, 천

---

48) 『西厓集』 권7, pp.39-43, 「請措置糧餉啓」 참조.

민으로 신분이 구분되어 있었다. 서애는 노비와 같은 천민 신분의 사람도 군공(軍功)을 세우면 면천하고 출세도 가능하게 하는 개방적 정책을 구사하였다. 양반들은 자기들의 노비가 국가에 의해서 동원되는 것에 대해서 반대하였지만, 서애는 "천민도 국가의 백성이다."는 원칙을 앞세워서 천민도 국가에 공을 세우면 출세할 수 있는 길을 인정해야 한다고 보았다.

서애는 「청광취인재계(請廣取人才啓)」에서 인재를 취함에서는 작은 재주도 취해야 하고, 신분이 천한 출신도 빠뜨려서는 안 되고, 단점이 있는 사람도 장점이 있으면 취해야 한다는 원칙을 제시한다.[49] 그래서 관직이 있거나 없거나를 막론하고 서얼이나 천민이거나 승려를 불문하고 오직 참으로 재능이 있는 사람〔實才〕을 천거하여 시대의 쓰임에 충당하고자 하였다. 재능이 있는 사람에게는 자기를 스스로 추천할 수 있는 자천(自薦)의 길도 열어 놓아서 인재 확보를 위해 최선을 다하고자 하였다. 무엇보다 실력 제일주의의 인사 정책 그리고 신분을 따지지 않는 개방적 인사 정책은 서애의 경세론의 중요한 특징이다.

요컨대 서애 경세론은 역동적 창조적인 변화에의 적응, 체용겸전, 문무겸비, 적극적 경제 정책과 경제 중시, 개방적이고 능력 위주의 인사 정책 등으로 크게 특징 지워진다. 이러한 창조적 경세론으로 서애는 위기에 처한 나라를 구하고 백성들의 민생을 조금이라도 더 안정시키고자 하였다. 비록 임진왜란이라는 미증유의 국가적 위기를 배경으로 하여 형성되었다고 하지만 서애 경세론은, 군주의 도덕적 수양을 위주로 하여 도덕주의적 경향이 강한 사림의 일반적 경세론과는 그 특성에 있어서 많은 차이가 있음을 알 수가 있다. 서애가 정치인으로서 높이 평가를 받는 것은 단순히 영의정을 오랫동안 하였기 때문이 아니라, 그가 경세에 대한 탁월한 사상과

49) 『西厓集』 권7, pp.37-39, 「請廣取人才啓」 참조.

식견을 토대로 현실의 난국을 헤쳐 나가는데 뛰어난 능력을 발휘하고, 명철한 정세 판단에 기초한 합리적이고 창조적인 정책 대응을 구사하였기 때문이다.

4. 서애의 육왕학 탐구와 경세론의 관계

서애는 주자학은 물론이고 육상산과 왕양명의 철학에도 많은 관심을 가졌는데 이것은 그의 경세 사상에 어떤 영향을 주었을까? 서애가 육왕학에 관심을 가진 것은 단순히 그들의 학설뿐만 아니라 그들의 삶과 정치 활동과도 연관이 있다. 서애는 육왕의 학설에 대해서 문제점을 인식하였지만 그럼에도 불구하고 육왕의 서적을 탐독한 이유는 무엇일까? 그리고 그것을 통해서 무엇을 배웠을까? 서애의 경세론과 그의 육왕학 탐구는 어떤 관계가 있는 것인가?

다른 유학자 출신 관료보다 서애는 일찍부터 군사와 병법에 관한 관심이 높았고 이와 관련된 벼슬로 병조좌랑, 병조판서 등을 맡기도 하였으며 전란 때는 중앙에서 전쟁을 총괄 지휘하는 전시 수상의 역할을 맡았다. 서애가 문신임에도 군사에 밝은 것은 왕양명과 서로 통한다. 왕양명도 어려서부터 말타기와 활쏘기를 즐기고 무예와 병법에 밝아서 농민 봉기와 신호(宸濠)의 반란을 진압하는데 큰 공을 세웠다.[50] 육상산도 어려서부터 활

50) 왕양명은 평소 병법을 중시하여서 다음과 같이 말했다. "유학자는 병법을 알아야 한다. 공자께서도 말씀하시기를, '글로써 일하는 자도 반드시 무예를 갖추어야 한다'고 하셨는데, 지금 글공부를 하는 유학자가 평상시에 부귀를 탐내고 문장을 훔쳐 태평을 꾸미기를 일삼다가 나라가 어려움에 처하면 속수무책이니, 이는 유학자의 수치이다."(박은식, 『왕양명실기』, 이종란 옮김(서울: 한길사, 2010), pp.45-46.)

쏘기와 말타기를 배우고, 벼슬을 맡아서는 성지(城池)를 신축하고 관할 지역의 무비(武備)를 정돈하고 훈련하는 데 힘썼다.[51] 즉 육상산이나 왕양명은 문인이면서도 군사에 밝았는데 이 점은 서애의 경세론이 문무겸전(文武兼全)의 성향을 지닌 것과 일치한다.

서애는 신분과 관련 없이 재주가 있는 사람들은 등용하여야 하고 공이 있으면 노비도 면천해주어야 한다고 하였다. 양명학은 모든 인간에게 양지가 있다고 보고, 사농공상의 관계를 수직적 위계가 아니라 수평적으로 보는 면이 있다. 즉 옛날에는 사농공상이 업(業)은 달라도 도(道)는 같았다고 하여, 당시에 천하게 여기던 상공업을 사와 농과 같은 수준으로 높여서 보는 신사민론(新四民論)을 제기하였다.[52] 이처럼 양명학은 상대적으로 주자학보다 신분 문제에 있어서 개방적 입장을 취하였는데 서애도 이러한 경향이 있다. 서애의 면천론은 당시 사대부들로부터 비난과 공격의 대상이 되었다. 그럼에도 불구하고 서애는 노비라고 하더라도 국가에 공로가 있으면 면천도 해주고 나아가 관직도 주어야 한다고 보았다.

임란에서 서애가 가장 고심했던 문제는 군량 확보였다. 이와 관련해서 서애는 '생재지도(生財之道)' 에 대해 많은 언급을 하고 있다. 식량 생산을 높여서 전쟁에 필요한 군량을 확보하고 백성을 기아로부터 구제하는 것은 현실적으로 가장 어렵고도 절실한 문제였다. 서애는 군량 확보를 위해 소금을 제조하여 판매할 것을 주장하는데 양명도 이 방법을 많이 언급하고 있다.[53]

---

51) 蔡仁厚 撰述, 『宋明理學 - 南宋篇』(臺北市: 臺灣學生書局, 1982), pp.280-289 참조.

52) 王守仁, 『王陽明全集(上)』, 「節庵方公墓表」(上海: 上海古籍出版社, 1995), p.941, "古者四民異業而同道, 其盡心焉, 一也. … 其歸要在於有益於生人之道, 則一而已." 참조.

53) 王守仁, 『王陽明全集(上)』, 「再請疏通鹽法疏」(上海: 上海古籍出版社, 1995), pp.383-386 참조.

육왕학은 명분에 사로잡히기보다는 현실 속에서 실천적 실용적 문제 해결을 중시한다. 이 과정에서 고정 관념에 사로잡히지 않고 자유롭고 창조적으로 문제 해결을 시도한다. 또한 기민하고 임기응변에 강하다. 이러한 임기응변을 통해서 왕양명은 군사 작전에서 큰 전공을 세울 수가 있었다. 서애의 경세론은 현실 변화를 적극적으로 수용하고 문제를 창조적이고 실용적으로 기민하게 풀어나가는 점에서 육왕과 유사한 점이 있다. 육상산과 왕양명은 학문적으로는 간이함을 숭상하면서도 현실 문제의 해결에서는 열과 성을 다하고 기민한 창조력을 발휘하여 생민의 고통을 덜고 나라의 안정을 도모하였다. 왕양명은 공문서 처리와 소송 업무 처리도 실학이 아님이 없다고 하였다. 그는 행정 · 사법 업무와 같은 것을 처리하는 것도 실학이라고 인식하였다. 왕양명은 실제 사물과 유리된 학문은 공허한 것으로 간주하였다.[54] 현실 사무와 학문을 분리하지 않은 것이다. 이 점에서 실학적 요소가 강하다. 서애 역시 학문적으로는 번쇄한 논의보다 간명함을 좋아하고 심학적 경향을 지녔지만, 대신에 경세치용의 현실 문제에서는 한층 정밀하고 구체적인 실용적 방안을 강구하는데 깊은 관심을 쏟았다. 임진왜란 때뿐만이 아니라 병자호란 때도 난국의 수습을 위해 명분에 사로잡히지 않고 실질적 문제 해결의 방법을 제시한 사람 가운데 양명학을 공부한 사람이 있었던 것은 우연이 아니다.

요컨대 서애는 비록 육상산과 왕양명의 학설에 전적으로 동의하지는 않았음에도 불구하고 그들의 학문을 탐구한 것은, 육왕학의 경세론의 장점을 섭취하여 정태적 명분론의 틀을 탈피하여 더욱 창의적이고 개방적이며 실용적인 현실 대응 정책을 구사하는 데 일정한 도움을 주었을 가능성이

54) 王守仁, 『王陽明全集(上)』, (上海: 上海古籍出版社, 1995), p.95, "簿書訟獄之間, 無非實學, 若離了事物爲學, 却是着空." 참조.

크다고 할 수 있다.

5. 맺음말

서애는 퇴계의 문하생으로서 정주학을 공부하였지만, 이에 그치지 않고, 육왕학의 정수까지 이해하려고 하였으며, 사공학(事功學)적 성격이 강한 관자학(管子學), 불교에 관해서도 공부한 바가 있을 정도로 지적 경계가 폭넓었다. 이처럼 서애는 다양한 학문을 접하되 주체적 수용의 자세를 잃지 않았다.

서애는 '도문학' 보다 '존덕성' 을 중시하였으며 경전에 구애되기보다는 마음의 주체적 사색과 마음의 주재(主宰)를 중시한다. 그러면서도 객관적 궁리나 독서의 중요성을 간과하지는 않았다. 서애는 정주학과 육왕학 어느 한쪽에 전적으로 치우치지 않고 양자의 장점과 문제점을 분명하게 인식하고 이것을 지양하려고 하였다. 비록 표면적으로는 육왕학을 비판하는 듯 보이지만, 내면적으로는 육왕학의 학문적 문제의식에는 공감하는 부분이 적지 않았다.

서애는 주자학의 핵심 부분인 격물치지론에 대해서 주자설을 따르지 않고, 격물치지가 모두 심법이라고 주장하였다. 지행설에서는 지와 행을 구별하고 지는 행에 못지않게 중요한 것임을 인정한다. 그러면서도 참된 지는 심신을 바르게 하고 실천으로 이행되는 것임을 강조한다. 지에 이르는 방법으로는 학(學)보다 상대적으로 사(思)를 중시하는 특성을 보여준다. 지적 탐구와 토론보다 마음공부를 귀하게 여기는 서애는 정(靜)에서의 주(主)와 동(動)에서의 재(宰)를 아우르는 주재설(主宰說)을 심법의 요체로 제시하였다. 특히 만년의 시를 보면 학문사변(學問思辨)보다 마음공부에 치중하는 심학적 경향을 더욱 강하게 보여주고 있다. 그는 성학의 핵심은 정일(精一)의 마음공부에 있다고 보고, 이를 통해 어떤 일에서도 흔들림이 없이 마음의 주재(主宰)를 확고히 하여 창조적 실천의 기반을 확립하고자 하였다.

서애는 젊어서부터 경세에 대한 강한 관심을 가지고 관련된 학문을 폭넓게 섭렵하였다. 그의 경세론은 시대 변화에 따른 역동적 적응을 중시하며〔因時制宜〕, 변통하는 데 있어서 일정한 방법에 구애되지 않고〔通變無方〕 열린 융통성을 강조하여 다른 성리학자들의 경세론과 차이점이 많다. 그는 국가 현안과 백성들의 민생 문제에 대한 개방적 창조적 해결을 추구하였다. 명분과 이데올로기에 사로잡히지 않고 당면한 현실 과제의 해결을 위해서 창의적이고 실용주의적 생각을 가졌다. 서애의 경세론은 체와 용, 문과 무를 함께 중시하였으며, 경제 문제에 대한 높은 관심과 적극적 인식 그리고 실력 위주의 인사 정책을 강조하였다. 서애의 경세론의 특성은 육왕의 경세론과 유사한 측면이 주목된다. 그의 경세론과 사상은 후에 실학적 학풍으로 발전되기도 하였다. 이 점에서 서애의 철학과 경세론은 성리학에서 실학으로의 학문 발전 과정에서 중요한 가교 역할을 수행한 것으로 평가된다.[55)]

55) 금장태는 서애의 사상이 17세기의 초기 실학적 사상과 이어지고 있다고 평가하고(경북대 퇴계연구소 지음, 『퇴계문하 6철의 삶과 사상』, 예문서원, 1999, p.362.), 이수건은 서애는 "진보적인 경세학자로서 위로는 퇴계의 학통을 계승하고 아래로는 실학파를 연결하는 교량적인 위치에 있었다고 본다."고 평가한다.(같은 책, p.323.)

참고문헌

류성룡, 『西厓集』(한국문집총간 52집)(서울: 민족문화추진회, 1990)
류성룡, 『국역 서애집』, 민족문화추진회 편(서울: 솔, 1997)
류성룡, 『국역 서애전서』, 이재호 역(서애선생기념사업회, 2001)
이현일, 『葛庵集 II』(한국문집총간 128집)
이진상, 『寒洲集』(한국문집총간 318집)
정경세, 『국역 우복집2』(서울: 민족문화추진회, 2005)
정경세, 『국역 우복집3』(서울: 민족문화추진회, 2005)
王守仁, 『王陽明全集』(上海: 上海古籍出版社, 1995)
王守仁, 『傳習錄』, 정인재 · 한정길 역주(화성: 청계, 2001)

蔡仁厚 撰述, 『宋明理學 - 南宋篇』(臺北市: 臺灣學生書局, 1982)
陳　來, 『양명철학』, 전병욱 옮김(서울: 예문서원, 2003)
금장태, 『퇴계학파의 사상 I』(서울: 집문당, 1996)
경북대퇴계연구소, 『퇴계문하 6철의 삶과 사상』(서울: 예문서원, 1999)
유명종, 『왕양명과 양명학』(화성: 청계출판사, 2002)
송　복, 『서애 류성룡 위대한 만남』(서울: 지식마당, 2007)
이재호, 『서애 류성룡의 경세사상과 구국정책』 (상)(서울: 책보출판사, 2005)
이재호, 『서애 류성룡의 경세사상과 구국정책』 (하)(서울: 책보출판사, 2005)
이덕일, 『유성룡』(서울: 역사의 아침, 2010)
박은식, 『왕양명실기』, 이종란 옮김(서울: 한길사, 2010)
류성룡, 『징비록』, 이재호 역(서울: 역사의 아침, 2012)
이정화, 『류성룡 선생 시문학 연구』(서울: 아세아문화사, 2008)
이성무 외, 『류성룡의 학술과 경륜』(서울: 태학사, 2008)
이정화, 『서애시』(서울: 시간의 물레, 2007)

愚伏鄭經世

우복 정경세(鄭經世)(1563년~1633년): 자는 경임(景任), 호는 우복(愚伏). 좌찬성 정여관과 합천이씨 어머니 사이에서 1563년에 태어났다. 류성룡이 경상도 관찰사로 상주에 왔을 때 그의 문하생이 되었다. 24세에 급제하여 승문원부정자에서 시작하여 이조좌랑, 홍문관교리, 이조정랑, 경상감사, 대구부사 등을 지냈고 인조반정 이후에는 대사헌, 예조판서, 이조판서, 대제학 등의 요직을 지냈다. 우복은 시강(侍講)으로서 명성이 높았으며 예학(禮學)에도 조예가 깊었다. 우복은 퇴계와 주자를 학문적으로 매우 존경하였고, 주자의 글을 모아서 『주문작해(朱文酌海)』를 편저하였다. 고향 상주에 최초의 민간 의료 기관인 존애원(存愛院)을 설립하여 임란 이후 고통 받는 백성들의 의료 서비스에도 기여하였으며, 도남서원을 창건하는 데 힘쓰기도 하였다. 시호는 문장(文莊)이다. 저술로는 『우복집』, 『주문작해(朱文酌海)』, 『상례참고(喪禮參考)』가 있다.

제5장

최고의 강사(國士)로 불린 예학의 권위자, 우복 정경세

|

우복 정경세의 주리 철학과 성리학적 경세론

1. 들어가는 말

우복(愚伏) 정경세(鄭經世: 字 景任, 1563~1633)는 조선조 가운데도 가장 고난의 시기였던 왜란과 호란의 시대를 살았던 관료이자 학자이다. 그는 퇴계 이황(1501~1570)의 제자인 서애(西厓) 류성룡(柳成龍, 1542~1607)의 수제자로서 퇴계학파의 정맥을 이었고, 예학의 시대를 여는 데 큰 역할을 하였다. 그는 남인의 퇴계학파에 속하면서도 서인과도 교류하고 소통하였던 열린 지식인이었다. 우복은 도남서원을 설립하여 영남 지역에 퇴계학과 성리학을 발전시키는데도 큰 기여를 하였다.[1)]

---

1) 우복이 상주 지역의 퇴계학 형성에 미친 영향에 관한 상세한 연구로는, 최재목, 「우복 정경세와 상주 지역의 퇴계 학맥」(『한국의 철학』 제28호, 경북대 퇴계학연구소, 2000, 149-178면)과 김학수, 『17세기 嶺南學派 연구』(한국학중앙연구원 한국학대학원 박사학위 논문, 2008)가 참고됨.

우복은 퇴계를 매우 존경하여 "퇴계 선생은 동방의 주자이시다. 동방의 학문은 퇴계에 이르러 비로소 집성되었다."[2]고 하였다. 우복은 퇴계에게 직접 가르침을 받지 못하고 퇴계의 고제인 서애를 스승으로 받들고 배웠다. 서애가 상주목사로 부임하여 재직하는 동안에 우복은 서애에게 나아가 가르침을 받았으며, 일생 사제의 관계를 이어갔다. 우복에게 서애는 학문적으로 스승이었을 뿐만이 아니라, 인격의 모범이고 사람을 심취하게 하는 매력적 인품을 지닌 인물이었다. 우복은 스승 서애의 인품을 "시원하고 깨끗함이 마치 얼음을 담은 호리병이나 가을 달처럼 청명하다〔灑落如氷壺秋月〕."고 하고, 또한 "정련된 금이나 아름다운 옥과 같다〔如精金美玉〕."고 하였다. 서애에게는 멀리서 바라보면 엄숙하고, 가까이서 대하면 온화하고, 말을 들어보면 명확하여 군자의 기상이 있다고 한다. 서애를 오현(五賢)의 반열에 견주어도 부끄러움이 없다고 할 정도로 우복은 서애를 진심으로 존경하였다.[3]

우복은 책을 쓰는 것을 그다지 즐기지는 않았다. 고금의 상례를 모아서 상례참고(喪禮參考)를 지으려고 했으나 책을 완성하지는 못했다. 만년에는 주자대전 가운데 봉사(封事), 서(序), 기(記), 비명(碑銘), 제문(祭文) 등에서 글을 가려서 뽑아 『주문작해(朱文酌海)』를 편저하였다.[4] 『주문작해』는 퇴계가 지은 『주자서절요(朱子書節要)』와 표리를 이루는 것으로서 주자학을 이해하는데 중요한 문헌이 된다. 우복은 경연관으로 시강(侍講)에 뛰어

---

2) 『우복선생별집』 권8, 부록(언행록), 21면, "先生嘗曰: 退溪先生是東方朱子. 東方之學至退溪而始集成."(이하에서 인용하는 『우복선생문집』과 『우복선생별집』은 성균관대학교 대동문화연구원에서 1977년에 간행한 『愚伏先生文集』에 실린 판본을 저본으로 함.)

3) 『우복선생별집』 권8, 부록(언행록), 21-22면 참조.

4) 『우복선생별집』 권9, 부록(신도비명), 34면 참조. 『朱文酌海』 문헌에 대한 설명은, 이봉규 교수의 「우복 정경세의 학문활동과 『朱文酌海』의 성격」(『朱文酌海』 上, 서울대학교 규장각, 2005, 7-28면) 참조.

난 능력을 보여서 '시강지재(侍講之才)' 라는 평과 '국사(國士)' 라는 찬사를 들었다. 임란 때에는 의병을 일으켜서 싸우는 기개를 보여주었고, 전란으로 인한 병상으로 고통 받는 사람들의 생명을 구하기 위해서 민간 의료기관 존애원(存愛院)[5]을 설립하기도 하였다. 우복은 조선조 가운데서 가장 어려운 시기를 살았던 인물로서 나라를 구하고 나라를 바로 세우기 위해 '자강' 과 '무실' 을 강조하고 실천하였다. 그는 관료이자 학자로서 정치, 외교, 국방, 행정, 교육, 문화, 언론, 예학 등 폭넓은 분야에서 나라를 이끌었던 실천적 지식인이었고, 성리학적 철학을 행동으로 실행한 경세가였다.

우리는 이 글에서 『우복선생문집』을 중심으로 그의 철학이 퇴계 학맥을 어떻게 계승하고 있는지를 살펴볼 것이다. 이기설, 격물설, 사단칠정론, 공부론 등에 있어서 주요 쟁점에 대한 우복의 입장과 견해를 분석해 보기로 한다. 그리고 각종 상소문이나 경연에서의 담론을 통해 그의 시국과 현실에 대한 인식과 대응 논리를 검토함으로써 경세에 대한 견해를 고찰하고, 나아가 경세에 대한 관심의 연장선에서 그가 왜 예(禮)에 대해 관심을 발전시켰으며 그의 예설은 어떤 특징과 의미가 있는지 살펴보도록 한다.

2. 우복의 철학 사상

우복은 당시 율곡의 학통을 계승한 사계(沙溪) 김장생(金長生, 1548~1631)과 학문적 교류를 많이 하였다. 두 사람은 예설에 대해서 의견을 주고받은 것은 물론이고, 성리설에 대해서도 서로의 의견을 교환하였다. 이러한 과정에서 어떤 문제에 대해서는 서로의 학설이 합치하는 경우도 있었

5) 존애원에 대한 상세한 연구서로서는 다음 서적을 참고할 것. 권태을 · 김기탁 · 김자상 · 한기민 공저, 『조선최초 사설의료원 - 存愛院』, 문창사, 2005.

지만, 이론의 차이를 견지하고 상대에 대한 비판적 입장을 유지하는 경우도 많았다. 우복과 사계 사이의 학문적 교류와 논쟁은 『우복집』 권14의 「김사계경서의문변론(金沙溪經書疑問辨論)」에 주로 실려 있고, 또한 『사계전서』 「경서변의(經書辨疑)」에 실려 있다. 우복의 「김사계경서의문변론」에 나오는 내용을 사계의 「경서변의」와 대조해 보면 더욱 자세히 알 수 있다. 일부 내용은 「김사계경서의문변론」에는 실려 있지 않은 데 「경서변의」에는 나와 있는 경우가 있으므로 양자를 철저히 대조할 필요가 있다. 또한 두 텍스트 사이에는 일부 내용과 글자에 차이가 있어서 세밀한 대조가 필요하다. 사계는 율곡설의 입장에서 퇴계설에 비판적인 태도를 보이는 데 비해서, 우복은 대체로 퇴계설을 옹호하는 입장에서 논의하는 경우가 많다. 우복의 철학 사상은 김장생 · 이수광 · 송준길 · 이준 · 김만열 · 이기재 등과 교류하면서 주고받은 편지글과 『사문록』, 『경연일기』 등에 산재되어 있다.

1) 이기설

퇴계학파의 이기설의 특징은 이발(理發)을 인정하고, 이기일물설(理氣一物說)에 반대하여 이와 기의 구분을 중시하고, 기에 대한 이의 논리적 우선성을 강조하는 데 있다. 우복 역시 퇴계학파의 이기설의 주요한 특징을 계승하고 있다. 우복은 이에 동정이 있으니 기에도 동정이 있다고 하여, 이의 동정을 인정하고 있으며 이가 기의 동정을 가능하게 한다고 이해한다.6)

그리고 우복은 이가 없는 기도 없고 기가 없는 이도 없어서, 이와 기에는 선후가 없긴 하지만, 근본을 미루어서 논하자면 먼저 이가 있다고 말해야 한다고 하였다.7) 그 근거로 다음과 같은 언명을 제시한다.

---

6) 『우복선생문집』 권12, 28-29면, 「答金萬悅」, "來書以理氣分動靜又是大錯. 理有動靜故氣有動靜. 豈有無理之氣耶. 太極動而生陽靜而生陰, 此兩句豈不大段較然乎." 참조.

역대전(易大傳)에서 말하는 "태극이 양의를 낳고, 한번 음하고 한번 양하는 것을 일러 도라고 한다."고 한 것과, 주돈이가 말한 "태극이 움직여 양을 낳고 고요하여 음을 낳는다."고 한 것과 주자가 말한바 "만약 태극이 없다면 천지는 생기지 못했을 것이다."고 한 것은 모두 이는 기가 따라 나오는 바라고 인식하는 것이다.[8)]

이와 기가 서로 분리되어 존재하지는 않지만, 근원을 미루어 보면 이가 기에 우선한다고 인식하는 우복은 서산 채씨가 말한 "이(理)는 일동일정(一動一靜)에서 나온다."는 명제를 잘못되었다고 지적한다.[9)] 일동일정은 형이하자(形而下者)이고 이는 형이상자(形而上者)인데, 채씨는 형이상자가 형이하자에서 나온다고 하였기 때문이다.

사계 김장생은 『경서의문』에서 이와 기의 관계에 대해서 다음과 같이 설명하였다.

진순(陳淳)이 말하기를 "사람이 태어나면서 천지의 이치를 얻고 또한 천지의 기를 얻어서 이와 기가 합한 까닭에 허령(虛靈)하다."고 하였는데, 율곡은 말하기를 "이와 기는 원래 서로 떨어지지 않으므로 합이라고 말할 수가 없다."고 하였다. 태극도설의 "묘합이응(妙合而凝)"에 대해서 주자는 해석하기를 "혼융무

7) 『우복선생별집』 권2, 1면, 『思問錄』, "按: 天下未有無理之氣, 亦未有無氣之理. 固無先後之可言. 然若必欲推本而論, 則須說先有理." 참조.

8) 『우복선생별집』 권2, 1면, 『思問錄』, "大傳所謂太極是生兩儀. 一陰一陽之謂道. 周子所謂太極動而生陽靜而生陰. 朱子所謂若無太極便不飜了天地者. 皆以理爲氣之所從出."

9) 『우복선생별집』 권2, 2면, 『思問錄』, "今蔡氏若言理在一動一靜之中則可. 謂理出於一動一靜則大爲可疑. 竊詳蔡氏四脚立說文勢語脈, 理字似是化字之誤. 而傳疑亦不致疑. 今未敢質言. 然將那形而上者爲出於形而下者, 恐無是理如何." 참조.

간(混融無間)"이라고 하였는데, 이러한 주자의 해석을 율곡은 매우 찬탄하였다 운운. 그리고 퇴계가 이와 기를 두 가지 것으로 나눈 설은 잘못이다 운운[10]

위의 인용문에 나오는 사계의 이기에 대한 설명에 대해서 우복은 어떻게 생각하였을까? 우복에 의하면 이와 기는 본래(부터) 한 가지 물건이 아니다. 다만 일찍이 서로 떠나지 않은 고로 '혼융무간(混融無間)'이라고 하였을 뿐이다. 무간(無間)이라는 두 글자를 자세히 보면 그것이 두 물건이 되는 것이 분명하다. 율곡도 반드시 이와 기를 한 물건으로 인식하지는 않았다고 우복은 말한다. 그러면서 사계의 기억이 잘못일 것이라고 하였다. 우복에 의하면 기와 이가 합해서 성이 되는 것은 주자의 학설이므로 진순의 이 조목은 쉽게 깨뜨릴 수 없다. 그리고 진순은 허(虛)자로써 이에 속하고 영(靈)자로써 기에 속하게 하려고 하였으므로 중간에 하나의 우(又)자를 넣어서 밝힌 것이지, 사계가 생각하듯이 먼저 이를 얻고 다음에 기를 얻는다는 뜻이 아니라고 한다.[11]

이처럼 우복은 이와 기가 결코 서로 분리되는 것은 아니지만, 서로 본성을 달리하는 두 가지 존재이지, 결코 한 물건이 아니라고 하여 퇴계와 마찬가지로 기에 대한 이의 차이와 우월적 특성을 강조하는 입장을 보여주고 있다. 이상과 같이 볼 때 일각에서 말하는 우복이 이기설에서는 율곡설을 따랐다고 하는 것[12]은 근거가 약한 주장이라고 할 수 있다.

---

10) 『우복선생문집』 권14, 27면, 「金沙溪經書疑問辨論」, "北溪陳氏曰: 人生得天地之理, 又得天地之氣, 理與氣合, 所以虛靈. 栗谷謂: 理氣元不相離, 不可言合云云. 太極圖說, 妙合而凝. 朱子釋之曰: 混融無間. 栗谷甚贊嘆之云云. 且以退溪分理氣爲二物之說爲非云云."

11) 『우복선생문집』 권14, 27면, 「金沙溪經書疑問辨論」, "理氣本非一物. 但以未嘗相離, 故謂之混融無間耳. 詳無間兩字, 則其爲二物明矣. 栗谷必不以理氣爲一物. 竊恐高明記得錯耳. 況氣與理合而成性, 乃朱子之說, 北溪此條, 未可容易攻破也. 北溪欲以虛字屬理, 靈字屬氣, 故中間着一又字以明之耳. 非以爲先得理次得氣, 如高明所疑也." 참조.

12) 우복이 격물설은 퇴계를 따랐지만 이기설과 사단칠정설은 율곡의 학설이 타당한 것

2) 격물치지론

격물치지론에서 '물격(物格)'의 의미 해석과 관련하여, 우복은 주자가 말하는 "물리의 극처에(가) 도달하지 않음이 없다〔物理之極處無不到〕." 에서 도(到)가 어디에 이르느냐 하면 내 마음(吾心)에 래도(來到)한다고 본다. 우복은 "격물이물격(格物而物格)"을 다음과 같이 비유적으로 설명한다. 즉 (주인이) 객을 청하면 객이 오는 것과 같다. 격물은 객을 청하는 것과 같고, 물격은 객이 오는 것과 같다는 것이다.[13] 마음이라는 주관이 사물의 이를 탐구하면 그 이는 내 마음에 래도(來到)하는 것으로 해석한다. 이에 대해서 사계는 "물리는 본래부터 내 마음에 갖추어져 있는데 어찌 다시 내 마음에 오는 이치가 있다는 말인가?"라고 반박한다. 사계는 율곡을 따라서 물격이란 "물리도극처(物理到極處)" 즉 물리가 극처에 이른다는 뜻으로 해석한다. 격물과 물격의 의미 해석에 있어서 우복은 분명히 율곡의 해석을 반대하고 퇴계의 이도설(理到說)을 지지하고 있다.

3) 사단칠정론

우복에 의하면 이가 본이 되고 기가 용이 되는 것〔理本氣用〕은 천지 음양 조화의 묘이다. 칠정도 예외는 아니다. 그러므로 희(喜)의 이치가 가운데 있으므로 발해서 희(喜)가 되고, 노(怒)의 이치가 가운데 있어서 발해서 노(怒)가 된다. 주자가 '이지발(理之發)' '기지발(氣之發)'이라고 한 것도

으로 보았다는 설은, 동춘당 송준길이 우복에게 들은 말을 다시 우암 송시열이 전해듣고서 기록하여 전한데서 유래한다. 자세한 내용은 김학수, 『17세기 嶺南學派 연구』(한국학중앙연구원 한국학대학원 박사학위 논문, 2008), 242-247면 참조.

13) 『沙溪全書』 권11, 「경서석의」, "蓋格物而物格譬如請客而客來云耳."

이와 기 가운데 한 가지만 발했다는 것이 아니라, 각각 중심된 것이 무엇이냐를 가지고 말한 것이다. 즉 사단은 이가 중심이 되고, 칠정은 기가 중심이 된다는 것을 뜻한다는 것이다. 사단이나 칠정은 중심된 것은 이와 기로 다르지만, 모두 이와 기 어느 한쪽만으로 된 것은 아니라고 설명한다. 그리고 우복은 '희로애락'을 '인의예지'와 맞추어 배정하는 것은 견강부회라고 반대한다. 왜냐하면 사단은 사단이고 칠정은 칠정으로 각각 특성이 다르기 때문이다. 물론 맹자의 즐거움이나 문왕과 같은 성인의 노여움은 정당하다. 그러한 노여움은 이에서 발했다. 그러나 성인이 아닌 그 아래의 사람에게는 칠정이란 순수하게 도덕적이기 어렵다고 본다. 그래서 정명도(程明道)와 같은 뛰어난 자질을 가진 군자도 형기의 즐거움을 면하지 못하였다고 예를 든다. 그러므로 『상서』「우서(虞書)」에 나오는 열여섯 자(人心惟危 道心惟微 惟情惟一 允執厥中)가 심법의 요령이 된다고 한다.[14)]

우복은 사단은 도심의 발현이고, 칠정은 형기(形氣)에서 나온다고 하면서도, 칠정이 형기가 아니라 성명(性命)에서 나오는 경우도 있음을 인정한다. 예컨대 맹자가 즐거워서 잠을 이루지 못한 것, 순이 사흉(四凶)에 대해서 노여워한 것, 공자가 안연의 죽음을 애통해한 것 등은 모두 천(리)에 합치되는 것이다.[15)] 이러한 우복의 사단칠정론은 퇴계의 사단칠정설을 기본

---

14) 『우복선생문집』 권11, 22면, 「答曹汝益」, "喜之理在中, 故發而爲喜. 怒之理在中, 故發而爲怒. 無其理則何以發乎. 理爲之本而氣爲之用, 乃天地陰陽造化之妙, 七情何獨不然. 朱子所謂理之發氣之發云者, 特各以其主張者言之耳, 非謂四端無氣而七情無理也. 如此, 則性情之爲體用, 乃有二樣, 全不成造化矣. 是以, 李先生始有氣隨理勝之說. 而終則曰: 不如用朱子本說之爲無病也. 今人欲以喜怒哀樂分配於仁義禮智者, 尤覺牽强. 七情自七情, 四端自四端, 恐不可相合也. 聖人一性湛然, 全是天理. 故七情之發, 亦純是天理. 孟子之喜, 文王之怒, 何嘗不發於理耶. 下聖人一等則不能然, 故雖以明道之資之美, 不免有形氣之喜. 此虞書十六字所以爲心法之要也." 참조.

15) 『우복선생별집』 권3, 25면, 「經筵日記」, "上曰: 孟子所謂四端爲道心耶? 經世曰: 四端道心之發見也. 上曰:人心亦有仁義禮智乎? 經世曰:七情出於形氣. 而如孟子之喜而不寐. 舜之

적으로 수용하면서도, 율곡학파의 사단칠정론의 문제의식도 일부 수용하는 것으로서 양자의 입장을 보다 종합적으로 이해하고 있는 진일보한 견해를 보여주고 있다.

4) 공부론

퇴계가 존양은 정(靜)으로만 말하고, 함양은 동(動)과 정(靜)을 겸하여 말하는 것이라고 한 데 대해서, 사계 김장생은 이것은 주자의 생각과 다르다는 지적을 하였다. 이러한 문제 제기와 관련하여 우복은 존양에 대해서 다음과 같이 설명한다.[16] 일반적으로 말하면 존양은 정시(靜時)의 공부이고 성찰은 동시(動時)의 공부이다. 이는 증조도(曾祖道)가 기록한 주자의 말이고, 『중용집주』에도 수록되어 있다. 그러나 우복에 따르면 존양을 정으로 말한 것은 대강을 말한 것이고, 자세히 미루어보면 존양은 동정을 겸한다. 예컨대 일할 때 마음을 그 일에만 두고 다른 일은 생각하지 않아서 마음이 다른 곳으로 달리지 않도록 하는 것도 마음을 보존하고 본성을 기르는 존심양성의 공부이다. 우복은 이것을 '동 가운데의 정〔動中之靜〕' 이라고 부른다. 공자가 말한 "거처하기를 공손히 하고, 일을 집행하기를 공경히 하고, 문을 나서서는 큰손님을 보듯이 하고, 백성을 부리면서는 큰제사를 받들 듯 하라" 고 한 것은 모두 사람들에게 존심(存心)을 가르친 것이라고 우복은 해석한다.[17] 그러므로 존심이란 정시에만 하는 것이 아니고 정과 동을 겸한 통체(統體) 공부라고 우복은 인식한다. 우복의 존심에 대한

怒四凶. 孔子之慟顔淵. 皆合於天. 則蓋七情所包者廣. 或出於形氣. 或出於性命. 性命則專歸於四端也." 참조.

16) 『우복선생문집』 권14, 30면, 「金沙溪經書疑問辨論」 참조.

17) 『우복선생문집』 권14, 30면, 「金沙溪經書疑問辨論」 참조.

해석을 보면 마음을 보존하는 존심 공부가 정시에 뿐만이 아니라, 구체적 일상생활 속에서 동시에도 이루어져야 함을 강조한다. 이것은 퇴계가 존양을 정시 공부라고 이해한 것과 차이가 있는 것이다.

서애가 우복에게 주자서(朱子書)를 보내면서, 주자의 책 가운데 무한한 광풍제월의 경지가 있는데 세상에서 주자의 책을 보는 사람이 먼저 '잠사우모(蠶絲牛毛: 누에고치 실이나 쇠털)' 같은 자질구레한 데서 실마리 찾기를 면하지 못하여 하늘과 같이 높고 바다와 같이 넓은 가슴을 잃었다고 비판하였다. 서애의 이러한 비판에 대해서 우복은 반론을 제기한다.[18] 성인의 학문은 '박문약례'를 원리로 한다. 즉 우선 폭넓게 공부하는 박문을 하고 나서 이를 토대로 원리를 파악하여 요약하는 것이 순서이다. 그런데 '잠사우모'와 같은 경전의 구체적 사실에 관한 공부를 자질구레하다고 물리치면 이는 한 번에 돈오(頓悟)의 경지에 들어가기를 추구하는 것이라고 문제점을 지적한다. 물론 우복도 '잠사우모'와 같은 세밀한 것에만 빠져서 궁극적 경지를 구하지 않는다면 구이지학(口耳之學)이 된다고 경계한다. 그래서 우복은 이처럼 '잠사우모'에만 그쳐서는 안 되고, 공부의 처음에는 '잠사우모'에서 시작하지만, 그것을 통해 더욱 높은 경지, 궁극적 경지를 지향해야 한다고 보았다. 서애와 우복의 공부에 대한 논의를 고찰하면, 우복은 공부란 성인의 경서(학문)에 대한 세밀하고 구체적인 공부에서 시작하여야 하지만, 그것에만 안주해서는 안 되고 궁극적으로 더욱 높은 정신 경지를 지향해야 한다고 인식하였다.

전체적으로 볼 때 『퇴계집』에 비해서 『우복집』에는 철학적 성격의 담론이 차지하는 비중이 상대적으로 적고, 예와 관련된 논의가 더욱 큰 비중을 차지하는 것이 사실이다. 퇴계와 율곡에 의해 성리 철학의 기본 틀에 대한

18) 『우복선생문집』 권9, 2-3면, 「上西厓先生 - 甲辰」 참조.

이해가 어느 정도 확립되었기 때문에 후학들로서는 이미 확립된 철학의 바탕을 벗어나기가 쉽지 않았을 것이다. 각각의 학파마다 이기 철학에 대한 이해가 어느 정도 정립되었으므로 그 기초 위에서 실생활과 더 긴밀한 관련이 있는 예학적 물음으로 관심이 이동하고 있었다고 할 수 있다.

3. 우복의 성리학적 경세론 – 상소문과 경연 내용을 중심으로

우복은 선조 대부터 인조 대에 이르기까지 국난으로 가장 어려운 시기에 벼슬을 맡아서 나라의 위기를 극복하기 위해서 분투하였다. 위기에 처한 조선을 구하기 위해서 어떠한 대응 방식과 대책을 강구하였을까? 우복의 철학사상이 경세론에 어떻게 나타나는지를 대표적 상소문과 경연 강의를 중심으로 고찰해 보자.[19]

1) 「응구언교소(應求言教疏)」(戊申)에 나타난 경세론

응구언교소(應求言教疏)는 광해군이 즉위하고 나서 구언을 청하는데 응해서 우복이 1608년에 올린 상소이다.[20] 이 상소문은 당시의 정치 현실에 대한 우복의 거침없는 비판과 시국 인식 태도 및 대응 논리를 잘 보여주고 있다. 이 상소에서 우복은 임란 후의 피폐해진 민생을 의식하고, 백성을 어

19) 우복의 경세론과 관련된 연구 논문으로는, 우인수, 「우복 정경세의 정치사회적 위상과 현실대응」(『퇴계학과 유교문화』 제49호, 경북대 퇴계연구소, 2011, 99-134면.)이 참고됨.

20) 『우복선생문집』 권3, 32-46면, 「應求言教疏 戊申」 참조.

려움에서 구제하기 위해서는 무엇보다 백성들에 대한 노동력 동원을 줄이고 그들의 민생을 두텁게 하여야 하며, 그러기 위해서는 (왕실, 국가가) 절검해야 한다고 강조한다. 만약 절검을 하지 않고서 부역을 가볍게 하고 세금을 줄여 백성을 구휼한다는 것은, 비유컨대 물의 근원을 막지 않고서 그 하류를 막으려는 것과 같다고 하였다. 특히 산릉대역(山陵大役)과 조사접대(詔使接待), 전란으로 파괴된 궁궐 재건 등이 문제가 된다. 수입을 계산해서 그것에 맞추어 지출을 계획하는 '양입위출(量入爲出)' 이 아니라 지출을 먼저 계산해서 그것에 맞추어 세를 거두는 '양출위입(量出爲入)' 하여 욕망에 따라 재물을 거두면 백성의 삶이 곤란해질 수밖에 없다고 지적한다. 근래 국가의 재정이 일 년간의 세수로서 일 년간의 쓰임을 충당할 수 없으니 이는 이른바 나라 아닌 나라라고 비판한다. 우복은 재정 수입을 고려하지 않은 절제 없는 예산 지출로 백성의 삶이 더 고단해지는 것을 막고자 하였다. 우복은 무엇보다도 백성을 구휼하고 국가 재정을 안정시키는 것에 우선을 두고 있다. 즉 우복의 경세론은 민생의 안정을 최우선으로 인식하는 민본주의적 성격을 지니고 있다.

두 번째로 건의하는 문제는 인재의 선발 등용과 관련이 있다. 인사가 정상적인 절차를 거쳐서 정당한 인물이 적재적소에 공정하게 선발되고 발탁되어야 백성들의 민심을 얻을 수 있다. 그런데 현실은 그렇지 못하여 자격이 부족한 사람이 가지가지 수단을 부려서 힘이 있는 사람에게 아부하여서 되는 등 난맥상을 노정하고 있다는 것이다. 여기서 우복은 인사의 공공성을 강력하게 주장하고 있다.

세 번째로는 군주 일심(一心)의 중요성을 설파하고 군주의 마음을 바르게 하기 위한 수양과 학문을 강조한다.

신이 듣건대 천하의 온갖 일들이 군주의 마음에 근본하지 않은 것이 없습니다. 군주의 마음이 바르면 안으로는 궁궐에서부터 밖으로는 조정까지, 가까이는 도성으로부터 멀리는 땅끝에 이르기까지, 어느 하나도 바름으로 돌아가지 않음이 없습니다. 『상서』에서 말하는 "황건기극(皇建其極)", 맹자가 말하는 "한 번 군주를 바로잡으면 나라가 안정된다(一正君而國定)"는 이것을 말하는 것입니다.[21)

군주의 마음이 발하지 않고 고요한 때에는 명경지수와 같아서 만 가지 이치가 다 갖추어져 있고, 마음이 느껴서 통하게 되면 일에 따라 순조롭게 대응해서 적용에 차질이 없도록 해야 한다. 그러기 위해서는 (일이 있기 전에) 먼저 이치를 궁구하여 옳고 그름을 가려두어야 하고, 나중에는 경(敬)을 위주로 하여 지키지 않으면 안 된다고 한다. 즉 우복은 마음을 바르게 하고 잘 보존하기 위해서 격물(格物)과 주경(主敬)을 요체로 제시하고 있다. 『상서』「우서(虞書)」의 '정일집중(精一執中)'이나 공자의 '격치성정(格致誠正)'·'극기복례(克己復禮)'나, 자사나 맹자의 '명선(明善)'·'성신(誠身)'도 바로 마음의 공부법을 제시한 것이라고 한다. 그리고 우복은 군주에게 보고·듣고·말하고·움직이는 것이 한결같이 예에 맞게 해서, 자신의 마음을 다스리고 몸을 검속하는 것이 남이 안 보는 곳에서조차도 부끄럽지 않도록 해야 한다고 말한다.[22)]

이상에서 살펴본 바와 같이 우복은 임란 이후 피폐한 민생 현실을 직시하고 백성들의 민생과 국가 재정 문제를 거론하고, 잘못된 인사 행정을 지적하는가 하면 궁극적으로는 군주의 마음을 바르게 하기 위한 학문과 수양을 촉구하고 있다. 이 상소를 본 광해군은 진노하여 상소를 불사르게 하고, 선왕을 모독하는 말이 있다고 국문하려고 하였다. 다행히 이항복 등이 구

21) 『우복선생문집』 권3, 44면, 「應求言敎疏 戊申」.

22) 『우복선생문집』 권3, 44-45면, 「應求言敎疏 戊申」 참조.

명하여 관직을 삭탈 당하는 선에서 그쳤다. 이처럼 우복의 상소문은 거리낌 없이 군주와 정치의 득실을 날카롭게 파헤치고 시정을 요구하고 있다.

2) 「홍문관팔조차(弘文館八條箚)」에 나타난 경세론

「홍문관팔조차(弘文館八條箚)」는 인조가 반정으로 집권한 원년에 올린 글로서, '입대지(立大志)', '무성학(懋聖學)', '중종통(重宗統)', '진효경(盡孝敬)', '납간쟁(納諫諍)', '공시청(公視聽)', '엄궁금(嚴宮禁)', '진인심(鎭人心)' 등 모두 8가지 조목으로 구성되어 있다.[23)]

'큰 뜻을 세울 것〔立大志〕' 에서는 정치를 함에 있어서 뜻을 원대하게 가져서, 옛 성인처럼 할 것을 목표와 기준으로 설정해야 함을 말하고 있다. '성학에 힘쓸 것〔懋聖學〕' 에서는 순임금이 우임금에게 전수한 '유정유일(惟精惟一)' 의 심법은 만세에 걸쳐 마음을 다스리는 요법이고, 천성(千聖)의 한결같은 마음이고, 백왕(百王)이 함께하던 법이라고 강조한다. 군주는 독서와 궁리, 계신공구(戒愼恐懼)와 성찰의 공부를 바탕으로 하여야 정치를 잘할 수 있다고 한다. '종통을 중시할 것〔重宗統〕' 에서는 자신을 낳아 준 부모의 은혜보다 종통을 계승하는 의리를 중시해야 한다고 말한다. 인조의 생부인 정원대원군에게 제사를 올릴 때 고(考)라고 일컫되 황(皇)자는 쓰지 말고, 자신을 자(子)라고 일컫되 효(孝)자는 쓰지 말아야 한다고 제안한다. '효와 경을 다할 것〔盡孝敬〕' 에서는 참된 효도는 봉양만 잘해서는 안 되며 공경을 잘해야 하며, 공경을 잘한다는 것은 선으로 인도하고 도로써 깨우쳐 주는 것이라고 한다. 만일 부모에게 허물이 있으면 간하여 부모가 불의에 빠지지 않도록 해야 한다. 인조 당시 왕실의 최고 어른은 선조의

23) 『국역 우복집』 1, 민족문화추진회, 2003, 219-235면 참조.

계비인 인목대비였다. 이때 인목대비의 주변 사람이 권세를 믿고 법을 어기고 부정한 일을 하는 경우가 많았다. 우복은 자전(인목대비)이 백성들에게 죄를 얻게 해서는 안 된다고 인조에게 단속을 요구하였다.

'간쟁을 받아들일 것〔納諫諍〕' 에서는 천하의 걱정 가운데 곧은 말을 듣지 않는 것보다 더 큰 걱정이 없고, 곧은 말을 듣지 않으면 간사한 자가 사슴을 말이라고 진실을 왜곡해도 군주가 모르게 되는 폐해가 온다고 경고한다. 인조는 신하들의 면전에서는 간언을 잘 듣는 것처럼 보이나, 실제로 정사에서 행동으로 실천하는 것은 볼 수 없다고 지적하고, 부디 간언을 따라서 정사에 시행할 것을 촉구한다. '보고 듣는 것을 올바른 계통을 통해서 할 것〔公視聽〕' 에서는 마음으로 생각하는 것을 공평하게 하지 못하고 총명을 넓히지 못하고, 사인(私人)을 두어서 군주의 눈과 귀 역할을 하게 하는 것은 경계해야 한다고 말한다. 즉 공조직의 신하를 통해서 천하의 일을 보고 듣는 것이 아니라, 환관 · 궁첩 · 내외척 · 총애하는 측근 등을 통하여 보고 들어서 정보의 왜곡이 이루어지는 일이 없도록 공정하게 보고 들어야 한다는 것이다.

'궁궐의 법도를 지킬 것〔嚴宮禁〕' 에서는 시정의 잡인들이 뇌물을 들고 함부로 궁궐을 출입하고, 사삿집의 여종이 대궐 내에서 유숙할 정도로 궁궐이 무법 지대가 되었음을 비판한다. 특히 자전(인목대비)과 관련되어서 함부로 드나드는 사람이 많다는 것을 지적하고 궁궐의 법도를 지킬 것을 요구한다. '백성들의 인심을 안정시킬 것〔鎭人心〕' 에서는 백성은 나라의 근본이 되므로 그들의 인심이 흔들려서 안에서 붕괴하는 화는 외적이 쳐들어오는 것보다 해가 더 심하다고 경고한다. 나라의 근본인 백성의 마음이 흔들리는 것은, 백성들의 힘이 다하여서 지탱하지 못하거나 아니면 백성들의 마음이 두려워서 편안치 못하여서 그런 것이라고 분석하고, 민심을 안정시킬 대책을 제안한다.

인조 원년에 올린 이 차자는 당시의 시국에 대한 종합적이고 정확한 진단을 토대로 국정 운영의 주요 원칙은 물론 예민한 현안까지 꺼리지 않고 논의하면서 해결의 방향을 제시하고 있다.

3) 「옥당론시무차(玉堂論時務箚)」에 나타난 경세론

정묘호란을 겪고서 우복은 「옥당론시무차(玉堂論時務箚)」를 올렸다.[24) 여기서 우복은 만주족과의 전투에 대비하여 그들을 물리치기 위한 대책을 건의한다. 우복은 적을 막는 대비로서 포(砲)만한 것이 없으므로 포수를 양성해야 한다고 주장한다. 그리하여 경상도와 전라도에서 각 3,500명, 충청도에서 2,500명, 강원도에서 500명 등 총 1만 명의 장정을 모집하여 훈련해서 총포를 쏘는 사수를 양성해야 한다고 제안한다. 또한 우리나라 조총은 견고하고 정교하지 못하여 쉽게 파손되고 명중하기 어렵다고 보고, 통제사와 경상좌우병 수사(水使)에게 수량을 배정해 주어 그들로 하여금 왜총을 무역하게 하고, 동래부사로 하여금 세은(稅銀)을 가지고 왜총을 구입하게 하거나 역관으로 하여금 화물을 싣고 대마도에 가서 총을 무역하게 하면 일만 자루의 조총을 구할 수 있을 것이라고 방법을 제시한다.

4) 「호패양전의(號牌量田議)」에 나타난 경세론

우복은 당시 쟁점이던 호패(號牌)와 양전(量田)의 문제에 대해서도 논의하였다.[25) 호패법을 시행하여 젊은이는 군대 조직에 편성하고, 군에 복무하기 어려운 노약자 등은 가포(價布)를 거두어서 군향(軍餉)을 돕게 할 수

24) 『우복선생문집』 권5, 16-22면, 「玉堂論時務箚」 참조.

25) 이하는 『우복선생문집』 권8, 4-5면, 「號牌量田議」 참조.

있다. 그렇게 되면 누구는 힘든 군에 가고 누구는 편안하게 집에서 사는 모순이 해결될 수 있다. 원칙적으로 보면 호패법은 바람직하지만, 현실적으로는 문제가 있다. 임란 이후 백성들이 먹고살기가 어려워서 떠돌아다니는 까닭에 실제로 군역을 하는 사람의 수는 아주 적었다. 그런데 호패법을 시행하여 갑자기 모든 백성들에게 군역의 의무를 강요하기란 쉬운 일이 아니라는 현실을 무시해서는 안 된다고 본다. 반면 양전(量田)은 시행하기가 상대적으로 쉽다. 그러므로 먼저 양전을 시행하여 백성들로 하여금 생업을 꾸려나가게 하여 국가 기강이 잡히고 민생이 안정되기를 기다려서 풍년으로 백성들의 생활이 조금 여유가 생긴 다음에 호패법을 추진해 볼 수 있다고 건의한다. 호패와 양전에 대한 우복의 입장을 보면, 정책을 시행할 때 지나치게 원칙과 이상에만 집착해서는 안 되고, 현실적으로 그 정책이 잘 시행될 수 있는 조건이 형성되었는지에 대한 충분한 검토를 중시한다. 즉 우복의 경세론은 추상적 이상주의에 매몰되지 않고 현실 여건과 정책 이상을 조화시키려는 특징을 보여주고 있다.

5) 군주의 수양 중시

우복의 경세론은 대체로 성리학적 경세론의 특징을 잘 반영하고 있다. 즉 경세에 있어서 무엇보다 군주의 일심(一心)을 중시한다. 군주의 일심이 천하만사의 근본이라고 인식하고, 군주의 일심을 잘 수양하는 것을 중요하다고 본다. 그러기 위해서는 우복에 따르면 군주는 항상 경외하는 마음과 신독하는 태도가 중요하다고 한다. 경외의 대상은 천(天), 조종(祖宗), 민(民), 대신(大臣), 대간(臺諫)의 순서이다.[26] 그리고 군주가 올바르게 정

26) 『우복선생별집』 권3, 41면, 「經筵日記」 참조.

사를 판단하기 위해서는 학(學)과 사(思)의 공부가 필요하다. 학을 통해 이치를 배우고, 사를 통해서 올바른 판단을 끌어내어야 한다는 것이다.

군주는 자신을 도덕적으로 규율하는 것은 물론이고, 왕실과 조정을 도덕적으로 다스리고 인사를 올바르게 해야 한다. 그리고 매사를 성인의 예법에 따라서 처리해야 한다. 왜냐하면 성인이 제정한 예는 중용에 맞게 지극히 합리적이기 때문이다. 사람들의 마음은 정에 이끌려 지나치기 쉬우므로 예법의 기준에 따라 행동하고 일을 처리하는 것이 과오를 줄일 수 있는 길이다. 그 외에도 군주는 절검을 하고 나라 살림을 아껴야 한다. 만일 절검을 하지 않으면 백성들에게 많은 세금을 거두고 그들의 노동력을 많이 동원해야 하기 때문이다. 백성들의 세 부담과 노동력 동원을 줄임으로써 결과적으로 백성들의 민생을 안정시키는 것이 중요하다고 인식한다.

우복은 천도는 선을 행하면 상서로운 일이 있고, 불선을 행하면 재앙이 내리는 것이 변하지 않는 이치라고 하였다. 그러자 인조는 선한 사람에게 복을 주고 악한 사람에게 화를 주는 것이 진실로 상도이기는 하지만, 예부터 충신과 의사가 억울하고 비통하여 혹 흉하게 생을 마치기도 하고 반대로 흉악하고 완악한 사람이 혹 선종하는 경우도 있으니 이것이 무슨 이치냐고 묻는다. 이에 대해서 우복은 기수(氣數)가 일정하지 않아서 그렇다고 답한다.[27] 즉 역사는 필연적인 것만이 아니라 우연이 있다는 것이다.

그러나 우복에 의하면 신하는 기수가 가지런하지 않은 것을 명에 맡길 수가 있지만, 그러나 하늘을 대신해서 만물을 다스리는 군주는 기수에 맡겨서는 안 된다고 한다. 만일 군주가 다스려지고 어지러워지는 것은 명에 달려 있다고 여겨서 인간의 노력을 다하지 않으면 이것은 스스로를 한계 짓는 것이다. 폭군 주(紂)처럼 덕을 닦지 않고 하늘의 운명에만 맡기면 멸

27) 『우복선생별집』 권3, 66면, 「經筵日記」 참조.

망에 이른다는 것이다. 우복은 이 세상이 잘 다스려지고 못 다스려지는 것은 기본적으로 군주와 신하들이 어떻게 정치를 하느냐 하는 데에 달려있다고 여긴다. 즉 이 세상의 치란은 정치 주체의 도덕성과 노력 여하에 달려있다고 본다. 그러나 이 세상이 도덕적 의지를 가진 사람이 정치한다고 해서 반드시 성공하는 것만은 아님을 우복은 인정한다. 그럼에도 불구하고 정치를 운명에 맡겨서는 안 되고 군주로서는 최선의 노력을 다하여야 한다고 강조한다.[28] 운명에 맡기고 자포자기하는 것이 아니라, 최선의 노력을 통해 좋은 정치가 되도록 하는 것이 군주의 도리라는 것이다.

4. 우복 예학의 특징과 그 의미

우복은 한강(寒岡) 정구 · 사계(沙溪) 김장생과 함께 17세기 초반의 조선 예학을 이끌어나간 예학의 대가이다. 퇴계학과 서애학을 계승한 우복도 기본적으로는 성리학을 인식의 기본 틀로 삼고 있다. 그런데 성리학의 최고 범주인 이(理)는 예(禮)와 밀접한 연관이 있다. 예는 인간이 일상에서 지켜야 할 행위 규범으로서, 이(理)가 구체화 된 것이기 때문이다. 따라서 예에 대해서 올바르게 인식하고 철저하게 지키는 것이 곧 이(理)를 삶 속에서 구현하는 것이다. 우복에게 있어서 퇴계 이학은 예학으로 심화되고 있다. 물론 퇴계학은 이학 · 심학 · 예학 · 경세학 등 많은 분야를 포괄하고 있지만, 우복에게는 예학과 경세학에 대한 관심이 더 두드러진다.

예는 인정(人情)의 표현이기도 하고, 의리(義理)의 표현이기도 하다. 예가 인정과 상반되어서는 예가 될 수 없다. 그러나 인정은 항상 과도하기 쉬

28) 『우복선생별집』 권3, 67면, 「經筵日記」 참조.

우므로 인정의 표현에는 어느 정도 절도가 있어야 하고 따라서 예는 인정을 알맞은 선에서 규율하고 있다. 사회적 존재로서 인간이 살아가기 위해서는 질서가 필수적이며 질서가 유지되기 위해서는 의리라는 규범이 준수되지 않으면 안 된다. 그러므로 예는 인간으로서(일정한 사회적 관계 구조 속에서) 마땅히 지켜야 할 의리를 규정한 것이기도 하다. 특히 국가 권력과 관계된 왕 또는 왕실 관련된 예에서는 (인간적 정리보다도) 사회적 의리가 더욱 중요하게 된다. 우복은 성인이 예를 제정할 때 인정과 의리를 비롯한 여러 가지 고려 사항을 잘 검토하여 가장 합리적인 수준에서 예를 제정하였으므로 성인의 예를 바르게 이해하고 준수할 필요가 있다고 본다. 물론 예설에 대한 이해가 학자에 따라 차이가 없는 것은 아니지만, 중요한 것은 예설이 주관적인 것이 아니고 객관적 해석이 가능하다고 본다. 단지 학자들이 허심탄회한 마음으로 올바르게 예설을 검토하지 못하고 주관적 편견이나 사욕 또는 억측 때문에 올바른 예를 인식하지 못한다고 여긴다.

예는 경(敬)과 밀접한 관계가 있다. 예는 경의 표현이다. 그런데 예가 없으면 경이 베풀어질 데가 없다. 그런데 우복에 의하면 제사를 지낼 때는 경이 부족하고 예가 남는 것보다는 예가 부족하고 경이 남는 것이 차라리 낫다고 인식한다.[29] 그리고 예는 의(義)와도 밀접한 관련이 있다. 악(樂)은 같음을 추구하고 예(禮)는 다름을 추구한다. 같음을 구하는 악은 인으로써 사랑하는 일이라면, 다름을 구하는 예는 의로써 바르게 하는 일이라고 규정한다. 예와 악의 근본은 인과 의이고, 인과 의의 용(用)은 예와 악이라고 인식한다. 인의(仁義)의 본성은 하늘에서 나오는 데 반해 예악을 제작하는 것은 사람에게서 나온다고 한다. 그러므로 우복에 의하면 본말 선후의 관점

29) 『우복선생문집』 권13, 10면, 「答道南山長」, "先儒之言曰: 祭與其敬不足而禮有餘也. 不若禮不足而敬有餘也. 今執事之不備, 不過爲禮不足而已. 若遂廢祭則敬無所施, 豈有此理?" 참조.

에서 보면 인과 의가 본이고 선이며, 예와 악은 말이고 후이다.[30] 요컨대 우복에 의하면 예는 의를 구현하기 위함이고, 예의 실천에는 경의 정신이 전제되어야 한다. 또한 예법에는 고례(古禮)가 있고 시왕(時王)의 예법이 있는데 고례를 지키는 것이 좋지만, 시대 상황이 다른 만큼 때에 따라서는 시왕의 예법을 그대로 지키는 것이 좋은 때도 있다고 본다.[31] 우복은 자기의 예설 정립에서 퇴계설을 일차적으로 존중하지만, 의견을 달리하는 때도 있다. 그리고 서애 류성룡, 한강 정구, 사계 김장생과 예의 문제를 논의하는 때도 많다. 『주자가례』에 대해서는 그것이 주자가 초년에 지은 것으로서 완성된 것이 아니며, 만년설과는 같지 않은 점이 많아서 문제가 있다는 점을 인식하고 있다.[32]

우복이 17세기에 들어서 예를 강조하는 것은, 임란으로 민생이 피폐하기 이를 데가 없음에도 불구하고 왕은 자신의 권위를 위해 민력을 헤아리지 않고 백성들에게 과다한 세금을 부과하고 노동력을 빈번하게 동원하는 것과도 관련이 있다. 만약 왕실이나 민간이나 예에 의해서 절제된 생활을 한다면 과소비를 줄여서 백성들의 생활을 보다 안정되게 할 수 있을 것이기 때문이다.

우리는 여기서 우복의 예학을 한 가지 사례를 통해서 구체적으로 살펴보기로 하자. 1626년 인조의 생모인 인헌왕후의 상이 있었다. 이 때 인조가 그의 생모를 위해 삼년복을 입을 것인가 기년복을 입을 것인가 하는 논쟁

---

30) 『우복선생별집』 권2, 30면, "按: 樂之所以爲同, 仁以愛之之事也. 禮之所以爲異, 義以正之之事也. 仁義者禮樂之本, 禮樂者仁義之用. 仁義之性出乎天, 禮樂之作出乎人. 此其本末先後, 自有整然不可混者."

31) 윤천근은 우복의 예학에 대해서 다음과 같이 특징짓는다. "고례를 중시하고, 가례를 중시하면서도, 시왕의 제도와 풍속을 아주 배제하는 것이 아니라, 의리를 크게 해치는 것이 아니라면 받아들이기도 하는 것이 정경세의 예학이라고 하겠다."(윤천근, 『실천적 예학자 정경세』, 한국국학진흥원, 2002, 199면.)

32) 『우복선생문집』 권11, 26면, "家禮乃是初年所草未成之書, 與晚年說不同處頗多" 참조.

이 있었다. 당시에 최명길과 이귀는 박지계(朴知誡)의 이론에 따라 삼년복을 주장하였다. 우복은 이 문제에 대해 삼년복을 반대하고 기년복을 주장하였다.

『의례(儀禮)』 상복(喪服)의 부장기조(不杖期條)에서 이르기를 "다른 사람의 후사(後嗣)가 된 사람이 생부모를 위해 보답하는 것이다." 고 하였는데, 이에 대한 자하(子夏)의 전(傳)에서는 이르기를 "어찌하여 기년복을 입는가? 참최를 두 번 입을 수 없기 때문이다. 어찌하여 참최를 두 번 입을 수 없는가? 대종을 승중하는 사람은 소종에 대해서는 강복해야 하기 때문이다." 고 하였다.[33] 우복은 이 구절에 근거하여 인조는 생모를 위해 강복해야 한다고 해석한다. 인조가 선조의 친손이기는 하지만 정통(正統)은 아니므로 지손(支孫)으로서 대통을 입승(入承)하였다. 그러므로 대종을 승중하였다고 할 수 있다. 대종을 승중하였다면 사친(私親)에 대해서는 강복하지 않으면 안 된다는 것이다. 우복이 삼년복 대신에 기년복을 주장하는 뜻은 어디에 있을까?

> "존조(尊祖)는 의(義)이고, 친친(親親)은 은(恩)이다. 의가 있는 곳에 은은 굽혀야 한다. 존을 위해 낮추어야 할 곳에 사사로운 것을 펴서는 안 된다. 이것은 천지의 항상스런 법칙이고, 고금에 두루 통하는 마땅함이다."[34]

우복의 예학에서는 사사로운 인정보다도 공적인 의리를 우선으로 인식하고 있다. 우복은 인조가 생부나 생모에 대한 인정에 사로잡히기보다는

33) 『우복선생문집』 권4, 35면, 「議喪禮箚」, "爲人後者爲其父母報 子夏傳曰: 何以期也. 不貳斬也. 持重大宗者降其小宗也."

34) 『우복선생문집』 권4, 33면, 「擬上議禮箚」, "尊朝義也. 親親恩也. 義之所在, 恩有所屈. 尊之所厭, 私不獲伸. 乃天地之常經, 古今之通誼."

선조의 왕위를 계승한 자로서 사정(私情)보다도 공적 의리에 따라서 행동하는 것이 예에 맞는다고 본다. 군주의 경우에는 (사정보다도) 공공적 의리에 중점을 두고 예를 해석하는 특징을 보여준다.

인조가 즉위한 원년에 인조 생부인 정원군(定遠君) 제사의 축문에서 호칭을 어떻게 하느냐 하는 문제가 쟁점이 되었다. 인조는 반정으로 광해군을 종통에서 배제하였기 때문에 조부인 선조의 왕통을 계승한 것이다. 이 문제에 대해서 사계 김장생은 입후자(立後者)는 소후(所後)에 대해서 부모라 칭하고 생부모에 대해서는 백숙(伯叔)이라고 칭한다는 『의례(儀禮)』의 예문에 따라 인조가 생부인 정원군을 백숙(伯叔)으로 칭하여야 옳다고 하고, 선조에 대해서는 칭고(稱考)하여야 한다고 하였다. 사계에 따르면 인조는 선조와의 관계를 부자 관계로 보아야 대통이 선다고 본 것이다.[35] 이에 대해서 우복은 정원군에 대해서는 '고(考)'를 칭하되 '황(皇)' 자를 더해서는 아니 되고, 인조 자신은 자(子)를 칭하되 '효(孝)' 자를 더해서는 안 된다고 주장한다. 우복은 정원군을 원종으로 추숭하는 것에 대해서도 적극적으로 반대하지만, 그렇다고 생부를 백숙(伯叔)으로 부르는 것에도 동의하지 않는다. 여기서 우리는 사계와 우복의 예학적 입장의 차이를 발견한다. 유권종에 의하면 우복의 예학은 명분과 실제를 조화시키는 특징을 보여준다.

> 여기서 주목되는 것은 우복이 사계와 똑같은 예문(禮文)에 근거하면서도 사체(事體)를 보는 관점과 지향점이 다르다는 점이다. 상대적인 면이 있지만, 사계는 예문을 절대시하고 그것으로써 인조의 사체(事體)를 규정하려는 입장이 엿보인다면, 우복은 사체에 따라서 예문(禮文)적용의 융통성을 중시하는 입장이다. 이는 실(實)에 근거한 명(名)의 부여라는 그의 예학적 원칙과도 부합한다.

35) 유권종, 「우복의 예학사상」, 『철학논집』 제9집, 1997, 186-187면.

또 이러한 변례(變禮)에 대하여 경(經)과 권(權)의 조화를 추구하는 입장이 우복에게서 발견된다. 따라서 상대적인 판단이기는 하지만, 사계가 예(禮)라는 형식과 명분을 중시하는 입장이라면, 우복은 명분과 실제를 조화시키려는 입장이 상호 비교된다.[36)]

우복은 예기(禮記)에 관한 연구를 모아서 『사문록(思問錄)』을 저술하였다. 그리고 아동의 예절 교육과 관련하여서는 『소학』이 있었지만, 우복은 그것의 한계를 보완하고 아동들이 이해하고 실천하기 좋도록 예절 규범을 보다 간단명료하게 정리하여 『양정편(養正篇)』을 편저하였다. 이 책은 명나라 유학자 도희영(屠羲英)이 편찬한 『향교예집(鄕校禮輯)』의 동자예편(童子禮篇)을 참고해서 뺄 것은 빼고 보탤 것은 더 보태고 고칠 것은 고쳐서 편찬한 것이다.[37)] 『양정편』은 아동을 교육하면서 언행을 예에 맞게 하려고 지은 것이다. 그 내용 목차를 살펴보면 다음과 같다. 세수하고 머리 빗는 법, 옷 입는 법, 손을 교차시키는 법, 읍을 하는 법, 절을 하는 법, 무릎을 꿇는 법, 서 있는 법, 앉아 있는 법, 걸음 걷는 법, 말하는 법, 보고 듣는 법, 음식 먹는 법, 물 뿌리고 청소하는 법, 손님 응대하는 법, 나아가고 물러나는 법, 따스하게 하고 시원하게 하는 법, 잠자리를 살피고 문안 인사를 드리는 법, 출입하는 법, 존장에게 음식을 올리는 법, 존장을 모시고 앉아 있는 법, 존장을 수행하는 법, 존장과 만났을 때의 예법, 존장이 하는 일을 돕는 법, 스승에게 수업을 받는 법, 여럿이 모여서 읍을 할 때의 예법, 거처하는 법, 독서하는 법, 글씨를 쓰는 법[38)] 등 아동들이 가정과 학교, 공동체에서 지켜야 할 예절을 포괄하고 있다. 한 예로 '앉아 있는 법〔座〕' 에 대한

36) 유권종, 「우복의 예학사상」, 『철학논집』 제9집, 1997, 187-188면.
37) 『우복선생문집』 권15, 23-24면, 「書養正篇後示桂兒」 참조.
38) 『국역 우복집 4』, 정선용 옮김, 민족문화추진회, 2004, 171-180면 참고.

서술을 보자.

> 몸을 바르게 하여 단정히 앉되, 옷을 거두어 모으고 공수를 한 채 있어야지, 누워 있거나 삐딱하게 앉아서는 안 되며, 궤안(几案)에 기대어 비스듬히 앉아 있어서도 안 된다. 다른 사람과 함께 앉아 있을 때는 더욱 몸가짐을 장엄하고 엄숙하게 하여야지, 팔을 벌린 채 앉아서 다른 사람에게 방해가 되게 해서는 안 된다.[39]

『양정편』을 통해서 우리는 우복이 아동들의 생활 예절에 대해서도 대단히 많은 관심을 가지고, 예를 어려서부터 교육하는 것이 중요하다고 인식했음을 알 수 있다. 우복은 왕가의 예와 사대부의 관혼상제, 서원 관련 예는 물론 아동들의 예절에 이르기까지 광범위하게 예에 대해 관심을 두었다. 우복은 예에 대한 학문적 탐구와 실생활에의 합당한 적용을 위해 사색하고 실천하였다고 할 수 있다.

5. 맺음말: 우복 정경세의 학문적 위상과 그 의의

이상에서 우리는 우복의 성리 철학, 경세론, 예학을 고찰해 보았다. 이를 토대로 우복의 학문적 역사적 위상과 그 의의를 성찰해보기로 한다. 우복은 서애로부터 퇴계의 학통을 전수받은 학자로서 퇴계의 철학과 사상을 발전시켰다. 서애로부터 퇴계의 『주자서절요』를 전수받아서 출간하여 이를 널리 보급하였을 뿐만 아니라, 『주문작해(朱文酌海)』를 편저하였다. 퇴

39) 『국역 우복집 4』, 정선용 옮김, 민족문화추진회, 2004, 173-174면.

계의 『주자서절요』가 『주자대전』 가운데 서(書)를 선택해서 모아 놓은 것이라면, 『주문작해』는 서간(書簡) 이외에도 훨씬 광범위한 다양한 양식의 글을 모아서 편저한 것이다. 우복의 『주문작해』는 퇴계의 『주자서절요』와 함께 조선 주자학 발전에 큰 기여를 하였으며, 이 두 책은 이후 우암에 의해 합본되어 『절작통편(節酌通編)』으로 편찬되었다. 우복은 퇴계의 성리설의 기본 틀을 유지하면서도, 예학을 더욱 발전시켰다. 이와 같이 우복은 퇴계학의 외연을 확대하는 발전적 역할을 수행하였다. 그뿐만 아니라 양명학을 비판하고 주자학을 진리의 표준으로 정착시킴으로써 조선 주자학의 전개에도 중요한 역할을 하였다.

우복은 순수 성리설에 대한 이론적 논쟁보다는 예학에 더 큰 관심을 보였다. 우복의 예학은 주자와 퇴계의 학설에 근본을 두고 있다. 우복은 서인의 사계와 함께 예학의 시대를 여는 데 큰 역할을 하였다. 그리고 도남서원을 설립하여 (영남 출신) 동방 유림 5현을 배향함으로써 조선 성리학의 전통을 확고히 하였다.

우복은 성리학에 대해 학문적으로 해박하고 깊이 있게 이해하였을 뿐만 아니라, 그 사상을 정치적, 사회적으로 실천하는 데 뛰어난 역량을 발휘하였다. 명경연관으로서 왕에게 학문을 강의하는데 뛰어난 능력을 발휘하였을 뿐만 아니라, 거침없는 직설적 상소로 군주의 비정을 비판하고 대책을 제시하였다. 서애를 잇는 남인의 리더로서 그는 정치에서도 탁월할 경륜을 발휘하여 국난 극복에 일익을 담당하였다. 임란에는 의병을 일으키고 백성들의 민심을 수습하기 위해 힘쓰는가 하면, 고향 상주에서 존애원을 설립하여 병으로 고통 받는 지역 사람들의 생명을 구하는 데도 큰 역할을 하였고, 목민관으로 강릉부사에 부임하여서는 그 지역을 교화하는 업적을 남겼다. 요컨대 우복은 성리학적 철학과 경세론을 실천으로 옮긴 모범적인 학자이자, 민본주의적 경세가라고 하겠다.

그리고 우복은 남인이면서도 서인의 대표적 학자인 사계 김장생 등과 깊은 학문적 교류와 소통을 하였다. 사계는 『경서변의(經書辨疑)』를 저술하면서 우복의 학설을 곳곳에서 인용할 정도로 우복의 학문적 권위를 인정한다. 우복은 사위인 동춘당 송준길에게 퇴계학을 전수함으로써 동춘당을 통해서 서인들 가운데도 퇴계학을 이해하는 사람들이 많이 나오게 하였다. 즉 그는 남인과 서인 사이의 학문적 소통에 중심적 역할을 하였다.

참고문헌

정경세, 『愚伏先生文集』, 성균관대학교 대동문화연구원, 1977.

정경세,『국역 우복집』 1~5, 정선용 옮김, 민족문화추진회.

정경세, 『朱文酌海』, 서울대 규장각(영인), 2005.

이 황, 『陶山全書』

이 이, 『栗谷全書』

류성룡,『西厓集』

김장생,『沙溪 · 愼獨齋 全書』 上, 명보정판사, 1976.

우복선생기념사업회 편, 『우복정경세선생연구』, 태학사, 1996.

금장태, 『퇴계학파의 사상 I』, 집문당, 1996.

윤천근, 『실천적 예학자 정경세』, 한국국학진흥원, 2002.

김학수, 『17세기 嶺南學派 연구』, 한국학중앙연구원 한국학대학원 박사학위논문, 2008.

권태을 · 김기탁 · 김자상 · 한기민 공저, 『조선최초 사설의료원 - 存愛院』, 문창사, 2005.

김승영, 「17세기 格物致知論에 대한 분석 - 김장생 · 정경세 · 윤휴를 중심으로」, 『동서철학연구』 제36호, 한국동서철학회, 2005, 315-338면.

우인수, 「우복 정경세의 정치사회적 위상과 현실대응」, 『퇴계학과 유교문화』 제49호, 경북대 퇴계학연구소, 2011, 99-134면.

유권종, 「우복 정경세의 예학연구 - 禮관념의 분석」, 『동양철학』 6, 한국동양철학회, 1995, 185-220면.

유권종, 「우복의 예학사상」, 『철학논집』 제9집, 경남대학교, 1997, 165-199면.

최재목, 「우복 정경세와 상주 지역의 퇴계 학맥」, 『한국의 철학』 제28호, 경북대 퇴계학연구소, 2000, 149-178면.
최정묵, 「우복 정경세 성리설의 기본입장과 율곡학 비판」, 『율곡사상연구』 14. 율곡학회, 2007, 97-113면.

3부

우주여행을 상상한 독창적 사상가

여헌 장현광

여헌 장현광(張顯光)(1554년~1637년): 자는 덕회(德晦), 호는 여헌(旅軒). 아버지 장열과 경산이씨 어머니 사이에서 1554년 인동(지금의 구미)에서 태어났다. 18세에 이미 「우주요괄첩(宇宙要括帖)」을 지어서 큰 포부를 보여주었다. 임진왜란 때는 피란을 다니며 처참한 전란의 고통을 겪었다. 전란 중에 천거로 보은현감의 벼슬을 잠시 지내긴 하였지만, 곧 사직하였다. 그 뒤로도 수많은 벼슬이 제수되었으나 대체로 사양하고, 일생 학문 연구와 교육에 매진하였다. 병자호란 때에는 의병을 일으키는 데 힘쓰기도 하였다. 영남에서 살았지만, 그의 학설은 퇴계와 일치하지 않고, 율곡과도 차이가 있었다. 경위설(經緯說)이라는 독특한 자기 이론을 펼쳤다. 역학을 비롯한 성리설에 조예가 깊었고 자득한 경지를 학설로 저술하였다. 다른 성리학자에 비해 독창성이 뛰어나다고 할 수 있다. 17세기 전반기 영남을 대표하는 철학자라고 할 수 있다. 사후 1657년에 영의정에 추증되었다. 시호는 문강(文康). 『여헌집』, 『성리설』, 『역학도설』, 『용사일기』 등 많은 저술을 남겼다.

제6장

여헌 장현광의 현실 의식과 경위 철학

1. 들어가는 말

동서고금의 철학과 사상은 그것을 낳은 시대와 인물의 역사적 경험과 깊은 연관을 맺고 있다. 여헌(旅軒) 장현광(張顯光:1554~1637)은 임진왜란과 병자호란 등 모진 전란의 시대를 살았던 철학자이다. 미증유의 전란을 몸으로 겪은 사람의 사상이 태평성대를 누리던 인물의 사상과 같기는 어려울 것이다. 그의 전란 체험은 『용사일기(龍蛇日記)』에 생생하게 기록되어 있다. 이순신의 『난중일기』는 전투 현장에서 전투 지휘관이 느낀 전쟁 체험을 기록한 것이고, 류성룡의 『징비록』은 중앙 정계에서 전략을 짜고 전쟁을 총괄한 정치인의 관점에서 쓴 기록이다. 우리에게 『난중일기』와 『징비록』은 잘 알려져 있지만 『용사일기』의 존재는 아직 잘 알려지지 않았다.[1] 『용사일기』는 지식인의 측면에서 보고 느낀 임란의 기록이다. 전란

1) 『용사일기』에 대한 국역은 김사엽 박사에 의해 이루어져서 『自由文學』지에 1959년 1월

속에 처절하게 살아가는 민중과 지식인의 고초가 너무나 적나라하게 잘 기록되어 있어서 임란 시기의 사회와 문화를 이해하는 데 매우 중요한 기록이다.

『용사일기』에서 여헌은 자신의 피난 역정을 서술하고 그 과정에서 보고 들은 전란 중의 민중들의 비참한 모습, 왜군의 만행과 동향, 관군들의 무력한 모습, 의병들의 활약상과 한계, 명나라 군대의 모습, 관리들의 무능하고 비겁함, 전쟁의 원인과 전개 과정, 전란 중의 가족 관계와 교유 관계 등등 많은 것들을 기록하고 있다.

『용사일기』에는 민중의 생활뿐만 아니라, 지식인으로서 전란을 겪으면서 느끼는 현실에 대한 사상적 분석, 현실의 악과 고통에 대한 사상적 고뇌가 담겨 있다. 이러한 전쟁 체험과 현실에 대한 고뇌는 여헌의 사상 형성에도 적지 않은 영향을 끼쳤을 것으로 보인다. 그래서 우리는 『용사일기』에 나타난 여헌의 고단한 삶의 체험이 그의 철학과 사상의 형성에 미친 영향이 어떤지를 상호 연관적으로 고찰해볼 필요가 있다. 이 글에서 우리는 먼저 『용사일기』에 나타난 여헌의 현실 의식과 사상을 분석하고, 이것과의 관계 속에서 여헌의 경위 철학의 의미를 해석해 보고자 한다.

2. 『용사일기』에 나타난 현실 의식과 사상

『용사일기』에는 다양한 내용이 기술되어 있어서 다각적인 연구가 필요

부터 1960년 1월 사이에 연재되었다. 『용사일기』의 내용에 대해 자세히 분석한 연구 논문으로는 2008년 10월 제9회 선주문화연구소 학술대회에서 박인호 교수가 발표한 「임진왜란기 지방 지식인의 피난살이 - 장현광의 『용사일기』를 중심으로」가 많이 참고 된다.

하다. 여기서는 『용사일기』 가운데 사상적으로 의미 있는 내용을 중심으로 어헌이 현실을 어떻게 보고 어떤 사상으로 현실을 읽고 있는지 살펴보도록 한다.

1) 임진왜란의 원인에 대한 분석

참혹한 임란을 겪으면서 전쟁의 원인을 어떻게 이해하느냐 하는 문제는 사람에 따라 차이가 있을 수 있다. 어떤 사람은 그것을 나라의 운수에 돌리기도 하고 일본(도요토미 히데요시)의 침략이라는 외부적 원인으로 설명하기도 한다. 그런데 여헌은 내부에서 원인을 찾아야 한다고 본다. 여헌에 의하면 운을 불러오는 것도 사람이고, 적을 불러오는 것도 나이다. 여헌은 "사람에게 난망(亂亡)의 도가 없는데 운이 어찌 부르지도 않는데 스스로 올 수 있겠는가? 나에게 난망의 본(本)이 없는데 적이 어찌 부르지 않는데 스스로 올 수 있겠는가?"[2]라고 반문한다.

다스릴 수 있는 자가 다스리는데 어지러워지는 경우도 없고, 보존할 수 있는 자가 보존하는데 망하는 경우도 없다고 한다. 여헌에 의하면 다스림이란 다름이 아니라 이(理)가 제자리를 얻는 것이고, 존(存)이란 도(道)가 기(器)를 벗어나지 않는 것이라고 한다. 즉 인(人)·물(物)은 이(理)가 주(主) 하는 것이고, 나라와 집은 도가 머무는 곳이다. 인(人)·물(物)의 이치가 먼저 나에게서 어지러워진 연후에 어지러움이 이에 이르고, 나라와 집의 도가 먼저 안에서 망한 연후에 외부로부터의 망함이 이에 이른다고 한다.[3] 여헌에 의하면 사람의 이치가 다스려지지 않음이 어지러움의 근본이

---

2) 『龍蛇日記』 권1, 51면, "人無亂亡之道, 運豈不致而自至哉. 我無亂亡之本. 賊豈不招而自來哉."

3) 『龍蛇日記』 권1, 51면, "理得其所曰治. 道不離器曰存. 人物者理之主也. 國家者道之府也.

고, 집안의 도가 보존되지 않음이 (집안이) 망하는 근본이다. 그러므로 난망(亂亡)의 근본 원인은 나에게 있다고 한다. 한 집안의 난망의 원인이 이와 같을 진데 국가가 난망에 이르는 것도 이것과 다르지 않을 것이라고 생각한다.

여헌이 보기에 임란 당시에 위로는 군주와 공경대부로부터 아래로는 선비와 서민에 이르기까지 모두 이름만 있을 뿐 각자 자기 직분을 제대로 수행하는 사람이 없었다. 그러므로 사람의 이치가 다스려지고 있다고 할 수 없었다. 그리고 의론이나 정사나 취사(取捨)나 시비나 학교나 군정이 모두 일은 있지만, 그 일이 내실이 없었다. 그러므로 나라의 도가 있다고 할 수 없었다. 이미 이(理)가 어지러워졌는데 인(人)·물(物)이 어지러워지지 않을 수는 없고, 도가 이미 망했는데 집과 나라가 망하지 않을 수는 없다. 그렇다면 임란 이전에 조선은 이미 어지러워진 지 오래되었고 망한 지가 오래되었다. 다만 사람들이 그것을 깨닫지 못했을 뿐이다. 이처럼 스스로 그 이치를 어지럽히고 스스로 그 도를 없애고서도 사람들은 어지러움의 원인을 국가의 운으로 돌리거나 망함의 원인을 왜에게 돌린다고 여헌은 지적한다.[4)]

여헌은 임진왜란의 원인을 현상적인 차원이 아니라 본질적 차원에서 바라보고 분석함으로써 내부적 혁신을 통해 사회가 새롭게 바뀌어야 한다고 인식한다. 요컨대 이(理)를 잘 다스리고 도를 잘 보존하는 근본 처방을 해야 한다. 그러지 않고서 옛날 하던 그대로 구습을 따라 하고 일의 말단을 그대로 따르면서 어지러움은 다스릴 수 있고 망하는 것은 보존할 수 있다

人物之理先亂於我. 然後自彼之亂斯至焉. 國家之道先亡於內. 然後自外之亡斯及焉." 참조.

4) 『龍蛇日記』 권12, 52면, "自亂其理. 自亡其道. 而曰今日之亂國之運也. 今日之亡倭之致也." 참조.

5) 『龍蛇日記』 권12, 52면, "由前之跡. 循舊之轍. 徒規規於事爲之末. 而曰亂可治亡可存. 則其能然乎. 余不知也." 참조.

고 해서는 안 된다고 여헌은 주장한다.[5] 여기서 우리는 여헌의 임란 발발 원인에 대한 진단을 통해 임란의 처참함을 겪은 지식인의 자기반성과 성찰, 조선의 현실에 대한 근본적 변화의 필요를 역설하는 목소리를 들을 수 있다.

2) 의(병)의 체용론과 장수의 조건

임란 때 관군이 제 역할을 못 하고 패배를 거듭할 때 민간에서 일어난 의병이 유격전으로 왜군에 맞서 전과를 올렸다. 그러나 의를 명분으로 거의 하는 사람은 많았지만 이에 비해 공을 이루는 자는 적은 편이었다. 왜 공을 이루기 어려웠을까? 여헌은 의병과 관련하여 의(병)의 체(體)와 용(用)에 대해 다음과 같이 논한다. 사심이 없이 천리에 합치되는 것을 일러서 인(仁)이라고 하는데, 이러한 인이 의(義)의 체라고 한다. 마땅한 때를 아는 지시(知時) · 형세를 파악하는 식세(識勢) · 미세한 것을 통찰하는 통미(通微) · 멀리를 내려다보는 조원(照遠)을 지(智)라 하는데 이것이 의(義)의 용(用)이라고 한다. 사심을 없애지 못하고 천리에 합치되지 못하면 천하의 마음을 복종케 할 수 없다. 지시(知時) · 식세(識勢)하지 못하고 통미(通微) · 조원(照遠)하지 못하면 천하의 변화에 잘 대응할 수가 없다. 체가 천하의 마음을 복종시키지 못하고 용이 천하의 변화에 대응하지 못하면 의병의 효과를 이루기 어려울 것이라고 보았다.[6]

그리고 여헌은 왜적과 싸워 이기기 위해서 나라에서 산성을 쌓는 것에

---

6) 『龍蛇日記』 권1, 21면, "盖無私心合天理之謂仁. 此義之體也. 知時識勢通微照遠之謂智. 此義之用也. 不能無私心 不能合天理. 則其能服天下之心乎. 不能知時識勢不能通微照遠 則其能應天下之變乎. 體不足以服天下之心. 用不足以應天下之變. 則雖有徒名. 其如無實. 何哉." 참조.

만 주력하느라 도리어 백성들의 민력이 소진되고 민심이 이반되는 경향이 있음을 지적하고, 산성 축조보다 더 중요한 것은 훌륭한 장수를 확보하는 것임을 강조한다. 여헌은 훌륭한 장수의 조건으로서 인(仁)과 위(威), 지(智)와 용(勇)을 들고 있다.

> "인(仁)이 있은 뒤라야 곧잘 군사의 마음을 결속시켜 배반치 못하게 할 수 있으며, 위엄이 있은 뒤라야 곧잘 군사의 마음을 두렵게 하여 어긋남이 없도록 할 수 있다. 지(智)가 있은 뒤라야만 곧잘 적을 헤아려 변(變)을 통제하여 승리를 가져올 수 있다. 용(勇)이 있는 뒤에라야 군센 적이 많아도 곧잘 막아서 반드시 쾌승을 거둘 수 있다."[7]

여헌은 장수가 갖추어야 할 덕으로서의 인(仁)이란 단순히 고식되고 유연함을 두고 이르는 것이 아니라, 뜻에 좇아 사람이 할 수 있는 것을 다하는 것을 참으로 인이라고 한다고 말한다. 위(威)란 더없이 혹독하고 처참한 형벌을 말하는 것이 아니라, 호령을 명백히 하고 신상필벌을 함을 참으로 위라고 한다. 지(智)란 함부로 꾀를 부려 잘 달아나는 것을 두고 이르는 것이 아니라, 아직 나타나지 않기 전에 살피고 형적이 없는 데서 발견하는 능력을 참으로 지라고 한다. 용(勇)이란 필부가 함부로 날쌘 것을 두고 이름이 아니라, 감사심(敢死心)을 내고 감사력(敢死力)을 다하는 것이 참으로 용이라고 한다.[8]

'인'과 '위'는 군을 통솔하는 근본이고 '지'와 '용'은 적을 제어하는 용(用)이다. 이러한 근본과 용이 모두 갖추어져야 군사들이 장수의 마음을 자

7) 장현광 저, 김사엽 역, 『국역 용사일록』, 339면(『김사엽전집』 13, 박이정, 2004. 이하 『국역 용사일록』으로 약칭한다.)

8) 『국역 용사일록』, 339-340면.

기 마음으로 삼고 장수의 몸을 자기의 몸으로 삼아 죽음도 꺼리지 않는다고 한다.[9] 만일 이러한 덕을 갖춘 장수가 없다면 민심을 결속시켜서 승리할 수 없다고 본다. 여헌은 임란이 발발하였을 때 모친상 중이었고 또한 건강 상태가 지극히 좋은 않은 등의 이유로 의병에 직접 참여하지는 못했다.

이상에서 살펴본 바와 같이 여헌은 『용사일기』에서 체와 용의 관점에서 의병의 조건을 논하고, 본과 용의 관점에서 장수의 자질을 거론한다. 이러한 체(體)/용(用), 본(本)/용(用)의 분석 관점은 나중에 경위설로 발전하게 된다.

3) 조상 숭모

피난살이를 하면서 여헌이 개인적으로 가장 가슴 아파했던 일은 무엇이었을까? 여헌은 모친상을 당한 지 육 개월 만에 난리를 당하였다. 따라서 삼년상을 제대로 치르지 못한 것을 가장 가슴 아프게 생각하였다. 그는 난리를 피해서 수없이 전전하면서도 돌아가신 모친의 목주(木主: 나무로 만든 신주)를 등에 메고 다녔다. 여헌은 부모와 자식은 한 몸이며, 성인은 자기 몸이 바로 부모의 몸이며 자기 마음이 바로 부모의 마음이라고 여긴다고 하였다. 그런데 보통 사람들은 자기 몸만을 자기 몸으로 여기며 자기 마음만을 자기 마음으로 생각한다. 모양은 비록 부모 자식으로 나누어져 있어도 실상은 한 몸이라고 여헌은 인식한다.

난리 중에 잠시 고향을 찾아서 성묘할 때 부모의 묘가 무사한 것을 보고 여헌은 큰 다행으로 여겼다. 그러나 옛 집터에 가서 땅속에 묻어둔 윗대의 목주를 찾아보고서 그것이 없어졌음을 발견하고서는 매우 애통하게 여겼

9) 『국역 용사일록』, 340면.

다. 여헌은 목주가 매우 중요하다고 생각하였다. 조상이나 부모가 죽고 나서 그 형체는 땅속에 묻는다고 하더라도 정신과 혼백은 아직 흩어지지 아니하고 그대로 있다고 믿었다. 여헌에 의하면 목주는 바로 부모의 정혼(情魂)이 깃드는 곳이므로 자식은 목주 보기를 부모 보듯이 해야 한다. 목주는 곧 부모와 같다고 보는 여헌은 목주를 잃어버린 것은 부모를 잃어버린 것과 다름없다고 생각하였다. 이것은 자기가 잘못하여 그 죄가 커서 마침내 화가 선세(先世)에까지 미쳤다고 한탄한다.

> "사람이 한 분의 아버지 한 분의 어머니를 잃어도 오히려 그 몸을 죄인이라 자처해서 의복을 보통 사람과 다르게 하고 거처며 동정을 보통 사람과 다르게 하지 않음이 없다. 하물며 나는 지금 부모를 잃기가 사대(四代)에 까지 이르렀으니 몸가짐을 어떻게 해야만 마땅할 것인가? 물이나 불 속에다가 잃었다 하더라도 슬프고 통분함을 이기지 못할 것인데 항차 왜적의 손에 잃었음에랴!" [10)]

여헌은 또한 조상의 정혼이 자기 몸을 언제나 뒤좇아 다니면서 붙어서 한때도 곁을 떠남이 없었던 것인데 그것을 자기가 모르고 지낸 것은 아닐까 하고도 생각하였다. 이처럼 여헌에게 있어서 부모와 자식 또는 조상과 후손은 하나의 (혈)기에서 나온 일체이다. 조상의 정령은 사후에도 사라지지 않고 목주에 의지하거나 후손의 몸을 따라다니며 후손을 지키고 보호해주는 존재이다. 따라서 후손은 늘 자기 몸과 마음을 정결히 하여 조상의 혼이 잘 깃들 수 있도록 해야 하고, 늘 부모와 조상이 굽어본다고 생각하고 그들에게 부끄럽지 않은 삶을 살아야 하는 존재이다. 만일 그렇게 하지 않으면 참된 효라고 보기 어렵다. 효도는 살아서 뿐만이 아니라 사후에까지

10) 『국역 용사일록』, 283-284면.

이어져야 하고, 단순히 부모에게만이 아니라 선대의 조상까지도 미쳐야 하는 것이다. 부모와 조상은 이 세상을 떠나도 그들의 영혼은 사라지지 않고 남아서 때로는 후손을 지켜주기도 하고 후손에게 의지하기도 한다. 즉 여헌에게 조선(祖先)은 신적인 존재로 인식되고 받들어지고 있다. 『용사일기』에 나타난 목주와 조선(祖先)에 대한 의식을 통해 우리는 난리 중에도 변함이 없는 여헌의 지극한 효 의식을 엿볼 수 있다. 여헌에게 있어서 부모와 조상의 존재 및 그들에 대한 제례 의식은 삶의 현실에서 매우 중요한 의의를 지닌 것이라고 할 수 있다.

4) 출처론

조선시대 선비들에게 출처와 거취의 문제는 의(義)의 실천과 관련하여 중요한 쟁점이었다. 여헌에게는 임란 중에 몇 차례 벼슬이 내렸다. 처음에는 사정상 나아가지 않다가 나중에 보은현감에 제수되었을 때는 부임하여 고을을 다스리는 일을 맡아보게 된다. 그러나 보은현감도 오래 하지는 않고 겨우 일 년도 못 되어서 그만두었다. 미쳐 사표가 수리되기도 전에 벼슬을 그만두고 돌아감으로써 처벌의 대상이 되어 나중에 의금부에 불려가서 조사를 받는 고초를 당하기도 하였다.

여헌은 출처와 거취와 관련하여 어떠한 철학을 가졌을까? 그는 왜 벼슬길에 나아갔고 왜 다시 중도에 그만두게 되었을까? 여헌은 벼슬을 하려면 우선 학문이 넉넉해야 하고, 때가 맞아야 하고, 예가 맞아야 한다고 본다. 그렇지 않고 함부로 벼슬길에 나아감은 의가 아니다. 그럼에도 예외가 없는 것은 아니다. 때가 적당하지 않더라도 예가 이르면 할 수 있고, 학문이 넉넉지 못하더라도 부모가 늙었거나 가난하여 자신을 보존할 수 없으면 나아가도 무방하다고 한다.[11] 한갓 몸을 깨끗이 하는 것만을 높은 것인 줄 알고, 군신의 큰 뜻은 몰라서 일체 벼슬에 나아갈 생각이 없는 따위는 해서 안 되는 것이다. 또한, 속에는 자수(自守)하는 실상이 없으면서 겉으로는 스스로 충실한 듯한 형적을 꾸며 이름을 날리려고 하고 자기 값어치를 높이는 따위는 이른바 부끄러운 것이라고 비판한다.[12)]

여헌은 스스로가 학문이 우월하거나 때가 맞거나 예에 맞아서 벼슬하는 것은 아니라고 겸사를 한다. 겉으로는 인작(人爵: 사람이 내리는 벼슬)을 사양한다는 미명이 있었지만 속으로는 천작(天爵: 하늘이 부여한 벼슬 즉 도덕성)을 스스로 닦는 학문이 없어서, 결과적으로 자신을 속이고 세상을 속이는 것이 아닐까 염려하였다. 그래서 그는 일단 출사를 선택하였다.

> "이러므로 나는 가만히 생각하기를 차라리 처음에는 마치 큰 것 같이 보여도 마지막에 가서는 적고 또 처음은 바른 것 같아도 마침내는 그르며 처음에는 높은 것 같이 보여도 마침내는 낮게 되는 것보다는 오히려 처음에 위선 나가 응해서 스스로를 높은 것이라 여겨지는 형적을 감추어 서서히 시세를 관망해서 진퇴하여 나의 뜻이 편안할 바를 구하는 것이 좋다고 단정하였다."[13)]

여헌은 학문이 벼슬하는 것과 서로 다른 둘이 아니고, 때라는 것도 고와 금이 있고 때에 따라 응하면 도는 그 가운데 있는 것이므로 오직 의를 잃지 않음이 중요하다고 인식하였다. 여헌은 고고하게 자기 명예를 높이기 위

---

11) 『龍蛇日記』 권2, 6면, "不仕無義矣. 而學未優則不可出也. 學已優矣而時不可則不可出矣. 時則可矣而禮未至則不可出也. 冒進非義矣. 而時雖不可禮已至則可應也. 學雖未優親已老則可出也. 貧無以自存則可仕也." 참조.

12) 『龍蛇日記』 권2, 6면, "夫冒進者不足道也. 而不仕之中又有一不可者一可恥者. 徒知潔身之爲高. 不知君臣之大義. 一切無義於仕進者. 是所謂一不可者也. 中無自守之實. 外假自重之跡. 要以耀其名高其價者. 是所謂一可恥者也." 참조.

13) 『국역 용사일록』, 317면.

해 출사하지 않는 것에 대해서는 부정적이었다. 그렇다고 무턱대고 출사를 긍정하는 것도 아니었다. 때에 따라서 어느 쪽이 의에 맞느냐를 판단해서 출처와 거취를 결정한 것으로 보인다. 그러나 막상 보은현감으로 나가보니 현실은 그의 예상과 너무 달랐다. 능력을 발휘할 기회가 주어지기보다는 전시 상황에서 강압적인 상의하달적 분위기가 지배하였다. 그래서 더 이상 뜻을 펼 수 없었기에 사퇴가 받아들여지기도 전에 여헌은 귀향해 버렸다. 그 후에도 여헌에게 몇 차례 벼슬이 내려졌지만, 여헌은 병을 이유로 벼슬에 나아가지 않거나 아니면 잠깐 상경하여 왕에게 사은숙배를 하고 다시 귀향하고자 하였다. 그렇다고 여헌이 남명처럼 철저한 처사형 선비는 아니었다. 아마도 여헌은 무조건 출사를 거부하는 것은 아니었지만, 벼슬하기에는 건강도 좋지 않았고 더욱이 벼슬이 그의 학자적 취향과 잘 맞지 않음을 깨달았을 것이다. 그러나 여헌의 출처론은 대체로 보면 때에 따른 의를 중시하는 것으로서 상당히 유연한 태도를 보이고 있다.

5) 악과 선, 악을 어떻게 이길 것인가?

임란의 와중에서 온갖 종류의 악이 횡행하였다. 왜적에 의한 잔혹한 살인, 강간, 강도, 방화, 파괴는 물론이고 우리 민족 내부에서도 전란을 틈탄 도적, 사기, 거짓 전공(戰功), 전염병에 의한 대량 병사, 기아, 심지어는 사람이 사람을 잡아먹는 일도 드물지 않을 정도였다. 이러한 민족적 재난을 틈타서 출세하고 득세하는 사람도 있었다. 반면 착하고 의로운 사람이 죄 없이 갑자기 죽임을 당하는 경우도 다반사였다. 어떻게 보면 악이 승리하고 선은 패배하는 듯 보였다. 여헌은 이러한 현상을 어떻게 보았을까? 여헌은 악의 승리는 일시적일 뿐 궁극적인 승리는 될 수 없다고 언명한다.

"나는 아직 부당한 배부름이 끝까지 배부를 수 있음을 듣지 못했고, 부당한 곡식으로써 끝까지 부자임을 듣지 못했고, 부당한 굳셈이 끝까지 굳셈을 듣지 못했고, 부당한 큼이 끝까지 큼을 듣지 못하였으니 그러므로 그 배부름은 곧 굶주림이요 그 부자됨은 곧 궁한 것이요 그 굳셈은 곧 약함이요 그 크다 함은 곧 적음을 뜻하는 것이다. 그러니까 나는 여태껏 이러한 따위가 끝까지 굳세고 큼을 보지 못했노라."[14]

여헌에 의하면 흉한 운수를 타서 흉도를 쓰며, 사기(邪氣)를 만나서 사도를 쓰는 자는 음흉한 자 가운데 가장 음흉한 자로서 반드시 패망한다. 반면에 큰 도를 써서 막힌 비운을 타개하고 양명(陽明)을 써서 어둡고 침침함을 변하게 하며, 바르고 큼을 써서 삐뚤어진 난리를 개혁하는 자는 어둠 속의 밝음으로써 반드시 흥왕한다고 한다.[15]

이러한 난국을 극복하기 위해서는 일시적인 술수로 되는 것이 아니라, 근본적으로는 대도(정도)에 기반을 둔 새로운 변화로 가능하다. 여헌은 이 세상은 일치일란이 반복되기 때문에 영원한 평화도 없지만, 혼란도 영원하지 않고 다시금 밝은 세상이 올 수 있다는 믿음을 버리지 않는다. 그가 난리 속에서도 주역 공부에 침잠한 것은 변역의 논리를 통해 새로운 희망을 찾고자 하였기 때문일 것이다. 현실의 악을 어떻게 이길 것인가 하는 문제는 나중에 『역학도설(易學圖說)』「반길편(反吉篇)」에서 체계적으로 논의된다.[16]

---

14) 『국역 용사일록』, 291면.

15) 『국역 용사일록』, 292면 참조.

16) 『易學圖說』 권9, 38-58면, 「反吉篇」 참조. (여헌학연구회 영인본 『易學圖說』 坤, 2007.) 「反吉篇」의 구성은 서론에 해당하는 反吉篇義가 있고, 이어서 周易卦爻反吉之圖, 天候反吉之圖, 品彙反吉之圖, 人稟反吉之圖, 時變反吉之圖, 世教反吉之圖 등 여섯 개의 반길도가 차례로 전개되며 각각의 반길도에는 설명이 부기되어 있다. 그리고 마지막 부

반길(反吉)이란, 길에서 흉으로 변한 것 즉 흉을 뜻하기도 하고, 흉을 이기고 다시 길로 돌아가는 것을 의미하기도 한다. 여기서 말하는 흉은 곧 악을 의미하는 것과 다르지 않다. 그리고 길은 행복과 그 의미가 크게 다르지 않다. 길과 흉은 주역의 핵심 개념이기도 하지만 여헌의 사상 전체에서도 비중이 큰 개념이다. 여헌은 어떻게 개인적 시대적 악과 고난을 극복하고 개인적 행복과 사회적 평화를 회복할 것인가를 고민한 나머지 「반길편」이라는 글을 쓴 것으로 보인다. 우리 삶 속에서 악은 어떤 것이 있고 그것은 과연 어떻게 극복될 수 있는가?

여헌에 의하면 천하의 이치를 궁구해보면 그 처음에는 상(常)만 있지 변(變)은 없고, 순(順)만 있지 역(逆)은 없으며, 선(善)만 있지 악(惡)은 없고, 정(正)만 있지 사(邪)는 없고, 치(治)만 있고 난(亂)은 없다. 그러나 현실적으로 보면 왜 상에는 변이 없을 수가 없고, 순에는 역이 없을 수가 없고, 선에는 악이 없을 수 없고, 정(正)에는 사(邪)가 없을 수 없고, 치(治)에는 난(亂)이 없을 수 없는 것인가? 여헌은 이러한 물음을 스스로 제기하지만, 이 세상에 이 두 가지가 공존하는 이유는 알 수 없을 것 같다고 한다. 그런데 『역경』의 괘를 보면 모든 괘(卦)가 다 길한 것이 아니고 길에 반하는 흉한 괘가 있고, 효(爻)가 모두 길한 것이 아니고 길에 반하는 흉한 효가 있다.

이러한 『역경』의 원리는 길함 뒤에는 흉함이 따르는 것은 이치상 어쩔 수 없는 것임을 나타낸다. 여헌에 의하면 성인은 역을 지으면서 64괘를 두고 384효를 두어서 천하의 변화를 다하게 하고 천하의 사람들로 하여금 나아갈 바와 피할 것을 변별하고 고요할지와 움직일지를 알게 하였다. 그래서 길이 흉을 이기게 하고 양이 음을 통제할 수 있는 이치를 드러내었다고 한다.[17] 즉 성인이 역을 지은 취지가 괘효의 흉한 것을 통해서 이 세상의

분에서는 저술 의도를 설명하고 있다.

악의 실상을 알려줌과 동시에 어떻게 그러한 악을 이기고 다시 길로 돌아갈 수 있는가를 보여주고자 하는 것으로 해석한다. 여헌은 이 세상의 근본 이치가 원래는 상(常)이고 순(順)이고 선(善)하고 정(正)이고 질서이지만, 현실적으로는 상이 변으로도 되고, 순이 역으로도 되고, 선이 악으로도 되고, 정이 사로 되고, 질서가 혼란이 되기도 한다는 사실을 주목한다. 그러나 천지의 이치에 따라 본래의 선함을 회복할 수 있다는 신념을 여헌은 가지고 있다.

여헌은 「반길편」에서 먼저 역학에 나타난 악과 그 극복의 문제를 다룬다. 이어서 천지자연에 나타나는 악과 그 극복의 문제를 거론한다. 셋째로는 만물 속에 내재하는 악과 그 극복의 문제를 논한다. 넷째는 인간의 성품에 내재된 악을 다룬다. 다섯째는 사회(역사)에 나타나는 악과 그 극복의 문제를, 마지막으로는 학설과 사상 속에 내재하는 오류로서의 악과 그 극복의 문제를 언급하고 있다. 이를 통해서 여헌은 악의 근원을 사상적 차원과 현실적 차원, 인간적 차원과 자연적 차원에서 두루 분석함으로써 악의 극복을 위한 진지한 지적 성찰을 보여주고 있다.

여헌은 이 세상을 근본적으로는 선한 것으로 보고 있다. 그러나 현실적으로는 선만이 아니라 선악이 공존하거나 곳곳에서 악이 범람하는 것을 경험하였다. 그리고 이러한 현실의 악에 대해서 방관만 할 수 없었다. 어떻게 이 악한 현실을 이기고 선을 회복할 것인가? 여기에 여헌의 철학적 관심의 초점이 있는 것이다. 여헌은 현실의 악을 운명에 맡기고 체념하지는 않는다. 그는 분명히 그것을 이길 수 있다고 믿었다. 왜냐하면 천리는 선하고 인간은 선한 본성을 타고났다고 생각했기 때문이다. 인간의 도덕적 노력이나 학문적 수양으로 악은 많은 부분이 좋아질 수 있고, 정치를 바르게 함

17)『易學圖說』 권9, 38면, "此聖人作易, 卦必有六十四, 爻必有三百八十四, 以盡天下之變, 使天下之人, 辨所趨避, 知所動靜, 則吉可勝凶, 陽可制陰之理, 於是乎著矣." 참조.

으로써 많이 개선될 수 있다고 믿었다. 여헌은 악의 극복을 위해서 제도적 구조적 변화나 혁명보다는 개인의 인격적 수양을 더 중시하는 경향이 있다. 이 점에서 성리학적 특성과 한계를 보여주고 있다. 그러나 인간이 경험하는 다양한 악에 대해 여헌처럼 포괄적이고 체계적으로 사색한 철학자는 흔하지 않다. 이 점에서 여헌의 『역학도설』에 나오는 「반길편」은 매우 중요한 철학적 의미를 지닌다.

3. 여헌의 경위 철학과 현실 의식

경위(經緯) 철학은 여헌 사상의 핵심이라고 할 수 있다. 여헌은 왜 경위론을 주장하였을까? 경위 철학의 참 취지는 어디에 있고, 그 의의는 어디에 있는 것일까? 그리고 임란 체험과 경위 철학은 어떠한 관계가 있을까?

이기론에서 기존의 성리설은 이와 기를 형이상자와 형이하자의 관점에서 주로 파악한다. 이에 비해서 여헌은 이와 기의 관계를 체와 용 또는 본과 말, 원(源)과 류(流), 강(綱)과 목(目)의 관계로 보려고 한다. 그래서 마침내 이경기위설(理經氣緯說)까지 나오게 된다. 여헌의 이기설은 곧 이체기용(理體氣用)의 경위설로서 본체와 작용, 본질과 변화, 영원과 시간의 관계에서 이기를 보는 것이다. 이것은 그의 이기설의 중요한 한 특징을 보여주는 것이다. 왜 이런 관점에서 여헌은 이기의 문제를 바라보게 되었을까?

여헌에 의하면 체용으로 이기를 바라보면 이는 형질도 운행도 없고, 기는 형질도 있고 운행도 있다. 그런데 형질이 있고 운행이 있는 기는 만약 이가 없으면 준칙이 되어서 형질의 모범이 되는 것이 없고, 병요(柄要)가 되어서 운행의 기축(機軸)이 되는 것이 없다. 즉 이는 기의 형질의 모범이 되기도 하고 기 운행의 기축이 되기도 하는 것이다. 그러므로 기는 이를 체로 하는 것이다. 그리고 형질도 없고 운행도 없는 이는, 이를 위해 형질이 되고 운행을 하는 기가 없으면 기물(器物)과 법상(法象)을 둘 수 없고 변화공용(變化功用)을 둘 수 없다. 그러므로 이(理)는 기를 용으로 한다는 것이다.[18] 그런데 여헌에 의하면 용이 없는 체는 체가 될 수 없고 체가 없는 용은 용이 될 수 없으므로 체와 용은 서로서로 없을 수가 없다.[19]

체와 용의 불가리(不可離)를 강조하는 것은 또한 이와 기의 불가리를 강조하는 것이다. 여헌은 이(理)를 체로 기(氣)를 용으로 인식한다. 체와 용이 불가리인 것처럼 이와 기의 관계도 불가리이다. 그래서 여헌은 "이는 기가운데 있고〔理在氣中〕, 기는 이 가운데 있음〔氣在理中〕"을 강조한다. 여헌은 이와 기의 관계를 사람과 말에 비유하는 것이 적절하지 않다고 여긴다. 왜냐하면 사람과 말의 비유는 마치 이와 기가 근본이 두 개인 것처럼 오해하게 할 소지가 있기 때문이다.[20]

여헌의 경위설은 이와 기를 두가지로 나누어 보는 것에 대해 매우 비판적이다. 왜 그는 이와 기를 둘로 보는 것에 극력 반대하였을까? 그것은 아마도 이원론적 이기관이 선악의 이분법을 낳고 이상과 현실을 서로 분리시킬 수 있기 때문일 것이다.

"후유(後儒)는 무릇 선한 종류는 모두 이(理)이고, 악의 종류는 모두 기라고 여긴다. 선과 악이 상반되어 얼음과 불과 같고 백과 흑과 같고 하늘과 땅과 같

---

18) 『旅軒先生性理說』 권5, 2면, 「經緯說總論」, "夫以體用言理氣者, 理則無形質無運行, 氣則有形質有運行. 氣之有形質有運行者, 若不有此理在於無形質無運行之中, 而爲形質運行之理, 則其何所準則, 而能爲形質之模範, 何所柄要而能爲運行之機軸歟. 卽氣之以理爲體者也. 理之無形質無運行者, 若不有此氣爲之形質爲之運行, 則其何得而有器物法象. 何得而有變化功用歟. 卽理之以氣爲用者也." 참조.

19) 『旅軒先生性理說』 권5, 2면, 「經緯說總論」, "無用之體, 自不得以爲體. 無體之用, 亦不得以爲用. 則體用豈得相無乎!" 참조.

20) 『旅軒先生性理說』 권5, 11-12면, 「經緯說總論」 참조.

> 다. 그러므로 이(理)와 기는 절단되어 서로가 서로에 속할 수가 없다. 이에 설명함에 있어서도 조목을 구별하고 그림을 만듦에 있어서도 원을 두 가지로 만든다. 이것은 말(末)에 둘이 있음을 알 뿐이고, 근본이 하나임을 모른다." [21]

여헌은 이와 기의 불가리를 강조하지만, 그러나 이와 기가 수평적 관계라고 인식하지는 않는다. 경위설에서 보면 날줄과 씨줄은 옷감을 짜는데 둘 다 불가결한 것으로서 서로 얽혀있다. 그러나 날줄은 씨줄에 대해 중심적인 위치를 점한다. 마찬가지로 날줄에 해당하는 이는 씨줄에 해당하는 기에 대해 상대적으로 체용론의 체, 본말론의 본, 원류론의 원, 강목론의 강에 해당한다. 즉 이는 기를 주재하고 다스리는 위치에 있다. 여기서 기에 대한 이의 주재적 역할을 인정한다.

경위론을 이상과 현실의 문제에 적용하면 어떻게 될까? 경은 이상이고 원칙이며 위는 현실이라고 할 수 있다. 이상과 현실은 서로 유리되어서는 안 된다. 이상과 원칙은 현실의 토양 위에 펼쳐져야 하고, 현실은 이상과 원칙에 기반을 두고 실천되어야 한다. 우리의 삶은 이상으로서의 경과 현실로서의 위가 만나서 이루어지는 직물짜기와 같다. 이원론을 거부하는 경위론에서 보면 순수한 이상주의는 바람직하지 않다. 마찬가지로 속물적 현실주의도 인정되기 어렵다. 이상과 원칙에 근거한 현실, 그리고 현실에 토대를 둔 이상과 원칙을 추구해야 한다. 경위 철학은 다른 성리학자들의 철학에 비해서 현실 문제에 많은 관심이 있다. 그리고 현실을 추상적 원리로 이분법적으로 단순하게 재단하지 않고 현실의 다양성과 천차만별한 차이를 긍정하면서도 통합과 화합을 지향하는 철학이라고 할 수 있다.

---

21) 『旅軒先生性理說』 권5, 8면, 「經緯說總論」, "後儒以凡善之類皆理也. 惡之類皆氣也. 而善惡之相反便是氷與炭也白與黑也霄與壤也. 則理與氣絶不可與之相屬焉. 於是乎爲說則別其條. 爲圖則二其圈. 是則徒知其末之有二 而不知其本之爲一也."

4. 경위론에 의한 퇴계 · 율곡 철학의 종합

여헌은 시대적으로 보면 퇴계학파와 율곡학파 사이의 철학적 논쟁이 민감하던 시기를 살았다. 여헌은 퇴계의 성리설과 율곡의 성리설이 각각 지닌 장점과 함께 그 한계도 아울러 파악하고 있었다. 따라서 여헌의 성리설에는 선배 학자인 퇴계와 율곡의 성리설에 대한 자신의 이해 그리고 입장이 잘 반영되어 있다. 여헌은 나름대로 퇴 · 율 성리학의 내재적 모순과 한계를 극복하고 보다 세련된 이론을 발전시키고자 하였다. 여기서는 사단칠정론 문제를 중심으로 여헌이 이 문제를 나름대로 어떻게 이해하고 지양 논리를 제시하였는지 살펴보도록 하자.[22)]

우선 퇴계는 사단은 '이발이기수지(理發而氣隨之)' 칠정은 '기발이이승지(氣發而理乘之)' 라고 하여 사단과 칠정의 본질을 서로 구분해서 보려는 입장이다. 이에 반해 고봉과 율곡은 사단이라고 하여 칠정과 별개의 감정이 아니고, 사단 역시 칠정의 일부일 뿐이라고 인식한다. 다만 사단은 칠정 가운데 선한 것이고, 이에 비해 칠정은 선악을 다 포함하는 것이라고 이해한다. 그럼 여헌은 이 문제를 어떻게 접근하였을까?

여헌은 기본적으로 사단은 칠정 가운데의 정이지, 칠정 밖에 별도로 다른 정이 있다고 보지는 않는다. 이 점은 고봉이나 율곡과 입장을 같이 한다. 그러면서도 여헌은 양자의 성질에 차이가 있음을 간과하지 않는다. 칠정은 진실로 모두 다 달도(達道)의 화(和)가 되지는 못한다고 한다. 왜냐하면 칠정의 발함이 혹 알맞은 일이 아닌 경우도 있고, 알맞을 때가 아닌 때도 있고, 중절하지 못하는 경우도 있기 때문이다. 그래서 희(喜)가 망(妄)으로 흐르기도 하고, 악(樂)이 음(淫)으로 흐르기도 하고, 애(愛)가 탐닉으로

22) 『旅軒先生性理說』 권4, 50-56면 참조.

흐르기도 하고, 욕(欲)이 방종으로 흐르기도 하고, 오(惡)가 심(甚)으로 흐르기도 하고, 노여움이 포악으로 들어가기도 하고, 애(哀)가 상(傷)으로 들어가기도 한다. 그리하여 칠정은 사사로움이 이겨서 오성(五性)이 중정을 상실한다. 그러면 인이 불인이 되고, 의가 불의가 되고, 예가 비례가 되고, 지가 부지가 되고, 신이 불신이 되는 경우가 10에 7이나 8이 된다고 한다. 이렇게 되면 사람들이 혹 인간 본성의 고유한 선에 대해 의심을 가질 수가 있다.

이에 성인이 사단의 설을 제시하여 본성의 원래 선함을 알게 하였다고 여헌은 설명한다. 그래서 차마 할 수 없는 일을 당해서는 측은지심이 동하고, 이가 아닌 일을 당하면 수오지심이 동하고, 본분이 아닌 일을 당해서는 사양지심이 발하고, 선악의 일을 당해서는 시비지심이 동한다. 이것은 타인에게 명예를 구해서도 아니고 자기의 이익 때문도 아니다. 자기도 모르는 가운데 자기 마음속에서 인의예지의 사성이 발출해 나온 까닭이다. 그런데 이것은 정(情)이라 하지 않고 단(端)이라 한다. 그렇다고 하여 하나의 마음 가운데 사단의 문과 칠정의 문이 따로 있는 것은 아니라고 여헌은 강조한다. 다 같은 하나의 정이지만 단(端)은 시발하여 참되어서 중절을 잃지 않은 것이고, 정이란 이미 용사(用事)하여 선악이 나누어진 것이다. 사단의 단은 성이 처음 움직여서 정이 아직 이루어지지 않은 상태라고 한다. 그래서 아직은 악정에 섞이지 않은 상태이다. 이에 비해 정은 단에 그치지 않고 하나의 용(用)을 이루어서 모두 선할 수가 없다. 여헌은 이처럼 '단'과 '정'은 의미의 차이가 있다고 구분한다.

여기서 볼 수 있는 바와 같이 여헌이 사단도 칠정을 벗어나지 않는다는 견해를 고수하는 것은 율곡설에 동의하는 점이다. 그러면서도 사단과 칠정의 중요한 차이를 지적함으로써 퇴계설의 진의를 수용한다. 이를 통해서 여헌은 나름대로 사칠논변의 쟁점에 대해 중도적인 통합 논리와 해법을 제시하고 있음을 알 수 있다. 이것은 당시의 조선 학계에서 매우 중요한 문제이다. 왜냐하면 학술적 분기와 논쟁이 현실 정치의 장에도 영향을 미쳐서 붕당의 형성과 전개에도 한 요인이 되었으므로 현실 정치계의 통합은 학술적 이론의 회통 없이는 어려울 수 있는 상황이었기 때문이다. 여헌의 퇴·율 회통적 성리설은 당시 조선 사회의 현실통합에 이론적 기초가 될 수 있는 것이었다. 그가 인조반정 이후 인조에 의해 적극적으로 부름을 받은 사실은 당시 서인과 남인 연합 정권이 집권하던 시대적 상황에 비추어 보면 그가 양 정파 통합의 이론적 기반(경위론)을 제공한 것과 무관하지 않을 것이다.

5. 맺음말: 경위 철학의 현실적 실천적 의미

여헌에 의하면 성인 사업의 핵심은 모두 이 이(理)의 경(經)을 주로 하여 이 기(氣)의 위(緯)를 다스리는 데 있다. 이는 기에서 운행되고 기는 이에 따르고 그런 다음에야 체와 용 사이에 그리고 본과 말 사이에 서로 어그러짐이 없다. 이것을 익히는 것이 학문이고 이것을 실천하는 것이 도이다. 이것을 마음에 터득한 것이 덕이다. 경위 철학은 작게는 자기 몸을 다스릴 수 있고, 다른 사람과 사물을 다스릴 수 있으며 크게는 천지를 다스릴 수도 있다. 여헌에 의하면 사람의 선악과 세상의 치란이 모두 경위가 제대로 되는지에 의해 결정된다. 경을 주로 하여 위를 다스리는 주경치위(主經治緯)의 술은 제왕의 도이고 성현의 교훈이기도 하다고 한다.[23)]

경위론의 관점에서 여헌은 경서의 의미를 해석한다. “역(易)은 주경치

23) 『旅軒先生性理說』 권5, 1면, 「經緯說總論」 참조.

위의 강령이고, 서(書)는 주경치위의 사업이고, 시(詩)는 주경치위의 권징(권선징악)이고, 예(禮)는 주경치위의 의칙이고, 춘추는 주경치위의 권형이고, 악(樂)은 주경치위의 풍뢰(風雷)이고, 논어는 주경치위의 지결(旨訣)이고, 대학은 주경치위의 문과 길이고, 중용은 주경치위의 준적(準的)이고, 맹자는 주경치위의 모범이다."[24]

이처럼 여헌은 유가 사상 일체를 경위의 관점에서 해석한다. 경위 철학을 현실 의식과 관련지어 해석해 보자. 이 세상 현실은 경의 원칙에 의해서 다스려져야 한다. 여기서 다스림의 문제가 핵심 과제이다. 이 세상은 저절로 잘 되는 것이 아니라 부단히 노력해서 잘 다스려야 한다. 그런데 아무렇게나 다스려서는 안 되고, 다스림에는 원칙과 기준이 있어야 한다. 그것이 곧 경이고 이(理)이다. 여헌에게 있어서 이 또는 경이란 곧 현실을 다스리는 원칙, 기준, 규범이라는 의미가 강하다. 그리고 이러한 이(理)라는 기준(원칙, 규범)은 그 자체로가 아니라 현실에 적용될 때 비로소 의미가 있다. 여헌의 경위 철학은 체에 못지않게 용(用)을 중시한다. 용은 변화하는 현실과 밀접한 관련이 있다. 이 세상은 잠시도 쉬지 않고 천변만화의 변화를 계속한다. 아무리 원칙과 기준이 중요하다고 하더라도 이러한 원칙과 기준은 현실의 다양한 변화에 맞추어서 적용되어야 한다. 경위 철학은 경(經)의 이념성 · 항상성뿐만 아니라 위(緯)의 현실성 · 역동적 변화에 대해서도 적극적으로 긍정하는 현실적인 철학이다. 변화하는 현실을 중시하는 것은 여헌이 역학을 자기 사상의 중심에 두고 있는 것과 깊은 관련이 있다. 역은 곧 변역 즉 변화를 의미하기 때문이다.

가장 바람직한 것은 만고불변의 원리가 천변만화하는 현실 속에서 알맞게 잘 적용되는 것이다. 그래서 이상이 현실에 반영되고 현실이 이상을 구

24) 『旅軒先生性理說』 권5, 27면, 「經緯說總論」.

현하는 세계를 만드는 것이다. 사람과 물에 각자의 알맞은 이(理)가 구현되고 이 세상에 도가 실현되면 이 세상은 저절로 다스림이 이루어진다. 이렇게 되면 어지러움이나 패망함은 있을 수 없다. 어지러움이나 패망함은 하루아침에 우연히 오는 것이 아니라, 이(理)가 무시되고 도가 무너져서 오는 필연적 결과이다.

임란과 같은 고통스러운 비극이 재발하지 않도록 하기 위해서는 경의 원리를 위주로 해서 이 세상이라는 위(緯)를 다스려 나가야 한다. 이것이 '주경치위(主經治緯)' 이다. 여헌의 경위(주경치위) 철학의 배경에는 전쟁이 가져온 혼란과 무질서의 악이 재발하여서는 안 되고 그것을 근원적으로 예방해야 한다는 철학자의 깊은 고뇌가 숨겨져 있는 것이다. 역사의 교훈을 망각하는 자에게 역사는 다시 고통을 가져다준다. 이 교훈은 개인에게나 가정에서나 사회에서나 국가에서나 인류에게나 마찬가지로 적용된다.

이 세상은 질서와 무질서, 흥과 패, 선과 악, 길과 흉의 다툼이다. 이 다툼에서 어느 쪽이 이기느냐 하는 것은 결코 우연이나 운명적인 것이 아니다. 도덕적 주체인 인간의 선택과 실천이 중요한 역할을 한다. 인간은 자신의 학문과 실천적 노력으로 무질서를 질서로 바꿀 수도 있고, 반대로 무지하고 나태하고 부도덕하면 질서가 무질서로 악화될 수도 있다. 여헌에 의하면 주경치위(主經治緯)만이 인간에게 참된 행복과 평화를 가져다줄 수 있다. 경위 철학은 주경치위에 의해 현실의 악을 다스려서 평화를 얻으려는 매우 실천적인 사상이다. 이 점에서 볼 때 여헌의 경위 철학이 지닌 실천적 현실적 의의는 매우 크고 깊다.

참고문헌

장현광 저, 『旅軒先生全書』 上 · 下, 인동장씨남산파종친회 간, 1983.
장현광 저, 『易學圖說』 乾 · 坤, 여헌학연구회, 2007.
장현광 저, 『국역 여헌집』 I · II, 민족문화추진회, 1996.
장현광 저, 김사엽 역, 『국역 용사일록』(『김사엽전집』 13, 박이정, 2004.)
이희평, 『여헌 장현광의 철학사상 연구』, 성균관대 대학원 박사학위 논문, 2001.
제9회 선주문화연구소 학술대회 발표자료집, 『여헌학의 전개와 수용(3)』, 2008, 10.
장인채 편저, 『여헌 장현광 선생의 행록』, 사단법인 여헌학연구회, 2005.

제7장

여헌 장현광의 여행의 철학과 수분(守分)의 윤리학

1. 들어가는 말

여헌 장현광(旅軒 張顯光, 1554~1637)은 조선조 성리학자 가운데 가장 개성이 강하고 독창성이 뛰어난 철학자의 한 사람이다. 그의 논설들은 경전의 구절이나 선현의 말을 인용하기 좋아하는 동시대 다른 학자들과는 달리, 성리학의 주요 개념을 자기 것으로 소화해 자신의 사유를 치밀한 논리와 응축된 언어로 자유롭게 논술하고 있다. 이제까지 성리학자들의 철학을 연구하면서 기존에는 너무 이기설이나 심성론과 같은 이론 위주로만 분석하였다. 그러나 한 사람의 철학은 시(詩)와 문(文) 등 다양한 형식을 통해 더욱더 자유롭게 내면의 의식적 · 무의식적 사상이 드러날 수 있다. 여헌의 철학을 연구하는데도 이러한 방법을 활용할 필요가 있다.

현대 사회를 세계화 · 정보화의 시대라고 한다. 이제 세계는 국경의 경계선이 큰 의미가 없어지고, 국경을 넘어 인력과 정보와 자본과 상품이 자유롭게 이동하고 있다. 정보화 사회에서 이제는 어느 한 지역, 어느 한 직장, 어느 한 업종에만 평생 종사하는 시대는 지나갔다. 새로운 직장을 찾거나 더 나은 근로 조건과 새로운 프로젝트를 찾아 자유롭게 지역을 이동하는가 하면, 시대의 변화에 따라 새로운 업종으로 직업을 부단히 바꾸기도 하고 또 여러 개의 직업에 동시에 종사하기도 한다. 마치 유목민이 새로운 목초지를 찾아서 가족 또는 부족을 이끌고 가축 떼를 몰고 이리저리 이동했던 것처럼 유목민적 생활 방식이 포스트모던 세계의 새로운 풍속으로 다가오고 있다.

우리는 오랜 역사 동안 정주민의 문화에 익숙해져서 유목민의 생활에 대해 부정적 편견이 있다. 그래서 정주민의 생활 방식만이 인간에게 고유하고 진실하고 도덕적인 것처럼 여기기 쉽다. 그러나 인간은 농경 문화를 기반으로 한곳에 정착하기 이전에 그보다 훨씬 긴 세월 동안 먹이를 찾아서 채취하거나 수렵이나 유목을 하면서 이동하는 삶을 영위해 왔다. 문명 생활 속에서도 유목민의 역할과 흔적이 결코 완전히 사라진 것이 아니다. 우리의 유전자에는 정주를 거부하고 부단히 새로운 환경을 찾아서 이동하고픈 유목민 또는 여행자의 피가 흐르고 있다. 그것이 우리가 정보화 · 세계화를 활용하여 첨단 전자 제품으로 무장하고 세계를 누비며 새로운 일을 찾고, 새로운 경험에 도전하게 만드는 것인지도 모른다. 그렇다면 우리에게는 정주민의 생활 방식에 기초한 철학을 넘어서 유목민적 생활을 지향하는 새로운 철학과 윤리가 필요한 것이 아닐까? 여헌 장현광의 철학과 윤리 사상을 이러한 문제의식을 가지고 접근하고자 한다.

서재(또는 집)의 이름을 어떻게 명명하느냐 하는 것은 그 자체로서 그 서재 주인의 철학을 보여주는 것이다. 특히 '여헌(旅軒)' 이라는 헌호는 장현광의 철학을 가장 잘 보여주는 매우 상징적인 개념을 따다가 헌호로 삼은 경우다. 한 철학자의 철학을 이해하기 위해서는 그 사람이 주로 사용하는 철학적 개념을 분석하는 것도 물론 필요하지만, 헌호와 같은 것을 분석함으로써 더욱 그의 철학을 잘 드러낼 수도 있을 것이다. 여헌 장현광이 그의 헌호를 설명하기 위해 지은 「여헌설(旅軒說)」은 장현광의 생활 철학, 나아가 인생관이나 세계관을 매우 압축적으로 잘 표현하고 있는 글이다. 우리는 여헌이 지은 「여헌설(旅軒說)」을 분석함으로써 그의 헌호를 통해 그의 철학이 지닌 독특한 특성을 파악해 보고자 한다.

2. '여헌(旅軒)'과 여행(旅行)의 철학

'여(旅)'란 다른 사람에게 객(客)이 되는 것, 즉 나그네가 되는 것을 의미하는 것인데, 장현광이 자주 옮겨 다니며 살았기에 스스로 헌호를 '여헌(旅軒)'이라 칭하였다. 실제로 여헌은 어려서 부친을 잃고 사방으로 다니며 배웠을 뿐만 아니라, 임진왜란 동안에는 가족을 거느리고 선산 · 칠곡 · 성주 · 의성 · 청송 · 보은 · 영천 등지를 전전하며 친척과 친지를 찾아다니며 생존하였다. 한 해에도 대여섯 번씩 옮겨 다니는 경우도 많았다. 이러한 절실한 체험이 그의 호에 반영되어 있다. 일반적으로 서재하면 일정한 정해진 공간을 떠올리는 것이 상식이다. 그런데 여헌은 역설적으로 그러한 공간적으로 한정된 서재 개념을 버리고 '무상소(無常所: 일정한 정해진 장소가 없음)'의 서재를 표방하고 있다. 여헌은 무정주(無定住)의 정주(定住)를 추구한다. 여헌의 서재는 '무상소(無常所)'일 뿐만이 아니라, '비기유(非己有: 자기 소유가 아님)' 즉 무소유의 서재이기도 하다. 즉 여헌의 서재는 일정한 공간이 정해져 있는 것이 아닐 뿐만이 아니라, 또한 그의 소유도 아니다. 그러나 상소(常所)가 없기에 어디에 가나 서재가 있으며 그것이 곧 여헌의 서재가 될 수 있다. 그래서 항상 서재가 있다. 항상 서재가 있으나 어느 일정한 서재에 사로잡히지 않는다. 서재가 없으나 없음에 구애되지 않고, 있으나 그것에 구애되지 않음으로써 유(有)와 무(無) 사이에 존재한다. 그래서 여헌은 한곳에 붙어 있지 않고, 항상 이동하며 여행하지만 그럼에도 불구하고 반드시 서재가 있는 것이다.[1]

그러면 여헌의 서재는 구체적으로 어디에 있는가? "동쪽 이웃에도 있고, 서쪽 이웃에도 있고, 산의 남쪽에도 있고 물의 북쪽에도 있다. 혹은 천리 밖에 있기도 하고, 혹은 열 걸음 안에 있기도 하다. 호수나 바닷가에 있기도 하고, 혹은 계곡 근처에 있기도 하고, 깊은 산 계곡 속에 있기도 하다. 넓은 벌 머리에 있기도 하다."[2] 이처럼 여헌의 서재는 공간적으로 고정되지 않고 자유롭다. 그뿐만 아니라 꼭 검소한 것만은 아니니 높고 넓은 집이라도 편안히 여기고, 꼭 넓은 집이 아니라 소박한 띠 집이라도 또한 즐기며, 꽃과 대나무가 산언덕에 가득 차도 번잡하게 여기지 않으며, 전원에 잡초가 무성해도 더럽다고 여기지 않는다. 꼭 집만을 서재로 하지는 않고, 때로는 푸른 녹음 아래나 백운이 떠 있는 푸른 낭떠러지 위나 방초가 우거진 계곡변이나 맑은 바람이 부는 산가가 서재가 되기도 한다.[3] 즉 여헌에게 서재는 인공적 집만이 아니라 자연의 곳곳이 그대로 서재가 될 수 있다. 인공적 공간이건 자연적 공간이건 공간적으로 걸림이 없는 서재이다.

또한 그러한 서재들에 하루를 머무를 수도 있고, 며칠을 머무를 수도 있고, 몇 달을 머무를 수도 있고, 한 계절을 머무를 수도 있고, 일 년이나 몇 년을 머무를 수도 있다.[4] 즉 시간적으로도 일정한 제한을 두지 않고 자유롭다.

이처럼 여헌에게 서재란 공간적으로 일정하게 고정된 붙박이 서재가 아

1) 『旅軒集』 권7, 15-16면, 「旅軒說」 참조.
2) 『旅軒集』 권7, 16면, 「旅軒說」 참조.
3) 『旅軒集』 권7, 16면, 「旅軒說」 참조.
4) 『旅軒集』 권7, 16면, 「旅軒說」 참조.

니라, 자유로운 무정주의 서재로서 그것들이 합쳐서 이 몸의 서재가 된다. 그리고 서재에 머무르는 시간이 일정하지 않지만, 그것들이 쌓여서 일생의 서재가 되는 것이다. 여기서 말하는 서재는 단순히 책을 읽고 글을 쓰는 좁은 의미의 서재만을 뜻하는 것이 아니다. 서재는 다른 말로 하면 곧 스튜디오이고 작업장이다. 작업장이 고정된 것이 아니라, 가는 곳마다 작업장이 있고, 어디서나 작업할 수 있다는 것이다. 그리고 작업의 시간도 규칙적으로 고정된 것이 아니라 프로젝트의 내용에 따라 자유롭게 가변적이다. 장소적 고착을 거부하고, 시간적 통제를 부정하며 규제 없이 여행하는 자유로운 유목민적 사유를 장현광은 '여헌설' 에서 잘 보여주고 있다.

그러면 이러한 시 · 공적으로 자유로운 서재에서 여헌은 누구를 만나서 무엇을 하는 것일까?

서재에서 만나는 사람도 미리 고정된 것이 아니라 각계각층의 갖가지 유형의 사람이 망라된다. 마치 우리가 여행하면서 남녀노소를 막론하고 온갖 종류의 사람을 만날 수 있듯이 나그네로 여행하는 가운데 무정주(無定住)의 서재를 주창하는 여헌에게는 만나는 사람도 제한이 있을 수가 없다. 예컨대 옛것을 좋아하고 학문을 즐기는 선비일 수도 있고, 경서에 통하고 역사를 업으로 삼는 학자일 수도 있고, 음풍영월하는 호방한 시인일 수도 있고, 시골 농촌의 노인일 수도 있고, 기이한 취미를 가진 손님일 수도 있고, 용졸하고 미천한 사람일 수도 있다.[5] 이처럼 다양한 사람을 만나서 여헌은 무엇을 하는 것일까? 우리는 여행에서 다양한 사람을 만나서 다양한 주제로 대화를 나누지만, 대화가 전부는 아니다. 여행하면서 구상도 하고 창작도 하고, 궁리도 하고 놀기도 하고, 일하기도 한다. 그러면 여헌은 무정주의 서재에서 무엇을 하였을까?

---

5) 『旅軒集』 권7, 17면, 「旅軒說」 참조.

"여옹이 하는 일은 무엇일까? 도에 뜻을 같이하는 동지를 만나면 도와 의를 논하고, 후생을 만나면 학문을 권하고, 문인을 만나면 문장을 논하고, 시인을 만나면 시를 말하고, 농부가 오면 뽕과 삼에 대해서 말하고, 어부가 오면 고기와 자라에 대해 이야기하고, 혹 술을 권해 취해서 말이 없기도 하고, 혹은 촌옹을 만나 바둑을 두며 소일하기도 하고, 손님이 없으면 책을 펼쳐 읽는데 천고 옛적 성현의 마음을 보는듯하고, 무료하면 팔을 베개 삼아 한가하게 낮잠을 자기도 한다. 꿈에 덕이 지극한 시대에서 놀다가 잠을 깨어 문을 열고 바라보면 천지는 유유하고 솔개와 물고기는 활발하게 뛰어논다. 흥에 겨워 걷노라면 꽃을 찾아 버들을 따라 마음이 물과 더불어 봄을 함께한다. 흥이 극에 달하면 돌아온다. 내 서재는 스스로 고요하니 의관을 정돈하고 숙연하게 눈을 감으면 무극태극의 묘가 일용의 사이를 떠나지 않고, 무형과 유형이 두 가지 이치가 아니다. 선천 · 후천의 역(易)도 마음과 눈의 사이에 묵묵히 합치되고, 옛 성인과 후세의 성인이 본래 하나의 도를 같이한다. 이와 같이 하면서 하루를 보내고 일년을 보내니 이것이 여옹의 일이다."[6]

이처럼 여헌은 서재에서 도와 의를 논하는가 하면, 학문을 권하고, 문장과 시를 이야기하고 독서도 한다. 그뿐만 아니라 농부를 만나면 농사에 대해 어부가 오면 어업에 대해 논하는 등 생업에 대해서도 관심을 둔다. 때로는 술에 취하기도 하고 바둑을 즐기기도 하고 쉬기도 하고 자연과 하나 되어 놀기도 하는 등 다양한 활동을 그때그때 때에 맞추어 자유롭게 행한다.

정처 없이 다니는 나그네의 여행은 고달플 수밖에 없지 않은가? 장현광은 나그네의 여행을 낙으로 삼는 것은 아니나, 여행하면서 낙을 잃지 않는다고 하였다. 왜냐하면 군자는 어떤 환경을 만나도 편안히 여기므로 만나

6) 『旅軒集』 권7, 15-16면, 「旅軒說」 참조.

는 환경마다 모두 편안하고, 대인은 곤경에 처해도 형통하니 어떤 곤경에 처해도 그것을 형통하게 하기 때문이다.[7]

그러면 여헌의 여행은 이 땅 위에서 공간적 이동으로 끝나는가? 아니다. 이것은 작은 여행〔小旅〕에 불과하다. 천지의 관점에서 보면 천지 사이에 붙어사는 것으로서 여행하지 않는 것이 없다. 천지는 만물이 잠시 머물렀다가 지나가는 거대한 하나의 여관과 같은 것이다. 그리고 천지 사이에 존재하는 것은 어느 것이나 잠시 홀연히 왔다가 홀연히 지나가는 것일 뿐이다. 가는 것은 지나가고 오는 것은 계속 이어진다.[8] 다른 만물과 마찬가지로 사람도 천지 사이에서 잠시 왔다가 가는 일시적 존재이므로 삶 자체가 나그네의 여행과 크게 다를 바가 없다. 즉 옮겨 다니는 여행자만이 아니라, 천지의 관점에서 크게 보면 모든 인간은 그 자체로서 여행자의 신세라고 할 수 있다. 천지 사이의 인간과 만물만 여행하는 것이 아니다. 나아가 도(道)의 관점에서 바라보면 천지도 생성되었다가 소멸하는 존재이다. 따라서 지금의 천지도 언젠가는 지나가고 또 다른 천지가 다시 온다. 따라서 "천지도 도(道) 가운데 하나의 여행하는 나그네일 뿐이다."[9]

진정한 여행은 이 땅 위의 여행에서 그치는 것이 아니다. 여헌의 참 여행은 공간적으로 상하사방(上下四方)의 '우(宇)의 여행'과 시간적으로 고왕금래(古往今來)의 '주(宙)의 여행' 즉 우주여행이 참 여행이다.

"사람으로 태어나 남자가 된 것은 다행이다. 어찌 여염(閭閻) 사이에 한 구석

---

7) 『旅軒集』 권7, 18면, 「旅軒說」, "夫吾所謂樂者, 非以旅爲樂. 但能在旅而不失其樂耳. 君子隨遇而安, 則何遇而不可安. 大人處困而亨, 則何困而不可亨哉." 참조.

8) 『旅軒集』 권7, 19면, 「旅軒說」, "若以天地觀之, 凡寄生於天地間者, 孰非旅也. 惟天地萬物之逆旅也. 生于其間者, 忽爾而來, 忽爾而往. 往者過, 來者續. 曾未有一人與天地相終始焉, 則非旅而何?" 참조.

9) 『旅軒集』 권7, 21면, 「旅軒說」, "天地亦爲道中之一旅耳."

에 동면하는 벌레처럼 숨어 있고 박처럼 매달려 있어 한 마당에서 취생몽사하며 새와 짐승과 같이 무리 짓고 초목과 함께 썩어갈 수 있겠는가? 반드시 그 듣고 보는 이목을 원대하게 하고 마음을 광대하게 하고, 나의 마음과 정신이 상하사방의 우(宇)와 고왕금래의 주(宙)에 이르지 않음이 없도록 해야 한다. 이른바 방외(方外), 물외(物外), 형외(形外), 상외(象外)란 것도 내 마음의 영역이 아님이 없다. 그런 다음에야 크게 놀고〔大遊〕 크게 보아서〔大觀〕 남자의 지업(志業)을 등지지 않을 수 있다." [10]

우리는 눈과 귀로 보고 듣는 감각적 경험의 한계를 넘어 저 먼 아득한 우주의 끝까지 사유하고, 현재적 시간을 넘어서 저 아득한 우주적 시간의 장구함까지 사유가 미쳐야 한다. 천지간에 가장 뛰어난 영물인 인간이 감각적 지각이 미치는 범위 안에서만 여행하기를 그친다면 그것은 우주에서 인간이 차지하는 삼재(三才)의 하나로서의 위상을 스스로 저버리는 것이다. 현재의 천지를 넘어서 먼젓번 천지(天地)를 사유하고, 다음에 올 천지까지도 추리하고, 아득한 과거와 아득한 미래의 시간도 추리해 볼 수 있어야 한다.

그리고 우리가 여행에서 만나는 인물도 당대의 인물에 국한되어서는 안 된다. 역사의 시간을 건너서 위대한 시대의 위대한 인물 즉 성인을 만나서 그들과 대화할 수 있어야 한다. 그들과 인생과 세상의 깊은 뜻을 함께 고민할 수 있어야 한다. 그들과 진정으로 위대한 사업을 함께 고민할 수 있어야 한다. 이리하여 여헌의 여행은 우주적 공간과 시간으로 확대되며, 역사를 횡단하여 위대한 인물과 정신적으로 만나 대화하며 위대한 사업을 구상하고 실천할 수 있어야 한다.

---

10) 『旅軒集』 권8, 2면, 「臥遊堂說」.

여헌은 현재 머무는 시공의 한계를 넘어서 우주적 시간과 공간 속에서 자신과 인간의 의미를 생각했던 우주적 차원의 철학자였다. 그리고 늘 역사 속의 위대한 인물과 훌륭한 문화를 생각하며 위대한 내일을 상상하던 역사적 상상력의 철학자였다. 즉 그의 철학은 우주적 여행의 철학이고, 역사적 여행의 철학이었다. 우주적 여행에서 보면 천지도 하나의 물(物)에 불과하고, 인간을 포함하여 만물은 모두 좀 벌레와 크게 다르지 않은 미소한 존재이다. 천지 자체도 변화의 법칙의 예외가 아니다. 천지도 역시 도 가운데 하나의 여행하는 존재일 뿐이다. 인간과 만물만 여행하는 것이 아니고, 천지도 여행하는 존재이기는 마찬가지이다. 천지와 만물이 모두 여행하는 존재임을 자각할 때 인간은 자신의 한계를 깨닫고 소유의 집착을 벗어나 초탈의 경지를 누릴 수 있다. 그래서 천하의 만인을 형제처럼 여기고, 만물을 한 몸으로 여겨 두루 인(仁)을 베풀 수가 있다. "천하에 내 땅이 아님이 없고, 땅 위의 사람이 모두 나의 형제이다. 남자는 천하를 집으로 삼고, 만물을 몸으로 삼는다."[11]

여행하는 인간이라고 하여서 모든 것이 변화기만 하는 것은 아니다. 여행하는 인간일수록 마음은 흔들리지 않고 자기중심을 견지해야 한다. 물리적 · 감각적 중심만이 중심이 아니다. 중심은 밖에 있는 것이 아니다. 밖에서 중심을 구하면 끝내 중심을 얻을 수가 없다. 참된 중심은 마음의 중심이다. 우리 몸은 객에 불과하고, 우리 마음의 이(理)가 바로 참 중심이다. 따라서 반성해 돌이켜 보면 안으로 중심이 있다. 단지 사람이 자신을 살피지 않았을 따름이다. 화와 복, 영광과 굴욕은 밖에서 오는 것으로서 이는 객이지 주가 아니다. 우리 마음이 지키는 것이 주다.[12]

---

11) 『旅軒集』 권7, 19면, 「旅軒說」, "且天下莫非吾土, 落地皆我兄弟. 男子以天下爲家, 萬物爲身."

12) 『旅軒集』 권7, 21면, 「旅軒說」, "吾之形氣 是客也. 而此心之理, 卽主也. 禍福榮辱之自外

어디를 가도 이(理)가 없는 곳이 없다면 몸이 어디를 가도 편안할 수가 있다. 우리 마음의 초월성은 외부의 화(禍)와 복(福), 영광(榮光)과 굴욕(屈辱)이 침범할 수가 없다. 여헌에 따르면 만약 마음의 이(理)가 형기(形氣)에 의해 제압되어 형기가 몸의 주인이 된다면 화와 복, 영광과 굴복이 밖에서 와서 내 마음이 지키는 것을 흔들어 빼어가서, 내 마음이 천명을 순조로이 따르지 못하고, 한 몸이 중심을 상실하고 육체는 화와 복 영광과 굴욕이 머무는 객관(客館)으로 전락하게 된다. 반면에 비록 내 몸이 안정된 거처가 없다고 하더라도 내 마음을 주재하는 것이 이(理)라면, 몸은 비록 떠도는 여행자의 거소에 있다고 하더라도 그 즐거움은 매우 큰 것이다. 여헌에 따르면 이것이 바로 맹자가 "인(仁)은 사람의 안택(安宅)이다."라고 한 바로 그 안택이다. 안정된 서재 없이 끝없이 여행한다고 하더라도 마음만은 어질기에 여헌의 여옹(軒翁)은 안택(安宅)의 주인이라고 한다.[13]

맹자는 대장부는 천하의 넓은 집에 거한다고〔居天下之廣居〕 하였다. 여기서 넓은 집에 산다는 것은 어질게 사는 것을 의미한다. 어질게 사는 사람에게는 천하가 자기 집처럼 편안하게 느껴진다. 여헌이 서재로 삼는 집도 맹자가 말한 천하의 넓은 집과 다르지 않다. 우리가 마음을 어질게 갖는다면 천하의 어디를 가든지 편안할 수 있다. 반면에 마음이 어질지 않다면 설사 자기 집에 있어도 마음이 반드시 편안한 것은 아닐 것이다. 여헌은 우리 몸이 나그네 신세인가 아닌가 하는 문제보다도 우리 마음의 상태가 어떠한가가 더욱 근본적인 문제라고 인식하는 것이다.

외면적으로는 여행하는 인간이라고 하더라도 내면적으로는 이(理)에 의

至者, 是客也. 而吾心之所守者, 主也." 참조.

13) 『旅軒集』 권7, 21면, 「旅軒說」, "今余則一身雖失其所, 而主乎吾心者理也. 旅軒之樂, 莫不根此理而生也. 此所謂人之安宅也. 有吾安宅, 然後能樂吾旅軒. 如無安宅之樂, 旅軒豈得以樂吾心哉?" 참조.

해 스스로를 다스림으로써 정신적으로 확고한 중심을 가지고, 외부 사건에 감정이 흔들리지 않는 정신적 중심을 견지하여야 한다. 여행하는 나그네일수록 내적으로는 확고한 자기 주체성이 필요하다. 그것이 없을 때 여행하는 인간은 객기에 표류하는 속인으로 전락하기 쉽다. 오늘날 우리는 공간적으로 한 곳에 안주할 수 없고 끝없이 이동해야 하며, 또한 한 가지 직업을 평생 지닐 수가 없이 이것저것 새로운 일을 찾아서 살아가는 세계화·정보화의 시대에 살고 있다. 이러한 시대에 우리는 설사 외적으로는 늘 새로운 환경과 도전에 맞추어 적응하며 사는 것이 불가피하다고 하더라도 내적으로는 확고한 자기중심을 지녀야 한다. 그 중심의 기준이 바로 이(理)이다. 이처럼 여헌에게 이는 바로 자기중심을 확고하게 잡아주고 근거이고, 우주를 여행하는 중에 인간을 인간답게 해주는 근거로서 매우 중요한 의미를 지니고 있는 것이다.

또한 역사적 여행을 통해서 여헌은 현재의 인간 삶을 상대화하고 비판하면서 참된 자신의 모습을 반성한다. 역사적 여행은 현재적 삶이 소외된 삶임을 자각하게 해준다. 우리는 자신의 올바른 위상과 역할과 의미를 거대한 우주적 시공간의 틀, 장구한 역사적 문화적 배경 속에 바라볼 때 비로소 자신을 새롭게 자각하게 된다. 여기에 여행의 철학의 의미가 있는 것이다.

3. 경위설(經緯說)과 여행의 철학

여헌의 독특한 학설인 경위설(經緯說)은 여행의 철학과 어떠한 관계가 있을까? 여헌에 따르면 경위(經緯) 개념은 이기(理氣), 체용(體用), 본말(本末), 강목(綱目), 원류(源流)의 의미를 포함하고 있다.[14] 여헌의 사유에서 체(體)는 용(用)으로, 본(本)은 말(末)로, 강(綱)은 목(目)으로, 원(源)은 류

(流)로 전개된다. 또한 용(用)에는 체(體)가, 말(末)에는 본(本)이, 목(目)에는 강(綱)이, 류(流)에는 원(源)이 내포되어 있다. 그래서 양자의 관계가 서로 불가분의 관계이면서 동시에 경(經)이 위(緯)의 중심이 되어야 한다. 퇴계(退溪)는 이기(理氣)의 부잡성(不雜性)을 강조함으로써 이(理)의 주재성(主宰性)을 중시하는 입장을 취하였다면, 율곡(栗谷)은 이기(理氣)의 불상리(不相離)를 강조함으로써 이와 기의 서로 분리될 수 없는 묘합성(妙合性)을 강조하였다. 여헌은 퇴계와 율곡의 입장이 나름대로 일리가 있다고 인식하고, 어떻게 조화시키고 종합할 수 있을 것인가를 고민하였고, 그 결과로 제안한 것이 바로 경위설이라 할 수 있다. 경이 보편적 원리라면, 위는 구체적 현실이다. 따라서 경위설은 보편적인 원리와 구체적인 현실의 조화 즉 구체적 보편을 중시하는 논리이다.

여헌의 경위설을 여행의 철학과 관련 지어 해석해 보도록 하자. 날줄인 경(經)은 씨줄인 위(緯)를 만나서 짜여야 한다. 삶이 여행이라면 삶의 여행은 나의 주체라는 날줄(경)이, 세계라는 씨줄(위)을 만나서 직물을 짜는 것이다. 세계와의 만남은 곧 나와 다른 것 또는 차이와의 만남이다. 나와 다른 다양한 타자와 만나서 풍성한 삶의 직물을 짜나갈 수 있다. 여행이 없이 자기 속에 머무르기만 해서는 좋은 삶의 직물을 짤 수가 없다. 그것은 단조로울 뿐이다. 삶이란 예외적인 평탄함을 제외하면 무수히 다양한 상황과 부닥치게 된다. 새로운 환경은 인간 존재로서 피할 수 없는 운명인 동시에 우리의 능력을 새롭게 개발해주는 것이기도 하다. 그러나 새로운 조건에 처하였다고 해서 자기의 주체성과 자기 동일성을 망각하고 외부 조건의 흐름에 수동적으로 끌려다니는 것도 문제이다. 여헌은 유가 철학의 핵심이 바로 중용에 있다고 생각한다.[15] 중용에서는 시중(時中)을 중시한다. 유

14) 張顯光, 『旅軒先生全書』 下, 「性理說」 권5, 3면 참조.

교적 진리는 시대적 변화와 상황적 특수성에 맞추어 구현되어야 하는 것이다. 여헌 철학은 철학의 상호 대대적 범주를 개념적으로는 구분하면서도 다시 하나로 결합해 이해하는 '하나이면서 둘이고〔一而二〕' '둘이면서 하나〔二而一〕' 의 논리 구조를 취하고 있다. 여헌은 분석과 종합, 원리와 현상, 보편성과 특수성, 불변성과 가변성을 날카롭게 구분한다. 그러면서도 이것이 서로 유기적으로 잘 조화를 이루어, 원리가 현실화하고, 보편성이 구체화하고, 불변성이 변화 가운데 내재하는 경위합일의 경지를 중시하였다.

경위설의 입장에서 보면 우리는 삶의 여행이라는 변화〔緯〕 속에서 살고 있지만, 그 가운데서도 불변의 경(經)을 의식하고 그것에 자신의 사유와 행동을 맞추어서 살아야 한다. 경과 위가 떨어질 수 없는 것처럼 인간의 삶은 변화하는 현실과 불변의 규범이 서로 유리되어서는 안 된다. 사람으로서 지켜야 할 규범은 변화하는 현실의 장을 떠나서 존재하는 것이 아니고, 변화하는 현실의 장은 불변의 이념을 지향하지 않으면 세속적으로 퇴락하기 쉽기 때문이다.

4. 수분(守分)의 윤리학과 동진(同塵) 의식

인간의 삶을 나그네의 여행 과정에 비유한다면 여행하는 과정에서도 나그네로서 지켜야 할 윤리가 있다. 여헌이 특히 강조하는 것은 각자가 자기의 분수를 잘 지키는 수분(守分)의 윤리이다. 인간의 보편적 본질은 같다고 하더라도, 기질은 사람에 따라 차이가 있다. 여헌에 의하면 분(分)이란 품

15) 『旅軒集』 續集 권4, 61-62면, 「記夢」, "聖人之所大宅者, 乃中庸之道也. 是宅也, 乃自羲軒以來, 堯舜禹湯文武周公相傳之宅也. 世有聖人, 則宅其宅而居之. 世無聖人, 則是宅爲之無主矣." 참조.

부 받은 형기를 따라 도리에 일정한 한계가 있는 것이다.[16] 그런데 분(分)은 만물마다 각각 상이하게 정해져서 같지가 않다.[17] 크게 보면 천하 만물이 각기 종마다 고유한 분을 가지고 있다. 다른 한편 같은 종류의 사물이라고 하더라도 각기 기질과 처지에 따라 분이 같을 수는 없다고 인식한다. 이러한 분은 작게는 일동일정(一動一靜)과 응사접물(應事接物)에 모두 관계되며, 나아가 가정 · 지역 · 국가에도 관계되며, 더 크게는 우주와 무한한 시간과도 관계된다.[18] 그런데 인간이 마땅히 반드시 해야 하는 것은 '분내사(分內事)' 이고, 마땅히 반드시 하지 말아야 할 것은 '분외사(分外事)' 이다. 그러므로 분에는 마땅히 해야 하는 것〔'分內事'〕을 다하는 '진기분(盡其分)' 과 마땅히 해서 안 되는 것〔'分外事'〕을 하지 않는 '수기분(守其分)' 으로 나누어진다. '진기분(盡其分)' 이든 '수기분(守其分)' 이든 인간은 자기의 본분의 도리를 인식하고 실천해야 한다.

'진기분(盡其分)' 은 자기 안의 성명도덕(性命道德)을 닦는 것이고, '수기분(守其分)' 은 영리(榮利)와 공명(功名)의 욕망으로부터 자기를 지키는 것이다. 이 두 가지는 상호 보완적이다. 이 두 가지 가운데 어느 한쪽을 지키지 못해도 모두 도를 잃는 것이다. 그런데 '진기분' 을 못하는 것은 주로 유악(柔惡: 유약함에서 비롯되는 악)에 기인하고, '수기분' 을 못하는 것은 주로 강악(剛惡: 지나치게 강함에서 비롯되는 악)에 기인하다고 분석한다. '진기분' 은 주로 자기의 내면적 덕과 관계되고, '수기분' 은 주로 타인과 관계되는 공의(公義)이다. 자기의 덕을 스스로 손상하는 것은 다른 사람에게는 큰 피해를 주지 않으므로 화가 가벼울 수 있다. 그런데 공의를 범하면 사람들이 미워하지 않음이 없으므로 그 화가 무겁다. 그러므로 여헌은 '당

16) 『旅軒集』 권6, 27면, 「明分」, "分者, 隨其所稟之形氣, 而道理有界限也."
17) 『旅軒集』 권6, 30면, 「明分」, "分也者, 有物之各定, 而不能齊同焉."
18) 『旅軒集』 권6, 28면, 「明分」 참조.

수지분(當守之分)'을 반드시 먼저 지키고 그다음에야 '당진지분(當盡之分)'을 다할 수 있다고 하였다.[19]

사람이라면 누구나 지켜야 할 일반적인 분(分)도 있지만, 사람마다 자기의 처지에 따라 상대적으로 지켜야 할 고유한 분도 있다. 사람은 각자 태어난 지역이 있고, 처한 지위가 있고, 직으로 삼은 업이 있다. 여헌에 따르면 사람은 그가 사는 지역에 따라 그 지역을 편안히 여기고, 각자가 처한 지위에 따라 그 지위를 편안히 여기고, 자기의 능력에 따라 자기가 종사하는 직분에 최선을 다해야 한다. 이것 역시 분을 지키는 것이다.[20] 여헌은 사는 지역의 내외와 원근, 지위의 귀천과 존비가 사람에 따라 다르지만 그러한 현실의 차이 즉 분을 편안히 여기고 받아들여야 한다고 보았다.

> "안에 있는 사람은 안을 편안히 여기고, 밖에 있는 사람은 밖을 편안히 여기며, 가까이 있는 사람은 가까운 곳을 편안히 여기고, 멀리 사는 사람은 먼 곳을 편안히 여긴다. 크고 귀한 사람은 작고 천한 사람을 포용하고, 작고 천한 사람은 크고 귀한 사람을 공경한다. 존귀하고 높은 사람은 낮고 아래에 있는 사람을 아끼고, 낮고 아래에 있는 사람은 존귀하고 높은 사람을 섬긴다."[21]

여헌에 따르면 분을 지킬 때 그 마음이 곧고 그 몸이 편안하며 가정이 보존되니, 만복이 모두 그 가운데 있다고 한다. 반면에 그 분수를 지키지 않으면 마음이 어그러지고, 몸이 위태해지고, 가정이 무너지고, 온갖 재난이 닥치지 않음이 없다고 하였다. 그러므로 분을 지키면 반드시 길하고, 분

---

19) 『旅軒集』 권6, 36면, 「明分」 참조.

20) 『旅軒集』 권6, 31면, 「明分」, "隨其所地而安其地, 隨其所位而安其位, 隨其才德之所及者而盡其職, 則此非能守其分乎?" 참조.

21) 『旅軒集』 권6, 31면, 「明分」.

을 어기면 반드시 흉하다는 사실은 필연의 이치라고 인식한다.[22]

여헌에 의하면 각자가 어떤 지위와 처지에 있건 간에 분을 편안히 여기고, 각기 맡은 업무를 업으로 여기면, 편안하지 않은 곳이 없고 편안하지 않은 자리가 없다. 즐거움은 있되 근심이 없고, 경사는 있되 욕은 없다. 그러니 본분의 밖에 힘써서 위험을 무릅쓰고 멸망을 자초할 필요가 없다.[23] 여헌은 옛날이나 지금이나 사람들이 크고 작은 악을 저지르는 것은 모두 자기의 분을 알지 못하고 그분을 스스로 지키지 못하기 때문이 아님이 없다고 보았다.[24]

여헌에게 사람의 행복과 불행의 갈림길은 바로 분을 지키느냐 아니면 그것을 못 지키느냐에 달려 있다고 해도 과언이 아니다. 많은 경우 사람들은 더 많고 높은 부귀를 욕망하지만, 그것이 분수와 어긋날 때 더 큰 부귀는커녕 도리어 현재 가진 부귀마저 잃어버릴 수 있고, 심지어는 자신은 물론 그 가족과 후손에까지 재앙이 미칠 수 있다.[25] 분수를 지키기 위해서는 무엇보다 겸(謙)의 덕이 필요하다고 여헌은 강조한다. 가득 차기를 바라면 분수를 지키지 못하며 겸손할 때 분수를 지킬 수 있다고 한다.[26]

> "손해를 불러들이는 도는 항상 가득 참에 있고, 이익을 얻는 도는 항상 겸손에 있다. 겸손의 덕이 자기의 분수를 지키는 방법이 아니겠는가!"[27]

---

22) 『旅軒集』 권6, 31면, 「明分」, "不守其分者, 其心必悖, 其身必危, 其家必敗. 而千災百孽, 無不至矣. 然則守分必吉, 違分必凶, 必然之理也." 참조.

23) 『旅軒集』 권6, 32면, 「明分」 참조.

24) 『旅軒集』 권6, 32면, 「明分」, "余觀古今人大小爲惡者, 莫不由不知其分, 不能自守."

25) 『旅軒集』 권6, 32면, 「明分」 참조.

26) 『旅軒集』 권6, 33면, 「明分」, "欲盈則非守分也. 能謙則是守分也." 참조.

27) 『旅軒集』 권6, 33면, 「明分」, "招損之道, 常在於滿. 受益之道, 常在於謙, 謙之爲德. 非所以守其分者乎!"

여헌의 수분의 윤리학에 따르면 사람들은 구체적 삶에서 서로 다른 조건과 상황의 장에 놓여있는데, 그러한 조건과 상황의 현실적 한계를 수용하고 그것에 만족함으로써 행복을 얻을 수 있다고 본다. 우리는 삶의 여행 과정에서 천차만별의 다양한 상황을 만나게 된다. 그런데 수분의 윤리학은 어떠한 상황 속에서도 그 상황을 받아들이고 그 안에서 행복과 희망을 찾을 수 있는 길이 있음을 보여준다.

여헌의 수분의 윤리는 자신의 운명을 개탄하고 불평하기보다는 그것을 받아들이고 사랑하는 '운명애'의 윤리이다. 행복은 결코 미래의 희망이나 목표로 주어지는 것이 아니라, 바로 지금의 구체적 상황에서 주어진 일을 편안히 받아들이고 수행하는 데서 온다는 것을 말해준다. 수분의 윤리는 인생의 여정(旅程)에서 가져야 할 운명애의 윤리이고, 필연성을 달관하는 윤리이며, 겸손을 통해 행복을 추구하는 윤리이다.

여헌의 수분의 윤리학은 현대적 관점에서 볼 때 문제가 없는 것은 아니다. 여헌이 사람들이 현재 처해 있는 지위를 당연시하고, 그것의 변동 가능성에 대하여 소극적인 태도를 보이는 것은 현대적 관점에서는 받아들이기 어려울 수 있다. 현대 사회에서 사회적 지위는 자신의 노력으로 상승할 수도 있고 하강할 수도 있다. 그러나 조선조와 같은 전통 사회에서 사회적 지위를 바꾸는 것은 대단히 어려운 일이다. 이러한 까닭에 여헌은 사회적 지위도 일종의 분(分)으로 여겨서 그것을 편안히 받아들이고 그 안에서 행복을 찾을 것을 말하였다. 빈부와 귀천을 너무 정태적으로 생각하고, 자연 질서의 법칙을 무비판적으로 사회 신분에까지 유비적으로 적용하는 것은 문제가 될 수 있다. 그러나 현대 사회라고 하더라도 자신이 처해 있는 사회적 지위가 자신의 의지에 따라 손쉽게 변화될 수 있는 것만은 아니다. 그리고 현실적으로 계층 구조가 존재하는 사실을 부인하기는 어렵다. 여헌이 현재의 '분'을 편안하게 여기라고 하였지만, 변화를 중시하는 그가 '분'이

고정되어 있고 불변적이라고 여긴 것은 아니다. 다만 현재의 처한 분수를 잊고 지나친 탐욕을 부리다가 불행을 자초하는 비극을 경계하는 것이다.

여헌은 신분 질서를 받아들이기는 하지만, 사람을 대하는 데 있어서 가리거나 차별하지는 않는다고 하였다. 그래서 지혜롭고 어리석음, 현명함과 모자람, 귀하고 천함, 부유하고 가난한 사람을 그다지 따지지 않고 만남의 문을 열어 놓았다. 여헌은 부드러운〔和柔〕 안색을 하도록 힘쓰고, 강경(剛勁)한 모습을 없애려고 힘써서 비록 종이나 어린이나 어리석은 사람이라고 하더라도 화기 띤 얼굴로 접하고 온화한 말로 대하였다. 각양각색의 다양한 민중들과 어울리고 대화하면서 그것을 피하거나 부끄럽게 여기지 않았다. 민중들의 질문에 따라 대답을 할 뿐이지 시비를 다투지 않고, 말하는 바에 따라서 들을 뿐 감히 득실을 따지지 않았다.[28] 이처럼 세상의 속진을 피하지 않고 그것과 함께 어울리는 정신을 동진(同塵) 의식이라고 부를 수 있을 것이다. 여헌은 그가 살던 시대가 난세였던 만큼 동진 의식에 대해 매우 긍정적이다.

사람이 비록 세속의 풍속과 어울리며 산다고 하더라도 중요한 것은 마음이다. 외부의 풍속을 따르는 것은 단지 외형적 자취〔跡〕일 뿐이다. 가운데서 지키는 것은 마음이다. 변할 수 없는 것은 도이고, 변하는 것은 사(事)이다. 여헌은 마음으로 지키는 것이 중요하지 밖의 형적에 크게 개의할 필요는 없다고 생각한다. "변해서 안 되는 것을 변하지 않으면 되는 것이지, 변해도 되는 것을 변하는 것이 무슨 해가 되는가?"[29]

여헌에 의하면 도란 한결같이 높고 멀고 깊고 큰 것〔高遠深大〕만이 아니다. 비록 지극히 덕이 있는 사람이라고 하더라도 때로는 낮고 가깝고 얕고 작은〔卑近淺小〕 것을 행하는 것을 꺼리지 않는다.[30] 용(龍)처럼 크기도 하

28) 『旅軒集』 권8, 14면, 「同塵錄」 참조.

29) 『旅軒集』 권8, 15면, 「同塵錄」, "吾不變其不可變者而已. 又何害於變其可變者乎?"

고 작기도 하며, 굽히기도 하고 펴기도 하며 신축자재할 줄을 알아야 한다. 그 예로 여헌은 순(舜)임금과 공자를 든다. 순임금이 요임금에 의해 발탁되기 이전에는 뇌택(雷澤)에서 고기 잡는 어부 노릇도 하였고, 황하 가에서 질그릇을 굽는 도공 노릇도 하였고, 역산에서 밭을 갈기도 하였다. 이처럼 일반 서민들과 다를 바가 없이 비천한 생활을 하다가 순은 임금의 자리에 올랐다. 또한 공자와 같은 위대한 성인도 음란하기로 악명이 높은 위(衛) 영공(靈公)의 부인 남자(南子)도 만나보고, 양화(陽貨) 같은 불인(不仁)한 사람도 만났으며, 광(匡) 땅에서 절박한 위기를 겪기도 하고, 진(陳)나라에서 양식이 떨어지는 어려움도 겪었음을 예로 든다.[31] 이처럼 성인이라고 하더라도 반드시 고상하게만 사는 것이 아니고, 때로는 속인과 다를 바가 없이 어렵고 험한 시절을 겪고, 갖가지 고생도 하면서 이 세상과 함께 사는 존재임을 여헌은 강조한다.

여헌의 동진 의식은 지위와 계층을 초월하여 만인에게 열려있는 개방적 윤리 의식이다. 경직된 예학으로 무장한 고집스러운 선비들의 윤리에 비해 상대적으로 유연한 태도를 보여준다. 대쪽 같고 추상같은 날카로운 선비 정신도 때로는 필요하지만, 서민들의 어려움에 공감하고 그들과 함께하는 서민적 동진 의식도 중요하다. 우리는 삶이라는 여행에서 수많은 사건과 어려움을 겪을 수 있고, 온갖 다양한 사람들을 만나게 된다. 다양한 사건과 수많은 사람들에 대해서 여헌은 주역(周易)의 정신에 따라 신축굴신(伸縮屈伸)을 자유자재로 하면서 동진(同塵) 의식을 지니고 유연성 있게 대처할 것을 강조한다.

---

30) 『旅軒集』 권8, 15면, 「同塵錄」, "夫道豈可一向爲其高者遠者深者大者哉? 雖至德之人, 有時乎爲其卑近淺小者而不以嫌焉. 此其所以成其高遠深大之道者也." 참조.

31) 『旅軒集』 권8, 16-17면, 「同塵錄」 참조.

5. 맺음말

현대를 세계화 · 정보화 시대라고 한다. 우리는 정주(定住)에 대한 고정 관념과 집착을 버려야 한다. 새로운 기회를 찾아 지역과 국경을 넘어 새로운 공간으로 이동하는 것이 삶의 새로운 방식으로 정착할 가능성이 크다. 그리고 한 가지 일이 아니라 여러 가지 일을, 같은 일의 반복이 아니라 새롭고 다양한 일을 맡아야 할지 모른다. 이러한 시대 변화에 적응하기 위해서는 농경 시대 또는 산업 시대 정주의 철학만 가지고는 한계가 있다. 일정한 영역이라는 장소적으로 한정된 생활 공간에 집착하는 시대는 지나갔다. 이제는 공간적 · 시간적 한계와 업종의 제약을 벗어나 자유롭게 이동하고 새롭게 도전하면서 살아가야 하는 시대가 도래하고 있는 것이다.

장현광의 헌호인 '여헌(旅軒)' 은 요즘의 말로 하면 '이동 스튜디오' 와 의미가 유사하다. 장소적 한계를 초월하여 어디에 가나 머무는 곳이 곧 스튜디오이고, 또 그 스튜디오는 반드시 나의 소유일 필요는 없다. 그 스튜디오가 반드시 실내일 필요도 없다. 실내일 수도 있지만, 실외의 자연일 수도 있다. 스튜디오에서 만나는 사람은 특정 계층이나 특정 직업의 사람만이 아니다. 그리고 그러한 스튜디오에서 반드시 연구만 하는 것이 전부는 아니다. 때로는 연구하지만 담소하고, 때로는 유희를 즐기고 휴식을 취하기도 한다. 그런 가운데 아무에게도 간섭받지 않고 구애되지 않으며 참으로 내가 좋아하고 내가 하고 싶은 것을 스스로 하는 것이다. 자유로운 여건과 자발성이야말로 창조적 활동의 기본 조건이다. 자유로운 조건 속에서 자발적 동기를 가지고 일할 때 가장 창의적이고 가장 수준 높은 업적을 기대할 수 있을 것이다.

여헌의 여행 철학은 단순히 자유지상주의(libertarianism)만은 아니다. 자유롭게 다니며 발 닿는 곳을 스튜디오로 삼지만, 그러나 마음에는 일정한 중심이 있고, 흔들리지 않은 주체성이 있다. 즉 움직이고 이동하면서 외적으로는 변하지만, 그러나 그 내면에는 변치 않는 구심점이 있어야 한다. 불변의 이(理)를 품고 그것을 상황에 가장 알맞게 구현하여야 한다. 즉 시중(時中)의 도를 따라야 한다. 체(體)를 근거로 하여 용(用)으로 펼쳐져야 한다. 강(綱)을 핵으로 하여 목(目)으로 나아가야 한다. 원(源)을 기원으로 해서 지류로 흘러야 한다. 여헌의 여행의 철학은 다르게 말하면 이동(移動)하는 중심의 철학이고, 구체적(具體的) 보편(普遍)의 철학이다. 이동이 없는 중심은 고착되어 활력이 없는 죽은 중심이다. 중심이 없는 이동은 자기 정체성이 없는 표류이고 휩쓸림이다. 구체성이 없는 보편성은 현실성을 지니기가 어렵다. 보편성이 없는 구체성은 두루 통하기가 어렵다. 여헌의 철학과 윤리의 묘미는 변화와 불변, 이동과 중심, 특수성과 보편성, 현실성과 이상성을 경위의 논리로 묘하게 직물 짜기를 시도한 것에 있다고 할 것이다.

여헌의 여행 철학은 지상의 여행에 만족하지 않는다. 우리에게 우주적 시공의 여행을 사유하게 한다. '나' 라는 존재의 삶을 광대한 우주의 공간과 무한한 우주의 시간의 지평 위에서 생각해 보게 해준다. 이처럼 무한한 우주에서 인간으로 태어난 의미가 무엇이고, 그러한 의미를 구현하기 위해서는 무엇을 해야 하고 무엇을 해서는 안 되며 어떻게 살아야 하는지를 고민하게 한다. 우주적 존재로서의 인간은 그 값을 하기 위해서는 무엇을 어떻게 해야 할 것인가? 이 대목에서 여헌의 철학은 세계화 · 정보화 시대가 요구하는 유목민의 철학을 넘어서, 인류의 미래 시대가 요구하는 더 큰 이상을 생각해 보게 한다. 심각한 환경 문제의 근본적 해결을 위해서는 우주적 지평과 생태적 지평, 거시적 역사의 안목 속에서 인간의 존재를 새롭게 문제 삼지 않으면 안 될 것이다.

정착적 생활 방식과 정주(定住)의 철학이 소유주의(所有主義)와 이기주의(利己主義)를 가져왔다. 소유주의를 넘어 함께 나누는 문화를 이루고, 이기주의를 넘어서 공생의 네트워크 문화를 지향하기 위해서는 인간의 자기 정체성을 유목민적 관점에서 재조명하는 것이 필요하다. 이 점에서 여헌 장현광의 여행 철학과 수분의 윤리는 우리가 삶의 터전을 어떻게 유연하게 생각하여야 하며, 또한 역동적으로 변화하는 가운데 인간으로서 지켜야 할 불변적 규범과 이상이 무엇인지를 새롭게 성찰해보게 한다. 오늘날 우리는 너무나 빠른 변화의 속도 앞에서 변화 그 자체가 전부인 것처럼 생각하기 쉬운 시대에 살고 있다. 변화하는 가운데도 인간으로서 지켜야 할 불변적 가치와 규범에 대해서는 깊이 생각하고 고민하는 경우가 드물다.

여헌 장현광은 이동과 변화 속에서도 고수해야 할 불변의 가치와 이념을 고민하고, 그것을 변화하는 현실의 문제와 접목해 사유하고자 하였다. 그리고 도덕적 의무만을 무조건 강조하는데 그치지 않고, 시간적 공간적으로 변화하는 현실의 어려움 속에서 어떻게 즐겁게 살고 행복하게 살 수 있을 것인가에 대해 고민하고 나름의 답변을 제시하였다. 자신이 처한 현실의 운명 또는 분수를 분명히 인식하여 그것을 겸허히 수용하고, 운명(또는 분수)의 현실 속에서 자신의 도리를 다하는 데서 참된 행복과 즐거움이 있다고 여헌은 생각하였다. 여헌은 전란으로 비참하고 혼란스러운 시대를 살았다. 어렵고 고통스러운 시대를 살았지만, 그의 철학은 어둡지 않다. 현실의 가혹한 어려움 가운데서도 고난을 행복으로 전화시키려는 초월적 의지가 엿보인다. 현대 사회 역시 미래 전망이 그렇게 밝지만은 않다. 낙관주의자도 있지만, 세계의 미래에 대해 밝지 않은 전망을 하는 전문가들도 많다. 여헌이 살던 시대와 우리 시대는 사회 경제적 구조가 크게 다르다. 그럼에도 불구하고 여헌의 여행 철학과 수분의 윤리학은 불투명한 지구촌의 미래를 항해하는 데 있어서 지혜로운 지침을 시사하고 있다.

4부

율곡학파의 전개와 조선 후기 최대의 철학 논쟁

호락논변

수암 권상하(權尙夏)(1641년~1721년): 자는 치도(致道), 호는 수암(遂菴) · 한수재(寒水齋). 집의 권격의 아들로서 1641년 한양에서 태어났다. 송시열의 문인으로서 이이 · 송시열로 이어지는 율곡학파 또는 기호학파의 적통을 계승하였다. 20세에 진사가 되어 성균관에서 수학하였다. 22세에 우암 송시열을, 25세에는 동춘당 송준길을 배알하고 가르침을 받았다. 1689년 기사환국으로 남인이 권력을 잡고 송시열이 제주도에 유배 갔다가 압송되어 오는 중에 정읍에서 사약을 받게 되자 스승의 임종을 지키고 유품을 가지고 돌아왔다. 수암은 정치에 직접 나서지 않고 제천의 황강에 머물면서 한수재에서 많은 제자를 양성하였다. 수암의 문하에는 강문팔학사로 불리는 뛰어난 제자들이 있어서 이들 사이에 활발한 철학적 논쟁이 있었다. 이것이 호락논변의 발단이 되었다. 숙종이 이조판서, 좌찬성, 우의정, 좌의정 등 높은 벼슬을 내렸지만, 산림에 처하고 벼슬길에 나아가지 않았다. 그 대신 화양동에 만동묘를 세우는 등 스승 우암의 유지를 받드는 일에 힘썼다. 시호는 문순(文純). 저술로는 『한수재집』이 있고, 한원진, 이간, 윤봉구, 채지홍, 이이근, 현상벽, 최징후, 성만징 등 강문팔학사를 비롯한 많은 제자를 배출하였다.

제8장

조선의 최고 철학 논객을 길러낸 학자, 수암 권상하

수암 권상하의 황강학파와 그 사상

1. 들어가는 말

우암 송시열의 학맥을 계승한 수암(遂菴) 권상하(權尙夏, 1641~1721)의 문하에는 당대의 내로라하는 학자들이 모여들어 황강학파를 이루었다. 호서(湖西) 제천 청풍의 황강(黃江) 주위에 터를 잡고 후학을 양성한 수암은 당시 조선 후기의 대표적 학맥 하나를 이끌면서 독특한 학문적 업적과 정치적 영향력을 행사하였다. 수암의 황강학파는 우암의 또 다른 제자인 농암 김창협 학파와 일정한 경쟁 관계를 유지하면서 각각 나름의 고유한 학풍을 발전시켜 나갔다. 그래서 호학(湖學)과 낙학(洛學)의 전통을 확립하게 된다. 황강학파는 우암의 유지를 받들어 만동묘를 건립함으로써 춘추대의의 정신을 계승하는 한편, 『정서분류』와 『주자언론동이고』와 같은 성리학의 체계화 사업에 큰 성과를 남겼다. 그뿐만 아니라 황강학파 내부에서 전개된 치열한 철학적 담론은 황강학파는 물론이고 기호학파 전체에 커다란 논쟁을 불러일으켜 퇴계 이황과 고봉 기대승의 사단칠정논변(四端七情論辨) 이상의 중요한 학문적 논변을 발전시켰고, 이를 통해 조선 성리학의 수준을 한 단계 높이는 기여를 하였다. 인물성동이론(人物性同異論) 또는 호락논변(湖洛論辨)은 황강학파라는 학파적 배경을 통해서 가능하였으며, 따라서 황강학파에 대한 체계적 연구가 선행되어야 한다. 그러나 이제까지는 호락논변이 외암 이간과 남당 한원진 두 인물에게 초점이 맞추어져 주로 연구되었고, 또한 그들의 스승인 수암 권상하에 관한 연구는 거의 드문 실정이다.

우리는 이 글에서 황강학파를 탄생시킨 수암 권상하의 생애와 학통을 살펴보고, 황강학파의 대표적 학자인 이른바 '강문팔학사'에 대해서 고찰한 다음, 황강학파의 독특한 학풍과 학문적 업적을 검토한다. 그리고 수암의 철학에 대해서 인물성론(人物性論)과 미발론(未發論)을 중심으로 살펴보고, 이어서 남당 한원진과 외암 이간 사이의 미발논쟁과 그 의미에 대해 성찰해 보기로 한다.

2. 황강학파의 창시자 수암 권상하의 생애와 학통

권상하(權尙夏)의 자는 치도(致道), 호는 수암(遂菴) 또는 한수재(寒水齋)이고 시호는 문순(文純)이며 본관은 안동 권씨이다. 증조 주(霔)는 찰방을 지냈고 이조판서에 추증되었으며, 조부 성원(聖源)은 부사를 지냈고 좌찬성에 추증되었으며, 부 격(格)은 집의를 지냈고 영의정에 추증되었다. 특히 부친은 효종과 현종 때 간관으로서 직언한 것으로 널리 알려졌다. 수암은 인조 19년(1641) 5월 8일에 한성에서 태어났다. 수암은 어려서부터 매우 총명하여 조부의 품에서 조부가 입으로 전해준 『시전(詩傳)』을 암송하여 시전 전질을 모두 구전으로 배웠다고 한다. 그가 18세에 영주의 제민루(濟民樓)에서 지은 "큰 소리로 태공법을 읽고, 길게 양보음을 읊었네. 내 나이 아직 팔십이 못 되었으니, 무엇 때문에 눈물로 옷깃을 적시리."[1]라는 시에서 우리는 소년 권상하의 큰 뜻을 엿볼 수가 있다. 22세(1662년) 때 우암 송시열 선생을 제천에서 배알하였고, 25세(1665년)에는 동춘당 송준길 선생을 배알하였다. 의정공이 돌아가자 상복을 벗고는 34세(1674년)부터는 우암에게로 가서 정식으로 문인이 되어 가르침을 받았다. 1675년에 우암이 북쪽으로 귀양을 가자 여러 문인들과 함께 상소하여 변호하고서 가족을 이끌고 청풍의 황강(黃江)에 정착하였다. 그리고 거실을 수암(遂菴)이라 이름하고, 또 한수재(寒水齋)라는 편액을 걸었다.

수암이라는 말은 설선(薛瑄)의 독서록에 "내 마음이 진실로 학에 뜻을 두면 하늘이 내 소원을 이루어준다."는 구절에서 뜻을 취한 것이다. 그리고 한수재는 주자의 시에서 "가을 달이 차가운 물에 비춘다.(秋月照寒水)"라는 구절에서 따온 것으로서 도통의 전승을 상징하는 의미가 담겨 있다. 기사년(1689년)에 우암이 귀양 가는 도중에 소중하게 간직하던 서적을 수암에게 전수하고, 주자대전차의(朱子大全箚疑)의 속성(續成)을 부탁하였다. 그리고 우암이 임종에 미쳐서는 수암의 손을 잡고서 다음과 같이 말하였다.

> "내가 일찍이 아침에 도를 듣고 저녁에 죽기로 기약했더니 지금 끝내 들음도 없이 죽게 되었다. 앞으로의 일은 오직 치도(致道)만을 믿을 뿐이다. 학문은 마땅히 주자를 종주로 삼고, 사업은 마땅히 효묘(孝廟)의 대의를 종주로 삼으라."[2]

1) 원문은 다음과 같다. "大讀太公法, 長吟梁甫吟. 吾年未八十, 何事淚霑襟."
2) 권상하, 『국역 한수재집 V』, 민족문화추진회, 1991, 134면.

우암 사후 수암은 우암의 유지를 받들어 화양동에 만동묘를 세우고, 주자학의 전통을 유지 발전시키기 위해서 학문 연구와 교육에 전념하였다. 숙종이 이조판서 · 좌찬성 · 우의정 · 좌의정 등의 관직에 임명하였음에도 불구하고 출사하지 않고 산림(山林)을 지켰다. 수암은 소싯적에 유계(兪棨, 1607~1664), 송준길(宋浚吉, 1606~1672) 등에게 배운 적이 있으나, 중년 이후에는 우암을 스승으로 섬겨서 그로부터 학통을 전수받았다. 수암의 학맥은 주자-율곡-사계-우암을 잇는 율곡학맥의 정통을 계승하였다고 할 수 있다.

3. 황강학파의 강문팔학사

수암은 자신이 주자-율곡-우암으로 이어지는 주자학의 정통을 계승하고 있는 적전(嫡傳)이라는 자부심이 있었고, 따라서 수암은 도통의 전승자로서 남다른 책임감을 느꼈다고 할 수 있다. 이러한 책임감이 그에게 일생 주자학 문헌에 대한 연구 분석, 그리고 주자의 철학을 해석하는 작업, 그리고 주자의 이념을 개인적으로 그리고 사회 · 국가적으로 실천하는 문제에 헌신하게 하였다. 이러한 그의 문제의식은 제자들에게도 그대로 이어졌다고 볼 수 있다. 그의 제자 가운데는 한원진(韓元震, 1682~1751)과 이간(李柬, 1677~1727)이 가장 걸출하다고 하겠으나, 그중에서도 한원진이 수암의 학맥을 전승했다고 볼 수 있다. 수암 문하에서 이른바 '강문팔학사(江門八學士)' 가 누구냐 하는 문제에는 이설이 분분하다.[3] 그중에 윤봉구의 제자

3) 강문팔학사에 대한 이설의 자세한 검토는 전인식, 「이간과 한원진의 미발 · 오상 논변 연구」(한국정신문화연구원 한국학대학원 박사학위 논문, 1999), 19-22면. 그리고 권오영, 「18세기 湖洛論辨의 爭點과 그 性格」(『朝鮮時代의 社會와 思想』, 조선사회연구회,

였던 김규오와 안정구가 편찬한 「병계선생행장부(屛溪先生行狀附)」에 수록된 「조야집요(朝野輯要)」에는 윤봉구 · 한원진 · 이간 · 이이근 · 현상벽 · 채지홍 · 한홍조 · 성만징이 강문팔학사로 거론되고 있다. 그리고 한양서원에서 편찬한 『전고대방(典考大方)』에는 한원진 · 이간 · 채지홍 · 이이근 · 현상벽 · 윤혼 · 최징후 · 우세일이 강문팔학사로 지칭되고 있다. 또한 장지연의 『조선유교연원』에서는 한원진 · 이간 · 윤봉구 · 채지홍 · 현상벽 · 성만징 · 최징후 · 이이근을 꼽고 있다. 그리고 경우에 따라서는 '강문팔학사'가 아니라 '강문팔현' 또는 '호중팔학사' 또는 '황강십학사' 등으로 지칭하는 경우도 있었다.[4] 하여간 무엇이라고 지칭하든 간에 수암의 문하생 가운데서 성만징 · 신유 · 이이근 · 한원진 · 윤봉구 · 채지홍 · 최징후 · 이간 · 윤혼 · 현상벽 · 한홍조 등의 제자들이 특히 뛰어났다고 할 수 있다.[5]

수암의 문하생에 대한 인물평을 살펴보면, 이간은 '뛰어나고 걸출〔擧魁傑出〕'하고, 윤혼은 '관대하고 여유롭고 온화〔寬裕溫雅〕'하며, 최징후는 '정성되고 신실〔精悉誠信〕'하고, 현상벽은 '단정하고 독실〔端莊篤實〕'하며(이상 한홍조의 평), 한홍조는 '영민하고 정직〔明敏直諒〕'(한원진의 평)하고, 한원진은 '달통하고 영민하며 총명〔通敏穎悟〕'하다고 하였다.[6] 이들은 '호학(湖學)'으로 불렸으며 바다로, 절로, 산으로 서로 더불어 놀았다. 각자는 스스로 자득한 것으로서 자리를 같이하여 의리를 강구하기도

1998), 493-494면 참조.

4) 권오영, 「18세기 湖洛論辨의 爭點과 그 性格」(『朝鮮時代의 社會와 思想』, 조선사회연구회, 1998), 493-494면 참조.

5) 참고로 수암 선생이 팔학사로 알려진 사람들에게 보낸 서한 가운데 『한수재집』에 실린 것을 기준으로 그 편수를 살펴보면 다음과 같다. 성만징: 22통, 이이근: 10통, 한원진: 12통, 윤봉구: 12통, 채지홍: 8통, 최징후: 11통, 이간: 13통, 윤혼: 2통, 현상벽: 3통, 한홍조: 5통, 우세일: 1통.(이상은 · 권상하, 『한수재선생문집』 권11-권15 참조.)

6) 채지홍, 『鳳巖集』 권12, 「鐵溪講學記」 참조.

하고, 혹 서한으로 어려운 문제를 토론하기도 하는 자유로운 분위기였다.[7)]

수암 권상하 자신은 주요한 제자들에 대해 다음과 같이 평가하였다.

"성만징 군이 찾아와 반 달 동안 머물러 있다가 며칠 전에 돌아갔는데, 이 벗은 덕성에 관한 공부가 독실하여 그와 서로 대할 때에 매우 유익함을 느꼈습니다. 또 한원진이란 자가 찾아와 함께 지내고 있는데, 나이는 겨우 스무 살이지만 학식이 정밀하고 해박하여 우리 유가의 사업에 마음을 쏟아 매우 가망이 있습니다. 후생 가운데에 이러한 사람들을 얻었으니 기쁜 일입니다."[8)]

"온양의 이간 · 윤혼, 청주의 채지홍, 예산의 한홍조는 모두 독실히 배우고 힘써 행하는 선비로서 식견과 지조가 같은 나이 또래의 젊은이들보다 월등하니, 후생이 적막하지 않다고 말할 만하네. 채지홍의 정밀하고 통명함과 이간의 준엄함과 윤혼의 혼후함은 중책을 맡길 만하다고 말하더라도 지나친 말이 아닐 듯하며 한홍조 또한 총명하고 민첩하여 예사로운 사람이 아니네."[9)]

『조선유현연원도(朝鮮儒賢淵源圖)』에 의하면 수암 문하에는 104명이 문하생으로 기록되어 있다. 이를 통해 우리는 수암의 황강학파의 성대한 모습을 충분히 짐작할 수 있다. 그중 적전은 역시 남당 한원진이라고 할 수 있다. 남당의 문하에도 뛰어난 제자들이 많았다. 그중 운평 송능상(1709~1758)은 다시 성담 송환기(1728~1807)로 이어졌다. 다음에서 우리는 강문팔학사의 대표적 인물들의 행적과 업적에 대해 간략히 고찰해 본다.[10)]

---

7) 윤봉구, 『屛溪集』 권59, 15면, 「南塘韓公元震行狀」 참조.
8) 권상하, 『국역 한수재집 I』, 민족문화추진회, 281-282면.
9) 권상하, 『국역 한수재집 I』, 민족문화추진회, 296면.

1) 남당 한원진

한원진(1682~1751)은 본관은 청주이며, 자는 덕소(德昭), 호는 남당(南塘)이다. 세종 때 영의정을 지낸 상경(尙敬)의 후손이다. 8세에 공부를 시작하였는데 처음에는 문장 파악이 매우 느렸으나 수년을 지나서는 한번 본 문장은 곧바로 암기하는 능력이 뛰어나 경전에 대해 매우 박식하였다.

1717년(숙종 43년)에 학행으로 천거 받아 영릉참봉이 되었고, 1721년(경종 1년)에 부수(副率)에 임명되었으나 신임사화로 노론이 실각하자 사직하였다. 영조 1년에는 경연관으로 선발되어 영조에게 학문을 진강하여 인정을 받았으나 소론을 배척하다가 탕평책에 어긋난다고 하여 삭직되었다. 그 뒤 다시 복직하여 장령 · 집의에 임명되었으나 사퇴하였다.

수암 사후 스승을 계승하여 황강학파를 이끌었으며, 주자학의 사상적 정통성을 지키기 위해 이단에 대해 비판하는 저술을 남기는가 하면 1741년에 『주자언론동이고』를 완성하였다. 『경의기문록』을 지었으며, 『남당집』 38권이 전한다. 그의 제자 가운데는 김한록, 송능상 등이 있다. 그는 사람과 금수 사이에 분별이 없는 것, 유교와 불교 사이에 분별이 없는 것, 중화와 이적 사이에 분별이 없는 것을 경계하여 제자들에게 다음과 같이 강조하였다.

"사람과 동물의 본성에 대해서 같이 오상을 갖추고 있다고 하면 이는 사람과 동물 사이에 분별이 없는 학설이다. 심이 선하다고 주장하는 것은 부처의 본심과 같으니 이는 유교와 불교 사이에 분별이 없는 학설이다. 허형

---

10) 강문팔학사의 생애에 대한 자료는 한국정신문화연구원에서 2002년에 간행한『디지털 한국민족문화대백과사전』에서 일부 참조하였음.

을 존중하여 성문(聖門)의 진유(眞儒)로 여기는 것은 이는 중화와 이적 사이에 분별이 없는 학설이다. 이것이 평생의 정론이다."[11]

한원진은 조선 유학사에서 성리학 분야의 저술을 가장 많이 남긴 학자 중의 하나이다. 윤봉구가 정리한 남당의 저술 목록에는 『경의기문록(經義記聞錄)』, 『주서동이고(朱書同異考)』, 『퇴계집소석(退溪集疏釋)』, 『의례보(儀禮補)』, 『장자변해(莊子辨解)』, 『선학통변(禪學通辨)』, 『양명집변(陽明集辨)』, 『거관록(居觀錄)』, 『한씨부훈서(韓氏婦訓書)』, 『가례소의첨론(家禮疏義簽論)』, 『가례원류의록(家禮源流疑錄)』, 『근사록주설(近思錄註說)』, 『이락연원록(伊洛淵源錄)』, 『심경부주차기(心經附註箚記)』, 『춘추별전고사편람(春秋別傳古事便覽)』, 『시문집(詩文集)』 30권 등이 포함되어 있다.[12]

2) 외암 이간

이간(1677~1727)은 본관은 예안이며, 자는 공거(公擧), 호는 외암(巍巖)·추월헌(秋月軒), 시호는 문정(文正)이다. 1710년(숙종 36년) 순무사 이만성에 의하여 장릉참봉으로 천거되었으나 취임하지 않았다. 6년 뒤에 다시 세자시강원자의로 천거되었다. 1717년 종부시정을 제수받고, 1725(영조 1년) 회덕현감·경연관을 거쳐 충청도도사 겸 해운관·익위사익위를 제수받았으나 모두 사양하였다.

외암은 한원진에게 맞서 미발과 인물성 문제에 대해 자신의 논리를 계발하고 발전시켰다. 나중에는 한원진의 논리를 지지하는 수암 선생에 대

11) 윤봉구, 『屛溪集』 권59, 25면.

12) 윤봉구, 『屛溪集』 권59, 24면 참조.

하여도 자신의 학문적 소신을 굽히지 않고 자기 학설을 견지하였다. 황강 학파 내에서 외암의 학설에 대한 지지자는 상대적으로 적은 편이었고, 오히려 낙하(洛下)에서 동조하는 사람들이 많았다.

1777년(정조 1년)에 이조참판 · 성균관좨주를 추증하였고, 순조 때에 이조판서를 증직하였다. 온양의 외암서원(巍巖書院)에 제향되었다. 이간의 『외암유고』에는 「천지변후설(天地辨後說)」, 「이통기국변(理通氣局辨)」, 「미발유선악변(未發有善惡辨)」, 「미발변(未發辨)」, 「오상변(五常辨)」, 「미발변후설(未發辨後說)」, 「사설(師說)」 등의 논설이 전한다.

3) 병계 윤봉구

윤봉구(1683~1768)의 자는 서응(瑞膺), 호는 병계(屛溪) 또는 구암(久庵), 본관은 파평 윤씨, 시호는 문헌(文獻)이다. 조부가 호조참판 비경이고, 우참찬 봉오의 형이다. 1714년(숙종 40년) 진사가 되고, 유일(遺逸)로 천거되어 1725년 (영조 1년) 청도군수가 되었다. 1733년 사헌부지평, 이듬해 장령이 되었고, 1739년 집의에 이르렀다. 1760년 대사헌에 특별 임명되었으며, 1763년 지돈령에 이어 공조판서가 되었다.

호락논쟁에서 남당과 같이 호론을 지지하여 낙론 학자들과 대립하며 논쟁을 벌였다. 윤병구의 『병계집』은 총 60권으로 구성된 매우 방대한 저작으로 여기에는 「심성정합인심도심도설(心性情合人心道心圖說)」, 「심설후편(心說後篇)」, 「금수초목지성불가이인의예지명설(禽獸草木之性不可以仁義禮智名說)」, 「미발시기질미악변(未發時氣質美惡辨)」, 「오상설(五常說)」 등의 사상적 논설이 전한다.

4) 봉암 채지홍

채지홍(1683~1741)은 자는 군범(君範), 호는 봉암(鳳巖)·삼환재(三患齋) 등이고, 본관은 인천이고, 아버지는 첨지중추부사 영용이었다. 어려서부터 재주가 남달리 뛰어나 말을 배우기 시작하자마자 글자를 가르치면 이를 해득했다고 한다. 16세에 수암 선생의 문하에 입문하여 수학하였으며 한원진·윤봉구·이간·윤혼 등과 친교를 맺고 학문을 강론하였다.

1721년(경종 1년) 시강원자의(侍講院諮議)에 제수되었으나 취임하지 않았고, 1725년(영조 1년)에 노론이 다시 집권하자 세자익위사부수(世子翊衛司副率)에 임명되었으나 취임하지 않았고, 경연관에도 임명되었으나 얼마 있다가 사퇴하였다. 이인좌의 난 때에는 고을 선비들과 함께 의병을 모집하던 중 난이 평정되었다는 소식을 듣고 중지하였다. 1740년 형조좌랑에 임명되고, 익위사사어를 거쳐 공홍도도사에 취임했다가 사퇴하고 귀향하여 그 이듬해 죽었다. 호락논쟁에서 남당과 함께 호론의 입장에 섰다.

채지홍은 경학·예학은 물론이고 역사·천문·지리·상수 등에도 밝았다. 저서로는 『봉암집(鳳巖集)』등이 있다. 『봉암집』에는 「본연기질변(本然氣質辨)」, 「물물각구오상변(物物各具五常辨)」, 「충막무짐변(冲漠無朕辨)」, 「사단변(四端辨)」, 「오성각재오장설변(五性各在五臟說辨)」, 「산중강설변(山中講說辨)」, 「지각지지용변(知覺智之用辨)」, 「지각체용변(知覺體用辨)」 등의 논문이 있고, 그 밖에도 역학을 12개의 그림으로 체계화하여 설명한 『역학십이도(易學十二圖)』, 그리고 성리학의 주요 내용을 48개의 개념으로 분류하여 체계화한 『독학전보총변(讀學塡補總辨』가 『봉암집』에 실려 있다.

5) 그 외의 강문팔학사

가) 이이근(1668~1730)은 자는 가구(可久), 호는 화암(華巖)이며, 효령대군 보(補)의 10대손이다. 1706년 학문이 뛰어나다는 명목으로 영의정 최석정의 천거를 받은 바 있으며, 1717년에는 수암 선생의 천거로 세자시강원 자의(世子侍講院諮議)에 제수되었으나 나아가지 않았다. 그 뒤로도 산림으로서 중망이 있어 누차 왕의 부름을 받았으나 끝내 관직에 나아가지 않고 학문과 교육에 힘썼다.

나) 윤혼(1676~1725)은 자는 회이(晦爾)이고, 호는 천서(泉西), 본관은 파평이고, 관찰사 희길(希吉)의 5대손이다. 어려서부터 총명하여 열 살에 이미 경사(經史)를 두루 섭렵하였고, 1707년(숙종 33)에 수암 선생의 문하에 입문하였다. 1709년 수암 선생을 따라 화양동에 들어가 만동묘 건립에 참여하였다. 1714년 사마시에 합격하였으며, 1719년에 별시문과에 을과로 급제하여 문한관을 거쳐 정언 · 지평에 이르렀다.

다) 현상벽은 자는 언명(彥明)이고 호는 관봉(冠峯)이며 본관은 성주이다. 영조 때 유일로 천거되어 장릉참봉 · 익위사세마(翊衛司洗馬)를 지냈다. 시재(詩才)가 뛰어났으며 예론에도 정통하였다. 호락논변에서는 이간과 함께 낙론의 입장을 대변하였다. 수암 선생과 오상에 대해서 논의한 것을 기록한 「황강주중설(黃江舟中說)」이 『관봉유고(冠峯遺稿)』에 전한다. 그 외에도 「오상변(五常辨)」, 「심여기질변(心與氣質辨)」, 「심여기질동이문답(心與氣質同異問答)」, 「누암문답(樓巖問答)」, 「사천문답(沙川問答)」, 「건동문답(乾洞問答)」과 수암 선생께 올린 7통의 편지가 『관봉유고』에 실려 있다.

라) 성만징(1659~1711)은 자는 달경(達卿), 호는 추담(秋潭)·환성당(喚醒堂)이고 본관은 창녕이며, 상주에서 태어나 문경에서 살았다. 1703년(숙종 29년)에 학행으로 천거되어 내시교관(內侍敎官)과 왕자사부(王子師傅)가 제수되었으나 출사하지 않았다. 1704년 만동묘의 향사에 대해 말썽이 일어나자 「만동사시비변(萬東祠是非辨)」을 지어 우암의 입장을 옹호하였다. 존왕양이의 친명배청 사상이 강했으며 호락논변에서는 낙론에 근접한 입장을 보여주었다. 문경의 한천사(寒泉祠)에 봉향되었으며 『추담문집』 3권이 전한다.

4. 황강학파의 학풍과 학문적 업적

1) 황강학파 학풍의 특징

가) 직(直)의 정신

학자가 한마디 말을 얻어서 종신토록 행할 것은 '곧을' 직(直)자(字)라고 수암은 말한다. 이것은 우암이 세상을 떠나기 전에 마지막으로 수암에게 남긴 유지로서 우암 사상의 핵심이기도 하다. 주자도 세상을 떠나기 수일 전에 제자들에게 이르기를 "성인이 만사에 응하고 천지가 만물을 낳음에 있어서 직(直)일 뿐이다."고 하였다. 직의 사상을 경전에서 찾아보면 『주역』 곤괘(坤卦) 문언(文言)에 "경으로 안을 곧게 하고 의로 밖을 바르게 한다(敬以直內, 義以方外).", 『논어』에 "사람이 사는 것은 곧음 때문이다. 곧지 않고서도 사는 것은 요행으로 면한 것일 뿐이다〔人之生也直. 罔之生也幸以免〕.", 『맹자』에 "호연지기는 지극히 크고 지극히 강해서 곧음으로 잘 길러서 해치지 않으면 하늘과 땅 사이에 가득 차게 된다〔其爲氣也, 至大

至剛, 以直養而無害, 則塞乎天地之間〕." "스스로 반성해서 정직하면 비록 천만 명이 반대해도 나는 나의 길을 간다〔自反而縮, 雖千萬人吾往矣〕." 등에 근거를 두고 있다. 이들 경전에 따라 수암은 '직(直)' 자를 공자와 맹자 이래로 상전(相傳)하는 지결(旨訣)로서 파악하고, 이것은 사람이 하루도 떠날 수가 없다고 하였다.[13)]

수암은 숙종 임금을 면대하고서 마음을 다스리는 법으로써 '직' 자를 강조하였다. "천하의 일이 하나도 임금의 마음에 근본하지 않은 것이 없고, 마음을 다스리는 법은 또한 '직(直)' 자에서 근원합니다. … 이것이 성현들께서 서로 전하신 심법입니다. 그러니 지금 전하께서 근본을 단정히 하시고 훌륭한 정치를 내는 도를 어찌 다른 데서 구하겠습니까?"[14)]

이러한 직의 정신은 수암이 수많은 출사의 제의를 끝내 뿌리친 것에도 나타나며, 또 명나라 태조가 맹자를 문묘에서 출향한 사실을 영조가 옹호한 것에 대해 남당 한원진이 이를 비판하는 상소를 올린 것에도 잘 드러난다. 직의 정신은 언론에 있어서 직언을 서슴지 않는 비타협적 선비정신의 발휘와도 무관하지 않다고 하겠다.

나) 주자학 근본주의

우암은 윤휴를 사문난적으로 지목하고 주자학의 정통을 지키고자 하였다. 이러한 전통은 수암과 그 제자에게 그대로 이어지고 있다. 이들은 『주자대전』을 세밀하게 연구하고, 주자의 사상적 체계를 올바르게 이해하고 정립하여 이러한 사상적 준거에 의해 처신하고 세상을 경세하고자 하였다. 그뿐만 아니라 생활의 세세한 규범도 『주자가례』에 의해서 하고, 주자

13) 권상하, 『국역 한수재집 Ⅲ』, 189-190, 「以直菴記」 참조.
14) 권상하, 『국역 한수재집 V』, 124-125면.

의 모든 것을 행동의 전범으로 받아들였다. 주자학은 단순히 학문이 아니라, 종교적 교리처럼 성역화되고 있었다. 이는 율곡의 자유로운 지적 기풍과는 거리가 있다. 수암학파는 율곡과 우암의 사상을 계승하였는데, 율곡에서는 이기론과 심성론에 대한 사상을, 우암으로부터는 강렬한 춘추의리 정신을 이어받았다. 우암에서부터 비롯되는 주자학 근본주의는 황강학파에서도 계승되어 수암과 남당에서 그대로 지켜지고 있다. 이는 낙학(洛學)의 다소 개방적인 분위기와도 구별되는 황강(黃江) 호학(湖學)의 중요한 특징이라고 볼 수 있다.

다) 춘추의리의 강조

병자호란은 조선 사회를 크게 뒤바꾸어 놓았으며, 지성계에 미친 영향도 매우 심대하였다. 병자호란 때 청에게 당한 수모, 그리고 명(明)에서 청(淸)으로의 왕조 교체는 주자학자들에게 엄청난 충격이었다. 이 사건을 계기로 조선 주자학에서는 춘추의리론이 중심 주제로 등장한다. 특히 우암 송시열은 춘추대의를 강조하여서, 학문은 주자학을 사업은 효종의 북벌계획을 승계하라는 유언을 남겼고, 또한 명나라의 신종과 의종 황제를 제사하는 사우(祠宇)를 세우게 하였다. 그의 유언은 수암에 의해 지켜지고 실천되었다. 우암을 계승한 수암의 황강학파에 있어서도 춘추의리는 핵심사상으로 자리한다. 그래서 화(華)/이(夷)의 엄격한 구분을 강조한다. 춘추의리적 관점에서 보면 수암의 황강학파는 중국 본토에서 사라진 중화의 도덕과 문화를 보존하고 이어가는 도통의 계승자로서 세도를 자임하게 된다. 즉 황강학파는 중화 문화의 진수를 외롭게 전승하고 그 철학을 지켜가고 있는 문화의 수호자, 특히 그 정통성의 계승자로서의 확고한 역사의식을 지니고 있었던 것이다.

수암은 숙종을 면대하고서 아뢰기를 "성인의 공적 중에는 『춘추』보다 더 큰 것이 없고, 『춘추』의 의리에는 또 존왕보다 더 큰 것이 없습니다. 만일 이 의리가 밝지 못하면 인류가 금수로 전락합니다. 지금 사해에 오랑캐의 비린내가 가득한데 우리나라만이 홀로 예의의 나라가 되는 것은 모두 효종 대왕의 공이 아님이 없습니다."[15]라고 하였다.

라) 분별의 강조

수암과 남당을 비롯한 황강학파의 정통 계열에서 인간과 동물의 본성을 다르게 보는 까닭은, 만약 인성과 물성이 모두 같이 오상(五常)을 갖추고 있다고 한다면 사람과 짐승 사이에 분별이 없어지기 때문이다. 또한 심선설(心善說)을 주장하게 되면 부처의 본심(本心)과 같아져 유교와 불교 사이에 분별이 없어지기 때문이다.[16] 또한 허형을 추존하게 되면 중화와 이적 사이에 분별이 없어지기 때문이다. 이처럼 황강학파에서 사람과 짐승, 유교와 불교, 중화와 이적을 둘로 나누어 엄격하게 변별하는 것은 시비선악을 분명히 하여 도학적 가치관을 확고히 하는 데 의의가 있는 것이다. 주자학의 이일분수(理一分殊) 논리는 같음과 다름을 함께 보고자 하지만 수암학파는 다름 즉 분별을 같음과 통합보다 우선하여 중시하는 특징을 보여준다. 이는 점차 규범이 허물어지는 사회 변동의 와중에서 분별을 통해 사회 질서를 확고히 하고자 하는 의식과 관련이 있을 것이다.

마) 자유로운 토론 분위기

수암의 황강학파의 지적 분위기는 매우 자유롭고 토론이 활발하였다. 스승의 견해에 맹목적으로 추종하거나 묵수하는 것이 아니라, 자기의 의

15) 권상하, 『국역 한수재집 V』, 125면.

16) 윤봉구, 『屛溪集』 권59, 25면, 「南塘韓公元震行狀」 참조.

사를 자유롭게 주장하고 한 가지 주제에 대해서 서로 다른 견해를 오랜 시간을 두고 서신을 교환하거나 만나서 대화를 하면서 각자 의견을 상대방에게 설득시키는 매우 학문적인 분위기가 있었다. 설사 스승이나 대선배라고 하더라도 견해가 다르면 끝까지 자기주장을 양보하지 않고, 선배 후배 사이라고 하더라도 서로 적당히 봐주기가 아니라 논점에 대해서는 확실하게 따지고 자기 의견을 분명히 개진하는 개방적 학풍을 유지하였다. 이러한 자유롭고도 개방적인 학풍으로 인해 인물성동이논쟁을 비롯한 호락논변이 발생할 수 있었다. 황강학파는 조선 후기에 성리학적 담론이 가장 자유롭고 활발하게 전개된 학파의 하나라고 할 수 있다. 이러한 지적 분위기에서 철학적 사유의 발전이 가능하였던 것은 결코 우연이라고 할 수 없다.

2) 황강학파와 황강서원

수암 권상하가 81세의 나이로 세상을 떠난 지 5년이 지난 영조 2년 병오년(1726년)에 황강서원이 설립되었고, 그 후 1년이 지난 정미년(1727년)에 사액서원이 되었다. 그 뒤 황강서원은 고종 8년(1871년)에 폐해졌고, 그 후로 황강영당으로 이어져 내려오고 있다. 봉향(奉享)하는 선현으로는 수암을 비롯하여 그 스승인 우암, 그리고 수암의 적전(嫡傳)인 남당 한원진과 병계 윤봉구, 수암의 아들 권욱(權煜) 등이 있다.

수암의 사후 황강학파는 남당과 병계가 중심적 인물이 되어 수암의 문집을 정리하고 학파를 이끌게 된다. 한원진의 사후에는 병계 윤봉구가 중심이 되어 학파를 이끌었다. 병계는 경상도 성주에 있는 노강서원(老江書院)의 원장으로 강학을 하기도 하였다. 또한 병계의 문인인 위백규(魏伯珪)는 호남에서 후진을 양성하였다. 이리하여 수암학파는 경상도와 호남의 일부 지역까지 확산되었다.[17] 한원진을 충실히 계승한 김한록(金漢祿)은 호론의 사상적 정통성을 유지하기 위해 노력하였다.

호론과 낙론이 사상적으로 대립하나, 호론계 인사와 낙론계의 인사들은 크게 보면 같은 기호학파이고, 그중에서도 우암의 학통을 벗어나는 것이 아니므로 인간적으로나 정치적으로나 학문적으로 교류가 적지 않았다. 예컨대 한원진의 고제인 송능상(宋能相)은 송명흠(宋明欽) 형제와 임성주(任聖周) 등 낙론계 인사와 밀접하게 교류하였다.

을사환국에서 정미환국까지의 영조 초반에는 노론 준론을 등용하였는데 이 때 추천되거나 징소된 산림은 이간 · 윤봉구 · 한원진 · 이이근 · 이재 · 윤봉조 · 채지홍 · 박필주 · 현상벽 등이었다.[18] 이들 가운데 이재 · 윤봉조 · 박필주를 제외한 인물은 모두 강문팔학사 출신이다. 이는 영조 초반 노론 주도 정국에서 황강학파 출신의 산림이 차지하는 비중이 얼마나 큰지를 잘 보여주는 것이다. 그러나 황강학파의 호론계가 완론 탕평에 반대하자 영조도 호론계 산림에 대해 거리를 두려고 하였다. 1731년 영조가 명나라 태조가 맹자를 문묘에서 출향한 사실을 옹호하였는데 남당 한원진이 이에 대해 비난 상소를 하자 영조는 남당을 삭일해 버렸다.[19] 반면에 영조는 낙론계의 박필주를 크게 등용되었다. 이 시기 호론과 낙론은 학문적 논쟁 외에 상호 간에 정치 영역에서는 서로 추천하는 등 상호 협조를 하기도 하였다.[20] 그러나 화양서원묘정비명(華陽書院廟庭碑銘)과 한원진청증작시소(韓元震請贈爵諡疏) 등의 문제를 둘러싸고 수암의 직계인 호학파 계열은 낙학파 계열과 상당한 갈등을 겪었던 것도 사실이다.

---

17) 이경구, 「영조~순조 연간 湖洛論爭의 展開」(『한국학보』 93집, 일지사, 1998/겨울) 115면 참조.

18) 이경구, 같은 논문, 132면 참조.

19) 이경구, 같은 논문, 133면 참조.

20) 이경구, 같은 논문, 133면 참조.

3) 황강학파의 학문적 업적

황강학파의 학문적 업적으로는 『주자언론동이고(朱子言論同異攷)』가 무엇보다 중요하다. 『주자대전』 가운데는 동일 주제에 대해 초기와 만년에 서로 견해가 다른 경우도 있어서 읽는 사람에게 혼란을 초래할 수 있다. 이렇게 견해가 상충하는 경우에 어느 것이 주자의 정론인지를 파악하는 것은 주자학의 체계적 이해에 필수적이다. 주자서의 같고 다름의 문제는 이미 우암이 관심을 가지고 착수하였으나, 큰 진전이 없었다. 우암 사후에도 이 작업이 계속 이루어져 수암을 거쳐 1741년에 남당에 의해 완성되었다. 이 책은 주자의 설이 전후가 서로 모순되는 듯이 보이는 것을 ① 초년설과 만년설의 입장 차이, ② 전후의 설이 피상적으로는 같지 않아 보여도 실제로는 서로 뜻이 상통하여 근본적으로는 같은 경우, ③ 주자가 설명할 때 주안점에 따라 다르게 말한 경우 등으로 분석하여 주자학의 체계적이고 합리적 해석을 추구하고 있다. 『주자언론동이고』는 황강학파의 주자학에 대한 연구의 수준과 치밀성을 잘 보여주는 대표적인 학문적 업적이다.[21)]

그리고 중요한 업적의 하나로서 『정서분류(程書分類)』를 빼놓을 수 없다. 『정서분류』 역시 우암에서 시작하여 우암의 문인이 동원되어서 편집되었으며 수암이 완성하였다. 『정서분류』는 주자학의 선구적 역할을 한

---

21) 『朱子言論同異攷』는 곽신환 교수에 의해 2002년 우리말로 번역되어서 소명출판에서 번역본이 출간되어 있다. 『朱子言論同異攷』의 체제는 卷頭에는 1741년(영조 17)에 韓元震이 쓴 서문이 있고, 卷1: 理氣 · 理 · 陰陽 · 五行 · 天地 · 日月 · 鬼神 · 人物之性 · 心, 卷2: 性 · 仁 · 義 · 禮 · 智 · 信 · 情 · 心性情 · 仁敬 · 誠忠 · 才德 · 人倫 · 學 · 大學, 卷3: 論語 · 中庸, 卷4:孟子 · 易 · 書, 卷5: 詩 · 春秋 · 禮 · 周子書 · 程子書 · 張子書 · 治道, 卷6: 科擧 · 聖賢 · 異端 · 論人 · 史傳 · 文字類 · 先生出處 · 先生語默, 부록에는 論語 · 孟子輯註와 或問에 관하여 論한 것이 있다.

북송(北宋) 정자(程子)의 유서(遺書)와 외서(外書)의 내용이 정자의 문인과 정자의 문답 내용을 기록하는 데 있어서 주제별로 체계적으로 정리가 되어 있지 않았다. 그래서 이 책을 공부하는 후학들이 이해하는 데 어려움을 겪는 것을 시정하기 위해 『성리대전(性理大全)』의 체제에 따라 주제별로 새롭게 편집한 것이다.[22)]

또한 한원진이 수암 선생의 강의를 듣고 정리한 『경의기문록(經義記聞錄)』도 황강학파의 학문을 이해하는데 중요한 자료이다. 『경의기문록』에는 이기성정도설(理氣性情圖說)이라고 하여, 이기원류도(理氣源流圖), 이기동정도(理氣動靜圖), 일원분수도(一原分殊圖), 심통성정도(心統性情圖), 성정횡간도(性情横看圖), 성정수간도(性情竪看圖), 성정총회도(性情總會圖), 오성호주도(五性互主圖), 오성추본도(五性推本圖), 심성묘합도(心性妙合圖), 심성이기도(心性二岐圖), 중용천명도(中庸天命圖), 인심도심도(人心道心圖), 위학지방도(爲學之方圖) 등 14개의 도표와 그것에 대한 설명으로 성리학을 체계화하였다. 퇴계가 『성학십도』로서 자기 사상을 체계화하였다면 황강학파에서는 수암과 남당의 사상을 『경의기문록』에서 14개 도표로 압축하여 정리하였다고 할 수 있다. 따라서 『경의기문록』은 황강학파의 철학사상 체계를 보여주는 저작으로 보아도 틀리지 않을 것이다.[23)] 황강학파에서는 특히 미발(未發)과 인물성동이(人物性同異) 문제를 둘러싸고 심각한 철학적 논의가 있었던 만큼 이 문제를 고찰하여야 황강학파의 사상적 특성을 이해할 수 있을 것이다.

---

22) 권상하, 『국역 한수재집 Ⅲ』, 234-235, 「程書分類跋」 참조.

23) 『經義記聞錄』의 내용은 다음과 같이 구성되어 있다. 권1: 大學, 권2: 中庸, 권3: 太極圖, 권4: 易學啓蒙, 권5부터는 부록인데 권5: 易學答問, 文王易釋義, 권6: 理氣性情圖說, 孟子養氣章說, 孟子生之謂性章說, 通書說, 朱子太極說解. 역학을 비롯하여 성리학의 철학적 문제를 주로 다루고 있어서, 수암에서 남당으로 이어지는 황강학파의 철학사상을 이해하는데 매우 중요한 저작이다.

황강학파에서는 성리학 사상 분야만이 아니라 문학적으로도 뛰어난 작품을 남겼다. 특히 수암의 조카인 옥소(玉所) 권섭(權燮)은 우암이 거쳐 했던 화양동과 속리산은 물론, 삼척을 비롯한 동해안 일대와 태백산, 영남좌도, 소백산 일대 등지를 두루 탐승하고, 수천 수의 시를 남겼으며 '황강구곡가(黃江九曲歌)' 를 비롯하여 가사(歌辭) '영삼별곡(寧三別曲)' 을 지었다. '영삼별곡' 은 제천에서 출발하여 영월까지의 노정과 산동야로(山童野老)들이 봄기운에 겨워서 노니는 경색(景色)과 삼척 땅에 들어가서 느끼는 월야(月夜)의 풍정(風情), 한 잔의 술과 함께 초탈한 경지에서 산림호해(山林湖海)를 벗하여 살겠다는 작자의 심경을 가사체로 엮은 것이다.[24] 권섭은 한시문은 물론이고, 국문 시가로서 시조 75수와 가사(歌辭) 2편을 쓴 것이 특히 주목된다. 그가 지은 가사로는 '영삼별곡' 외에 '도통가(道統歌)' 가 전한다.[25] 권섭은 황강학파의 학풍을 문학적으로 대변한 작가라고 할 수 있으며, 특히 가사 '도통가' 는 황강학파의 사상 및 학맥과 밀접한 관련이 있는 도학적 문학 작품이고, '황강구곡가' 는 황강학파의 공간적 무대를 아름답게 묘사한 작품이라 할 수 있다.

24) 옥소 권섭의 문학에 대해서는 朴堯順, 『玉所 權燮의 詩歌硏究』와 金然鎬, 「玉小 權燮의 生涯와 思想」(『門巖洞遺草』, 김연호 외 편집, 대홍기획, 1991) 참조.

25) 권섭의 '도통가' 56구의 내용구조는 다음과 같다. (1) 천지개벽 상황, (2) 인도가 열린 상황, (3) 문물의 발전상황, (4) 요순 이래 역사의 변천, (5) 공자의 출현, (6) 공자와 도학, (7) 도학의 발전, (8) 중국의 말세상, (9) 朱子後 도통의 향방, (10) 麗末 我國에 도학이입, (11) 자체계보, (12) 대가(퇴계 · 율곡)의 출현, (13) 도통의 계승과 발전상황 (14) 송시열의 등장과 도통의 발전, (15) 도통의 세미, (16) 古今統緖 회고, (17) 歔欷歎息. 이상은 朴堯順의 『玉所 權燮의 詩歌硏究』(探究堂, 1993), 78면 참조.

5. 황강학파의 철학

1) 수암의 철학

수암 권상하는 자신의 문하 제자들 사이에 인물성과 미발에 대한 논쟁이 치열하게 전개되자 이 문제에 대한 자신의 견해를 무술년(1718년)에 논성설(論性說)이라는 논문을 통해 분명히 밝혔다. 논성설을 분석해보면 인물성론에 대해서는 남당과 견해가 같고, 미발설에 대해서는 다소 중립적인 듯 보이지만 결과적으로는 남당의 학설과 가깝다.[26]

가) 수암의 인물성론(오상론)

수암은 성(性)을 세 종류로 구분한다. 첫째는 기와 관계없이 이(理)만을 가리키는 것〔專指理〕, 둘째는 기에 근거하여 이를 가리키면서도 기를 섞지 않고 말하는 것〔各指其氣之理〕, 셋째는 이와 기를 함께 섞어서 가리키는 것〔理與氣雜〕이다.(『한수재집』 권21, 6면, 「論性說」)

"기와 관계없이 이만을 가리키는 것"은 태극의 전체가 어느 물(物)에든 갖추어 있지 않음이 없어 만물의 성이 모두 같은 것으로서, 하나의 큰 근원 즉 일원(一原)을 가리키며 주자가 말한 이른바 "하나의 사물마다 각각 하나의 태극을 갖추었다."가 의미하는 바이다.

"기에 근거하여 이를 가리키면서도 기를 섞지 않고 말하는 것"은 양은 건(健)하고, 음은 순(順)하며, 목은 인에, 화는 예에, 금은 의에, 수는 지에 속하여 그 성이 각각 달라지면서도 기의 청탁수박(淸濁粹駁)은 아직 섞이

26) 이하 수암의 사상에 대한 설명은 권상하의 『한수재선생문집』 제21권에 나오는 「論性說」을 위주로 분석하였다.

지 않은 상태이다. 이 입장에서 보면 사람은 건순오상(健順五常)의 전체를 얻고, 물(物)은 그 일부만을 얻기 때문에 사람과 물이 성이 같지 않다. 이는 '분수(分殊)' 에 해당하는 것으로서 주자가 "위대한 하늘이 백성들에게 충심(衷心)을 내림으로써 백성들의 변함없는 양심 그것이 곧 금수와 다른 점인데, 일반 백성들은 그것을 잊어버리고 군자는 그것을 보존하나니, 바로 그 금수와 다른 양심 그것을 보존하여야만 바야흐로 금수와 구별될 수 있다."라고 한 것이다.

"이와 기를 함께 섞어서 가리키는 것" 은 이와 기를 섞어서 말하는 것으로서 강유(剛柔)와 선악(善惡)이 천차만별로 갈라져서 사람마다 물마다 성이 달라지는 경우로서 이는 '분수 중의 분수' 에 해당하며, 주자의 이른바 "강유와 선악은 각양각색으로서 백 가지 천 가지나 종류가 매우 많아서 다 궁구할 수 없다."는 것이다.

그러나 이 세 가지가 서로 별개의 것은 아니다. 태극 전체도 음양오행이 근거하는 기를 따라 이름한 것이고, 기의 성도 건순오상이 되고, 건순오상의 성도 기질의 청탁과 미악(美惡)이 만 가지로 가지런하지 못한 것을 섞어서 기질지성이 되는 만큼 이 세 가지는 결코 서로 분리되는 별개의 것은 아니라고 한다.(『한수재집』 권21, 7면)

이(理)만을 지적하거나 아니면 이와 기를 섞어서 말하는 이분법만 알고, 그 중간에 기의 이(理)를 지적하면서도 기를 섞지 않고 보는 것이 있음을 알지 못해서 (인물성동론자들이) 건순오상을 논하면서 "태극을 각각 갖추고 있다."는 것과 혼동하여 마침내 "초목과 금수도 모두 각각 건순오상(健順五常)을 갖추었다."고 그릇된 주장을 한다고 수암은 비판한다.(『한수재집』 권21, 7면)

수암의 논리는 성을 사람과 물이 같은 차원과 사람 따라 물 따라 다른 차원으로 양분할 경우 사람과 동물 사이의 구분이 모호해질 수 있음을 우려하고 있다. 수암은 사람과 금수는 그 본성에 있어서 구분되어야 한다는 당위론에 이끌려 이것을 합리화하려고 하다 보니 성을 세 차원으로 나누게 되고, '기의 이〔氣之理〕' 라는 이도 아니고 기질지성도 아닌 애매한 성을 말하게 된 것이다.

나) 수암의 미발론

미발설에서도 수암은 성에 대한 것과 마찬가지로 세 가지로 구분한다. 첫째, "미발의 마음에 대해서는 선악을 말할 것이 없다." 둘째, "발하기 이전의 기질은 또한 청탁과 선악이 가지런하지 않는 것이 있다." 셋째, "발하기 이전의 마음에는 악이 없다."는 것이다. 그런데 수암은 자신의 첫째 명제는 송나라 호굉의 성무선악으로 이해되고, 둘째는 순자의 성악설 내지 양웅의 선악혼재설에 비견되고 있으며, 셋째는 미발순선설(未發純善說)로 잘못 이해되고 있음을 비판한다.(『한수재집』 권21, 7-8면)

수암에 따르면 심은 곧 기인데, 기에는 '청탁수박(清濁粹駁)' 이 가지런하지 않아서 청수(清粹)한 것은 발하여 선이 되고 탁박(濁駁)한 것은 발하여 악이 된다. 단 발하기 이전에는 기가 용사(用事)하지 않아서 선악이 드러나지 않는다. 수암이 "선악을 말할 것이 없다."고 한 것은 바로 용사 이전의 기를 가지고 말한 것이지 결코 성을 지칭한 것이 아니다. 또한 발하기 이전에 선악이 비록 드러나지 않았지만 기품의 본색인 '청탁수박' 은 그대로 존재하기 때문에 기품의 청탁수탁을 가리켜 "기질이 가지런하지 않다."고 한 것이다. 즉 기질이 가지런하지 않음을 말한 것이지 성을 가지런하지 않다고 본 것은 아니므로 순자나 양자의 설과 혼동해서는 안 된다는 것이다.(『한수재집』 권21, 8면)

또한 발하기 이전에 기품의 본색이 가지런하지 않은 상태에서도 기가 아직 용사하지 않아서 일체가 허명(虛明)하기만 하기 때문에 그 허명한 것을 가리켜 "어찌 일찍이 악이 있겠는가?" 하였으니 미발심체순선설(未發心體純善說)을 주장하는 외암의 뜻과는 같지 않다는 것이다.(『한수재집』 권21, 8면)

수암의 미발론은 외견상으로는 비교적 균형된 입장을 취하는 것처럼 보이지만 실제에서는 미발에도 기질지성이 존재한다는 남당 한원진의 학설과 가깝다고 할 수 있다.

2) 황강학파에서 남당과 외암 사이의 미발 논쟁

가) 남당의 미발론

수암의 황강학파에서 전개된 미발을 둘러싼 논쟁에서 논점은 크게 보면 다음과 같이 몇 차례 변화된다. 남당 한원진에 따르면 처음에는 미발의 전에 기질지성이 있느냐의 문제였고, 그 다음에는 미발의 전에 기질의 순선(純善) 문제이고, 세 번째는 심과 기품(氣稟)이 같으냐 다르냐의 문제로 논점의 변화가 있었다.[27] 수암 문하에서 처음 미발과 관련된 논쟁이 일어날 때 논제는 미발의 전에 기질지성이 있느냐 없느냐 하는 문제였다〔未發前氣質之性有無也〕. 이 때 남당은 미발의 성도 기 가운데 있으므로 기를 겸하여 말하면 이것은 기질지성이 된다고 하였다. 그러나 외암은 미발의 전에는 기가 용사(用事)하지 않는데 용사하지 않는 기를 하필 겸하여 가리켜 기질지성이 있다고 하는가 라고 반박하였다. 이렇게 논쟁이 시작되었는데 외암은 스승 수암에게 여쭈기를 "미발의 때에 선악이 있습니까?" 하니 수암이 "오성(五性)이 감동한 후에 선악이 나누어지는데 미발의 때에 어찌 선악을 말할 수 있는가?" 라고 하였다. 그러자 외암이 웃으며 말하기를 "과

27) 한원진, 『南塘集』 권11, 29-30 참조.

연 그렇습니다. 미발 전에 선악이 있다는 것이 남당의 견해입니다." 그러자 수암이 말하기를 그렇다면 남당이 잘못이라고 하였다. 다른 날에 남당이 수암을 뵈었는데 이 문제에 대해 수암이 묻자 남당은 말하기를 "미발의 성도 기 가운데 있으므로 기를 겸하여 말하면 이것은 기질지성이 된다."고 생각하였다고 해명하였다.[28] 그러자 수암은 남당의 견해를 옳다고 하였다. 이 문제에 대한 남당의 핵심 견해를 수암이 정리한 것은 다음과 같다.

> "생명을 얻는 처음에 곧 기질지성이 있어서, 청박수박(淸濁粹駁)함이 만 가지로 가지런하지 않으니 그 본령의 미악(美惡)이 이와 같은 고로 이것이 마음이 발한 후에 선과 악의 종자가 된다. 사물을 접촉하지 않았을 때 나쁜 생각이 항상 마음에 존재함을 말하는 것은 아니었다."[29]

여기서 기질지성의 인정은 곧 청탁수박의 인정과 다르지 않고, 청탁수박의 인정은 미악(美惡)의 인정과 또한 다르지 않다. 왜냐 하면 『대학혹문』에 말하기를, 부여된 질이 맑은 자는 지혜롭고 탁한 자는 어리석으며, 아름다운 자는 현명하고 악한 자는 불초가 된다는 설이 있기 때문이다.[30]

남당에 의하면 미발의 전에도 이는 기 가운데 갖추어져 있다. 그러므로 이(理)만을 말하면 혼연지선하고 이른바 본연의 성이다. 기를 겸하여 말하면 선과 악이 일정하니 이른바 기질지성이다.

남당은 기질지성이 미발의 전에는 존재하지 않는다는 설을 받아들일 수 없는 다섯 가지 이유를 제시한다.[31] 첫째는 이(理) 없는 기(氣)가 없고 기가

---

28) 한원진, 『南塘集』 권28, 28-29면 참조.

29) 한원진, 『南塘集』 권28, 29면.

30) 한원진, 『南塘集』 권28, 29면 참조.

31) 한원진, 『南塘集』 권11, 46-47 참조.

없는 이는 없는데 만일 기질지성의 존재를 인정하지 않게 되면, 미발 전의 청탁수박의 기는 이 없는 기가 되고, 기 가운데 갖추어진 이는 또한 기 밖의 이(理)가 되기 때문이다.(이기불상리의 논리)

둘째, 미발의 전에 기질이 순수하게 맑고 극히 수(粹)하므로 이도 그것으로 말미암아 순선하고 기질미악(氣質美惡)의 성이 없다고 한다면 이는 성선을 기질에 근거시키는 것이고 기질을 대본(大本)으로 삼는 것이다. 그렇게 되면 성선은 기질의 성선 일변이 되고 성의 본체의 성선이 되지 못한다고 남당은 비판한다.

셋째, 이발(已發)의 즈음에 기가 비로소 용사하여 희로애락의 느낌이 혹 중(中)에 맞기도 하고 안 맞기도 하는 것을 기질지성이라고 한다면, 이것은 본연지성은 체(體)이고 기질지성은 용(用)이라고 하는 논리이다. 그런데 옛 성인이 희로애락의 정을 성이라고 하지는 않았으므로 이 논리는 잘못되었다는 것이다.

넷째, 마음의 혼매하고 산란한 것을 기질의 용사라고 하고, 기질지성이 여기에 있다고 한다면 이것은 기질지성을 순수하게 불선한 것으로 간주한다. 그렇게 되면 성인의 마음에 이러한 혼란이 없으면 성인에게는 기질지성이 없다는 것이 되기 때문에 받아들일 수 없다는 것이다. 즉 기질지성을 불선으로만 보아서는 안 된다는 것이다.

다섯째, 만일 기질지성이 미발에 존재하지 않는다면 또한 이발에도 존재하지 않으니 그렇다면 기질지성은 돌아가 머물 곳이 없게 되므로 이것을 받아들일 수가 없다는 것이다. 즉 미발(未發)에 근거가 없는 것이 갑자기 이발(已發)에 나타날 수는 없는 것이므로 만약 미발에 존재하지 않는다면 이발에도 있을 수 없고 그렇다면 기질지성은 어디에 있느냐는 것이다.(체용론)

이러한 다섯 가지 논리를 근거로 하여 남당은 이발에서 뿐만이 아니라 미발에서도 기질지성이 존재하고, 따라서 미발을 선하다고 볼 수만은 없음을 강조한다.

나) 외암의 미발론

외암 이간은 방촌(方寸) 안에서의 음정양동(陰靜陽動)은 단순히 기가 아니라 신(神)이라고 하고, 기질이 아니고 본심이라고 하여 기(氣)와 심(心)의 구분을 강조한다. 기는 지(知)가 없음에 비해 심은 지를 가지고 있다. 이른바 기질이란 곧 혈기로서 몸에 가득 차 있는 것을 말하며, 본심이 잠시라도 주재하지 않으면 방촌 안에서 용사하게 된다고 설명한다. 외암은 심체는 심체이고 기질은 기질이라 하여 양자의 성격이 근본적으로 구별된다는 것을 강조한다.[32]

외암은 말하기를 천군(天君) 즉 마음이 주재(主宰)하면 혈기가 퇴청(退聽)하고 방촌의 허명이 곧 본연지심이고 그 이치가 곧 본연지성이라고 한다. 또한 천군이 주재하지 못하고 혈기가 용사하여 어두워지고 가지런하지 못하면 이는 기질지심이고, 그 이치는 기질지성이 된다고 한다.[33] 외암은 미발에는 두 가지 의미가 있음을 구분한다. 그 하나는 본심이 주재하고 혈기가 백체(百體)에 퇴청하는 것이니, 이것이 외암이 뜻하는 불용사(不用事)의 의미이다. 주자가 말한 "만약 원두를 논하면 미발은 모두 하나로 같아서 요임금부터 길을 가는 대중에까지 하나이다."는 것이 이것이다. 다른 하나는 선과 악이 섞여 있으면서 아직 사물에 접하지 않은 상태를 불용사로 보는 것으로서 남당의 입장이다. 주자가 말한 "중인(衆人)은 미발에도

32) 이간, 『巍巖遺稿』 권13, 1-2면, 참조.

33) 이간, 『巍巖遺稿』 권13, 2면, "故天君主宰, 則血氣退聽, 而方寸虛明, 此卽本然之心. 而其理卽本然之性也. 天君不宰, 則血氣用事, 而昏明不齊, 此卽氣質之心, 而其理卽氣質之性也." 참조.

이미 스스로 어지러우니 그 느껴서 발하는 곳에서 어찌 중절할 수 있겠는가"라는 명제가 바로 두 번째 미발의 의미이다.[34]

외암에 의하면 명덕(明德)의 본체는 성인과 범인이 함께 지닌 것으로서 맹자가 말한 인의예지의 마음이고, 주자가 말한 원래 선하지 않음이 없는 본심이 이것이다. 물론 기품에 청탁수박의 차이가 존재하지만, 마음과 기품은 구별되어야 한다. 그러므로 기품의 차이에도 불구하고 성인이나 범인이 함께 얻은 바의 본명(本明)의 체는 끝내 어두울 수가 없고 본체는 늘 밝다.[35] 즉 외암은 기질의 차이를 부정하지 않지만 서로 다른 기질의 조건 속에서도 본심의 존재는 언제나 밝게 빛나고 있다는 낙관적 가능성을 말해주고 있다. 미발의 중의 본질은 기품에 구애되어 청탁수박이 가지런하지 않은 것에 있는 것이 아니다. 오히려 종래 어두워질 수 없는 본명의 체에 나아가서 말해야 한다는 것이다.

외암에 따르면, 명덕은 성인과 범인이 동등하게 얻었고, 혈기의 청탁은 성인과 범인이 다르게 품부 받았다. 그런데 명덕은 천군이고 혈기는 기질인데 천군이 주재하면 혈기는 백체에 퇴청하여 방촌이 허명하니 이것이 대본이 존재하는 곳으로서 자기가 이른바 미발이라고 하는 것이다. 그런데 천군이 주재하지 못하면 방촌 간에 혈기가 용사하여 청탁이 가지런하지 못하여 선악이 뒤섞이니 이것이 남당이 말하는 미발이라는 것이다.[36] 즉 외암은 자신과 남당이 지칭하는 미발의 의미가 서로 다름을 지적하고, 자신이 가리키는 미발이 진정한 의미의 미발의 경지임을 강조한다.

---

34) 이간, 『巍巖遺稿』 권13, 3면 참조.

35) 이간, 『巍巖遺稿』 권12, 26면," 故其本明之體, 聖凡之所同得者, 則終不可得以昧者. 雖其昏蔽之極, 而介然之頃, 本體已洞然. 此皆朱夫子已定之論." 참조.

36) 이간, 『巍巖遺稿』 권12, 26면 참조.

다) 남당과 외암의 미발론 비교와 그 의미

남당과 외암은 서로가 서로를 양웅의 선악혼재설과 유사한 것으로 비판한다. 외암은 남당이 미발의 본성을 기질지성의 관점에서 이해하는데 그렇게 되면 기질에는 청탁수박의 차이에 따라 선악이 함께 있게 되는데 이렇게 되면 선악혼재설이 될 위험성이 있다고 본다. 이러한 비판에 대해 남당은 자신은 본연지성의 선을 인정하기 때문에 양웅과 다르다고 한다. 즉 자신은 본연지성의 성선을 인정한 상태에서, 미발 전의 기질지성의 존재를 인정하기 때문에 본연지성의 성선을 언급하지 않은 양웅과 같을 수가 없다고 한다. 오히려 외암의 미발론이 양웅과 유사할 수 있다고 본다. 왜냐하면 외암이야말로 본연지성을 본연지심과 연관 지어 이해하는데, 만약 일단 성을 기와 연관 지어 파악하게 되면 그것은 순수하게 선할 수가 없고 따라서 선악이 뒤섞이게 된다는 것이다. 이에 대해 외암은 '이기동실(理氣同實)' '심성일치(心性一致)'를 내세운다. 즉 이는 기에 근거해야 하며 성은 심에 근거해야 한다는 것이다. 순수한 이라고 하더라도 그것을 기와 연관시키지 않고 추상적 관념 상태에서만 이를 인정하고 그것이 선하다고 보는 것은 매우 공허하다는 것이다. 성 역시 심과의 관련성이 없이 본연지성을 추상화시켜서 선하다고 보는 것은 선의 가능성을 매우 공허하게 하는 것이다. 이러한 문제를 극복하기 위해서는 이는 기와 성은 심과 연관시켜 파악해야 한다는 것이다.

남당이 외암의 미발설을 받아들이지 않고 집요하게 비판하는 이유는 어디에 있을까? 그것은 미발 상태의 심이 순선(純善)하다는 외암의 심설을 받아들이게 되면 불교나 양명학이 범하기 쉬운 오류에 빠질 수 있다고 염려하기 때문이다. 정통 주자학적 진리관과 다른 진리를 추구하는 사상에 대해서는 철저하게 배척하는 벽이단(闢異端) 의식이 남당의 비판 논리 속에 깔려있다고 할 수 있다. 다음에서 남당의 이러한 생각을 직접 확인해보자.

"우리 유학의 종지는 마음은 기로, 성은 이로 인식한다. 이는 선하지 않음이 없으나, 기는 가지런하지 않음이 있다. …… 마음을 순선하게 인식하는 것은 선가의 종지이다. …… 달마에서부터 선이라 불렀는데 달마는 서역에서 들어와서 면벽 9년 하고 나서 인심이 지선하다고 말하고 괴롭게 수행할 필요가 없다는 것으로서 종지를 세웠다. 그 무리가 미루어서 설을 만들기를 "마음이 곧 부처"라 하고, "작용이 곧 성"이라고 하고, "물 긷고 나무 나르는(運水搬柴) 일상생활이 신통묘용"이라 하였는데 이는 모두 마음의 영각을 가리켜 말하는 것이다. 주자가 육상산을 논해 말하기를 자정(子靜)의 학은 하나의 심이 본래 좋은 것이라고 말하고 허다한 추악한 기를 심의 묘리로 여겼다고 하였다. 양명은 말하기를 모든 개개인의 마음은 공자가 심은 곧 이라고 한 것을 가지고 있고, 또한 양지(良知)가 천리(天理)라고 한다. 양지를 논하면서 말하기를 "심의 허령명각은 이른바 본연의 양지이다."라고 하였다. 부처가 처음부터 이자(理字)가 있는지를 알지 못하고 단지 이 마음의 밝고 영영한 본체를 보고서 이것을 지선(至善)으로 삼았다. 육상산과 왕양명이 이(理)자를 말하였으나 그 이자를 본 것이 이 영각(靈覺)의 체에 지나지 않는다. 부처부터 육상산까지 그리고 육상산부터 왕양명까지 마음으로 종지를 삼았다. 한결같이 스스로 이르기를 지선의 묘용을 얻었다고 한다. 그러나 실은 기질의 거친 흔적을 따랐을 뿐인 것이다. …… 대개 마음을 순선하다고 여기고, 마음과 기질을 둘로 나누는 것은 전에는 이러한 논의가 없었다. 외암이 시작하여 지금 들으니 그 학설이 크게 유행하여 동조하지 않은 사람이 없어서 서로 모여 강학한다니 단지 선회(禪會)가 될 뿐이니 깊이 두려워할 뿐이다."[37)]

이처럼 남당은 외암의 학설이 선학 또는 육왕학과 유사한 폐단을 낳을

---

37) 한원진, 『南塘集』 권29, 18-20면, 「心純善辨證」.

가능성을 깊이 우려하였다. 선학 또는 육왕학의 문제점은 객관적 기준의 부재라고 할 수 있다. 그래서 불교는 인연에 따라 무애를 일삼고, 육상산의 무리는 오늘 도를 깨치고 내일은 술에 취해 남에게 욕을 하고, 왕양명의 문인은 거리에 가득 찬 분주한 사람들을 보고 모두 성인이라고 하는 혼동을 초래한다는 것이다.[38] 반면에 외암의 입장에서 보면 남당처럼 미발을 기질지성으로 파악하여 선악이 있다고 하게 되면 마음속에 순수한 선의 근거가 없게 된다. 그리고 마음속에 순수한 선의 근거가 없게 되면 선을 실천하기가 어렵게 되는 문제점이 있다. 남당이 외암의 미발론을 비판하면서 인용하는 비유를 분석해보면 두 사람 사이의 미발 논쟁에는 주자학과 양명학 사이의 논쟁과 유사한 쟁점이 내포되어 있음을 알 수 있다. 물론 두 사람 모두 수암 권상하의 문인으로서 주자학을 표방하지만, 같은 주자학 내부에서도 심성론에 대한 해석의 차이에 따라 양명학 이론 쪽으로 가까이 갈 수 있는 여지가 있음을 보여주는 것이다.

6. 맺음말: 황강학파 연구의 과제

우리가 어떤 집단에 학파의 명칭을 붙이기 위해서는 몇 가지 조건이 필요하다. 즉 학파로 불러도 좋을 만큼 공통된 고유한 이념이나 사상이 존재하여야 하고, 또한 학파 구성원들 사이에 공유하는 소속감이 있어야 할 것이고, 어느 정도 지속성이 있어야 할 것이다. 황강학파는 수암 권상하를 중심으로 하여 그 문인들로 구성되었으며, 문인들은 스스로 황강 문인이라

38) 한원진, 『南塘集』 권29, 19면, "故釋氏之顚倒妙用, 應緣無礙. 陸氏之徒, 今日悟道, 明日醉酒罵人. 此皆爲靈覺之所使. 而王氏之門, 見其滿街奔走, 都是聖人. 亦只是見其靈覺之用耳. 論心論性而與同於彼者, 其得失可見矣." 참조.

는 소속감과 자부심을 지니고 있었고, 이들은 수암 선생 생전에는 선생을 도와서 만동묘 설립 등의 사업에 함께 참여하였으며, 수암 선생 사후에는 선생이 무고를 당하자 선생의 명예 회복을 위해 함께 공동으로 노력하는 등 학파적 결속을 과시하였다. 그리고 이른바 호락논변 또는 인물성동이 논변도 학파와의 관계 속에서 논변이 전개된 것이지, 학파를 떠나 외암과 남당 두 사람 개인 사이의 논변으로만 볼 수는 없다. 그리고 나중에 이것이 호서와 낙하학파 상호 간의 논쟁으로 발전하자 황강학파의 주류 다수는 낙학에 맞서 호학의 고유한 논지를 유지 관철하기 위해 노력하였다. 황강학파는 그 내부에 외암과 남당처럼 대립하는 견해를 가진 학자들도 있었지만, 그럼에도 불구하고 학문적으로 공통된 기반이 있었다.

황강학파는 유교 경전 가운데 특히 『주역』과 『중용』을 매우 중시하였으며, 성리학의 철학적 논제에 대해 매우 깊은 관심을 보이고 그것의 합리적 체계적 해석을 위해 많은 노력을 하였다. 특히 강문팔학사로 불렸던 수암의 대표적 제자들은 학자로서 뛰어난 기량이 있었으며 성리학의 철학적 문제에 깊은 관심을 보이고 이 방면에 많은 논설을 남기는 공통점을 보여주었다. 수암 사후 5년이 지난 영조 2년 병오년(1726)에 세워진 황강서원은 황강학파의 전통을 이어가는 정신적인 구심점의 역할을 하였다.

황강학파에 관한 연구는 앞으로 많은 과제를 안고 있다. 철학 · 문학 · 역사 등 여러 방면에서 통합적 연구를 통해 황강학파가 이룩한 방대한 학문적 업적을 구명하고, 황강학파 주요 문인들의 삶의 행적과 사회 · 정치적 활약상을 밝히고, 대외적으로 다른 학파와 어떤 협력 · 대립 관계를 유지하였는지를 탐구함으로써 황강학파가 조선 후기 학계와 정계에서 차지하는 위상과 수행한 역할을 정확하게 이해할 수 있도록 해야 할 것이다.

제9장

조선 후기 최대의 철학 논쟁

|

인물성동이논쟁과 환경 윤리

1. 들어가는 말: 호락논변과 인물성동이논쟁

조선 후기 학계를 뒤흔든 최대의 철학 논쟁인 호락논변의 쟁점은 인물성동이(人物性同異) 문제, 미발(未發) 문제 등이 있다. 수암 권상하(1641~1721) 문하에서 문하생 사이에서 제기된 이 문제는 학계 전체로 확대되어 큰 논쟁으로 발전하였다. 주자학에 내재해 있는 중요한 쟁점이 이 논쟁에서 첨예하게 부각되어 주자학에 관한 철학적 탐구를 활성화시켰다.

호락논변과 인물성동이론에 대해서 그동안 우리 학계에서 적지 않게 연구됐지만, 우리는 인물성동이론이 갖는 환경 윤리적 의미를 중심으로 살펴보고자 한다. 인물성동이논쟁에 대해 일부 학계에서는 "이간과 한원진의 이렇게 대립하는 듯이 보이는 주장의 근저에는 사람의 기는 정통하고 동물의 기는 편색하다는 공통된 인식의 기반이 있는 것이다. 따라서 이간과 한원진이 각각 관점과 개념만을 달리했을 뿐 본래의 의도는 동일한 것임을 확인할 수 있다. 다만 한원진의 성삼층설은 인 · 물의 고유한 본성을 개념화시켰다는 데에 그 의의가 있다고 하겠다.”[1]고 하여 입장의 차이에 큰 의미 부여를 하지 않는 주장도 있다. 그러나 우리는 이 논쟁이 단순히 개념과 관점만 다르게 한 것이 아니라, 인간과 동물의 관계에 대한 인식에 심대한 차이를 보여줄 수도 있다고 생각한다.

이 글에서 우리는 논쟁의 발단과 전개 과정을 살펴보고, 인물성(人物性) 이론(異論)과 동론(同論)의 논지를 각각 분석하고, 이 논쟁의 주요 쟁점이 무엇인지를 고찰하고, 이를 토대로 이 논쟁이 갖는 환경 윤리적 의미를 탐색하고자 한다.

2. 논쟁의 발단과 전개

사단칠정론이 퇴계학파와 율곡학파 사이에 전개된 논쟁이라면 호락논변은 주로 율곡학파에 속하는 기호학인들 사이에 발생한 논쟁이다. 이 논쟁은 처음에는 우암 송시열의 적통을 이은 수암 권상하의 문하에서 일어났다. 수암 문하의 남당 한원진과 외암 이간 사이에 ‘성’에 대한 이해를 놓고 논쟁이 벌어졌다. 이 논쟁은 수암 문하에서 발생하였지만, 기호학파에 널리 전파되면서 서울 부근의 낙하(洛下)와 충청도를 지칭하는 호서(湖西) 지역에 기반을 둔 학자들 사이에 큰 논쟁으로 발전되었다. 핵심 논쟁은 인성과 물성이 같은가 다른가 하는 문제와 미발심체(未發心體)에 선악이 있느냐 없느냐의 문제, 그리고 범인(凡人)과 성인(聖人)의 마음이 같은가 다른가 하는 문제이다. 이 문제는 철학적 논제이면서 동시에 윤리적으로도 매우 의미 깊은 쟁점이다. 조선의 주자학이 중국 주자학의 단순한 수입이

1) 한국철학사연구회(2003) 엮음, 『한국철학사상사』, 서울: 심산, 282-283면.

아니라, 조선 나름의 주체적 소화와 응용으로 발전되어 가고 있음을 보여주는 것이다. 이 논쟁은 조선 후기 주자학의 최대 쟁점으로 부각되어 18세기 초에 시작하여 19세기 후반까지 지속되었다. 이 논쟁은 학문적인 동시에 정치적 입장과도 맞물려 복잡한 양상을 띠었으며, 초창기에는 호학파들이 정치적으로도 득세하였으나 나중에는 낙학쪽이 정치 권력과 밀접한 관련을 맺기도 하였다.

수암의 황강학파 안에서 논쟁이 발생하게 된 계기와 전개 과정을 살펴보고 논쟁의 사상적 내용을 고찰하는 것이 순서일 것이다.[2] 논쟁의 시작은 남당 한원진이 24세 때인 1705년 봄 오루산(烏樓山) 정암사(淨巖寺)에서 독서할 때 최징후가 찾아와서 함께 하루를 머물며 강학하는데서 비롯되었다. 만남이 있은 다음에 최징후가 남당에게 미진한 부분에 대해 질문하는 편지를 보냈고, 남당이 그해 6월에 답장을 썼다. 1706년 봄에는 남당이 매봉 암촌(巖村)으로 최징후를 방문하였고, 이 때 한홍조도 와서 함께 강학하였다. 여기서 논의되었던 문제에 대해 남당은 자신의 입장을 정리하여 최징후에게 1708년 8월에 편지와 별지를 보냈다. 이 편지는 다시 한홍조를 통해 외암이 보게 된다. 외암은 이 편지와 그에 대한 답장을 보고 문제가 있다고 여겨 1709년에 최징후에게 편지를 보내었다. 최징후는 이 편지를 다시 남당에게 보여주었고, 남당은 1709년 3월 다시 최징후에게 편지를 보내어 자기 입장을 확실히 하고 외암의 견해를 비판하였다. 이처럼 남당과 외암은 직접 대면하지 않은 채로 같은 수암 문하의 동문인 최징후와 한홍조를 사이에 두고 간접적으로 논쟁을 시작하게 되었다.

이런 일차적 의견 차이를 서로 확인한 다음 같은 해 4월에 홍주(洪州) 한

2) 논쟁의 발단과 전개 과정에 대해서는 「南塘先生年譜」와 문석윤의 「巍巖과 南塘의 '未發' 논변」(『泰東古典研究』 제11집, 태동고전연구소, 1995. 2.), 231-235면 참조.

산사(寒山寺)(현재 주소로는 충남 보령시 천북면 학성리)에서 남당과 외암을 비롯하여 최징후, 한홍조, 윤혼, 현상벽 등이 함께 모여 쟁점에 대해 토론을 하였으나 이견을 좁히지는 못하였다. 한산사의 모임 이후에 외암은 집에 돌아가 한산기행시를 지었고, 남당은 외암의 부탁으로 거기에 발문을 지었다.

남당은 1711년 6월에 외암에게 편지를 보내 논점에 대해 변론하였으며, 외암은 이듬해에 이에 대해 답장을 보냈다. 1712년 남당은 다시 외암에게 편지를 보내 재차 논변을 펼쳤다. 이후 수암 선생의 만류로 두 사람 사이의 논변은 소강 국면에 접어들었으나, 외암은 수암 선생에게 자신의 입장을 변론하는 편지를 수차례에 걸쳐서 보냄으로써 수암과 외암 사이에 논변이 계속 이어지게 된다. 이때 수암 선생은 대체로 외암보다는 남당의 학설에 지지를 보냄으로써 수암 선생과 외암 사이에는 사상적 갈등이 발생하였다. 1721년 수암이 돌아간 이후, 수암과 외암 사이에 주고받은 서한을 접하게 된 남당은 1724년에 스승을 대신하여 외암의 학설을 조목조목 자신의 관점에서 정리하여 비판하는 「이공거상사문서변(李公擧上師門書辨)」을 저술하였다. 이런 과정을 겪으면서 논쟁은 점차 호서의 황강학파를 넘어서 낙하(洛下)에까지 확대되었다. 윤봉구가 1735년 낙하의 이재(李縡)에게 편지를 보내는 것이 계기가 되어 두 사람 사이에 수차례에 걸쳐 논쟁이 지속되었으며, 이 과정에서 이재가 윤봉구와의 논변에 대해 박필주와 상의하게 됨으로써 박필주도 두 사람의 논쟁에 개입하게 되어 1742년에는 윤봉구와 박필주 사이에 논변이 이루어졌다. 이때 한원진은 논쟁에 직접 참여하지는 않고 이 논쟁에 대한 논평을 통해 자신의 입장을 개진하였다.

18세기 후반까지 치열하게 공방전을 벌이던 호락논변은 1800년 정순왕후의 수렴청정 기간에 잠시 호론 계열이 득세하다가, 1805년 정순왕후 사후 김관주 · 김일주 등이 실각하자 김구주 · 김한록을 중심으로 50년간 부침하던 경주김씨 세력이 퇴진하고, 그 대신 낙론의 종장 김원행을 받드는 안동김씨 일문이 정치 일선에 전면적으로 등장하여 낙론 계열이 정계와 학계의 주도권을 잡게 된다.[3)]

인물성의 다름을 주장하는 호론을 대표하는 학자는 남당 한원진(1682~1751)을 비롯하여 병계 윤봉구(1683~1767), 매봉 최징후가 있다. 인물성의 같음을 주장하는 쪽에는 외암 이간(1677~1727), 관봉 현상벽, 천서 윤혼(1676~1725), 기원 어유봉(1672~1744), 여호 박필주(1665~1748), 도암 이재(1680~1746) 등이 있다. 이 논쟁은 근원적으로 주자학에 대한 해석과 관련이 있다. 주자는 인물성에 대해 상반되는 진술을 남겼다.[4)] 주자는 한편에서는 만물이 모두 태극과 오상을 구비하고 있다고 하였다. 만물의 이는 같고 다른 것은 기일 뿐이라고 하였다〔理同氣異〕. 또한 다른 한편에서는 기가 다르면 이도 다르다고 하였다〔氣異理異〕. 즉 기의 정통(正通) 편색(偏塞)에 따라 이에도 편·전(偏·全)이 있다〔理有偏全〕고 하였다.

주자는 『중용장구』에서는 "사람과 물이 생길 때 각기 부여된 이를 얻어서 건순오상(健順五常)의 덕이 되니 이것이 이른바 성이다."[5)]고 하였고, 혹문(或問)에서도 "사람과 물이 기품의 다름이 있으나 그 이(理)는 같다."[6)]고 하였다. 그런데 주자는 『맹자집주』에서는 "기로써 말하면 지각과 운동은 사람과 물이 다르지 않은 것 같다. 이(理)로써 말하면 인의예지를 품부 받음에 있어서 어찌 물이 얻은 바가 온전하겠는가? 이는 사람의 성이 선하지 않음이 없어서 만물의 영장이 되는 까닭이다."[7)]고 하였다. 이러한 모순에

3) 권오영, 「18세기 湖洛論辨의 爭點과 그 性格」(『朝鮮時代의 社會와 思想』, 조선사회연구회, 1998), 526-527면 참조.

4) 주자의 인물성론에 대한 철학적 입장에 대해서는 진래(2002), 『주희의 철학』, 이종란 외 옮김, 서울: 예문서원, 100-142면 참조.

5) "人物之生, 因各得其所賦之理, 以爲健順五常之德, 所謂性也."

6) "人物雖有氣稟之異, 而理則未嘗不同."

대해서 주자는 해명하기를 "만물의 근원이 하나라는 관점에서 논하면 이는 같고 기는 다르다. 만물의 이체(異體)를 보면 기는 오히려 서로 비슷하나 이는 절대로 같지 않다. 기가 다름은 순수하고 잡박함이 가지런하지 않음이요, 이의 다름은 치우침과 온전함(偏全)이 다름이다."[8]고 하였다.

이처럼 인물성에 대한 상호 모순되는 주자의 언명이 조선 성리학에서 인물성동이 논쟁을 발생시켰다. 이간과 한원진의 논쟁 이전에 퇴계학파에서도 항재 이숭일(1631~1698)과 갈암 이현일(1627~1704), 우담 정시한(1625~1707)과 그의 문인 외암 이식(1659~1729) 사이에 인물성동이 문제를 둘러싼 논쟁이 있었다.[9]

3. 인물성동이론과 그 쟁점

1) 인물성이론(人物性異論)

가) 남당의 인물성이론

인물성이론자들의 주요 논거는 『맹자』 '생지위성(生之謂性)' 과 '견우인성(犬牛人性)' 에 대한 주자의 주석이다. 인물성이론을 대표하는 남당 한원진은 성(性)을 세 가지 차원으로 나누어 이해한다. 첫째는 천명 · 태극으로서 이것은 기를 섞지 않고〔不雜〕 말하는 것이다. 둘째는 건순오상(健順五

---

7) 『孟子集注』 권11, 「告子上」 "以氣言之, 則知覺運動人與物若不異也. 以理言之, 則仁義禮智之稟, 豈物之所得而全哉? 此人之性, 所以無不善, 而爲萬物之靈也."

8) "論萬物之一源, 則理同而氣異. 觀萬物之異體, 則氣猶相近而理絶不同也. 氣之異者粹駁之不齊, 理之異者偏全之或異."

9) 황의동(2005) 등 저, 『한국유학사상대계 Ⅲ - 철학사상편(하)』, 안동: 한국국학진흥원, 363면.

常)으로서 이것은 '기를 섞지 않은' 부잡(不雜)과 '기와 분리되지 않은' 불리(不離)의 의미를 겸한 것으로서, 이체(異體)에 즉해서 본연을 가리키는 것이다. 셋째는 기질선악지성(氣質善惡之性)으로서 오로지 불리(不離)로만 말하는 것이다.[10] 태극과 천명은 전(全)하고 불편(不偏)하며, 오상은 편(偏)하고 부전(不全)하다. 본연이라는 말은 전(全)으로도 말하고, 편(偏)으로 말하는 경우도 있다.[11] 남당은 이것을 초형기(超形氣), 인기질(因氣質), 잡기질(雜氣質)로도 구분한다. '초형기' 에서는 사람과 물의 이가 모두 같고, '인기질' 에서는 사람과 물의 성은 다르나 사람끼리는 모두 같으며, '잡기질' 에서는 사람마다 물마다 성이 모두 다 다르다고 한다.

> "이는 본래 하나이다. 그러나 형기를 초월하여〔超形氣〕 말하는 것이 있고, 기질에 인해서〔因氣質〕 이름하는 것이 있고, 기질과 섞어서〔雜氣質〕 말하는 것이 있다. 형기를 초월해서 말하면 태극이라 칭하는 것인데 여기서는 만물의 이가 같다. 기질에 인해서 이름하면 건순 오상의 이름이 이것인데 사람과 물의 성이 같지 않다. 기질을 섞어서 말하면 선악의 성이 이것인데 사람마다 물마다 또한 같지 않다."[12]

남당은 금수(禽獸)도 오상(五常)을 구비한다는 '금수오상설' 주장자들의 학설을 다음과 같이 네 가지 유형으로 나누어 분석한다.[13]

첫째 논거, 태극과 오상은 한 이치이다. 만물이 모두 하나의 태극을 구

10) 『南塘集』 권10, 31면, 「答李公擧」 참조.

11) 『南塘集』 권10, 30면, 「答李公擧」 참조.

12) 『南塘集』 권11, 9면, 「擬答李公擧」, "理本一也. 而有以超形氣而言者. 有以因氣質而名者. 有以雜氣質而言者. 超形氣而言. 則太極之稱是也. 而萬物之理同矣. 因氣質而名. 則健順五常之名是也. 而人物之性不同矣. 雜氣質而言. 則善惡之性是也. 而人人物物又不同矣."

13) 『南塘集』 권8, 17면,「與崔成仲別紙 辛卯四月」 참조.

비한다. 그러므로 만물은 모두 오상을 구비한다. 단 기의 가리운 바 때문에 발용할 수가 없을 뿐이다.(한홍조의 설)

둘째 논거, 오상이란 오행의 이치이다. 만물은 모두 오행의 기를 얻는다. 그러므로 모두 오상의 덕도 얻는다.(이만동, 이병상, 한홍조의 설)

셋째 논거, 물이 오상을 얻는 것이 충분하게 품부 받는 것은 아니지만, 다섯 가지의 수는 모두 품부 받는다.(이병상의 설)

넷째 논거, 사람은 오상의 순수한 것을 얻지만, 물은 순수하지 않은 것을 받는다. 비록 순수하지 않지만 오상의 덕을 갖는다.(이만동의 설)

남당에 따르면 이간과 윤혼은 이 네 가지를 종합해서 인물성동론을 주장한다. 이 네 가지 인물성동론의 근거에 대해 남당은 다음과 같이 차례로 반박한다.

첫째 논거에 대해, 태극과 오상은 이치가 둘인 것은 아니다. 그러나 태극은 형기를 초월해서 말하는 것이고, 오상은 기질에 인해서 부르는 것이다. 음의 이치, 양의 이치, 오행의 이치, 만물의 이치를 모두 태극으로 부를 수 있다. 태극은 특정 물에 인해서 정해진 체가 있는 것이 아니다. 그러므로 형기를 초월해서 칭하는 것이다. 이에 반해 오상은 오행의 특정 기에 대응하는 이가 정해져 있다. 예컨대 목의 이치는 인이 되지 의가 될 수 없고, 금의 이치는 의가 되지 인이 될 수 없다. 즉 오상은 오행의 사물에 따라 정해진 체가 있다. 그래서 형기를 초월한 것은 물마다 전체를 갖추고 있지만, 기질에 인하는 것은 기가 치우치면 이(理)도 역시 치우치게 된다. 따라서 태극은 만물이 동일하게 구비하지만, 오상은 물이 모두 갖출 수가 없다고 남당은 이해한다. 성이 있으면 정이 있고, 체가 있으면 용이 있어야 한다. 그런데 만물이 모두 오상의 성을 갖추고 있으면서 발용할 수가 없다고 한다면 이는 성은 있는데 정이 없고, 체는 있는데 용이 없다는 것인데 이런 이치가 있을 수 있느냐고 남당은 비판한다.[14)]

둘째 논거에 대해, 오행의 기를 얻으면 오행의 이도 얻는 것은 맞다. 그러나 오행의 이가 곧 오상은 아니다. 남당에 의하면 오상은 오행 가운데서 우수한 수기(秀氣)의 이(理)일뿐이다. 수기를 얻어야만 그 이에 대해서 오상이라고 부를 수 있다. 그런데 사람은 오행의 수기를 얻어 오상의 덕을 갖추지만, 물은 혹 겨우 오행 가운데 어느 한 기의 수기만 얻지 오행의 수기를 모두 얻을 수가 없다. 그래서 예컨대 호랑이와 이리는 인을, 벌과 개미는 의를 지니지만 그 나머지 다른 덕은 갖출 수가 없다. 오행의 기를 얻었다고 모두 오상을 갖추었다고 본다면 악독한 짐승들의 형태는 어떻게 설명할 수 있는가? 라고 남당은 의문을 제기한다.[15]

셋째 논거에 대해, 지각을 성으로 오인하는 것이 문제이다. 물 가운데 혈기가 있고 지각이 있는 동물은 추위/더위, 굶주림/배부름을 알고, 삶을 좋아하고 죽음을 싫어하며, 이익을 좇고 손해를 피하는 것이 사람과 같으나 이것은 형기가 하는 바이지, 천명이 부여한 바는 아니다. 극히 일부 동물만이 오상 중 하나의 일단을 지닐 뿐 그 나머지 다른 물에서 오상의 전덕(全德)을 찾아볼 수가 없다.[16]

넷째 논거에 대해, 사람과 동물의 구별을 오상의 전(全)과 부전(不全)에서 찾지 않고 순수함과 잡박함에서 찾는 것은 적절하지 못하다.[17] 이것은 기의 순수함과 잡박함을 가지고 성의 오상을 잘못 인식하는 것이다. 오상에 순수함과 순수하지 않음이 있다는 것은 성에 선악이 있다고 하는 것이라고 남당은 비판한다.

남당이 이처럼 인물성동론을 강력히 부정하고 인물성의 다름을 주장하

---

14) 『南塘集』 권8, 17-18면, 「與崔成仲別紙 辛卯四月」 참조.
15) 『南塘集』 권8, 18-19면, 「與崔成仲別紙 辛卯四月」 참조.
16) 『南塘集』 권8, 19-20면, 「與崔成仲別紙 辛卯四月」 참조.
17) 『南塘集』 권8, 20면, 「與崔成仲別紙 辛卯四月」 참조.

는 이유는 무엇일까? 남당에 의하면 만물이 모두 오상의 전덕을 갖추고 있다고 본다면 이것은 사람과 동물이 같은 것은 '내면〔內〕', '고귀한 것〔貴〕', '큰 것〔大〕' 이라고 이해하는 것다. 반면에 다른 것은 '외면〔外〕', '천한 것〔賤〕', '작은 것〔小〕' 일 뿐이라고 여기는 것이다. 즉 비본질적인 것이 다를 뿐 본질적인 도덕성은 같은 것으로 이해하게 된다는 것이다. 그래서 만물에 근원적으로 귀/천과 대/소의 정해진 분수가 없게 된다고 한다. 그리고 정해진 분수가 없게 되면 천지간에 혼돈의 세계가 된다.[18] 남당은 사람과 동물은 단순히 형기가 다른 것이 아니라, 근본적으로 성(性) 자체가 다름을 주장하고 싶은 것이다. 인간을 인간답게 고귀하게 해주는 인의예지신의 도덕성을 동물과 같이 천한 부류와 공유하고 싶지 않기 때문이다.[19] 남당은 인물성이 다르다는 주장을 통해서 동물에 대한 인간의 도덕적 우월성을 이론적으로 확립하려고 하였다.

나) 병계의 인물성이론

인물성이론자인 병계 윤봉구에 따르면 인물성동론자는 다음과 같이 주장한다. 이(理)는 천하를 통해서 하나이고, 본연지성은 이(理)다. 이가 하나이므로 성은 같다. 하늘과 사람부터 곤충 초목에까지 본연지성은 하나라고 한다. 그래서 사람의 본연지성이 인의예지이면 곤충과 초목의 본연지성도 인의예지로 말할 수 있다고 한다. 이러한 인물성동론에 대해 병계는

---

18) 『南塘集』 권8, 22면, 「與崔成仲別紙 辛卯四月」 "且物之有生. 莫大於是性. 而性之爲德. 莫貴於五常也. 萬物若皆具五常之全德. 則是其同者. 乃其性情之主乎內而貴且大者也. 其不同者. 特其軀殼之形於外而賤且小者也. 然則人其人物其物. 牛其牛馬其馬者. 是皆從外賤且小者而强名之耳. 其內而貴且大者. 未嘗不自在其同矣. 內而貴且大者旣同. 則其外而賤且小者. 不足以妨其同. 而人或可以見治於物. 牛或可以爲馬而馳也. 然則萬物元無有貴賤大小之定分. 而天地間只一渾沌世界也. 噫亦殆矣." 참조.

19) 『南塘集』 권9, 30면 참조.

다음과 같이 반박한다.

하늘이 부여하는 것이 명(命)이라면, 물이 받은 바는 성(性)이 된다. 주자는 "이가 같다는 것은 가하나, 성이 같다는 것은 불가하다."라고 하였다. 일본만수(一本萬殊)에서 이(理)가 같으므로 일본(一本)이고, 성(性)이 같지 않으므로 만수(萬殊)가 된다. 또한 진북계는 "이는 천지간에 인/물 공공(公共)의 이다. 성은 내가 지니고 있는 이다. 그래서 성이라고 한다."라고 하였다. 그리고 '솔성지도(率性之道)'와 관련하여 정명도는 '솔성지도'를 본성을 따라서 잃지 않는 것을 도(道)라고 해석하였다. 그러므로 예컨대 말은 말의 성이 되지 소의 성이 되지 않으며, 소는 또한 소의 성이 되지 말의 성이 되지 않는다고 하였다. 주자도 "소는 밭 갈고 말은 달리는 것을 '솔성지성'으로 삼는다. 만약 본성을 따르지 않고 말로 하여금 경작하게 하고 소로 하여금 달리게 하면 그 본성을 잃는 것이니 이는 소와 말의 도가 아니다."라고 하였다. 이것으로 보면 주자와 정자는 이(理)와 성(性)을 구별하고, 인성과 물성을 다르게 인식했다고 병계는 주장한다.[20]

병계에 따르면 이통(理通)의 본연지성과 기국(氣局)의 기질지성만이 있는 것이 아니라, 솔성지도처럼 기국이 아닌 본연지성이 있다. 이것은 사람과 물이 서로 다른 본연지성이다. 여기서 사람의 성은 인의(仁義), 말의 성은 달리는 것, 소의 성은 경작하는 것이다.[21] 대개 같은 하나의 이치이지만 사람의 마음에서는 인의예지의 성이 되고, 소의 형기에서는 경작하는 본성이 되고, 말의 형상에서는 달리는 본성이 되고, 솔개와 물고기의 형기에서는 날고 뛰는 성이 되는 것처럼 서로 다르게 된다고 한다.[22]

이처럼 인물성이론자인 병계 윤봉구는 명(命)과 성(性), 이(理)와 성(性)

20) 『屛溪集』 권17, 10-11면, 「答金伯剛」 참조.
21) 『屛溪集』 권17, 12면, 「答金伯剛」 참조.
22) 『屛溪集』 권17, 14면, 「答金伯剛」 참조.

을 구분한다. 그리고 동물의 성이란 인의예지와 같은 도덕적인 것이 아니라, 소와 말이 경작하고 달리는 것처럼 기능적인 것이라고 본다. 여기서 동론자와 성에 대해 매우 큰 인식의 차이를 보여주고 있다.

2) 인물성동론(人物性同論)

가) 외암의 인물성동론

주자는 『중용장구』에서 "사람과 물이 생길 때 각기 부여된 이(理)를 얻어서 건순오상의 덕이 되니 이것이 이른바 성이다." 고 하였다. 그리고 『대학혹문』에서도 "인(人)·물(物)이 생길 때 이 이(理)를 얻어서 건순 인의예지의 성이 된다." 고 하였다. 외암 이간은 주자의 이 두 명제를 자신의 인물성동론의 핵심 논거로 제시한다.[23] 외암에 의하면 하늘이 명한 이른바 '천명지성(天命之性)' 이 곧 본연지성이고 본연지성이 곧 인의예지이다.[24] 천명지성 밖에 태극이 따로 있는 것이 아니고, 본연지성 밖에 따로 천명지성이 있는 것이 아니다. 외암에 의하면 '천명' '오상' '태극' '본연' 이 명목은 비록 다르지만, 실제는 이 이(理)가 가리키는 바에 따라서 이름만 다르게 불리는 것일 뿐이다. 이것은 모두 일원(一原)을 가리키는 것이다.[25]

외암의 입장에서는 본연(지성)으로 말하면 성명(性命)이 인과 물에 다름이 없다. 즉 본연지성의 관점에서는 인간과 동물의 본성이 다르지 않다. 그

23) 『巍巖遺稿』 권4, 44면 참조.

24) 『巍巖遺稿』 권4, 43-44면 참조.

25) 『巍巖遺稿』 권4, 43-44면, "愚昧之見. 則天命五常. 太極本然. 名目雖多. 不過此理之隨指異名. 而初非有彼此本末偏全大小之異也. 約以言之. 命之與性. 均是渾然. 詳以目之. 四德五常. 同一粲然. 而語其眞至而謂之太極. 明其根柢而謂之本然. 非本然太極之外. 有五常天命. 而性命之間. 又有同異也. 元在一處. 故無彼此本末. 元只一物. 故無偏全大小也. 而亦初非牽聯比屬. 而謂之一原也. 只一物. 故謂之一原也." 참조.

렇다고 외암이 인간과 동물의 차이를 부정하는 것은 결코 아니다. 기질의 관점에서 말하면 기의 바르고 통한 것을 얻은 자는 사람이 되고, 치우치고 막힌 것을 얻은 자는 물이 된다. 정통(正通) 가운데도 청탁수박(淸濁粹駁)의 구분이 있다. 편색(偏塞) 가운데도 또한 조금 통한 것과 완전히 막힌 것의 다름이 있다. 이것이 인/물 이체(異體)의 유만부제(有萬不齊)한 것이다. 그러므로 기질로 논하자면 개의 성품이 소의 성품이 아닐 뿐만 아니라 도척의 성품은 순의 성품이 아니다. 그러나 본연을 가지고 말하자면 도척의 성이 순의 성일 뿐 아니라 물의 성이 곧 사람의 성이다. 율곡이 말한 이통(理通)이나 주자의 이른바 이동(理同)은 기질에 즉하지 않고 오직 본연만을 가리키는 것이다. 그리고 율곡의 기국(氣局)이나 주자의 이른바 '성부동'(性不同)은 이 본연에 즉한 것이 아니고 기질을 겸해서 거론한 것이라고 한다.[26]

외암은 남당을 비롯한 인물성이론자들의 주장을 다음과 같이 비판한다.[27]

첫째, 성과 명은 원래 하나의 실체로서 이름만 둘이다. 그런데 인물성이론자들은 이름이 다르다고 해서 각각 두 개의 실체로 여기는 오류를 범한다. 둘째, 같은 한 곳에서(性) 동(同)과 이(異)에 따라 하나는 일원(一原)의 전(全)으로 다른 하나는 이체(異體)의 편(偏)으로 가리키는 잘못을 범하다. 셋째, 성에는 본연과 기질의 구별이 있지만, 본연지성이 주가 된다. 그런데

26) 『巍巖遺稿』 권4, 44면, "以本然言之. 性命固無人物之殊. 而以氣質言之. 則得氣之正且通者爲人. 而偏且塞者爲物. 而正通之中. 又有淸濁粹駁之分焉. 偏塞之中. 又有或通全塞之異焉. 則是人物異體之有萬不齊者然矣. 是故. 論其氣質. 則非惟犬之性. 非牛之性也. 跖之性. 非舜之性矣. 語其本然. 則不惟跖之性. 卽舜之性也. 物之性卽人之性矣. 然則栗谷所謂理通. 朱子所謂理同者. 非卽此氣質. 單指本然而言歟. 栗谷所謂氣局. 朱子所謂性不同者. 又非卽此本然. 兼擧氣質而言歟." 참조.

27) 『巍巖遺稿』 권4, 46면 참조.

성이 하나는 기질에 인해서〔因氣質〕 다른 하나는 기질에 따라〔隨氣質〕 다르다 하니 둘 다 본연에는 들어가지 못한다. 그래서 자사가 말한 본연지성을 기질로 돌려버렸다고 비판한다. 넷째, 성이 오상을 갖춤만 알지 천명이 사덕을 갖춘 것은 모르고, 사덕이 하늘에 있고 오상이 사람에 있는 것은 알지만, 사덕 외에 다시 오상이 없고, 천명의 밖에 다시 물성이 없음을 모른다고 비판한다.

외암은 사람이 물과 다른 것은 성이 아니라, (형)기가 다르다고 한다. 사람의 형은 머리는 하늘을 닮아 둥글고 발은 땅을 닮아 평평하여 평정단직(平正端直)이 스스로 물과 다르고, 마음이 허명통철(虛明洞澈)하여 만물의 영장이 되는 것이 기에 달려있다고 본다.[28] 그리고 성이 있어도 발용할 수 없다면 이런 정 없는 성이 있겠느냐는 인물성이론자의 비판에 대해서는, 사람도 모두 오상이 있다고 하지만 실제로는 도척처럼 일생 인의를 행하지 않는 자도 있음을 들어서 반박한다.[29] 즉 사람도 오상의 성이 있지만, 그것을 정으로 구현하지 못하는 경우가 있는 것처럼 동물도 오상을 갖추고는 있지만, 온전히 구현하지는 못하는 것이 있을 수 있다고 해명한다.

나) 관봉의 인물성동론

관봉 현상벽도 이간과 마찬가지로 사람과 물이 모두 오상을 갖추고 있다고 인식하고, 인물성이론자들의 논거에 대해서 다음과 같이 차례로 반박한다.

남당이 오상을 기와 섞어서 말하고 있는데 이는 잘못이다. 본연지성과 기질지성은 둘이 아니다. 그런데 본연지성은 기를 섞지 않고 이(理)만을 가

28) 『巍巖遺稿』 권7, 20면 참조.
29) 『巍巖遺稿』 권7, 21면 참조.

리키는 것이다. 본연지성 즉 천명지성은 기품을 섞지 않은 것이고, 오상은 실제로는 천명지성을 해석한 것이라고 본다. 그러므로 오상에 대해서도 기를 섞어서 말해서는 안 된다. 그런데 인물성이론자는 오상을 기를 섞어서 가리키고, 따라서 인과 물이 다르다고 하는데 이는 부당하다는 것이다.[30)]

태극과 오상은 둘이 아니다. 오상도 본연이고 태극도 본연이다. 주자는 성이 태극이라고 하였고, 태극의 혼연한 체는 명칭으로 분별할 수 없지만, 그 가운데 강령의 큰 것 네 가지가 있어서 그것을 인의예지로 명하는 것일 뿐이다. 태극은 음양오행의 전(前)이고, 오상은 음양오행의 후(後)라고 할 수는 없다. 태극도 기 가운데 즉해서 태극만을 지칭하는 것이고, 오상도 하나의 태극을 경계를 나누어 말하는 것에 지나지 않는다. 그러므로 태극과 오상을 둘로 잘라서 나누는 것은 타당하지 않다.[31)]

성과 명도 둘이 아니다. 하늘에 있어서는 명이라고 하고, 사람에 있어서는 성이라고 하지만, 이것은 둘이 아니라고 이해한다. 천지에 원형이정(元亨利貞)의 사덕이 있는 것이나, 인 · 물에 인의예지의 오상이 있는 것이나, 그 이치는 하나이다. 명이나 성에 간격이 있는 것이 아니다. 그런데 남당이 오상을 기와 섞인 성으로 보는 것은 잘못이라고 비판한다.[32)]

인물성이론자는 사람이 만물에 비해 귀한 것이 이에 있는가 아니면 기에 있는가를 묻고 이(理)에 차이의 근거를 두고자 한다. 그러나 동론자인 관봉은 다음과 같이 『대학혹문』과 태극도주(太極圖注)의 주자의 언설을 동론의 근거로 제시한다. 『대학혹문』에서는 이르기를 "이로 말하면 만물은 하나의 근원이라 인(人) · 물(物)에 귀천의 다름이 없다. 기로써 말하면 바

30) 『冠峯遺稿』 권7, 2면, 「五常辨 卯辛」 참조.

31) 『冠峯遺稿』 권7, 2-3면, 「五常辨 卯辛」 참조.

32) 『冠峯遺稿』 권7, 3면, 「五常辨 卯辛」 참조.

르고 통한 것을 얻은 자는 사람이 되고, 치우치고 막힌 것을 얻은 자는 물이 된다. 그러므로 혹은 귀하고 혹은 천하여 가지런할 수가 없다."고 하였다. 또한 태극도주(太極圖注)에서 이르기를 "인(人)·물(物)이 생겨남에 태극의 도를 갖지 않은 자가 없다. 그러나 음양오행의 기가 교대로 운행함에 사람이 품부 받은 것이 홀로 그 빼어난 것을 얻어서 그 마음이 가장 신령하다."고 하였다. 이로써 보면 사람이 금수와 달리 귀하고 신령한 것은 기의 빼어남과 기의 바르고 통한 바에 있지, 천명지성이 귀하냐 천하냐에 달린 것이 아니라고 관봉은 인식한다.[33]

『중용혹문』에서는 "이른바 성이란 하나의 이도 갖추지 않음이 없다〔所謂性者無一理之不具〕." "이른바 성이란 하나의 물도 얻지 않음이 없다〔所謂性者無一物之不得〕."라고 하였다. "이른바 성이란 하나의 이도 갖추지 않음이 없다."로 부터 성에는 오상의 성이 갖추어지지 않음이 없음을 추론할 수 있다고 관봉은 주장한다. 또한 "이른바 성이란 하나의 물도 얻지 않음이 없다."로 부터 물에는 오상을 얻지 못한 물이 없다는 명제를 이끌어낸다. 그래서 관봉은 "조수와 초목은 본디 스스로 전체를 가지고 있다. 단지 형기에 질곡되어 통관(通貫)할 수가 없을 따름이다."고 주장한다. 남당은 호랑이와 이리, 벌과 개미 등에 대해서만 오상의 하나를 인정하고 그 나머지는 불허한다. 그러나 관봉은 모든 물이 다 오상의 이치를 지니고 있다고 생각한다. 단지 기의 막힘과 치우침으로 오상이 온전히 드러나지 않을 뿐이라고 한다.[34]

---

33) 『冠峯遺稿』 권7, 3면, 「五常辨 卯辛」 참조.

34) 『冠峯遺稿』 권7, 4면, 「五常辨 卯辛」 참조.

3) 인물성동이론의 쟁점

이상에서 우리는 인물성이론자와 동론자의 주장의 논지를 살펴보았다. 이들 사이에는 단순한 개념에 대한 이해 이상으로 인/물 관계를 바라보는 시각과 인식에 중요한 차이가 있다. 이론자는 성을 크게 세 가지 차원으로 나누어 이해한다. 즉 초형기(超形氣), 인기질(因氣質), 잡기질(雜氣質)로 나누어 구분한다. 이 세 가지 가운데 두 번째 '인기질'의 관점에서 인성과 물성을 규정하고, 서로 다르다고 주장한다. 이에 반해 동론자는 일원(一原)과 이체(異體)라는 두 가지 관점에서 성을 바라본다. 본연지성이란 일원의 관점에서 보는 것이고, 따라서 당연히 인물성이 동일하다는 것이다.

이들은 주자학의 핵심 명제인 '성즉리(性卽理)'를 서로 다르게 이해한다. 동론자는 '성즉리'를 성이란 기를 섞지 않고 이(理)만을 가리키는 것으로 해석한다. 반면에 이론자는 '성즉리'라고 하지만, 성과 이를 구분하고자 한다. 성은 기에 즉해서 이(理)를 말하는 것이고, 이(理)는 기를 섞지 않고 말하는 것이라고 본다. 이들은 태극 · 천명 · 오상에 대해서도 개념에 대한 이해가 다르다. 동론자는 태극 · 천명 · 오상이 이름만 다르지 실제로는 다르지 않은 것으로 파악하고 있다. 이에 반해 이론자는 태극 · 천명과 오상은 의미하는 바가 차이가 있음을 강조한다. 즉 태극 · 천명은 기와 관련 없이 말하는 것이고, 이에 비해 오상은 오행의 기와 관련하여 부르는 것이기 때문에 태극 · 천명과는 구별하여야 한다는 입장을 견지한다.

호랑이와 이리의 인(仁)이나 벌이나 개미의 의(義)에 대해서도, 이론자는 동물로서 오상의 일부라도 지닌 것은 극히 일부뿐이라고 해석하고, 동론자는 이것은 예들 든 것일 뿐이고 다른 동물들도 오상을 지니고 있다고 한다. 동론자는 동물들에게 오상의 일부만 나타나는 것은 질(質)에 의해 제약되어서 그런 것이고, 오상의 이(理)는 동물들에게도 성에 내재한다고 인식한다. 즉 용으로 온전히 나타나지는 않는다고 하더라도 체에는 오상이 있다고 본다. 이에 대해 이론자는 체가 있으면 그것이 용으로 나타나야 한다고 인식하고, 용이 없는 체의 존재를 부정한다.

또한 동론자는 오행의 기의 이(理)가 곧 오상이므로, 오행으로 만들어진 만물에도 오상이 있다고 여기는 반면에 이론자는 오행의 기가 아니라 오행 수기(秀氣)의 이가 오상인데 사람만이 오행의 수기로 이루어지므로 오상을 구비하고, 물은 오행의 편기(偏氣)를 얻으므로 오상을 온전히 갖추지 못한다고 주장한다.

동론자와 이론자는 자신들의 주장을 뒷받침하기 위해서 논거로 인용하는 것이 서로 다르다. 동론자가 『중용장구』의 '천명지위성(天命之謂性)' 에 대한 주자주(朱子注)를 거론하는 데 반해, 이론자는 『맹자』 '생지위성장(生之謂性章)' 에 대한 주자주를 인용한다. 그리고 이들은 같은 주석에 대해서도 서로 그 의미를 다르게 해석한다. 예컨대 "以理言之, 則仁義禮智之禀, 豈物之所得而全哉?" 에서 '전(全)' 의 의미를 이론자는 오상을 온전히 얻는다는 의미로 해석하여 "이(理)로 말하면 인의예지를 품부받음에 물이 얻는 것이 어찌 오상을 온전히 얻겠는가?" 로 이해한다. 이에 반해 동론자는 얻은 오상을 온전히 실현한다는 의미로 해석하여 "이로 말하면 인의예지를 품부받음에 물이 얻는 것이 어찌 온전히 실현되겠는가?" 로 해석한다. 인간 존엄성의 근거에 대해서도 이론자는 성(性) 또는 이(理)에서 찾고자 하고, 동론자는 기(氣)에서 발견할 수 있다고 인식한다.

4. 인물성동이론의 환경 윤리적 의미

주자학은 인의예지를 인간뿐만 아니라 천지 만물이 공유하는 존재론적 원리로 이해하였다. 그래서 인간뿐만 아니라 만물이 인의예지의 이를 구유하고 있다고 인식한다. 이 점에서 인간과 만물은 공통적이다. 그러나 다른 한편에서 만물에 대한 인간의 고유한 존엄성과 우월성을 확인하지 않으면 안 되었다. 여기서 주자학의 인/물 관계에 대한 근본적 딜레마가 있는 것이다. 인간과 동물의 관계를 연속적으로 보느냐 불연속적으로 보느냐 하는 것은 대단히 중요하다. 인물성동이논변은 단순히 개념 이해를 둘러싼 논쟁이 아니라, 자연과 인간의 관계에 대한 근원적 인식의 차이를 보여준다. 이 논변은 동물과 식물에 대한 인간의 인식과 태도에 큰 영향을 미칠 수 있다. 인물성동이논변은 환경 윤리적으로 도대체 어떤 의미를 지니고 있을까? 물론 동론자도 기의 차원에서 인간과 동물 사이에 차이가 있음을 부정하지는 않는다. 그리고 이론자도 이의 차원에서는 같음을 부정하지 않는다. 그럼에도 불구하고 동론과 이론은 인간과 동물의 도덕적 지위에 대한 인식에서 상당한 차이가 있다.

인물성동론을 주장하는 입장에서는 인간과 동물 사이에 이 즉 원리적인 차원에서는 오상이라는 공통점이 있다고 이해한다. 물론 동물의 경우는 기질의 편색 때문에 오상이 원활히 발휘되지는 않는다. 그럼에도 불구하고 사람이나 동물이나 모두 원리적으로 그리고 잠재적으로 오상을 지니고 있다는 사실은 원리적으로나 잠재적으로도 오상을 지니고 있지 않다는 입장과는 매우 다르다. 그뿐만 아니라 인물성동론자들은 동물이 원리적으로나 잠재적일 뿐만 아니라 현실적으로도 불완전하게나마 오상을 일부 구현하고 있음을 주목한다. 이것은 동물을 보는 시각에 있어서 데카르트처럼 영혼이 없는 움직이는 기계처럼 보는 것과는 아주 다른 인식을 보여주는 것이다. 데카르트 철학에서는 영혼이 없는 동물에 대해서는 인간이 오직 수단으로만 대한다고 하더라도 큰 문제가 없을 수 있다. 그러나 인물성동론의 경우 동물은 비록 인간만큼은 도덕성을 온전히 구현하지 못한다고 하더라도 도덕성을 일부라도 구현할 수 있고, 설사 구현할 수 없다고 하더라도 원리적으로는 오상을 지니고 있으므로 동물을 단순히 수단으로만 이해할 수는 없게 한다.

이에 비해 인물성이론자들은 인간과 동물의 차이를 강조하는 입장이다. 비록 이(理)의 차원에서 같다고 하더라도 성(性)의 차원에서는 이미 사람과 동물이 같을 수가 없다고 이해한다. 동론자들이 '기질지성' 에서만 사람과 동물이 다르다고 보는 것에 반해 이론자들은 '본연지성' 에서 이미 사람과 동물이 다름을 강조한다. 이를 통해 동물과 차별화되는 인간의 고유한 지위와 존엄성을 강조한다. 이론자들의 주장의 배후에는 인간은 귀하고 동물은 천하다는 전제가 깔려있다. 이러한 전제 때문에 이들은 인물성동론을 수용하기 어려웠다. 이들은 인간 중심적 도덕성을 강화하고자 하였다. 이들은 동물에 대해서 있는 그대로를 이해하기보다는 인간에 비해 천한 존재로 보려는 시각이 강했다. 따라서 동물에 대한 공감적 이해 노력이 부족하다. 이들은 동물이란 예컨대 소는 밭을 가는 것, 말은 달리는 것을 본성으로 한다고 여긴다. 인간을 위한 도구적 존재로 이해하려는 경향이 보인다.

현대의 진화론이나 사회생물학적 관점에서 보면 인간과 동물은 그 기원이 다르지 않다. 사람과 침팬지의 DNA의 차이는 아주 적다. 인간의 이성이 발달하였다고 하더라도 동물과 공유하는 유사한 측면도 많다. 인간과 동물의 같고 다른 점을 어떻게 이해하고 인식하느냐 하는 문제는 철학적으로나 윤리적으로 매우 중요하다. 동질성을 강조하느냐 이질성을 강조하느냐 하는 것은 동물에 대한 태도에 영향을 미칠 수 있다. 인간이 높아지기 위해서는 반드시 동물을 천하게 보아야 하는가? 인물성이론이 동물을 인간에 비해 천하게 보려고 하였지만, 반드시 그렇게 해야만 인간의 존엄성과 도덕성이 확립되는 것은 아닐 것이다. 동물에게도 도덕적 가능성을 원리적으로나마 인정하려고 하였던 인물성동론은 동물의 권리를 인정하는 데까지는 나아가지 않았지만, 동물을 단순히 수단적 존재 이상으로 이해하게 하는 여지를 남긴다.

주자학의 동물에 대한 인식에는 동론(同論)과 이론(異論)의 양면성이 있다. 불교에서는 만물에 불성이 있다고 인식하였다. 아마 성리학에서도 불교의 이러한 인식에 영향을 받아서 만물은 모두 태극을 지니고 있다고 하였다. 이 관점에서 보면 만물은 평등하다. 그러면서도 유학은 인간이 만물 가운데 가장 신령하다고 여긴다. 다른 동물은 의식적으로 도덕적 사고를 하거나 자신을 성찰하여 수양할 수 없다고 여긴다. 인간의 우월성을 강조한다. 이러한 두 가지 상이한 흐름이 성리학 · 주자학 내부에 혼재 갈등하고 있고, 그것이 인물성동이 논쟁을 유발한 것으로 보인다.

성리학의 철학적 입장에서 보며 천지와 만물은 '통체일태극(統體一太極)' 과 '각구일태극(各具一太極)' 의 논리로 설명할 수 있다. 천지와 만물은 모두 태극을 구비하고 구현하고 있다. 그것을 구현하는 정도에 있어서 인간과 동물, 식물이 차이는 있다고 하더라도 기본적으로 삼라만상은 태극의 이(理)를 갖추고 있다. 태극은 존재 원리에 그치지 않고 플라톤의 선의 이데아처럼 지극히 선하고 좋은 것이며 도덕적 덕을 함축하고 있다. 따라서 기본적으로 세계와 만물은 각기 기에 따라서 존재와 도덕의 진리를 드러내고 있다. 인간은 기의 우수성으로 인해 도덕의 구현에 수월한 능력을 갖춘 존재이다. 인간은 인간 상호 간의 조화는 물론이고, 다른 물에 대해서도 그것이 물성을 잘 구현할 수 있도록 도와야 하고, 천지의 화육에 대해서 능동적 역할을 수행해야 하는 존재이다. 동식물을 포함한 만물과 세계의 조화의 중심축으로서 인간의 역할은 매우 중요하다. 인간은 자연의 지배자가 아니라 자연의 조화를 지키고 유지해야 하는 파수꾼이다.

인물성동론자인 관봉 현상벽에 따르면 성에는 인의예지신 오상이 있는

데 이 가운데 하나라도 빠지면 성이 아니라고 한다. 비록 동물의 기는 치우치고 막혀있지만, 그 가운데도 성의 끄트머리를 찾을 수 있으니, 금수에도 칠정(七情)이 있다고 한다. 만약 물에 오성 가운데 하나만 있다면 이러한 칠정이 어디서 나오겠느냐고 말한다.[35] 관봉은 정자의 "무릇 혈기가 있는 것은 모두 오상을 갖춘다. 다만 그것을 확충할 줄을 모른다〔凡有血氣之類, 皆具五常. 但不知充而已〕."라는 명제를 들어 자신의 주장을 뒷받침한다. 관봉은 금수에게 칠정과 유사한 것은 있지만 사단과 같은 순수한 것은 없다고 본다. 관봉은 "확충할 줄을 모른다(不知充)"의 의미를 부자간에 서로 친애함과 군신 간에 서로 거느림 같은 것은 있지만, 극기복례를 통해서 인을 행하고자 하고, 선과 악을 분별하여 의를 실천하는 것 등은 하지 못한다는 의미로 해석한다.[36] 그리고 주자가 혹문에서 호랑이 · 이리 · 벌 · 개미 · 수달 등의 예를 든 것은 이것들만 일부의 덕이 있다는 뜻이 아니라고 한다.

관봉에 의하면 이것은 전부 막힌 것 가운데도 오히려 일부 통한 것이 있음을 보여주는 예이다. 이를 통해 물에도 오상이 있음을 예증한 것이라고 해석한다. 이들 몇몇 동물이 한 가지 성만을 가지고 있다는 뜻도 아니고, 이들 동물만이 이러한 성을 가지고 있고 다른 동물은 하나도 없다는 뜻도 아니라고 해석한다.[37] 말하자면 맹자가 성선을 증명하기 위해 요순(堯舜)을 언급한 것과 같다. 요순 외에 다른 뭇 사람은 선하지 않다는 것이 아니

---

35) 『冠峯遺稿』 권3, 5-6면, 「答韓德昭別紙」 "程子曰. 乾有元亨利貞四德. 闕却一箇. 便不是乾. 愚亦以爲性有仁義禮智信五常. 闕却一箇. 便不是性也. 雖於偏塞之中. 猶有可尋其端倪者. 禽獸之有七情. 則不可誣也. 物若只得一性. 則此七情. 何從而出乎." 참조.

36) 『冠峯遺稿』 권3, 5-6면, "程子曰. 凡有血氣之類. 皆具五常. 但不知充而已. 程子之言止此. 蓋禽獸雖有七情之彷彿. 而未見四端之粹然. 雖有父子之相親. 君臣之相統. 而欲其克己復禮以爲仁. 善善惡惡以爲義. 則有所不能. 此所謂不知充者也." 참조.

37) 『冠峯遺稿』 권3, 5-6면, "蓋凡物莫不具五常. 而朱子於或問. 獨稱虎狼蜂蟻豺獺雎鳩之類者. 以其全塞之中. 猶有一處通者. 故就其的然可見者而言之. 以證物亦有五常耳. 非謂此數者. 獨得一性而已. 亦非謂數者獨有此. 而他物無之也." 참조.

라, 요순을 들어서 성선을 예증한 것이다. 주자가 호랑이 · 이리 · 벌 · 개미 · 수달 등을 예로 든 것도 같은 뜻이라고 한다.[38] 이처럼 관봉은 모든 물이 오상을 갖추고 있다고 한다.

피터 싱어(Peter Singer)는 동물에게도 사람과 같은 쾌락과 고통을 느끼는 능력(sentience)이 있다면 이익관심(interests)을 갖기 위한 충분조건이라고 한다.[39] 관봉은 인간의 칠정과 유사한 감정을 동물도 지니고 있다고 한다. 그렇다면 유사한 감정 구조를 지닌 동물에 대해 인간은 그 최소한의 권리를 인정하지 않을 수 없다고 볼 수 있을 것이다. 최소한 인간은 유사한 감정 구조를 지닌 동물에 대해 고통을 가해서는 안 될 것이다.

동론을 계승한 담헌 홍대용(1731~1783)에 의하면 (천하 만물이) 같은 것은 이(理)이고 다른 것은 기이다. 구슬이 귀하고 똥이 천한 것은 기(氣)이다. 구술이 귀하고 똥이 천한 까닭은 이(理)이다. 구슬의 이치가 똥의 이치이고 똥의 이치가 구술의 이치이다. 터럭처럼 지극히 작은 것이나 천지처럼 지극히 큰 것이나 원리는 같다고 한다. 그리고 초목이나 금수나 사람이나 하늘이나 그 이치는 같다고 한다. 그 이치란 인과 의와 다르지 않다. 호랑이와 이리의 인이나 벌이나 개미의 의는 그 발현처를 보고서 말한 것일 뿐이고, 그 성을 말하면 단순히 인이나 의에 그치는 것이 아니고, 인과 의가 다 포함되어 있다고 본다.[40]

---

38) 『冠峯遺稿』 권3, 5-6면, 「答韓德昭別紙」, "孟子道性善. 而言必稱堯舜. 朱子解之曰. 性者. 人所稟於天以生之理也. 渾然至善. 未嘗有惡人. 與堯舜初無小異. 但衆人汨於私欲而失之. 堯舜則無私欲之蔽而能充其性耳. 故道性善. 必稱堯舜而實之. 愚謂朱子之道物之性. 而必稱虎狼蜂蟻等四者而訂之者. 正猶孟子之道人之性善. 而必稱堯舜而實之也. 今以朱子之獨稱虎狼蜂蟻等四者. 而謂他物無是性. 則是何異於見孟子之獨稱堯舜. 而謂衆人無性善者哉." 참조.

39) J. R. 데자르뎅(1999), 『환경윤리』, 김명식 옮김, 자작나무, 193면 참조.

40) 『湛軒書』, 「心性問」," 毫釐之微. 只此仁義也. 天地之大. 只此仁義也. 大而不加. 小而不減. 至矣乎. 草木之理. 卽禽獸之理. 禽獸之理. 卽人之理. 人之理. 卽天之理. 理也者. 仁與義而

담헌에 따르면, 다르다고 보면 성인과 우인(愚人)·새와 짐승·풀과 나무가 모두 다르지 않음이 없고, 같다고 보면 성인과 우인·새와 짐승·풀과 나무가 같지 않음이 없다. 사람이라고 하더라도 성인처럼 총명하고 지혜로워서 만물을 두루 아는 자도 있지만, 우인은 어리석어서 사방도 분간 못한다. 사람 가운데는 자애롭지 못한 자가 있지만 호랑이는 반드시 새끼를 사랑하고, 사람 가운데는 불충한 자가 있지만 벌은 여왕벌을 공경하고, 사람은 음탕한 자가 있지만 기러기는 반드시 유별(有別)하다. 이로써 보면 금수의 마음도 신령하다. 사람과 다르지 않을 뿐만 아니라 오히려 사람보다 낫기도 하다고 한다. 담헌은 인과 물의 성에서 한걸음 더 나아가 인과 물의 마음이 같다고 본다. 단지 어리석은 자는 기에 국한되고 물(物)은 질(質)에 국한되어 마음의 작용에 차이가 있을 뿐이다. 그런데 기는 바꿀 수 있지만, 질은 바꿀 수가 없다. 이것이 사람과 물의 차이라고 한다.[41]

담헌은 '지극히 맑고 지극히 순수하며 신묘하여 헤아릴 수 없는 것' 이 마음〔心〕이 되는데 이 마음이 '묘하게 뭇 이치를 갖추어 만물을 재제(宰制)하는 원리' 는 사람과 물이 같다고 한다. 그러므로 호랑이와 이리도 새끼에 대해서 사랑하는 마음이 생기고, 벌과 개미도 주군에 대해 경외하는 마음이 발생한다는 것이다. 물이 형에 국한되어 있다고 해서 마음마저 다르다고 보아서는 안 된다고 말한다. 공자는 백성에게 시킬 수는 있지만 알게는 할 수 없다고 하였다. 백성이 비록 성인과 마음은 같지만, 기에 국한

已矣. 虎狼之仁. 蜂蟻之義. 從其發見處言也. 言其性. 則虎狼豈止於仁. 蜂蟻豈止於義乎. 虎狼之父子仁也. 而所以行此仁者義也. 蜂蟻之君臣義也. 而所以發此義者仁也. 夫同者理也. 不同者氣也. 珠玉至寶也. 糞壤至賤也. 此氣也. 珠玉之所以寶. 糞壤之所以賤. 仁義也. 此理也. 故曰珠玉之理. 卽糞壤之理. 糞壤之理. 卽珠玉之理也." 참조.

41) 『湛軒書』, 「答徐成之論心說」, "異則若聖若愚若禽若獸若草若木. 無不異也. 同則若聖若愚若禽若獸若草若木. 無不同也. 同則皆同. 異則皆異. 此可以一言而決矣. … 故曰. 愚局於氣. 物局於質. 心之靈則一也. 氣可變而質不可變. 此人物之殊也." 참조.

되어 요순처럼 총명예지하게 할 수 없는 것과 같이 물도 질에 국한되어 있다고 해서 그 마음 자체가 사람과 다르다고 할 수는 없다는 것이다. 담헌은 인물성동에서 더 나아가 '인물심동(人物心同)'을 주장하고 있다.[42)]

담헌은 사람의 관점에서 물을 보면 사람이 귀하고 물이 천하다고 여기지만, 물의 관점에서 보면 물이 오히려 귀하고 사람이 천하며, 공평한 하늘의 관점에서 보면 사람과 물이 균등하다고 주장한다.[43)] 인물성동론은 담헌에 와서 인물균론(人物均論)으로 전개되었다. 인물성동론은 담헌에 와서 인간 중심주의를 탈피하여 자연과 만물에 대한 공정한 시각을 확보하고, 물에 대한 인식에 큰 전환을 이루게 되었다.

5. 맺음말

인물성동론에서 관봉의 금수칠정론이 나왔고, 나아가 담헌에 와서는 인물심동론과 인물균론까지 제기되었다. 인물성동이 논쟁을 통해서 동물과 식물을 포함한 자연 세계와 만물의 존재 가치와 도덕적 의의에 대해서 성찰하는 계기가 되었다. 인간 중심주의적 우월론을 당연시하는 데서 한걸음 나아가 존재 세계의 큰 틀 속에서 인간의 의미를 객관적으로 성찰하는 기회가 되었다. 이를 통해서 동물에 대해서 인간 중심의 실용주의적 관점을 벗어날 수 있게 되었다.

42) 『湛軒書』, 「答徐成之論心說」, "充塞于天地者. 只是氣而已而理在其中. 論氣之本. 則澹一冲虛. 無有淸濁之可言. … 孔子曰. 民可使由之. 不可使知之. 夫民之心. 本自虛靈洞澈. 萬理咸備. 聖人之不使知之而終不可爲堯舜之聰明睿智者. 何也. 是亦局於氣也. 若以此而遂以爲衆人之心. 與聖人之心不同. 則愚不知其何說也." 참조.

43) 『의산문답』, "以人視物, 人貴而物賤, 以物視人, 物貴而人賤, 自天以視之, 人與物均也."

인물성동론에 따르면 동물은 비록 기질의 한계 때문에 제약을 받기는 하지만 근본적으로는 인간과 마찬가지로 인의예지의 덕을 부여받은 존재이다. 기질의 제약으로 온전히 발용 되지는 않는다고 하더라도 인간과 다름없이 오상을 성으로 하고 있다는 사실만으로도 동물을 수단시하여 함부로 다루어서는 안 되는 것이다. 인간만이 아니라 태극을 갖추고 있는 천지만물은 모두 가치의 담지자이다. 근본적으로 보면 천지만물은 나와 한 몸이다.(만물일체) 따라서 내재적 가치를 지닌다고 할 수 있다. 그뿐만 아니라 천지만물은 기로 이루어져 있고, 기로써 서로 상감(相感)하고 상통(相通)하는 존재이다. 그러므로 인간은 인간 이외의 타 존재에 대해서도 경(敬)의 태도를 지녀야 하며, 사랑을 베풀어야 한다. 유가 사상은 성리학에 와서 인의 대상이 인간만이 아니라 천지만물로 확장된다. 다만 실천에 있어서 멀고 가까운 분수에 따라 차이가 있을 뿐이다. 이렇게 본다면 성리학을 포함한 유학 사상은 환경 윤리로 발전될 수 있는 풍부한 사상적 자원을 지니고 있다고 할 수 있다. 성리학의 인물성동이 문제가 호락논쟁을 통해서 크게 부각되어서 금수칠정론(禽獸七情論)과 인물심동론(人物心同論), 인물균론(人物均論)으로 발전하게 된 것은 환경 윤리적으로 매우 큰 의미를 지니고 있다.

참고문헌

윤봉구, 「병계집」(민족문화추진회편,韓國文集叢刊本 203-205집, 1998.)

이　간, 「외암유고」(민족문화추진회편, 韓國文集叢刊本 190집, 1997.)

한원진, 「남당집」(민족문화추진회편, 韓國文集叢刊本 201-202집, 1998.)

현상벽, 「관봉유고」(민족문화추진회편, 韓國文集叢刊本 191집, 1997.)

홍대용, 「담헌서」(민족문화추진회편, 韓國文集叢刊本, 248집, 1998.)

진　래(2002), 「주희의 철학」, 이종란 외 옮김, 서울: 예문서원.

한국철학사연구회(2003) 엮음, 「한국철학사상사」, 서울: 심산.

황의동(2005) 등저, 「한국유학사상대계 Ⅲ - 철학사상편(하)」, 안동: 한국국학진흥원.

J. R. 데자르뎅(1999), 「환경윤리」, 김명식 옮김, 서울: 자작나무.

남당 한원진(韓元震)(1682년~1751년): 자는 덕소(德昭), 호는 남당(南塘). 통덕랑 한유기와 함양박씨 사이에서 1682년에 태어났다. 권상하의 문인으로서 호락논변에서 호론(湖論)의 입장을 대표하는 학자이다. 학행으로 천거되어 36세에 영릉참봉이 되었고, 44세에는 경연관으로 선발되어 영조에게 학문을 강의하기도 하였다. 제천 황강에 있는 수암 권상하의 문하에 나가서 학문을 배웠는데 수암의 수많은 제자 가운데 영특해서 학자로서 두각을 나타내었다. 남당은 율곡의 철학을 계승하였다. 인물성동이 문제 · 미발 문제 등에 대해 외암 이간과 깊이 있는 논쟁을 통해서 자신의 철학적 입장을 분명히 하였고, 호론 또는 호학을 대표하는 학자가 되었다. 『주자언론동이고』를 지어서 주자 사상의 체계적 이해를 도모하였다. 저서로는 『남당집』, 『주자언론동이고』, 『경의기문록』 등이 있다.

제10장

조선을 뒤흔든 호락논쟁의 주인공, 남당 한원진

퇴계학 비판을 통해 본 남당 한원진의 철학

1. 들어가는 말

조선 성리학은 알려진 바와 같이 퇴계와 율곡이라는 대학자가 기초를 놓았고, 이들이 놓은 기본 이해의 틀은 크게 변하지 않고 조선 후기까지 이어진다. 따라서 퇴계와 율곡 이후의 조선 성리학은 누구의 학통을 따르느냐에 의해 성리학 이해의 기본 방식이 정해지는 경향이 있다. 그런데 어느 편에 서든지 간에 상대 학파의 성리학설에 대해서 공감적으로 이해하기보다는 비판적 태도를 취하는 경우가 많았다. 퇴계의 사상이 퇴계학파 계열의 학자가 아닌, 그 대립적 위치에 있던 율곡학파 계열의 학자들에 의해서 어떻게 이해되었을까? 즉 율곡학파에서는 퇴계의 사상에 대해서 어떻게 바라보고 있었을까? 율곡은 퇴계와 다른 독자적 성리학 이해를 추구하였고, 그것은 기호학파의 사상으로 정착되었다. 율곡-사계-우암-수암으로 이어지는 율곡학파의 정맥을 잇고 있는 남당 한원진은 『퇴계집』을 정밀하게 검토하여 자신과 생각이 다른 문제에 대해서는 비판적으로 자기 의견을 제시하고 있다. 따라서 남당의 『퇴계집차의(退溪集箚疑)』는 율곡학파의 퇴계 철학과 사상에 대한 비판적 인식을 잘 보여주는 대표적 저술이라고 보아도 과언이 아니다. 물론 율곡학파에서도 퇴계를 대학자로 존중하지만, 그 학설에 대해서는 전적으로 긍정하지 않고 비판적 태도를 취하는 경우가 많다.

남당(南塘) 한원진(韓元震: 1682~1751)은 호락논변의 주역이자, 『주자언론동이고(朱子言論同異攷)』의 완성자이기도 하다. 그는 주자학에 대해 그 누구보다 해박하고 치밀한 지식을 지닌 조선 후기 최고의 주자학자이다. 그의 눈에는 퇴계의 철학과 사상이 어떻게 비쳤을까? 우리는 대립적 학파의 눈에 비친 퇴계 철학의 모습을 통해 퇴계 사상의 특성을 보다 명확하게 인식할 수 있을 것이다. 조선조의 유학자들은 모두 주자의 언설을 동원하여 자신의 주장을 정당화하고자 하였다. 그러나 주자의 언설 자체가 대단히 양면적이고 복합적이고 모호한 측면이 많으므로 주자의 언설 중에 어떤 부분을 중심으로 선택하여 주자의 철학을 해석하느냐에 따라 이해의 방식이 갈려지기 마련이다. 남당의 퇴계관 연구는 사실상 두 사람의 사상에 대한 비교이며, 이를 통해 퇴계학파와 율곡학파 사이의 철학적 쟁점과 특성이 분명해질 것이다.

이 글에서는 남당이 쓴 『퇴계집차의』 가운데서 철학적 쟁점을 위주로 하여, 남당이 퇴계의 이기론 · 심성론 · 수양론 · 양명학 비판 · 정치관 등에 대해 어떤 관점에서 바라보고 어떻게 비판했는지를 검토함으로써 기호학파 그 가운데 특히 노론 계열의 퇴계관에 대해서 체계적으로 고찰하고 그 의미를 성찰해보고자 한다.

2. 남당의 퇴계학 연구 배경과 그 내용 구성

남당이 『퇴계집차의』를 쓰게 된 경위는 다음과 같다. 우암 송시열(1607~1689)이 만년에 『퇴계집』의 의문 사항에 대하여 기록하여 책으로 쓰고자 하였으나, 유배를 가게 되면서 시작만 하고 완수하지 못하였다. 그래서 죽음을 앞두고 수암 권상하(1641~1721)에게 『퇴계집차의』를 완성해 줄 것을 다음과 같이 유언하였다.

> "또한 (우암 선생께서) 말씀하셨다. 퇴계서(退溪書)에 대해 내가 차의(箚疑)를 시작하여 겨우 1권에 이르렀는데 치도(권상하)가 모름지기 끝내어서 내 뜻을 완수해 주게. 내(권상하)가 (이 부탁을) 사양하자 (우암 선생께서) 말씀하셨다. 이 일은 자네라면 어렵지 않을 것이네. 힘쓰기 바라네." [1)]

그러나 수암 권상하는 여러 가지 이유로 이 유명을 스스로 완수하지 못하고, 그의 제자인 남당에게 대신 이 과제를 완수해 달라고 부탁하였다. 이에 남당은 스승의 뜻을 따라 우암이 내린 묵은 과제를 떠맡아서 완수하였다. 남당이 이 저술을 완성한 것은 불과 그의 나이 27세(1708년)로서 외암 이간과의 논쟁이 시작될 무렵이다. 『퇴계집차의』는 단순히 남당 개인의 저술이기보다는 우암과 수암을 통해서 내려오는 율곡학파 특히 그중 노론의 사상적 입장을 대변하는 당파적 저술이다. 따라서 이 저술에는 율곡과 우암 그리고 수암의 퇴계에 대한 비판 논리가 집적되어 있다. 당시의 정치적 배경을 고려한다면 남인의 사상적 원조인 퇴계의 철학적 체계의 문제점을 비판적으로 분석함으로써 남인과의 논쟁에서 노론의 사상적 우위를

---

1) 『寒水齋集』 권21, 25면, 「己巳行中語錄」.

확고히 하려는 뜻이 없지 않았을 것이다. 그 과제를 당시에 젊지만 성리학에 대한 박학한 지식과 날카로운 비판력을 겸비한 남당 한원진이 맡게 된 것이다. 이 점에서 『퇴계집차의』의 사상사적 중요성은 매우 크다.[2)]

『퇴계집차의』는 총 79항목으로 이루어져 있고, 서술 형식은 먼저 『퇴계집』 중에서 문제가 된다고 여겨지는 구절을 제시하고, 제시된 구절에 대한 남당의 견해 또는 비판을 서술하고 있다. 문제에 따라 짧게 논평한 것도 있고, 자세하게 자기 의견을 상술한 것도 있다. 이를 통해서 남당이 『퇴계집』 가운데 어떤 부분에 흥미와 관심을 가졌고, 또 퇴계 철학에 대해 어떤 부분을 문제 삼고 불만스럽게 여겼는지를 파악할 수 있다. 거론되고 있는 주요 내용은 이기설, 심성론, 예론, 인물 평가, 경서의 문구 해석, 『성학십도(聖學十圖)』 등등 다양한 주제에 걸쳐 있다. 『퇴계집차의』에는 여러 가지 논점이 제기되고 있지만, 철학적으로 특히 중요한 논점은 이기(理氣) 관계와 이(理)의 본성 문제, 그리고 사단과 칠정 및 도심과 인심의 관계에 대한 인식, 또한 심의 본질에 대한 이기론적 해석의 차이, 양명학 비판 논리에 대한 이견 등이 있다.

---

2) 『퇴계집차의』에 대한 기존의 연구로는, 임원빈이 『남당 한원진 철학의 이에 관한 연구』(연대 대학원 박사학위 논문, 1994) Ⅲ장 1절에서 '퇴계 이황의 철학 비판' 이라는 제목으로 (1) '四端理之發, 七情氣之發' 說, (2) 心合理氣說, (3) 人心道心理氣分屬說 등 심성론 중심으로 소개한 것이 참고 된다.

3. 남당의 퇴계학설에 대한 비판의 내용과 논리

1) 이기론

이기론에서 퇴계와 남당 사이의 가장 큰 쟁점은 이(理)와 기(氣)의 관계에 대한 인식과 이의 본성에 대한 것이라고 할 수 있다. 퇴계는 이와 기의 관계가 현상적으로 분리될 수 없음을 인정하지만, 그럼에도 불구하고 이(理)의 순수성과 초월적 독립성을 중시한다. 그리고 이는 기의 현상을 규정하는 원리에 그치는 것이 아니라, 능동적으로 자기 이념을 실현해 가는 주체로서의 성격이 있음을 강조한다. 물론 때로는 기의 힘이 주도하고 이가 그것에 끌려가는 일도 있지만, 이념적으로 이는 기를 이끄는 지도적 역할을 한다는 사실을 강조하는 것이다.

이러한 퇴계의 이기관에 대하여 남당은 받아들이기가 매우 어려웠다. 물론 두 사람 다 주자를 자신의 학문적 권위자로 받아들이지만, 주자의 사상 체계가 워낙 복합적이다 보니 주자학에 대한 이해가 서로 다른 것이다. 퇴계는 다음과 같이 이기(理氣)의 호발(互發)과 이(理)의 동정(動靜)을 긍정한다.

> "주자는 일찍이 말했다. "이(理)에 동정이 있다. 그러므로 기에 동정이 있다. 만약 이에 동정이 없으면 기가 어찌 스스로 동정이 있겠는가?"[3] 대개 이가 동하면 기가 따라서 생기고, 기가 동하면 이가 따라서 나타난다. 주돈이가 말한 "태극이 동하여 양을 낳는다."는 것은 이가 동하여 기를 낳음을 말한다. 『주역』의 복괘(復卦)에서 말하는 "천지의 마음을 본다"는 것은 기가 동하고 이가 나타

3) 『晦庵先生朱文公文集』 권56, 「答鄭子上(十四)」, "理有動靜, 故氣有動靜. 若理無動靜, 則氣何自而有動靜乎?"

난다는 것을 말한다."[4)]

이러한 퇴계의 '이유동정설(理有動靜說)'에 대해 남당은 수용하지 않고, 주자의 명제를 다르게 해석한다. 남당은 주자가 말한 "이에 동정이 있으므로 기에 동정이 있다."는 명제는 "동정의 이가 있으므로 기가 동정할 수 있다. 만약 동정의 이가 없으면 기가 어떻게 동정할 수 있겠는가 하는 뜻이다. 이가 스스로 동정하고 기가 따라서 동정한다는 것이 아니다."[5)]라고 해석하여 '이유동정설(理有動靜說)'을 부정한다.

남당에 의하면 이와 기의 본성에 있어서 늘 발하는 즉 작용하는 존재는 기이고, 발하게 하는 원리는 이(理)다. 이(理)는 작용의 원리일 뿐 스스로 먼저 작용할 수 있는 존재가 결코 아니다. 남당의 관점에서는 무정의(無情意)·무계탁(無計度)·무조작(無造作)을 본성으로 하는 이(理)를 발하는 것으로 보는 것은, 주자의 이에 대한 정의와 모순되는 것으로서 결코 수용하기 어렵다. 이 점에서 보면 퇴계의 이기관은 심대한 문제가 있다. 원리일 뿐 스스로 발할 수 없는 존재인 이(理)를 능동적으로 발하는 존재인 것처럼 간주하는 퇴계의 철학을 남당의 주자학적 상식으로는 받아들일 수가 없는 것이었다. 그래서 남당은 퇴계의 이자도설(理自到說)에 대하여 "위태하게도 이(理)를 조작(造作)이 있는 존재처럼 여겼다."고 평가하고, 자세한 비판은 우암이 김간에게 보낸 편지에 상세하게 나와 있다고 하였다.[6)] 우암의 이 편지를 분석하면 다음과 같다. 퇴계의 이자도설(理自到說)은 이(理)의 용(用)이 활물이므로 사람의 마음을 따라서 여기서 저기에 이르는 것으로

---

4) 『退溪集』 권25, 「答鄭子中別紙」, 35면.

5) 『南塘集』 拾遺권4, 「退溪集箚疑」, 28-29면, "按理有動靜故氣有動靜者. 謂有是動靜之理. 故氣能動靜. 若無動靜之理. 則氣何能以動靜乎云爾. 非謂理自動靜而氣隨而動靜也."

6) 『南塘集』 拾遺권4, 「退溪集箚疑」, 22-23면, "按先生此論. 殆若以理爲有造作者. 尤菴先生答金仲固書. 論之詳矣."

보았다고 우암은 파악한다. 그러면서 다음과 같이 비판한다.

> "체와 용은 한 근원이고 현(顯)과 미(微)는 사이가 없다는 명제는 바꿀 수 없는 도리이다. 어떻게 그 체가 조작(造作)과 정의(情意)가 없는데 그 용이 정의와 조작이 있을 수 있겠는가? 이른바 '발현(發見)' 하여 '현행(顯行)' 이라 하는 것은, 이 이(理)가 기를 타고 유행하는 것을 용으로 삼은 것으로서 주자가 논한 연비어약(鳶飛魚躍)의 뜻과 같은 것이다. 이 이(理)의 체는 정의와 조작이 없는데 용에 이르러 정의와 조작이 있어서 스스로 그 극처에 도달할 수 있다는 것이 아니다."[7]

퇴계의 관점에서 보면 남당의 이기관 즉 이를 발하는 것의 소이로만 보고, 발하는 것은 기로만 인식하는 것은 이(理)를 죽은 물건으로 보아서 이(理)의 주재성을 상실케 하는 위험성을 내포하고 있다. 물론 남당도 이의 주재성을 인정하지만 남당이 인정하는 주재는 상당히 기계적이고 형식적이다. 이에 비하여 퇴계는 이의 주재적 성격을 강조하기 위해서는 단순히 발하는 소이에 그치는 것이 아니라, 이(理) 자체가 발할 수 있고, 동정할 수 있어야 한다고 인식한다.

퇴계의 호발설에 대해서도, 남당이 보는 주자학에 의하면 이와 기는 결코 분리될 수가 없다. 이가 먼저이고 기가 나중이라는 설은 단지 원두상에 나아가 논리적으로만 그러한 것이고, 실제에서는 과거에도 그러하였고 현재에도 그러하며 미래에도 그렇듯이 이와 기는 결코 분리될 수 없는 불가

---

7) 『宋子大全』 권104, 「答金直卿」, 26면, "夫體用一源. 顯微無間者. 自是不可易之道理. 豈有其體則無情意造作. 而其用則有情意造作也. 夫所謂發見顯行云者. 蓋謂此理乘氣流行而以爲用. 如朱子論鳶飛魚躍之義而已. 非謂此理其體則無情義造作. 而至於用則有情義造作. 自能到其極處也."

리(不可離)의 존재임을 남당은 강조한다. 남당은 이와 기는 단지 명목상으로만 구분되고, 논리적으로만 이(理)의 선재성을 말할 수 있을 뿐 실제에 있어서는 이와 기는 언제나 함께한다는 명제를 대전제로 받아들인다. 그런데 퇴계는 자꾸 "이가 발하고 기가 이를 따른다〔理發而氣隨之〕, 기가 발하고 이가 기를 탄다〔氣發而理乘之〕." 또는 "이가 동하면 기가 따라서 생기고〔理動則氣隨而生〕, 기가 동하면 이가 따라서 나타난다〔氣動則理隨而顯〕."라고 하여 마치 이와 기가 두 개의 서로 분리될 수 있는 실체인양 말하는 것은 이기의 오묘한 공존 관계에 비추어 볼 때 대단히 불만족스러운 것이다. 그는 퇴계설이 이와 기를 두 가지 물건으로 나누었다고 비판하고, 정자와 주자의 설을 끌어들여 퇴계설의 문제점을 드러낸다.

> "만약 선생의 설과 같이 이가 동하고 기가 따라서 생기며 기가 동하여 이가 따라서 나타난다면, 이는 이와 기가 명백히 별개의 존재가 되어 서로 작용을 하는 것으로 혹은 이가 먼저 움직여 기가 그 뒤를 따르고, 혹은 기가 먼저 움직여 이가 그 뒤를 따르는 것이 된다. 그렇다면, 정자가 말한 "음과 양은 시작이 없다〔陰陽無始〕."는 명제(이가 동하고 기가 따라서 생긴다면 음양이 생기는 것에 시작이 있다.)와 주자가 말한 "이에는 작용이 없다〔理無作用〕."는 명제(이가 혹 기에 앞서 동하면 이는 이에 작용이 있기 때문이다.)와 "앞으로 밀고자 해도 애초에 합하는 것을 볼 수가 없고, 뒤로 당기고자 하여도 끝내 분리되는 것을 보지 못한다."는 명제(이가 동하면 기가 따르고 기가 동하면 이가 따른다면 그 시초에 합하는 것을 볼 수가 있다. 이미 시초에 합하는 것이 있다면 필연적으로 종말에 분리되는 것이 있다.)는 과연 모두 무엇을 말하는가?"[8]

---

8) 『南塘集』 拾遺권4, 「退溪集箚疑」, 29면.

위의 글에서 볼 수 있는 바와 같이 남당은 '이기불상리(理氣不相離)'의 관점을 중심으로 하여 이기 관계를 파악하고 있다. 요컨대 퇴계의 이기론이 이원론적 성격이 강하다면, 남당은 일원론적 시각이 강하다고 할 수 있다. 환언하면 이기 관계에서 이를 기에 내재하는 존재로 보느냐, 아니면 상대적으로 이(理)의 초월적 성격을 인정하느냐에 따라서 관점의 차이가 있다. 퇴계의 이기관에서는 이는 기와 공존할 수도 있지만, 또한 상대적으로 독립적 존재 가능성이 부정되는 것이 아니다. 이념 또는 원리가 비록 현실 속에서 구현되지 않았다고 하더라도 그것이 원리상으로는 존재할 수 있다. 예컨대 비행기와 컴퓨터가 개발되지 않은 때에도 '비행기의 원리'·'컴퓨터의 원리' 자체는 이미 존재할 수 있다.

2) 심성론

가) 마음의 본질 규정 문제

– 마음은 이와 기의 합〔心合理氣〕인가? 아니면 기〔心卽氣〕인가?

마음을 이기론적으로 어떻게 정의해야 할까? 퇴계는 마음이 이와 기를 합하고 있다고 보아서 '심합이기(心合理氣)'로 규정한다. 그리고 심이 기를 포함하고 있으므로 악이 있음을 면할 수는 없지만, 그 근본을 궁극해 가면 마음의 미발 상태에서는 기가 용사(用事)하지 않은 경우에서는 이(理)와 다르지 않아서 선만 있고 악은 없다고 하였다.

> "성은 곧 이(理)이다. 그러므로 선은 있으나 악은 없다. 마음은 이와 기를 합하고 있다. 그래서 악이 있음을 면할 수 없을 것 같다. 그러나 그 근본(처음)에 궁극해 논하면 또한 선은 있고 악은 없다. 왜냐하면 마음의 미발 상태에서는 기가 용사하지 않아 오직 이(理)일 뿐이기 때문이다. 그러니 어찌 악이 있겠는가?"[9)]

퇴계의 '심합이기론' 에 대해서 남당은 마음만 단독으로 말하면 이와 기를 합하였다고 말할 수 있지만, 마음을 성과 상대적으로 말하면 성은 이(理)이고 마음은 기라고 해야 옳다고 언명한다.[10] 남당은 '심합이기론' 이 반드시 틀린 것은 아니지만, '성즉리' 와 상대해서 '심즉기' 로 규정하는 것이 더욱 타당하다고 이해한다. 그리고 남당은 마음이 그 궁극에 있어서 선하다고 보는 것은 문제가 있다고 인식한다. 성은 선하다고 할 수 있지만, 마음을 곧장 선하다고만 보는 것은 마음과 성을 혼동하는 것이기 때문이다. 물론 미발의 전에 허명(虛明)의 체를 가리켜 말한다면 마음을 선하다고 할 수 있겠지만, 마음의 미발을 곧장 선으로 규정하는 것은 적절하지 못하다고 남당은 인식한다.[11] 남당은 「심순선변증(心純善辨證)」에서 유학의 종지는 마음을 기로, 성을 이로 삼는데, 이(理)는 선하지 않음이 없지만 기에는 청탁수박(淸濁粹駁)의 가지런하지 않음이 있음을 강조하고, 마음을 순선하다고 여기는 것은 불교 선가(禪家)의 종지라고 비판한다.[12]

또한 퇴계는 마음과 성을 서로 분리될 수 없는 밀접한 불가분의 존재로 파악하고 있다. 이에 대해서 남당은 마음은 기이고 성은 이(理)이므로 마음과 성이 두 물건이 아니라고 할 수 없다고 하여 구분을 강조한다.[13] 이와 같이 퇴계와 남당 두 사람은 마음에 대한 인식이 미묘하게 상이하다. 남당이 마음을 성과의 관계 속에서 구별하여 보려고 한다면, 퇴계는 마음을 성과 분리할 수 없는 존재로 보고 있다. 이에 따라 마음의 본질을 퇴계처럼 이와 기의 합으로 규정하여 선하게 보기도 하고, 남당처럼 기로 규정하여

---

9) 『退溪集』 권13, 「與洪應吉」, 7면, "性卽理, 固有善無惡. 心合理氣, 似未免有惡. 然極其初而論之. 心亦有善無惡. 何者, 心之未發, 氣未用事, 唯理而已. 安有惡乎?"

10) 『南塘集』 拾遺권4, 「退溪集箚疑」, 3면 참조.

11) 이상 남당의 심성론에 대한 설명은, 『南塘集』 拾遺권4, 「退溪集箚疑」, 3-4면 참조.

12) 『南塘集』 권29, 「心純善辨證」, 18면 참조.

13) 『南塘集』 拾遺권4, 「退溪集箚疑」, 33-34면 참조.

악의 가능성을 면할 수 없는 존재로 인식하기도 한다. 퇴계의 심관이 상대적으로 더 밝고 낙관적이라면, 남당은 상대적으로 마음을 더 어둡고 현실적으로 보았다고 해야 할 것이다.

나) 인심도심론

퇴계는 인심도심론을 사단칠정론과 연계시켜서 "인심은 칠정이고, 도심은 사단이다."고 언명하였다.[14] 인심도심에 대한 퇴계의 이러한 학설에 대해 남당은 견해를 달리하였다. 남당에 따르면 칠정은 인심만이 아니라, 인심과 도심을 함께 총칭하는 것이다. 도심이라고 하더라도 칠정 밖에 별도로 존재하는 것이 아니라고 한다.[15] 그리고 사단과 칠정의 관계에서 칠정을 줄인 것이 사단이 되고, 사단을 부연한 것이 칠정이라고 하여 사단과 칠정을 별도의 두 감정으로 분리해서 보지 않는다. 남당의 견해에 의하면 인심과 도심처럼 사단과 칠정을 대립적으로 파악해서는 안 되고, 또한 인심과 칠정 그리고 도심과 사단을 등치시켜서는 안 된다는 것이다.[16]

남당은 「인심도심설」에서 퇴계의 인심도심설을 비판하고 자신의 견해를 개진하고 있다.[17] 이 글에서 남당은 "이는 형적(形跡)이 없고 기는 형적과 관계하며, 이는 작용이 없고, 기는 작용이 있다."고 전제한다. 그리고 발하는 것은 반드시 기이고 발하는 것의 소이는 이라고 하면서, 기가 아니면 발할 수 없고 이가 아니면 발할 원리가 없다고 하였다. 즉 마음의 발은 인심이든 도심이든 모두 '기발이승(氣發理乘)' 일뿐 이와 기의 길이 서로 따

---

14) 『南塘集』 拾遺권4, 「退溪集箚疑」, 46면 참조.

15) 『南塘集』 拾遺권4, 「退溪集箚疑」, 44면, "按七情人心道心之總名也. … 安得專以七情歸之人心. 而別求道心於七情之外哉." 참조.

16) 『南塘集』 拾遺권4, 「退溪集箚疑」 44면 참조.

17) 『南塘集』 권30, 「人心道心說」 참조.

로 있어서 나뉘어서 나오는 것은 아니라고 한다. 주자가 말한 "마음의 지각은 하나일 뿐이다."라는 것이 이것이다. 그러나 느끼는 바의 것이 서로 같지 않아서 발하는 바의 것이 서로 다르니, 식색으로부터 느끼면 인심이 되고, 도의로부터 느끼면 도심이 발한다고 한다. 이것이 주자가 이른바 지각됨의 소이가 같지 않다는 것이다. 남당에 따르면 인심과 도심이 같은 것은 그 발처(發處)이고, 같지 않은 것은 발하는 목적이다. 인심과 도심이 이름이 다른 것은 발처 즉 그 근원이 달라서가 아니라, 발하는 것이 위하는 대상 즉 목적의 차이에 있다고 한다. 이것을 남당은 사람이 말을 타고 가는 것에 비유하여 다음과 같이 설명한다.

"사람이 말을 타는 것으로 비유하면, 사람은 이(理)고 말은 기다. 사람이 말을 타고 양자가 서로 떠나지 않으니 이것이 곧 '이승기(理乘氣)' 로서 서로 떠나지 않는다는 것이다. 문 앞의 길은 사물이 마땅히 걸어야 할 길이다. 문 앞에 길이 두 갈래가 있다. 동쪽 길은 도의의 길이고, 서쪽 길은 식색의 길이다. 동쪽 길은 하나의 평탄하고 바른길이고, 서쪽 길은 그 가운데 다시 두 갈래가 있다. 하나는 평탄하고 바른길이며 다른 하나는 거칠고 굽은 길이다. …… 사람이 말을 타고 문을 나서는 것은, 동쪽으로 가건 서쪽으로 가건 방향이 다르다고 하더라도 사람이 말을 타는 것은 같다. 이가 기를 타고 발출하는 것은, 사(私)를 위하고 공(公)을 위하는 차이가 있더라도 이가 기를 타는 것은 같다. 사람이 말을 타고 문을 나서는 것은 동쪽으로 가건 서쪽으로 가건 마찬가지이다. 사람이 먼저 가고 말이 사람을 따르거나, 말이 먼저 가고 사람이 말을 따르는 때는 없다."[18]

인심도심론에서 퇴계와 남당 사이의 논점은, 남당은 인심과 도심은 대

18) 『南塘集』 권30, 「人心道心說」, 2면.

립적 관계로 보지만 칠정과 사단의 관계는 퇴계처럼 대립적으로 파악하지 않는다는 것이다. 그리고 남당은 같은 마음인 이상 인심이든 도심이든 그 발처(근원)는 같다고 보는 데 반해 퇴계는 인심과 도심이 그 근원에 있어서 성격에 차이가 있음을 강조한다.

다) 사단칠정론

남당은 퇴계의 사단칠정론에 대해 총체적으로 비판적이다. 그가 퇴계의 사단칠정론을 비판하는 논지는 대략 다음과 같다.

첫째, 사단의 순선성 문제. 퇴계는 사단을 순선하다고 인식하는 데 비해 남당은 사단이 순선한 것이 아니고, 사단 역시 선악을 겸하고 있다고 보고 있다〔四端之有善惡〕. 즉 사단에도 중절(中節)과 부중절(不中節)이 있어서 중절한 것만이 선이고, 중절하지 못한 것은 악이라고 이해한다. 그 근거로서 "측은(惻隱)과 수오(羞惡)에 중절(中節)과 부중절(不中節)이 있다."는 주자의 언설을 인용한다.[19] 퇴계뿐만이 아니라 율곡도 사단은 순선하고 칠정은 선악을 겸하였다고 하였다. 그렇지만 율곡은 사단도 칠정 가운데 선한 부분으로 보았으며, 칠정은 기를 주로 한다는 설을 비판한 사실이 있다고 남당은 해명한다.

남당의 주장처럼 사단에도 부중절이 있을 수도 있다. 그러나 이것이 사단의 본질은 아니다. 사단의 본질은 칠정과의 관계에서 논할 수밖에 없고, 칠정과 비교할 때 사단은 순선하다고 보아서 크게 틀리지 않는다. 퇴계의 사단론에 대한 남당의 비판은 사단의 본질에 대한 논의의 핵심을 벗어난 것으로 보인다.

둘째, 인심과 사단의 관계. 퇴계는 인심은 칠정이고 도심은 사단이라고

---

19) 『南塘集』 拾遺권6, 「農巖四七知覺說辨」, 4면 참조.

인식하였다. 그러나 남당은 인심도 사단을 벗어나지 않는다고 주장한다. 남당에 따르면 모든 감정이 칠정을 벗어나는 것이 아니듯이 모든 마음이 사단을 벗어나는 것이 아니다. 그 근거로서 남당은 주자의 "사람이 마음으로 삼는 바는 이 네 가지 즉 사단을 벗어나지 않는다〔人之所以爲心, 不外乎是四者〕."라는 명제를 제시한다.[20] 사단은 칠정의 밖에 존재하지 않고, 칠정은 사단의 밖에 존재하지 않는다. 결론적으로 사단과 칠정의 발은 두 가지로 나누어지는 것이 아니다. 남당의 이러한 주장은 사실 율곡의 사단칠정론과도 어긋난다. 율곡에 의하면 사단은 칠정에 속하지만, 칠정이 사단에 모두 포섭되는 것은 아니다. 이에 대해서 남당은 주자가 논한 사단에 대한 몇 가지 설명을 율곡이 놓쳤다고 한다. 그렇지만 율곡은 사단이 칠정 밖에 존재하지 않는다는 것을 인식하였고, 사람의 마음에는 발하는 근원이 둘이 아님을 인정하였다고 평가한다.[21]

인간의 마음의 갈래는 수만 가지로 다양하다. 그렇게 다양한 마음이 사단으로 수렴될 수 있다고 보는 남당의 주장은 무리한 점이 없지 않아 보인다.

셋째, 사단에 기의 간섭 여부. 남당은 사단 가운데도 중절과 부중절이 있으며, 기가 간섭하고 있음을 강조한다.[22] 퇴계도 사단이 기와 무관하다는 것이 아니라, 순수한 동기에서 곧바로 나오는 것인 만큼 기가 부정적으로 용사하는 경우가 드물다는 것이다. 퇴계는 사단과 칠정에 모두 기가 관여하지만, 그럼에도 불구하고 관여의 방식에 차이가 있음을 주목한다. 그러나 남당은 사단과 칠정을 그 본성상 크게 다르지 않다고 보기 때문에 기의 간섭을 받는 것은 칠정만이 아니라 사단도 마찬가지라고 보는 것이다.

퇴계가 자신의 사단칠정론의 근거로 삼고 있는 『주자어류』의 "사단은

20) 『南塘集』 拾遺권6, 「農巖四七知覺說辨」, 4면 참조.
21) 『南塘集』 拾遺권6, 「農巖四七知覺說辨」, 4면 참조.
22) 『南塘集』 拾遺권6, 「農巖四七知覺說辨」, 5-7면 참조.

이의 발이고〔四端是理之發〕, 칠정은 기의 발이다〔七情是氣之發〕."라는 명제에 대하여도 남당은 다음과 같이 문제점을 지적한다. 즉 그 명제는 주자의 다른 곳에 나오는 설명과 일치하지 않음을 들어서 기록자의 오기(誤記)이거나, 아니면 맹자와 자사가 말한 바가 가리키는 곳에 나아가서 말한 것일 뿐 사단칠정에 대해서 올바르게 논한 것은 아니라고 평가절하한다.[23] 남당의 이러한 설명은 자기 학설을 합리화하고 퇴계설의 주자학적 근거를 약화시키기 위한 것이다.

3) 수양론

수양론에서 퇴계와 남당 사이의 쟁점은 『대학』의 '정심(正心)' 을 어떻게 보느냐는 문제이다. 퇴계는 『대학』의 '정심(正心)' 이 『중용』의 '계구(戒懼)' 와는 다른 것으로서, 마음의 '체(體)' 에 대한 정시공부(靜時工夫)가 아니라 '용(用)' 의 동시공부(動時工夫)로 해석하고 있다. 이에 반해 남당은 '정심' 이 곧 '계구' 이고 '정시공부' 임을 역설한다. 이 문제를 퇴계는 '득기정(得其正)과 정기심(正其心)을 체와 용으로 나누는 학설과 심부재언(心不在焉)이 몸에 있느냐 보고 듣는 것에 있느냐에 대한 변론' 이라는 논문에서 주극리(朱克履)·호운봉(胡雲峰)·나정암(羅整菴)·정휘암(程徽菴) 네 학자의 학설을 비교하며 자신의 입장을 개진하고 있다.[24]

주극리는 "『대학』 경문(經文)의 '정심' 은 체와 용을 겸하여 말하였지만, 전문(傳文)에서 말하는 마음을 바르게 하는〔正心〕 소이의 도는 오로지 용으로 말하였다."고 하였다.[25] 또한 정휘암은 '정심' 을 『중용』의 '미발의

23) 『南塘集』 拾遺권6, 「農巖四七知覺說辨」, 2-3면 참조.

24) 『退溪集』 권41, 「得其正正其心 分體用之說 心不在焉 在軀殼在視聽之辯」, 33-35면 참조.

중' 이나 『태극도설』의 '주정(主靜)' 처럼 정시(靜時)공부로 보는 입장을 비판하고, "성인이 사람을 가르침에 있어서 동처(動處)에서 많이 공부하게 함을 모른다. '격물치지' · '성의정심' · '수신' 은 모두 동처에서 공부하도록 가르친다. '정(定)', '정(靜)', '안(安)' 도 마음의 정(靜)만을 말하는 것은 아니다. 정시(靜時)공부는 계신공구(戒愼恐懼)일 뿐이고, 바르지 않은 바를 바르게 하는 것에까지 적용되지는 않는다."라고 한다.[26] 그리고 또한 말하기를 "만약 성의(誠意) 이후에도 동을 싫어하고 정을 구하며, 보는 것을 거두고 듣는 것을 돌이키면서 말하기를 나는 '정심(正心)' 하려고 한다면, 이는 이단의 일이고 우리 유학의 일이 아니다."라고 하였다.[27] 퇴계는 주극리가 말한 '정심(正心)' 의 '심(心)' 이 "오로지 용(用)으로 말하였다."는 설이 옳다고 인정하고, 나아가 정휘암이 (정심을 정시공부로 주장하는 학설을) 비판하는 내용에 대해서 수긍한다. 퇴계는 말하기를 인심이 발하기 전에 체가 치우치지 않는 것은 진실로 정(正)이라 이를 수가 있지만, 그뿐만 아니라 이발(已發)의 후에도 용이 각기 마땅함을 얻는 것은 정(正)이라고 부를 수 없는 것은 아니라고 주장한다.[28] 즉 『대학』 7장의 '정심(正心)' 의 '정(正)' 이 미발시 본체의 정이 아니라, 이발시 활용상에서의 정이라는 것이다. 그래서 장구(章句)에서 용(用)으로써 '부득기정(不得其正)' 의 정자(正字)를 설명하였다는 것이다. 퇴계는 수양에 있어서 동시(動時)에 용(用)에 나아가 마음을 바르게 하는 '용(用)' 의 공부가 중요하다는 데 초점을 두고 있다.

이 문제에 대한 남당의 입론은, 『대학』 7장의 '사유소(四有所)' 는 무사

---

25) 『退溪集』 권41, 「得其正正其心 分體用之說 心不在焉 在軀殼在視聽之辯」, 33면.

26) 『退溪集』 권41, 「得其正正其心 分體用之說 心不在焉 在軀殼在視聽之辯」, 33면.

27) 『退溪集』 권41, 「得其正正其心 分體用之說 心不在焉 在軀殼在視聽之辯」, 34면.

28) 『退溪集』 권41, 「得其正正其心 分體用之說 心不在焉 在軀殼在視聽之辯」, 34면 참조.

시(無事時)와 관계되는 병이고, '사부득기정(四不得其正)' 은 응용처에서 정(正)을 잃은 것을 가리킨다고 한다. 즉 앞부분〔'四有所'〕과 뒷부분〔'四不得其正〕으로 나뉘어 전반부는 체를 후반부는 용을 가리킨다는 것이다. 남당의 핵심은 주자가 장구(章句)에서 '부득기정(不得其正)' 의 구(句)를 '용(用)' 이 바름을 잃은 것으로 해석하면서도 오히려 '경이직지(敬以直之)' 로써 '정심(正心)' 의 방법으로 삼고, 또한 장하(章下)에서 '직내(直內)' 로서 '정심(正心)' 을 대신 말한 것은 주자가 '정심' 을 정시(靜時)공부로 본 것이 분명하다고 주장한다.[29] 남당은 근원이 깨끗하지 않으면 흐름이 맑지 않고, 모양이 단정하지 않으면 그림자가 바르지 않다는 말을 인용하여 근원을 바르게 하는 정시(靜時) 본체의 수양공부가 중요함을 강조한다.[30] 남당의 이러한 해석은 역시 율곡이 『성학집요』에서 '정심(正心)' 을 '계구(戒懼)' 에 속하는 것으로 보고 있는 것에 근거하고 있다.

'정심(正心)의 해석과 관련해서 보면 수양론에서 퇴계는 동시(動時) 심(心)의 용(用)에서의 공부를 더 중시하는 반면, 남당은 정시(靜時)에서의 심의 체에 관한 공부에 우선을 두는 것처럼 보인다. 두 사람 모두 자기주장의 근거를 『대학』 7장에 대한 주자의 장구(章句)에서 끌어오지만 주자 장구에 대한 해석의 초점이 서로 불일치하고 있다. '정심(正心)' 에 관한 해석만으로 보면, 퇴계는 마음의 용에 관한 수양 공부를 남당은 마음의 체에 관한 공부를 강조하는 것으로 특징지을 수 있다. 그러나 이 구절에 대한 해석의 차이를 두 학자의 수양론 전반에 대한 강조점의 차이로 일반화시킬 수 있는지는 좀 더 신중한 검토가 요구된다고 할 수 있다.

29) 『南塘集』 拾遺권4, 「退溪集箚疑」, 63면 참조.

30) 『南塘集』 拾遺권4, 「退溪集箚疑」, 63면 참조.

4) 양명학 비판

퇴계는 「전습록논변(傳習錄論辯)」에서 양명학에 대해 심도 있는 비판을 하였다.[31] 정통 주자학자인 남당 역시 양명학에 대해 비판적이다. 남당은 「전습록논변」을 통하여 퇴계의 양명학 비판을 읽고서 부분적으로는 보완할 필요성을 느꼈고, 부분적으로는 퇴계의 비판 논리에 대해 생각을 달리하기도 하였다. 양명학의 핵심 사상 가운데 하나는 '지행합일' 인데, 특히 지행합일에 대한 견해에 있어서 남당은 퇴계와 의견을 달리한다.

퇴계의 지행관에 의하면, 사람의 마음이 형기(形氣)에서 발한 것은 배우지 않아도 스스로 알고, 힘쓰지 않아도 스스로 능하여 좋아하고 싫어함이 있는 바가 겉과 속이 하나 같아서, 좋은 색을 보면 그것이 좋음을 알아서 마음이 진실로 좋아하고, 나쁜 냄새를 맡으면 그것의 나쁨을 알아서 마음이 진실로 싫어하기 때문에 행이 지에 깃들어 있다고 할 수 있다. 그러나 의리의 문제는 배우지 않으면 알 수가 없고, 힘쓰지 않으면 능할 수가 없다. 그래서 밖으로 행해지는 것이 반드시 안에 참으로 있다고 할 수가 없다. 그러므로 선을 보고도 선을 알지 못하는 사람이 있고, 선을 알아도 마음이 좋아하지 않는 자가 있다고 하였다. 또한 반대로 선하지 못한 것을 보고도 악을 알지 못하는 자가 있고, 악을 알고서도 마음이 그것을 미워하지 않는 자가 있다.[32] 즉 형기상(形氣上)의 문제에서는 지와 행이 합치될 수 있지만, 의리상(義理上)에서는 지와 행이 결코 저절로 합치될 수가 없다고 퇴계는 인식한다. 의리상의 문제에서는 배워야만 알고, 알아도 힘써 노력해야만 비로소 지와 행이 일치될 수 있기 때문이다.

퇴계가 형기의 지행과 의리의 지행으로 나누어서 형기의 지행에서는 지

31) 『退溪集』 권41, 「傳習錄論辯」 참조.

32) 『退溪集』 권41, 「傳習錄論辯」, 27-28면 참조.

와 행의 합일이 가능할 수 있음을 말하는 데 대해 남당은 견해를 달리한다.[33] 남당에 의하면 좋은 색을 좋아할 줄 알고 나쁜 냄새를 미워할 줄 아는 것이 지(知)이고, 좋은 것을 알고서 구해서 반드시 얻고 나쁜 것을 알고 결단코 없애기를 힘쓰는 것이 행(行)이다. 따라서 좋은 것을 알고 나쁜 것을 아는 것과, 좋은 색을 취하고 나쁜 냄새를 제거하는 것은 결단코 두 개의 일이다. 좋은 것을 알자 곧바로 이미 좋은 색을 얻었다거나, 나쁜 것을 알자 곧바로 이미 나쁜 냄새를 제거했다고 할 수는 없다는 것이다. 통증을 알고, 굶주림과 추위를 아는 것도 마찬가지라고 한다. 즉 통증을 알고 굶주림과 추위를 아는 것은 지(知)이고, 통증을 알고서 편안히 할 방법을 구하며 주림과 추위를 알고서 배부르고 따뜻할 방법을 구하는 것이 행(行)이라고 한다. 통증을 알면 아프고, 굶주림을 알면 배고프고, 추위를 알면 춥다는 것을 행으로 간주하는 것은 오류라고 반박한다.[34] 남당에 의하면 아픈 까닭에 통증을 아는 것이지, 통증을 알기 때문에 아픈 것이 아니라고 한다. 다른 것도 마찬가지이다. 만약 왕양명처럼 지와 행을 인식한다면 이는 행한 고로 아는 것이지 알기 때문에 행하는 것이 아니라고 한다. 좋아하고 싫어하는 것은 마음에 속하고, 행은 일에 속하는데 마음과 일은 안과 밖의 구분이 있어서 좋아하고 싫어하는 마음을 가지고 행의 일로 삼는 것은 불가하다고 남당은 반박한다.[35] 이와 같은 논리로 남당은 퇴계가 인정한 형기상에서의 지와 행의 합일도 부정한다.

의리상의 지행합일에 대한 퇴계의 양명학 비판에 대해서 남당은 퇴계설을 일면 수긍하면서도 문제점을 지적한다. 즉 의리상의 지행 문제에서는 퇴계의 언명처럼 대체로는 배우지 않으면 알 수 없고 힘쓰지 않으면 능하

33) 남당의 '지행합일설' 비판논리에 대해서는, 『南塘集』 拾遺권4, 「退溪集箚疑」, 60면 참조.
34) 『南塘集』 拾遺권4, 「退溪集箚疑」, 60면 참조.
35) 『南塘集』 拾遺권4, 「退溪集箚疑」, 60면 참조.

지 않지만, 반드시 그러한 것만은 아니어서 배우지 않고서도 (의리에 대해) 아는 것이 있으며 힘쓰지 않고서도 능한 것이 있다는 것이다.[36] 예컨대 맹자가 말한 부모를 사랑하고 어른을 공경하는 '애친경장(愛親敬長)' 이 양지양능이라는 것이 그것이다. 배우지 않고서도 알고 힘쓰지 않고서도 능한 것이 있으므로 인간의 본성이 반드시 선한 것을 볼 수 있다고 한다. 그렇지 않고서 만약 모든 것을 반드시 배우고 나서야 알 수 있고 힘쓴 다음에야 능하다고 하면, 이는 순자의 성악설 논리 즉 걸주는 본성을 따랐고 요순은 인위적 노력의 결과라고 보는 것을 어떻게 막을 수 있겠느냐고 반박한다.[37]

이상에서 보면 퇴계와 남당 두 학자는 모두 양명학에 대해 기본적으로 비판적 태도를 견지하고 있지만, 구체적인 양명학 비판의 논리에서는 적잖은 차이가 있음을 확인할 수 있다. 두 사람 모두 양명학을 배척하면서도 비판의 논리에는 불일치 점이 있는 것이다. 퇴계와 남당 사이에는 '의리' 의 개념에 대한 이해의 차이가 있고, 또한 남당과 양명 사이에는 '행(行)' 의 개념에 대한 이해의 차이가 크다는 것을 지적할 수 있다.

5) 정치관

정치 문제에 대한 시각에서도 남당은 퇴계와 견해를 달리하는 부분이 적잖다. 우선 조광조의 지치주의 운동과 기묘사화에 대한 평가에 있어서 퇴계와 남당은 서로 평가가 미묘하게 다르다. 퇴계는 박순에게 답하는 편지에서 다음과 같이 말하였다.

---

36) 『南塘集』 拾遺 권4, 「退溪集箚疑」, 61면 참조.
37) 『南塘集』 拾遺 권4, 「退溪集箚疑」, 61면 참조.

"기묘영수(정암 조광조를 가리킴)는 도를 배우는 것이 완성되지 않았는데 갑자기 큰 이름을 얻어서 드디어 경국제세를 자임하였다. 성상이 그의 명성을 좋아하여 책임을 두텁게 하였다. 이것은 이미 헛되이 패하는 도를 취한 것이다. 또한 일을 좋아하는 사람이 많이 있어서 어지럽게 일어나서 패배를 촉진하였다."[38)]

퇴계는 정암 조광조가 아직 도가 완성되지 않은 상태에서 명성을 얻어 경국제세를 자임하였고, 또한 그 무리들이 일을 벌이기를 좋아하고 일하는 것이 순서가 맞지 않았음을 지적한다. 즉 기묘사화의 원인이 훈구파에게만 있는 것이 아니라, 조광조와 그 일파의 미숙함에도 문제가 전혀 없지는 않았다고 퇴계는 인식한다. 정암과 기묘사화에 대한 퇴계의 이러한 평가에 대해서 남당은 다음과 같이 이의를 제기한다.

"정암의 도와 덕은 정자와 주자에 비교하면 혹 미완성이라고 할 수 있겠지만, 실체가 없이 이름만 얻었다고 보는 것은 옳지 않다. 출처도 이윤(伊尹)과 여상(呂尙)에 비하면 혹 너무 일렀다고 할 수 있으나, 갖춘 것이 없이 가벼이 (경국제세를) 자임하였다고 말해서는 안 된다. 그리고 신하로서 배움의 완성이 정자와 주자 같지 않아도 의리상 출사를 안 하기가 어려우면 혹 출사하지 않으려는 자신의 뜻을 고집할 수 없을 수 있고, 포부가 큰 것이 이윤 · 여상과 같지 못해도 재주가 만약 무엇을 할 만하면 끝내 하늘이 준 재능을 버릴 수가 없는 것이다. 그러므로 제갈량은 유비를 허락하여 (군대를) 이끌었고, 사마광은 인종을 도와서 다스림을 이루었다. 그러나 뒤에 옛일을 논하는 자가 제갈량의 학문이 정주와 같지 못하고 사마광의 재주가 이윤 · 여상과 같지 못하다고 하여 그가

38) 『退溪集』 권9, 「答朴參判淳」, 41면.

가벼이 출사하고 몸을 허락한 것을 기롱하였다는 말은 듣지 못하였다. 정암 선생이 처음에 중종의 대우를 받을 때 (두 사람의 뜻이) 합치되는 것의 융성함이 천 년에 한번 있는 드문 기회였다. 유비가 제갈량에 대한 것과 인종이 사마광을 대하는 것에 비교하여 부족하지 않았다. 이러하니 어찌 임금 마음이 견고하지 않고 시사가 하기 어렵다는 것을 미리 반드시 예상하고 일어나 응하지 않을 수 있었겠는가?…… 조선 사림의 화는 기묘에서 비롯되었는데 뒷날 사림을 해하려는 자는 모두 기묘사화를 핑계로 움직이고, 선비로서 자수(自修)하려는 자는 모두 기묘년 일로써 경계를 삼아 감히 스스로 이루려하지 않는다. …… 퇴계 선생의 이 주장은 아마도 중(中)을 얻었다고 할 수 없을 것이다."[39]

기묘사화는 퇴계의 젊은 시절에 발생하였으므로 그것이 사림에 가져다 준 큰 타격을 동시대에 경험하였다. 따라서 정암의 일에 대해서 보다 신중하게 평가하고, 선비가 섣불리 나서서 일을 그르쳐 많은 사람을 다치게 하기보다는 준비가 성숙할 때까지 정치적 실천은 더욱 신중하게 진행되어야 한다는 뜻이 있었다. 이에 비해 남당은 기묘사화를 직접 겪지 않았고, 역사적으로 한참 뒤에 태어났다. 남당은 사람들이 기묘사화를 계기로 개혁에 대해 너무 소극적인 생각을 하는 것에 대해 문제가 있다고 인식하였다. 이런 관점에서 퇴계의 정암과 기묘사화에 대한 평가에 수긍할 수 없었던 것이다.

을사사화와 관련된 문제에 대해서도 퇴계가 언급하였는데, 이것에 대해서도 남당은 약간의 평을 부가하고 있다. 퇴계가 선조 초년에 있었던 을사사화와 관련된 복직 및 삭훈 논의에 대해 언급하기를 "복직과 삭훈 등의 일을 해가 다하도록 그치지 않고 반드시 할 것으로 기약하니 또한 성현은 이에 처하여 아마도 반드시 이와 같은데 도달하지는 않았을 것이다. 깊이

39) 『南塘集』 拾遺 권4, 「退溪集箚疑」, 1-2면.

우려되고 걱정된다."[40]고 하였다. 퇴계의 이러한 언급에 대해 남당은 다음과 같이 자기 의견을 개진한다.

> "여기서 복직 · 삭훈이란 대개 을사인의 복직과 삭훈의 일을 가리킨다. 슬프다. 을사년의 화는 천고에 지극한 아픔이다. 충신과 현신이 반역의 무리에 빠지고, 간흉들이 공훈을 책봉 받았으니 시비의 전도와 명실의 어긋남이 이보다 심한 것이 없다. 나라를 다스리지 않으려면 그만이지만, 나라를 다스리려면 이 일을 바로잡지 않아서는 안 된다. 조정을 세우지 않으려면 그만이지만 하루라도 조정을 세우려면 이 일을 다투지 않을 수가 없다. …… 그때 제신(諸臣)들이 다투어 잡고서 그치지 않았으니 힘쓸 바를 얻었고 일의 선후를 알았다고 말할 수 있다."[41]

남당은 선조 초년에 있었던 을사사화와 관련된 복직과 삭훈의 논의가 일의 힘쓸 바를 얻었고 선후를 알았다고 높이 평가하여 퇴계의 조심스러운 우려와 대조를 보여주고 있다. 그러면서도 퇴계를 비판하기보다는 퇴계가 그러한 논의를 우려와 두려움으로 여긴 것은 경계하여 우환을 염려하는 뜻에서 나온 것이라고 이해하고, 이것으로 일에 임하는 경계로 삼는 것은 안 될 것이 없다고 남당은 말한다.[42]

이와 같이 두 사람이 정치 문제에 대해 인식을 서로 달리하는 것은 을사사화 자체에 대한 평가보다는 당대인의 입장과 후대인의 입장의 차이에서 비롯된 것으로 보인다. 퇴계의 시대에는 을사사화와 관련된 복직과 삭훈 논의 문제가 현재 진행형의 일로서 그것이 잘못되면 과거의 참극을 재현

40) 『南塘集』 拾遺 권4, 「退溪集箚疑」, 22면.
41) 『南塘集』 拾遺 권4, 「退溪集箚疑」, 22면.
42) 『南塘集』 拾遺 권4, 「退溪集箚疑」, 22면 참조.

할 수 있었기 때문에 그것에 대해 우려하지 않을 수 없었고, 남당에게는 그것이 지나간 과거사이므로 거리를 두고 좀 더 객관적으로 평가하는 것이 가능하였을 것이다.

정치 문제에 대한 평가에서 서로의 시각이 다른 것은, 정치적으로 퇴계는 남인의 사상적 원조이고 남당은 서인 중에서도 노론의 정통을 계승하는 입장이니만큼 서로의 정치적 배경이 다른 것도 한 이유일 것이다. 그리고 퇴계의 입장은 비교적 그의 만년의 생각이고, 이에 반해 『퇴계집차의』를 쓸 당시 남당은 이십 대 후반이었다. 인생의 연륜에 따라서 청년기와 노년기에 정치를 바라보는 관점이 다를 수밖에 없었을 것이다. 또한 퇴계로서는 동시대에 체험한 정치적 사건이고, 남당에게는 역사적으로 오랜 시간이 지나간 과거의 사건이었으므로 평가의 시점이 다른 것도 한 요인이 되었을 것이다.

6) 학자와 학설에 대한 평가

동일한 인물에 대해서도 사상적 관점과 정치적 입장에 따라서 평가가 다르게 마련이다. 『퇴계집차의』에서 남당은 여러 인물에 대해서 퇴계와 평가를 달리하는 경우가 많다. 이를 통해서 두 사람의 사상적 입장의 차이를 확인할 수 있다.

퇴계는 정암 나흠순이 지은 『곤지기(困知記)』의 학설 일부에 대해 "학설이 자못 그럴듯하게 보이지만 해가 됨이 아주 심하다."라고 하여 매우 부정적으로 보고 있다. 그러나 남당은 나흠순의 학설에 일부 문제가 있음을 시인하면서도, 나흠순은 큰 근본에 있어서 본 바가 있다고 인정하고, 그를 '호걸지사(豪傑之士)'·'성인지도(聖人之徒)'로 받들며, 그의 논의 가운데 하나의 실수를 두고 지나치게 가혹하게 책망하여 배척해서는 안 된다고 변호한다.[43] 나흠순은 이기일원론은 주장하였으므로 퇴계는 그의 철학을 비판하였고, 남당은 자신의 철학과 유사점이 있으므로 긍정적으로 평가하였다.

양촌 권근에 대해 퇴계는 "양촌은 학술이 깊고 넓어서 이 『입학도설』을 만드는데 지극히 근거가 있다. 후학이 어찌 감히 망령되이 그것의 득실을 논하겠는가!"라고 하여 대체로 긍정적으로 평가하고 있다. 이와 달리 남당은 양촌에 대해 다음과 같이 매우 부정적으로 비판하여 퇴계와 대조를 이룬다. "양촌의 『입학도설』은 정(情)과 의(意), 인심과 도심, 사단과 칠정을 심과 성, 이와 기에 나누어 분속시켜, 이와 기로 하여금 두 가지 물건으로 나누어서 다시는 그 혼융하여 틈새가 없는 오묘함을 보지 못하게 하였으니 후학을 오도한 것이 크다."[44] 양촌에 대한 이러한 엇갈리는 평가는 두 사람의 학문적 경향이 이기이원론적이냐 이기일원론적이냐 하는 근본 입장의 차이에서 비롯된다고 할 수 있다.

원대 학자 운봉(雲峰) 호병문(胡炳文)의 "성이 발해서 정이 되고, 심이 발해서 의가 된다〔性發爲情, 心發爲意〕."는 설에 대해 이것은 호씨의 잘못된 견해로서 주자의 본의가 아니라고 남당은 비판한다. 호씨가 이러한 잘못된 설을 지어내 허다한 사람의 견해를 그르쳤고, 후학에게 무궁한 우환이 되었다고 남당은 혹평한다.[45] 즉 남당은 정(情)과 의(意)를 두 개로 나누는 잘못에는 호씨의 책임이 있다고 보는 것이다. 그런데도 퇴계가 이러한 잘못된 학설을 곧바로 배척하지 않고서 용인하고 옹호하였다고 지적한다.

회재 이언적과 정암 조광조에 대한 평가에 있어서 퇴계는 "그 학문은 진실로 회재가 정암보다 우월하다. 단 당대에 도를 주창하고 후세에 가르침

43) 『南塘集』拾遺권4, 「退溪集箚疑」, 21면 참조.
44) 『南塘集』拾遺권4, 「退溪集箚疑」, 29면.
45) 『南塘集』 拾遺권4, 「退溪集箚疑」, 10면 참조.

을 세운 것을 논하면 정암이 회재보다 우월하다." 고 하였다. 퇴계는 학문적 성숙과 도학의 정치적 실천으로 나누어 각각의 우위를 함께 인정하는 입장을 취한다. 여기에 대해서 남당은 직접 자기의 의견을 말하는 대신에 율곡이 두 사람에 대해서 논한 것이 정당하여 천고의 정론이 된다고 하였다. 그러면 율곡이 이 두 사람을 어떻게 평가하였기에 남당이 이처럼 전폭적으로 지지할까? 『경연일기』에 나오는 율곡의 두 사람에 대한 평가를 살펴보자. 율곡은 정암의 한계를 다음과 같이 지적한다.

> "조문정(趙文正: 문정은 조광조의 시호)은 현철한 자질과 경세제민의 재주로 학문이 채 완성되기도 전에 갑작스레 요로에 올라 위로는 임금 마음의 잘못됨을 바로잡지 못하고 아래로는 권력 대가들의 비방을 막지 못하였다. 이에 겨우 충성을 다하려 하자 참소하는 입이 벌써 열려 몸은 죽고 나라는 어지러워지게 되어, 도리어 뒷사람들에게 이를 징계로 삼아 감히 일을 해보지 못하게 만들었다." [46]

그러면서도 율곡은 정암이 도학에 끼친 공로에 무게를 두어 다음과 같이 매우 높이 극찬한다.

> "문정이 비록 진퇴의 기미에는 밝지 못한 점이 있었으나, 배우는 이들이 이때에 이르러서야 이학(理學)이 높일 만하고 왕도가 귀하며 패도가 천한 것을 알았으니, 그의 사도에 끼친 공로는 없어지지 아니하리라. 뒷사람들이 태산과 북두처럼 우러러보고, 또 위에서 내린 은총이 갈수록 더욱 융숭함은 실로 당연하다." [47]

46) 『國譯 栗谷全書(VI)』 권28, 「經筵日記 一」, 한국정신문화연구원, 1988, 60-61면.
47) 『國譯 栗谷全書(VI)』 권28, 「經筵日記 一」, 한국정신문화연구원, 1988, 61면.

율곡이 정암의 도학에 대해 높이 평가하는 것과는 달리 회재 이언적에 대해서는 "이언적은 박학하고 문장에 능하였으며, 부모를 지효(至孝)로 섬기고 성리서를 즐겨 보아 손에서 책을 놓지 않았으며, 몸가짐이 장중하고 입에서는 못 쓸 말이 없었으며, 많은 저술을 남기고 깊이 정미한 경지에까지 나아갔으므로 배우는 이들이 도학으로 추존하였다."[48]고 긍정적으로 평가하면서도 "다만 경국제세의 큰 재질과 입조(立朝)의 대절(大節)이 없었다." 고 한계를 비판한다. 율곡은 회재가 을사사화를 당하여 직언으로 항거하지 못하고 처신에 문제가 있었다고 하여 대절이 없음을 비판하고, 단지 충효한 사람으로 옛 서적을 많이 읽고 저술을 잘하였을 뿐이라고 하여 평가에 인색하다. 심지어 도학으로 부를 수 없다고까지 하였다.[49]

율곡의 정암과 회재에 대한 평가를 남당은 전폭적으로 수용하고 있다. 여기서 퇴계와 율곡, 퇴계와 남당 사이에 인물 평가에 대한 기준이 상이함을 알 수가 있다. 율곡과 남당의 평가 기준은 누가 도학을 몸소 실천하고 경국제세에 모범을 보여주었느냐를 중시하고 있다. 이에 비해 퇴계는 학문적 연구의 깊이와 인격적 함양의 정도를 더 중시하는 것으로 보인다. 물론 퇴계도 정암이 도학을 주창한 것을 적극적으로 평가하고, 율곡과 남당도 회재의 학문적 자질과 성과를 인정한다. 그러나 상대적으로 보면 퇴계는 정암보다 회재를, 율곡과 남당은 회재보다는 정암을 더욱 긍정적으로 평가하는 것을 알 수 있다.

이상에서 보면 퇴계는 양촌과 회재를 높이 평가하고, 이에 비해 남당은 이들을 그렇게 좋게 평가하지 않고, 오히려 정암에 대해 매우 호의적이다. 그리고 퇴계는 나정암에 대해 매우 비판적지만, 남당은 나정암에 대해 대체로 긍정적이며 오히려 호병문에 대해서 매우 혹평을 하고 있다. 이처럼

48) 『國譯 栗谷全書(VI)』 권28, 「經筵日記 一」, 한국정신문화연구원, 1988, 61면.
49) 『國譯 栗谷全書(VI)』 권28, 「經筵日記 一」, 한국정신문화연구원, 1988, 62면 참조.

퇴계와 남당은 그 철학적 성향, 정치적 입지, 개성 등이 서로 다른 만큼 역사적 인물이나 학자에 대한 시각과 평가도 의견이 크게 엇갈리고 있음을 확인할 수 있다.

4. 맺음말:
남당의 퇴계학 비판에 드러난 철학적 입장의 차이

이상에서 고찰해 볼 때 우리는 퇴계와 남당의 성리학에 대한 해석의 차이를 어떻게 철학적으로 이해해야 할 것인가? 두 사람 사이에 중요한 개념에 대한 이해의 차이가 생기는 것은 그들의 철학적 입각지가 서로 다르기 때문이 아닐까? 그 입각지의 차이를 어떻게 설명해야 할까? 우선 우리는 일원론과 이원론의 범주로 양자의 차이를 해석할 수 있을 것 같다. 퇴계는 이와 기의 관계에 있어서 차이와 대립성을 강조한다. 비록 현상적으로 불가분리임을 인정하면서도 이와 기는 존재론적으로 그 본질이 다름을 강조하고, 기에 대한 이의 존재론적 가치론적 우위를 자주 말한다. 퇴계의 이기론에 대한 이원론적 시각은 심성론에도 그래도 이어진다. 그래서 성에 있어서 본연지성과 기질지성, 정에 있어서 사단과 칠정을 대립적 구도로 이원론적으로 해석하고 있다. 이러한 이원론적 해석은 인간학적으로 보면 인간의 도덕적 본성과 자연적 본능이 갈등 관계에 있음을 말하고 있다. 또한 그러한 갈등이 쉽게 극복될 수 없음을 알려주고 있다. 이러한 갈등 관계를 정확하게 인식할 때만이 우리는 갈등을 해결하는 열쇠도 발견할 수 있다.

남당은 퇴계의 성리설이 이와 기를 자꾸 분리하고, 본연지성과 기질지성 그리고 사단과 칠정을 둘로 쪼갠다고 비판한다. 즉 남당은 이와 기의 개념의 차이를 인정하면서도 양자의 서로 분리될 수 없는 존재론적 일원성을 강조한다. 이기론뿐만이 아니라 심성론에서도 마음이 하나일 뿐이라고 하면서 인심과 도심, 사단과 칠정이 서로 원천이 다른 것이 아니라 그 근원이 하나임을 강조한다. 그리고 성에서도 기질지성과 본연지성이 둘이 아니라 하나라고 역설한다. 퇴계와의 관계에서 볼 때 남당은 확실히 일원론적 사유가 강하다.

이원론과 일원론으로 두 사람의 차이를 규정하는 것은 지나친 단순화일 수도 있다. 양자 모두 철저한 일원론자 또는 이원론자이라기보다는 상대적으로 그러하다는 것이다. 그러나 이러한 차이를 가볍게 간과해서는 안 된다. 동일한 주자학의 틀 속에서도 자기의 철학적 성향에 따라 상당한 정도로 서로 다른 방향으로 주자학을 이해하는 것이 가능하고 또 현실적으로 그렇게 이루어졌음을 보여주고 있다.

퇴계는 철학적으로 도덕의 순수한 근원을 인정하고 그것을 발전시키려는 노력을 보여준다. 마음의 순수한 도적적 근원으로부터 나오는 순수한 도덕적 동기를 대단히 중시한다고 할 수 있을 것이다. 이에 비해 남당은 마음이 현실적으로 기의 영향 아래 있음을 주목한다. 기라는 마음의 토대를 무시하지 말 것을 강조한다. 그리고 마음의 근원이 무엇이고 그것이 순수한지 아닌지 하는 문제보다는 마음이 현실적으로 중(中)을 유지하느냐 중을 이탈하느냐에 더 많은 관심을 보여주고 있다. 사단의 순선성(純善性)을 강조하는 퇴계의 사상은 윤리학적으로 동기의 순수성을 중시하는 동기주의적 경향을 띤다. 반면에 사단에도 중절·부중절이 있음을 내세우는 남당의 사상은 상대적으로 동기의 순수함보다 그것이 현실상황에 얼마나 더 잘 부합되고 적중되느냐를 중시하는 현실주의적 태도를 보여주고 있다고 할 수 있다.

누가 인간에 대해 더욱 낙관적인가? 퇴계는 '심합이기(心合理氣)' 라고 하여 인간 마음에 내재하는 이(理)를 강조하고, 따라서 누구나 마음에 간직한 이를 수양을 통해서 발현할 수 있다는 낙관주의적 태도를 보여준다. 반면 남당의 '심즉기' 설은 마음이 현실적으로 기의 토대 위에 존재하는 것을 강조한다. 그리고 현실적으로는 인간 본성이 사람의 기에 따라 차이가 있고 또 기의 한계로 인하여 쉽게 이(理)가 나타날 수 없고 상당한 수양의 노력이 수반되어야 한다는 사실을 함축하고 있다.

남당의 퇴계 읽기에는 공감적 이해를 위한 노력은 그다지 많이 보이지 않는다. 예컨대 왜 퇴계가 사단과 칠정의 구분을 강조하고, 이(理)의 동정(動靜)을 주장하였는지에 대해 진지하게 이해해보려는 자세가 보이지 않는다. 다만 퇴계설이 주자의 다른 언설에 비추어 어떤 문제점이 있는지를 부각시키는데 주안점을 두고 있다. 따라서 남당의 퇴계 읽기는 철저하게 외부자의 시각에서 바라보는 비판적 읽기의 표본이다. 남당의 비판적 퇴계 읽기의 이면에는, 노론의 정통성에 입각하여 남인과 소론에 대한 사상적 정당성을 확보하고 사상적 우위를 점하려는 대결 의식이 무의식적으로 없지 않았을 것이다. 이 점은 같은 기호학파의 노론 내부에서도 농암 김창협 계열이 퇴계설과 율곡설의 장단점을 지양하려는 노력을 보여준 것과 대조를 보여준다.

참고문헌

이　황, 『퇴계집』, 한국문집총간 29-31.
한원진, 『남당집』, 한국문집총간 201-202 .
송시열, 『송자대전 V』, 한국문집총간 112.
권상하, 『한수재집』, 한국문집총간 150-151.
주　희, 『晦庵先生朱文公文集』, 大化書局.
주　희, 『주자어류』, 黎靖德(編), 中華書局.

이　이, 『국역 율곡전서』 1-6, 한국정신문화연구원, 1988.
한원진, 『주자언론동이고』, 곽신환 역주, 소명출판, 2002.

금장태, 『퇴계의 삶과 철학』, 서울대학교 출판부, 1998.
유명종, 『퇴계의 철학세계』, 동아대 석당전통문화연구원, 2000.
유명종, 『율곡의 학풍과 사상』, 동아대 석당전통문화연구원, 2002

임원빈, 『남당 한원진 철학의 理에 관한 연구』, 연대 대학원 박사학위 논문, 1994.

5부

의병장이 된 화서학파의 철학자

의암 유인석

의암 유인석(柳麟錫)(1842년~1915년): 자는 여성(汝聖) 호는 의암(毅菴). 1842년에 유중곤의 아들로 태어났으나 14세 때 족숙(族叔)인 유중선에게 양자로 갔다. 위정척사론을 펼치던 화서 이항로의 문하에 들어가 공부하였다. 서구 문명의 유입으로 세상이 혼란해지자 유중교 등과 더불어 제천 장담으로 이주하여 머물면서 인근 선비들과 강학하는 가운데 국가 위기에 대응하는 방법을 고민하였다. 을미사변이 일어나고 단발령이 내리자 문인들과 1895년 12월 의병을 일으켜 항거하였다. 유인석의 의병진은 한 때 충주성을 점령하고 기세를 올렸지만, 일본의 지원을 받은 관군의 공격을 받아 퇴각하여 황해도, 평안도로 이동하였다가 압록강을 건너서 서간도까지 갔다가 의병을 해산하였다. 그 뒤 다시 연해주로 가서 13도의군 도총재에 추대되었다. 그러나 나라가 망하고 일본의 항일운동 탄압으로 인해 무력 항쟁은 성공하지 못했다. 유인석의 사상은 서구 문명에 대한 전통 유학자의 입장과 논리를 잘 보여준다. 유인석은 외세 침략과 국권 상실의 절체절명의 위기 속에서 나라를 지키기 위한 투쟁에도 앞장섰다. 유인석은 화서학파를 대변하는 철학자 · 사상가로서 외세에 맞서 유교 전통의 가치를 지키고 국권의 수호와 회복을 위해 투쟁하였다. 저술로는 『의암집』, 『우주문답』 등이 있다.

제11장

의암 유인석의 역사관과 동서 문화론

1. 들어가는 말

인간은 어떤 관점에서 사물을 인식한다. 관점을 초월한 인식이란 인간에게는 가능하지 않을 것이다. 시대가 달라지면 사물을 보는 관점도 달라진다. 그에 따라 인식과 평가도 변하게 마련이다. 한때는 모든 것이 근대성의 잣대로 평가되는 시대가 있었다. 그러나 포스트모더니즘의 열풍이 스치고 지나가자 근대성은 그 자신 비판의 도마 위에 오르는 운명을 피할 수 없게 되었다. 이와 함께 근대성에 의해 비판되었던 것들이 재평가되는 계기가 열렸다.

화서학파(華西學派)의 사상과 구한말 의병에 대한 평가도 한편에서는 주체적 민족주의의 관점에서 적극적으로 평가하는 사람이 있는가 하면, 개화사상과 비교하여 수구적인 보수주의라는 관념을 떠올리는 사람도 많다. 그러나 근대성의 본질에 대한 총체적 비판의 목소리가 높아지면서 일찍이 근대성에 이념적으로나 실천적으로 저항했던 화서학파와 구한말 의병의 목소리를 새롭게 음미해 볼 필요가 있다. 19세기 말~20세기 초 엄청난 서구 문명의 파도에 맞서 의연히 전통을 사수하기 위해 몸부림친 사람들의 굳은 신념은 오늘 우리에게 어떤 의미를 지니는가?

이런 문제의식에서 화서학파의 적통을 잇고 을미 의병 항쟁에서 중심적 역할을 한 의암(毅菴) 유인석(柳麟錫)의 사상에 대해 주목할 필요가 있다. 유인석은 1842년(헌종 8년) 강원도 춘성군 남면 가정리에서 부(父) 중곤(重坤)과 모(母) 신씨(申氏) 사이에서 3남 3녀 중 둘째 아들로 태어났다. 그리고 14세 때(1855년) 원족숙(遠族叔) 유중선(柳重善)의 양자로 들어가서, 증조부 유영오(柳榮五)의 인도로 양근(楊根) 벽계(蘗溪)의 화서(華西) 이항로(李恒老)의 문하에 입문하였다. 1868년 화서 이항로가 사망한 후에는 중암(重菴) 김평묵(金平默)과 성재(省齋) 유중교(柳重敎)를 스승으로 모시고 배웠다. 1891년과 1893년 김평묵과 유중교가 연이어 돌아가자 유인석은 화서학파의 정맥을 계승하는 인물로 부각되었다. 갑오개혁에 이어 1895년이 되면서 변복령 · 단발령 · 명성황후 시해 등 일련의 사건이 계기가 되어 유인석은 호좌의진(湖左義陣)의 의병장으로 추대되어 제천 · 충주 등지를 무대로 을미 의병을 주도하게 된다. 국내에서의 의병 활동이 여의치 않자 1896년 8월에는 압록강을 건너 서간도로 들어가 항일 독립운동의 근거지를 구상하였다. 이후 그는 중부 지역과 황해도 평안도 일대를 비롯하여 연해주 간도 등지를 부단히 오가며 항일 독립운동을 선도하였다. 그는 1910년에는 이상설 · 이범윤 등과 함께 간도 연해주 등지의 국경 일대에 분산되어 있던 항일 의병 세력을 통합하여 '복국존사(復國存社) 부도보민(扶道保民)' 의 기치를 들고 십삼도의군(十三道義軍)을 조직하여 도총재(都總裁)의 직을 맡았다.

이처럼 유인석은 서구 문명과 일제 침략에 맞서 전통적 가치 체계를 지키고 국가의 생존을 확보하기 위해 온몸으로 싸우면서, 화서학파의 사상을 투쟁을 통하여 실천했던 구한말의 투사적 사상가이자 실천적 애국자였다. 이러한 실천적 삶을 살아온 유인석에 대해 의병사적 측면에서의 연구는 상당히 진척되었으나[1) 사상가 · 철학자로서의 유인석에 대해서는 앞으로 많은 연구가 필요하다. 이 글은 유인석의 철학 사상을 이해하기 위해 그의 역사관과 동서 문화론, 이기론과 심성론의 특성을 종합적으로 분석해 보고자 한다.

2. 화이론적(華夷論的) 역사관

조선 후기에는 성리학 학파들이 다양하게 분기하여 발전하였지만, 화서학파만큼 투철하게 현실지향적인 학파는 많지 않을 것이다. 화서학파는 조선 후기 송시열의 존명배청(尊明排淸)과 소중화(小中華)의 역사의식을 계승하고 발전시켜 투철한 '존화양이(尊華攘夷)' '척사위정(斥邪衛正)'의 사상을 정립하였다. 현실 역사에 대한 높은 관심은 자연히 과거의 역사 기술에 대한 문제와도 긴밀히 연관되어 있다. 이항로는 1852년 그의 수제자인 김평묵과 유중교로 하여금 송(宋) · 원(元)의 역사와 고려의 역사를 합하여 『송원화동사합편강목(宋元華東史合編綱目)』이라는 강목체(綱目體)의 역사서를 편찬하도록 지시하였다.[2)] 그리하여 이항로의 지도하에 김평묵

---

1) 유인석과 화서학파에 대해 의병사적 측면에서의 연구로서는 다음과 같은 논저를 참고하였다.
　박민영, 『舊韓末 西北 邊境地域의 義兵 硏究』, 한국정신문화연구원 한국학대학원 박사학위 논문, 1996.; 오영섭, 『華西學派의 保守的 民族主義 硏究』, 한림대학교 대학원 박사학위 논문, 1996.; 유한철, 『柳麟錫 義兵 硏究』, 국민대학교 대학원 박사학위 논문, 1997.; 구완회, 『韓末의 堤川義兵』, 集文堂, 1997.

2) 『宋元華東史合編綱目』에 대한 연구로는 오영섭의 박사학위 논문 『華西學派의 保守的

과 유중교에 의해 이 책의 본문 29권이 1864년 편찬되고, 후에 부록 4권이 더해져서 1907년에 출간되었다. 유인석은 여기에 서문과 발문을 썼다.

화서학파가 막대한 인력과 자금, 조직을 총동원하여 『송원화동사합편강목(宋元華東史合編綱目)』이라는 역사서를 편찬한 이유는 무엇일까? 공자는 『춘추』를 지어 후세의 난신적자를 경계하였고, 주희는 『자치통감강목』을 써서 이적을 물리치고 역사의 정통을 밝히려 하였다. 그러나 주희 이후에는 그러한 역사적 작업이 본격적으로 이루어지지 못했다. 『송원화동사합편강목』은 주희 이후 후대사에 대해 춘추의리적 서술을 함으로써 현실의 이적(夷狄)과 난적(亂賊)을 경계함은 물론, 어지러운 위기의 현실 속에 놓여 있는 자신들의 처지에서 올바른 정신사적 입장을 정립하려는 동기가 있었을 것이다. 『송원화동사합편강목』의 본문을 편찬할 때 주로 원용된 『속자치통감강목』과 『여사제강(麗史提綱)』은 모두 성리학적 명분론과 화이론이 강하게 투영된 강목체 형식의 역사서라는 공통점을 지니고 있다.[3)]

유인석은 이항로가 『화동강목』을 통해 몽골족이 세운 원(元)의 정통성을 인정하지 않고 오랑캐 정권 원을 무통(無統)으로 처리하여 '화(華)/이(夷)의 구분' 을 명백히 밝힌 것을 매우 중시한다. 유인석은 화서학파의 역사 편찬 작업을 공자가 『춘추』를 지어서 군부를 시해한 난신적자(亂臣賊子)를 성토하고 참활자(僭猾者)를 물리쳐 주 왕실을 높인 일과 주희가 『강목』을 통하여 조위(曺魏)와 후주(後周)를 위통(僞統)으로 처리하여 존화양이의 의리를 천하 후세에 밝힌 일에 견줄 만한 위대한 업적이라고 평가한다.[4)] 다른 한편으로 『송원화동사합편강목』에는 내용면에서 고려의 자주

民族主義 硏究』(한림대학교 대학원, 1996년) 제2장 제1절 '화서학파의 역사인식' 이 있다. 이하 화서학파 역사관 서술은 이 논문의 연구를 주로 참고했음.

3) 오영섭, 위의 논문, 87면 참조.

성과 독자성을 천명하고 자주의식을 보여주는 대목도 찾아볼 수 있다.

> "『화동강목』은 주자학적 정치 이데올로기에 따라 소중화 의식을 강조하려는 입장에서 쓴 사서이지만, 고려사의 자주성과 독립성을 강조하는 한편 고려의 유교 문화적 수준이 중국과 대등한 경지에 이르렀다는 사실을 의도적으로 부각시켰다는 점에서 화서학파의 '자주의식(自主意識)' 이 표출된 사서였다."[5)]

역사란 무엇인가? 역사의 본질은 계급투쟁인가, 아니면 민족이나 국가 사이의 투쟁인가? 역사는 과연 진보하는가?, 쇠퇴하는가?, 아니면 순환하는가? 이러한 근본적인 역사관의 문제에 있어서 유인석을 비롯한 화서학파는 어떠한 인식을 지니고 있었을까? '존화양이(尊華攘夷)' 를 이념으로 하는 화서학파에 속하는 유인석의 역사관의 기본 범주는 화(華)와 이(夷)라고 할 수 있고, 역사는 화와 이의 투쟁으로 파악된다. 그러면 화(華)는 무엇이고 이(夷)는 무엇이며 왜 화(華)는 존중되어야 하고 이(夷)는 물리쳐야 하는가? 유인석의 설명을 들어보자.

> "화(華)란 복희 · 신농 · 황제 · 요 · 순 · 우 · 탕 · 문 · 무 이하 제왕(帝王) 승통(承統)의 위대함과, 공자 · 안회 · 증삼 · 자사 · 맹자 · 주돈이 · 정호 · 정이 · 장횡거 · 주희 이하 성현 연원의 올바름과, 천서(天叙) · 천질(天秩) · 천명(天命) · 천토(天討) · 오상(五常) · 삼강(三綱) · 삼백예의(三百禮儀) · 삼천위의(三千威儀)의 진실함과, 예 · 악 · 형 · 정 · 의 · 관 · 문 · 물의 성대함과, 삼분(三墳) · 오전(五典) · 사자(四子) · 육경(六經)의 풍부함이 존재하는 바를 이름이다.

---

4) 『毅菴集 下』 권42, 1-4면 「宋元華東史合編綱目序」 참조.

5) 오영섭, 위의 논문, 102면.

화의 본질이 이와 같은데 이것을 어찌 높이지 않을 수 있는가. 높이지 않으면 그것이 없어져 마침내 인류가 멸하고 천지가 뒤집어진다. 화(華)는 천지와 고금을 통해 항상 높여져야 하는 것이다. …… 이(夷)는 형상은 사람이되 행동은 금수와 같다. 이것이 하(夏)를 어지럽히므로 물리치지 않을 수 없다."[6)]

유인석의 정의에 따르면 화(華)는 성왕과 성현, 경서와 예악, 도덕과 윤리를 포함한 유교 문화의 역사적 전통과 가치 체계를 포괄하는 복합 개념이다. 이(夷)는 이러한 유교 문화 체계의 권위와 가치를 받아들이지 않고 그것에 대항하거나 파괴하려 드는 반(反)(유교) 문화세력을 지칭한다. '화'와 '이'의 대립 투쟁은 고대부터 계속되었다. 요순시대는 물론 공자의 시대에도 이미 춘추대의의 문제가 제기되었으며 주희의 시대도 마찬가지이다. 화이(華夷)사관에 비추어 보면 현실의 역사 세계는 어떻게 평가될 수 있는가? 당우삼대(唐虞三代)는 화문명(華文明)을 꽃피운 황금기이다. 그러나 한·당·송·명(漢·唐·宋·明)으로 내려오면서 화문명은 진퇴를 반복하게 된다. 특히 오랑캐에 속하는 만주족이 세운 청(淸)이 정통 중화 민족의 나라인 명을 무너뜨리고 그 자리를 대신한 것은 역사적으로 비극적인 대사건이다. 이로써 중국의 본토에는 하화(夏華) 문명이 종식되고 오직 조선에만 그것이 남아 있게 됨으로써 소중화(小中華)로서의 조선은 중화 문명을 보존하고 발전시킬 역사 철학적 사명을 지니게 된 것이다. 이러한 상황은 『주역』 박괘(剝卦)에 나오는 '석과불식(碩果不食: 마지막 남은 큰 과실은 다 먹지 않고 남겨 다음에 씨앗이 되도록 보존함)'이라는 말로 비유된다. 그러나 역사는 조선이 중화 문명을 마지막으로 보존하는 것도 허락하지 않았다. 서세동점과 일본 제국주의의 침략은 중화 문명의 마지막

6) 『毅菴集 上』 권12, 22면.

보루로서의 조선의 소중화 전통을 파괴시켰다. 유인석은 양(陽)이 다해 버리는 이치는 없으니, 박괘(剝卦)가 다하면 복괘(復卦)가 다시 생긴다는 주역의 사상에 마지막 희망을 건다. 그래서 박괘가 '소중화' 에서 다하니 장차는 다시 근본으로 돌아가 복괘가 '대중화(大中華)' 에서 생기고, '대중화' 가 다시 중흥하여 동쪽으로 옮겨와 우리 소중화도 옛 모습을 되찾기를 전망한다.[7] 유인석은 중국과 조선의 각별한 역사적 관계를 강조하며 관계의 긴밀함을 입술과 이빨에 비유하고 그 친밀감의 정도를 친척의 대소가(大小家)에 빗댄다.[8]

1895년 명성황후 시해와 단발령 등으로 주권과 유교 문화가 총체적 위기에 봉착하자 유인석은 선비의 의로운 처신 방안으로 '거의소청(擧義掃淸: 의병을 일으켜 나쁜 무리를 제거함)', '거지자수(去之自守: 세상에서 물러나서 도를 지킴)' '자정수지(自靖遂志: 도를 지키기 위해 자결함)' 세 길을 제시한다. 유인석은 이 세 가지 길 가운데 어느 길을 택했는가? 도를 위해 깨끗이 자결하는 것이 마음에는 편하나, 모든 사람이 다 그렇게 한다면 도 즉 화맥(華脈)이 단절되는 문제가 있다. 의병을 일으켜 나라의 원수를 갚고 사람을 지키고 도를 부지하는 것이 마음에는 가장 상쾌하다. 그러나 현실적으로는 의병을 일으켜도 큰 역량이 없으면 공을 기약하기 어렵다. 그리고 유인석은 당시에 거상(居喪) 중이었다. 그래서 그는 뜻을 같이하는 사우(師友)들과 '거지자수(去之自守)' 하는 길을 택해 화맥을 보전하고 후일의 때를 기다리고자 하였다. 그러나 다른 많은 사우와 문도들이 '거의소청(擧義掃淸)' 의 길을 주장하자 유인석도 결국 이 길을 선택하여 의병을 일으켜 험난한 투쟁의 길을 나아가게 된다.[9]

---

7) 『毅菴集 下』 권51, 「宇宙問答」, 84면 참조.

8) 『毅菴集 下』 권51, 80면 참조.

9) 『毅菴集 下』 권24, 1-4면 「與同門士友」 참조.

유인석은 다른 곳에서는 이를 '보화어국(保華於國)' '수화어신(守華於身)' '이신순어화(以身殉於華)' 세 가지로 제시한다.[10] 보화(保華)를 하기 위해서는 국가의 존재가 전제되어야 한다. 유인석이 경술국치 이전에는 국권을 지키기 위해 분투하고, 일제 강점 이후에는 독립을 되찾기 위해 투쟁한 행동의 내면에는 '보화'의 이념이 있었음을 알 수 있다. 그러나 설사 국권을 되찾았다고 하더라도 그 국가가 반드시 유교를 국교로 삼으라는 보장은 없다. 그럴 경우에는 비록 국가적 차원에서 '보화'는 하지 못하더라도 뜻을 같이하는 동지들끼리 연대하여 수화(守華)는 할 수 있다. 그러나 스스로 목숨을 던지는 순화(殉華)는 남에게 강요할 수 없고 뜻있는 사람이 따를 뿐이라고 하였다.[11]

이항로-김평묵-유중교 등 화서학파의 전통 속에서 강조되어 온 화이론적 역사관은 유인석에게 더욱더 철저한 논리와 강력한 신념으로 내면화되어, 그의 의병 항쟁과 독립 투쟁의 사상적 배경을 형성하였다. 유인석을 비롯한 화서학파의 민족주의 운동은 유교적 문화 체계와 가치 의식을 보존하려는 보화의식(保華意識)을 떠나서는 설명하기 어렵다. 보화의식에 투철한 화이론적 역사관이 민족주의냐 사대주의냐 하는 문제는 구체적인 역사적 맥락을 떠나서 추상적이고 일의적인 도식으로 말할 수는 없다. 그러나 적어도 구한말의 상황 속에서 화서학파의 화이론적 역사관은 선비들로 하여금 외세에 대항하여 치열하게 투쟁을 전개하게 함으로써 주체적 민족주의의 방향으로 기능하였다.

---

10) 『毅菴集 下』 권36, 54면, 「處義有三」, "處義有三. 一曰保華於國, 二曰守華於身, 三曰以身殉於華. 盖復國然後可以保華, 雖復國至不保華有守與殉耳. 保華當與一國人共之, 守華願與同志人共之, 殉華不得責之於人有意者從之." 참조.

11) 위의 책, 같은 곳 참조.

3. 동서 문화론: 근대 서구 문화 비판과 전통 유교 문화 정당화

유인석은 전통 유교 문화를 옹호하는 입장에서 비교적 체계적으로 근대 서구 문화의 근본 문제들에 대해 날카롭게 비판한 사상가요 철학자이기도 하다. 동양과 서양의 문화에 대한 그의 시각은 만년에 저술한 『우주문답(宇宙問答)』에 집중적으로 정리되어 있다. 그는 한편으로는 의병을 일으켜 실력으로 서구 문명에 맞섰지만, 서구 문화의 구조적 문제점에 대해서도 깊은 식견을 보여준다. 유인석에 따르면 조선과 중국을 비롯한 동양 문화의 본질은 위로 도리(道理)를 추구하는 것이고, 이에 비해 서구 문화는 아래로 형기(形氣)를 추구하는 것이다. 도리를 중히 여기는 동양은 오상(五常)과 오륜(五倫)을 밝히는 것이 진정한 문명의 표징이다. 유인석은 서구 문화가 오륜을 저버리고 있음을 다음과 같이 신랄하게 비판한다.

"지금의 이른바 양왜(洋倭)는 이적이 금수가 된 경우로서 모든 것이 사람의 도리에 반할 뿐이다. 아버지와 아들 사이에도 애정은 어렸을 때뿐이고 커서는 서로 떠나고 서로 잊는다. 가난하든 부유하든 귀하든 천하든 서로 간섭하지 않는다. 자식으로서 아버지를 부리고, 아버지에게 송사를 걸고, 아버지를 구박하고, 또한 심지어 아버지를 죽인다. 부모를 사랑하고 공경하는 인간 도리의 지극한 것이 받아들여지지 않음이 이와 같다. 부모를 시해하는 것을 살인죄로 다스리고 시부(弑父)의 죄로 다스리지 않는다. 부모를 구박하고 송사를 걸고 부려먹는 것이 다반사가 되었다.

임금과 신하라는 것도 혹은 교대로 통령(統領)이 되고 혹은 이름뿐이어서 위에서 아래로 명하는 것이 아니라, 아래서 위를 통제하여 임금을 죽이고 폐하는 것이 예삿일이 되어 버렸다. 부부라고 하는 것도 남편이 아내를 통어하는 것이 아니라, 부인이 남편을 올라타서 여자가 주가 되어 남편을 다스린다. 부부가 서로 헤어지고 의심한다. 형제가 죽으면 형수나 제수를 처로 삼는 것이 일상 규범이 되었다. 장유의 관계는 처음부터 논할 여지도 없다. 친구 관계도 떼를 짓고 무리를 모아 서로 도와 힘을 과시할 뿐이다. 부모 자식과 임금과 신하와 부부 사이의 이른바 삼강이 무너졌는데 하물며 장유와 붕우의 윤리야 더 볼 것이나 있겠는가?"[12]

유인석에 따르면 근대 서구 문화가 궁극적으로 추구하는 것은 맛있는 음식, 사치스러운 옷, 웅장한 집, 그리고 강한 군대로 약육강식을 도모하는 것에 불과하다. 의 · 식 · 주의 사치를 추구하는 것은 사람의 도리로부터 더욱 멀어지게 하는 것이며, 약육강식은 짐승의 일이다. 그런데 이러한 물질적 가치를 중시하는 서구 문화를 사람들은 문명이라고 부른다. 그리고 오늘의 인류는 저들 금수에게 감화되어 그것에 이르지 못할까 걱정하고 그것을 즐기고 또 즐기는 망극한 지경으로까지 변해 간다고 유인석은 개탄한다.[13] 진정한 문명은 그러한 것이 아니라 과거 중국에서 꽃핀 유교 문화에 있다고 주장한다. "요 · 순 · 우(堯 · 舜 · 禹)는 만고천하의 대성이다. 요 · 순 · 우가 천하를 다스린 것이 진정한 문명의 극치이다."[14]

서구는 편리하고 긴요한 실용(實用)에 힘쓰는 데 반해 중국과 조선이 일삼는 것은 오활한 허용(虛用)이라서 결국 외국에 굴복하게 되었으니 외국의 실용을 본받아야 하지 않겠는가? 이러한 문제 제기에 대해 유인석은 다음과 같은 논리로 서구의 실용주의 문화의 한계를 비판한다.[15] 유인석에

12) 『毅菴集 下』 권31, 12-13면.
13) 『毅菴集 下』 권31, 13-14면 참조.
14) 위의 책, 같은 곳.
15) 『毅菴集 下』 권51, 23-24면 참조.

따르면 용(用)에는 '무용(無用)의 용'과 '유용(有用)의 용'이 있는데, '무용의 용'은 '체'이고 '유용의 용'은 '용(用)'이다. 천지의 고요함은 무용이요 움직임은 유용이다. 고요함이 있어야 움직임이 된다. 초목은 뿌리가 무용이요 가지가 유용인데 뿌리가 있어야 가지에까지 이른다. 천지만물은 모두 무용의 용을 써서 유용의 용을 이룬다. 즉 체가 서야 용이 시행되는 것이다. 이상적인 것은 무용의 용에 충실하여 유용의 용에까지 도달하는 것이다. 이것이 진정한 용이다. 그러나 서구 문명은 근본이 되는 무용의 용 즉 체를 제거하고 유용의 용에만 급급할 따름이다. 즉 근본이 되는 체를 배양하여 그것으로부터 자연스럽게 용의 효용이 나오도록 하는 것이 아니라, 일시적으로 편리하고 가시적으로 효과 있는 유용의 용에만 사로잡혀 근본이 되는 체를 망각하고 있다.

유인석은 서구 문화의 핵심인 기독교 사상과 근대 세계의 자유·평등 이념에 대해서도 유교적 입장에서 비판한다. 기독교의 삼혼설(三魂說)을 순자의 이론과 비교하여 문제점을 지적한다. 순자는 인간과 금수와의 변별성을 지성이 아니라 의(義)에서 찾았다.[16] 이에 비하여 기독교는 영(靈)을 인간의 고유한 특성으로 본다. 유인석에 따르면 영의 관점에서 보면 인간과 짐승은 정도의 차이가 있을 뿐 근본적으로 구별되지는 않는다. 그러한 인간관의 결과는 사람들로 하여금 술수의 정묘함과 기술의 교묘함을 숭상하게 할 뿐 도덕의 가치를 본질로 여기지 않게 한다고 유인석은 비판한다.[17]

기독교의 천당지옥설과 죄를 씻고 복을 얻는다는 이론도 문제가 있다. 유교는 현세적 세계관에 근거하고 있으므로 이 세계를 초월해서 존재하는

16) 『荀子』「王制」"水火有氣而無生, 草木有生而無知, 禽獸有知而無義, 人有氣有生有知亦且有義, 故最爲天下貴也." 참조.

17) 『毅菴集 下』 권53, 74면 참조.

세계를 인정하지 않는다. 이런 관점에서 볼 때 초월적 세계를 전제하는 기독교의 천당지옥설은 대중들을 유혹하는 허황한 교설이라고 비판한다.

> "사람이 선을 닦고 의를 행하여 천성을 보존하면 세상에서 모두 받들어 귀하게 여기니 이것이 곧 천당에 오르는 것이고, 선을 닦지 않고 의를 행하지 않아 타고난 본성을 잃어버려 세상에서 모두 비천하게 여기면 이것이 곧 지옥에 들어가는 것이다. 어찌 이른바 천당 지옥이라는 것이 별도로 존재하겠는가?"[18]

그리고 선하지도 의롭지도 못하며 죄악을 쌓은 사람이라도 한마디 말로 회개하여 죄를 씻고 복을 빌 수 있다는 사상은 사람들이 죄악을 저지르는 것을 꺼리지 않게 하여 결과적으로 사람들에게 죄악을 짓도록 권하는 것이라고 그 문제점을 비판한다.[19]

19세기 말 20세기 초에 대중들이 기독교에 끌렸다면 식자층은 자유와 평등의 이념에 매혹되었다. 그러나 유인석은 이러한 근대적 이념을 수용할 수 없었다.[20] 그의 성리학적 세계관에 의하면 천지와 만물은 본래부터 스스로 높고 낮은 구별과 크고 작은 구분이 있는 것이 자연의 이치이다. 따라서 인간 사회에도 임금과 신하, 아버지와 아들, 남편과 아내, 어른과 아이, 윗사람과 아랫사람, 지위가 높은 사람과 낮은 사람, 성인과 범인, 지혜로운 사람과 어리석은 사람 사이에 다름이 있는데 그것을 무시하고 평등을 부르짖는 것은 이러한 자연의 이치와 모순되는 것이다. 자유도 역시 그러하다. 천지만물은 원래부터 스스로 서로 구하고 서로 규제하는 도리가

18) 『毅菴集 下』 권53, 「道冒編」, 74-75면.
19) 『毅菴集 下』 권53, 75면 참조.
20) 자유와 평등에 대한 유인석의 비판은 『毅菴集 下』 권51의 27-28면 및 같은 책 권53의 75면 참조.

있다. 예컨대 신하는 임금에게, 백성은 신하에게, 그리고 임금은 다시 백성들에게 서로 얽혀 있다. 그런데 어찌 이러한 상호 관계의 네트워크를 벗어나 홀로 말미암는 자유라는 것이 가능하겠는가? 라고 유인석은 반박한다.[21]

그럼에도 불구하고 평등을 주장하게 되면 그것은 질서를 무시하게 된다. 또한 자유를 강조하면 각자 자기가 하고 싶은 대로 해서 겸양의 덕이 사라지게 되고 사람들이 거리끼는 바가 없어져 혼란과 투쟁을 가져와 악의 극치에 이를 수 있음을 경고한다.[22] 자유와 평등을 너무나 자명한 가치로 여기는 현대인에게 유인석의 이러한 비판은 이해하기가 쉽지는 않다. 자유와 평등이 중세적 억압과 차별의 벽을 타파하고 새로운 근대 사회를 형성하는데 중심적 이념이었던 것은 사실이다. 그렇지만 그것이 지나치게 이데올로기화되어 인간관계를 차갑게 경직화시키고 이기적으로 만들어 가는 부작용을 노출하고 있음을 간과해서는 안 될 것이다. 유인석의 지적처럼 평등의 강조는 인간 사이에 있어야 할 정당한 차이의 질서마저 부정함으로써 형제애(兄弟愛) 대신 시기와 질시의 감정만을 북돋울 수 있다. 그리고 자유의 이념은 공동체에 대한 의무에 헌신하고 이웃에 대한 사랑에 힘쓰게 하는 적극적 자유가 아니라, 오히려 인간 공동체의 유대를 파괴하는 부정적 방종으로 변질되기 쉽다는 것을 우리는 현대 사회에서 경험하고 있다.

이처럼 유인석은 전통 유교 문화의 입장에서 서구 문화의 근본적 문제점들에 대하여 철저하게 비판하였다. 물론 그 가운데는 서구 문화와 근대적 가치에 대한 그릇된 이해에서 비롯된 부적절한 비판도 있고, 자기 문화

21) 『毅菴集 下』 권51, 27면 참조.
22) 『毅菴集 下』 권53, 75면.

중심주의로 인한 시각의 제한성도 있다. 당시 사람들은 서구 문화의 장점에 현혹되어 동양 유교 문화의 장점을 망각하고 전통을 송두리째 부정하며, 오직 강하고 편리한 서구 문명의 맹목적 수입만을 주장하는 경우가 많았다. 유인석은 이러한 무비판적 서구 문화 예찬론자와 일방적 수입론자에 맞서 대항 논리를 전개하다 보니 그의 입장은 문화적 보수주의로 보이기 쉽다. 그러나 유인석이 서구 문화의 모든 것을 전적으로 배척만 하는 것은 아니다. 동양 문화에 장기가 있는 것처럼 서구 문화에도 장기가 있음을 인정한다. 그는 동양이 자기 문화의 장기(즉 윤리, 도덕 등)를 계속 유지하고 발전시키며 그런 가운데 서구 문명의 장점 예컨대 우수한 무기 체계와 편리한 기계와 도구 등을 수용할 수 있음을 충분히 긍정하고 있다.[23] 이 점에서 우리는 그를 소극적 동도서기론자(東道西器論者)의 범주에 넣을 수 있다.

4. 주리론적 이기론

유인석은 14세 되던 해인 1855년 화서 이항로(1792~1868)의 문하에 입문하였다. 따라서 그의 철학 역시 화서의 영향이 강하다. 이항로의 학통은 사승 관계가 뚜렷하지 않으나 대체로 기호학파와 가까우며 특히 우암 송시열을 높이 존숭하여 주희와 같이 받들었다. 그러나 이기철학에 있어서는 기호학파의 태두인 율곡을 그대로 따르지 않고 오히려 퇴계의 주리론적 경향을 많이 보여준다.

유인석의 이기론은 화서학파의 전통에 따라 형식상으로는 대립하는 성

23) 『毅菴集 下』 권51, 25면 및 29면 참조.

리학의 쟁점을 중립적 입장에서 절충하려는 강한 경향을 보이면서도 내적으로는 주리론적 성향을 강하게 보여주고 있다. 유인석이 25세에 중암 김평묵의 물음에 대하여 답한 「순강대책(旬講對策)」은 그의 이기 철학에 대한 기본 시각을 단적으로 잘 보여준다.

> "우주 사이에는 단지 하나의 이(理)만이 존재한다〔宇宙之間只有一理而已〕. 이는 지극히 바르고 정당하여 터럭만큼의 흠도 없고 예나 이제나 한결같이 존재하여 한순간도 쉼이 없다. 이것은 우주 조화의 핵심이요, 만물의 존재 근원이다. 총체적으로 모이는 측면에서 보면 태극이라고 하고, 현상적인 유행의 측면에서는 도라고 한다. 이러한 태극이 동정하여 음양의 기가 생기고, 도가 유행하여 기(器)가 아래에서 형상화된다. 그러므로 기는 이 이(理)에서 생겼으며, 이를 모시고 받드는 도구이다."[24]

이처럼 유인석은 관념적 존재인 이가 물질적 존재인 기를 생성하고 지배하는 궁극적인 실재라고 주장한다. 이(理)는 단순히 기의 법칙에 그치는 것이 아니라 스스로 동정하고 유행하는 활동적 주체이다. 기는 이에 의해서 생성되고 지배되는 존재이며, 또한 이를 받들어 모셔야 하는 도구적 존재에 지나지 않는다. 이기에 대한 이러한 기본 인식에 따라서 이기의 존재 관계를 다음과 같이 체단, 위치, 분수, 직분의 관점에서 유인석은 분석한다.

> "체단(體段)으로 말하면 이는 통하고 기는 한정되어 있고, 위치로 말하면 이는 위에 있고 기는 아래에 있으며, 분수로 말하면 이는 하나이고 기는 만이다. 직분으로 말하면 이는 거느리고 기는 부림을 당하니 둘 사이의 나뉨을 서로 어

24) 『毅菴集 下』 권34, 6면.

지렵힐 수는 없음이 분명하다."[25]

이와 기는 이처럼 존재론적 위계를 달리한다. 이는 공간을 차지하거나 형체를 지니지 않으므로 보기도 어렵고 알기도 어렵다. 그러나 기는 공간을 차지하고 형체가 있으므로 보기가 쉽고 알기도 쉽다. 그래서 성인은 이를 기 가운데서 가려내 사람들에게 밝게 보여준다. 유인석에 따르면 학자들이 이기 관계에 있어서 하나 됨만을 알고 둘됨을 모르면, 기를 도(道)로 알아서 적에 대해 변별이 없어 선과 악이 길을 함께 하게 된다. 그래서 부득불 서로 섞이지 않는 실상을 말해서 폐단을 구제한다. 그리고 단지 둘 됨만을 알고 하나 됨을 모르면 구체적 물(物)을 떠나서 공(空)을 설하며 하학(下學)을 경유하지 않고 바로 상달(上達)만을 추구한다. 그래서 부득불 서로 떠나지 않는 실상을 말해서 그 폐단을 구제한다.[26]

다음은 이기 철학의 쟁점을 유인석이 어떻게 설명하는지를 차례로 검토해 보도록 하자.

1) 이(理)의 동정(動靜) 문제

주희는 "이는 정의가 없고 조작과 운용도 없다〔理無情意造作運用〕, 기는 정의가 있고 조작과 운용이 있다〔氣有情意造作運用〕."이라 하였고, 율곡도 "형상과 작위가 없는 것은 이고〔無形無爲者理也〕, 형상과 작위가 있는 것이 기다〔有形有爲者氣也."라고 해서 이의 능동적 활동성을 부정하는 진술을 하였다. 그리고 다른 한편에서 주희는 "이에는 동정이 있다〔理有動靜〕,

25) 위의 책, 같은 면.

26) 『毅菴集 下』 권34, 6-7면 참조.

그러므로 기에 동정이 있다〔故氣有動靜〕."라고 했으며, 율곡도 "이는 기를 주재하는 것이고〔理者氣之主宰〕, 기는 이가 타는 것이다〔氣者理之所乘〕." 이라 하여 기에 대한 이(理)의 '주재성'을 긍정하였다. 이러한 진술은 외견상의 논리로만 보면 서로 모순되는 것으로 파악되어 논쟁의 여지를 남긴다. 유인석은 이 문제를 다음과 같이 조화시켜 이해한다.

> "이(理)에 동정(動靜)의 운동은 없으나 동정하게 하는 묘함이 있다. 동정의 운동이 없으니 그것에 대해 '이무동정(理無動靜)'이라고 해도 좋고, 동정하게 하는 묘함이 있으니 그것을 가지고 '이유동정(理有動靜)'이라고 해도 그릇될 것이 없다. 운동이 없다고 하여야 이에는 조작(造作)의 뜻이 없다는 원칙을 지킬 수 있고, 묘함이 있는 것을 근거로 '이유동정(理有動靜)'이라고 하여야 또한 이에 주재성이 있다는 원칙을 지킬 수 있다. 그래서 이에 조작의 뜻이 없음을 확인하여 비로소 기를 이로 아는 폐단을 벗어날 수 있고, 이에 주재가 있다는 것을 지키고 나서야 기가 이의 권능을 빼앗는 폐단이 없어진다. '기를 이로 오인하고(認氣爲理)' '기가 이의 권한을 빼앗음(氣奪理權)'의 폐단은 모두 이(理)를 멸하는 데 이른다. 이가 멸하는 때 그 해악은 어디에 이르겠는가."[27]

이처럼 유인석은 이의 주재성을 강조하는 퇴계학파의 주리론의 취지를 살리면서도 율곡학파의 '이에는 동정이 없다〔理無動靜〕'의 원칙도 함께 존중하여 양 학파의 입장을 지양하려는 자세를 보인다. 이러한 제3의 입장은 유인석의 말처럼 기를 이로 아는 폐단이나 기가 이의 고유 권한을 침범하는 문제가 발생하지 않도록 하는 합리적 견해로 보인다. 유인석은 이에 동정이 있다거나 없다고 하는 주장의 진의를 파악하여 양쪽 입장을 모순

27) 『毅菴集 上』 권28, 29면.

관계가 아니라 조화 가능한 것으로 종합하여 합리적으로 파악하고 있다.

2) 이기의 선후(先後) 문제

이와 기 가운데 어느 것이 먼저이고 어느 것이 나중의 것인가? 하는 선후 문제를 따질 수 있는가? 이기 관계에서 선후를 논할 때 그것은 단순히 시간적인 의미만이 아니라, 존재론적 · 논리적 · 가치론적 의미가 복합적으로 함축되어 있다.

유인석은 이기 관계를 바라보는 관점에 따라서 선후가 있을 수도 있고, 없을 수도 있다는 주장을 편다.[28] 물(物)은 시간적으로 생성되고 파괴됨이 있지만, 물의 이(理)는 생성되고 파괴됨이 없다. 따라서 논리적으로 보면 물이 존재하기 이전에 이미 물의 이가 존재한다고 할 수 있다. 그리고 이기의 본질을 분석해 보면 이는 부리는 것이고 기는 부림을 당하는 것이며, 이는 완전하지 않음이 없고 기는 치우치지 않음이 없으며, 도는 생성되거나 파괴되지 않으나 물에는 생성과 파괴가 있다. 이러한 이기의 존재론적 차이를 주목할 때 이가 기에 대해 존재론적으로 우선적이라고 보지 않을 수 없을 것이다. 이러한 의미에서 이는 기에 앞선다고 보는 것은 타당하다.

그러나 다른 관점에서 보면 이에 선후가 없다는 주장도 타당하다. 왜냐하면 이와 기는 원래 서로 타고 태우며 묘합해서 유행함에 있어서 동정(動靜)에 그 단초가 따로 없고 음양의 변화에 그 시작이 따로 없기 때문에 이기를 분리해 어느 것이 먼저이고 어느 것이 나중이라고 잘라 말할 수 없기 때문이다.

이처럼 이 · 기 선후의 문제는 이것을 바라보는 관점과 밀접한 관련을

---

28)『毅菴集 下』권52, 44면.

맺고 있다. '원두(源頭)', '유행(流行)', '품부(稟賦)' 중 어느 관점에서 보느냐에 따라 문제가 달라진다고 유인석은 주장한다.[29] 원두 즉 형이상학적 근원에서 보면 이가 기에 앞서고, 유행 즉 드러난 현상적 측면에서 보면 이와 기가 분리될 수 없고, 품부 즉 주어진 구체적 조건에서 보면 기가 먼저 경험되고 이는 기를 통해 나중에 알려지므로 기가 이에 앞선다는 것이다.[30] 그러나 이러한 관점에 따른 변화에도 불구하고 이는 언제나 어떤 조건에서도 기를 지배하는 주재자이며 결코 그 역이 될 수가 없다〔惟理爲氣主定理也〕고 유인석은 강조한다.[31]

이기 관계에 있어서 선후가 없음만을 말하고 선후가 있음을 알지 못하면 '부리고 부림을 받는 것'이 나누어지는 경계를 보는 것이 밝지 못하고, 선후가 있음을 말하고 선후가 없음을 모르면 이와 기가 '서로 타고 태워서' 틈이 없는 묘함을 인식하는데 지극하지 못하다고 유인석은 설명한다.[32] 선후가 있음을 주장하는 것은 이기의 서로 섞이지 않는 '부잡성(不雜性)'을 말하는 것이고, 선후가 없음은 이기의 서로 떠나지 않는 '불리성(不離性)'을 뜻하는 것이다. 이런 맥락에서 유인석은 이기의 '서로 섞이지도 않고' '서로 떠나지도 않는' 부잡불리(不雜不離)의 문제를 다음과 같이 종합적으로 균형되게 이해한다.

"이는 어디에 가나 기보다 위이고 통하며 기는 어디에 가나 이보다 아래이며 한정되므로 이런 점에서는 양자가 결코 서로 섞일 수 없다. 그러나 이는 어디에

29) 『毅菴集 下』 권52, 「道冒編 上」, 44면, "從源頭說下則理先而器後也, 從流行說去則理氣無先無後也, 從稟賦說起則氣先而理後也."

30) 『毅菴集 下』 권52, 「道冒編 上」, 44면, "從源頭說下則理先而器後也, 從流行說去則理氣無先無後也, 從稟賦說起則氣先而理後也."

31) 『毅菴集 下』 권52, 44-45면.

32) 『毅菴集 下』 권52, 「道冒編 上」, 44면.

가나 기를 낳고 타지 않음이 없고, 기는 어디에 가나 이와 짝하여 그것을 싣지 않을 수 없으므로 이 점에서 서로 떠날 수 없다는 것이다. 만일 부잡(不雜)만 알게 되면 친절하지 못하고 불리(不離)만 주장하게 되면 명석하지 못하므로 이 두 가지를 함께 일러야 비로소 친절하고도 명석하다."[33]

3) 이유선악(理有善惡)의 문제

이기 철학에서 악의 문제를 어떻게 설명할 수 있는가? 이 문제도 이기론의 중요한 쟁점 중의 하나이다. 유인석은 만년에 이 문제를 놓고 한주 이진상의 아들로서 공자교 운동을 일으킨 이승희(李承熙)와 1908년 블라디보스토크에서 논쟁을 벌였다. 논쟁 내용은 유인석이 「해항강록(海港講錄)」이라는 이름으로 기록해 두었다.[34]

이승희는 정명도의 "이에는 선악이 있다(理有善惡)", "선악이 모두 천리이다〔善惡皆天理〕."라는 명제를 근거로 이는 선의 근거일 뿐만이 아니라 악 역시 이에서 유래한다고 주장한다. 이승희에 따르면 이의 본(本)을 말하면 악이 이가 아니라는 것이 타당하나, 이의 지나침과 모자람으로 말하면 악도 역시 이라고 하는 것도 타당하다. 기에는 단지 아름다움과 추악함, 맑음과 더러움이 있을 뿐이고 시비와 득실은 없다고 주장한다. 이에 대해 유인석은 주장하기를 이의 본말(本末)에는 선이 있고 악이 없다. 그러나 기의 본은 선하나 말에는 선악이 없을 수 없다고 하였다. 그러자 이(理)의 본말이 과연 모두 선할 뿐이라면 천하에 악이 항상 많음은 과연 모두 이(理) 밖의 일이란 말인가 하고 이승희는 반문한다. 이의 본말이 다 선하고 기의 본

33) 『毅菴集 上』 권5, 14면.

34) 이하 『毅菴集 下』 권35, 1-10면, 「海港講錄」 참조.

역시 선하다면 악은 어디서 온단 말인가 하는 물음이다. 이에 대해 유인석은 이의 본말이 다 선하지 않고 불선한 것이 있다면 이가 어찌 받들어 모실 만한 것이 되겠는가 라고 되묻는다. 이에는 선만 있고 악은 없으며, 기의 본이 선할 때 이의 명을 들으면 악은 발생하지 않고, 기의 가리움이 있을 때 악은 발생하게 된다고 유인석은 설명한다.

이승희는 기가 스스로 선악의 물이 능히 되는 것을 인정해서는 안 된다고 하고, 이에 대해 유인석은 이승희의 주장이 이가 스스로 선악의 물건이 되는 것을 인정하는 것을 당연시하는 견해라고 논박한다. 그리고 만약 이에 선악이 있다면 태극에도 악이 있어야 하는 것이 아니냐고 이승희에게 묻는다. 이에 대해 이승희는 태극은 이의 '지선표준(至善表準)'으로서 진체(眞體)만을 가리키는 것이며, 이는 조리(條理)와 이세(理勢)의 이름으로서 진(眞)만이 아니라 망(妄)을 겸한 체라고 보아서 태극과 이를 구별한다. 그러자 유인석은 "태극은 단지 이이다(太極只是理)."라는 명제를 근거로 이와 태극을 그처럼 나눌 수 없다고 주장한다.

유인석은 이를 태극과 같은 것으로서 보아 지극히 선하고 신성한 것으로 인식하는 데 비해 이승희는 이와 태극을 구분하여 태극은 지선한 표준으로 인정하지만, 이는 단지 '조리(條理)' 또는 '이세(理勢)'로 이해한다. 여기서 이(理) 개념에 대한 인식에 있어서 두 사람은 중요한 입장의 차이를 보여주고 있다.

유인석은 이기 관계에서 이는 기를 부리고 통제하는 상위의 존재이고, 기는 이를 받들어 모시고 따라야 하는 하위적 존재로 규정함으로써 강한 '이존기천(理尊氣賤)'의 사상을 보여준다. 이에 비해 율곡의 사상인 '기발이승(氣發理乘)'과 '이기(理氣)의 묘합성(妙合性)' 문제는 상대적으로 덜 강조되고 있다. 유인석이 속한 화서학파는 학통상 기호학파에 가까우나 이기 철학에서는 퇴계와 율곡의 입장을 조화시키려고 노력하면서도 내적으로 보면 오히려 퇴계적인 주리 철학에 더 가깝다고 할 수 있다.

5. 19세기 심설논쟁과 의암의 심성론

19세기 조선 유학계는 심(心)의 본질에 대한 규정을 둘러싸고 치열한 논쟁을 벌였다. 화서 이항로와 한주 이진상은 심의 본질이 이(理)라고 주장했다. 이에 맞서 정통 기호학파 계열에서는 심은 기임을 재확인한다. 같은 화서학파 내에서도 성재 유중교는 화서의 심즉리설을 보완하는 이론을 주장하여 화서학파 내부에서 격렬한 논란을 불러일으켰다. 주자는 "성은 태극과 같고〔性猶太極也〕, 심은 음양과 같다〔心猶陰陽也〕." "심은 기의 정상〔心者氣之精爽〕"이라고 하여, 심을 기로 간주한다. 그러나 주자는 다른 한편에서는 "심은 천리의 주재이다〔心者天理之主宰也〕." "심은 천리가 사람에게 있는 전체〔心者天理在人之全體〕"라고 하여 심을 이(理)로 보기도 한다. 조선 성리학에서 퇴계학파는 대체로 "심은 이와 기를 합한 것이다〔心合理氣〕."라고 하고, 율곡학파는 "심은 기이다〔心是氣〕."라고 이해한다.

이진상은 심의 이기 규정 문제를 옥돌의 예를 들어 비유한다. 첫째, 불교나 양명학에서 마음은 이라고 하지만, 이는 옥과 돌을 구분조차 못 하는 사람이 원석(原石)을 보고 옥이라고 하는 것과 같다. 둘째로, 일부 성리학자들이 마음의 현상적 작용에 주목하여 "심은 기이다(心是氣)"를 주장하나, 이는 옥과 돌을 조금은 구별할 줄 아는 사람이 원석의 겉만을 보고 돌이라고 하는 것과 같다. 셋째는 원석의 가치가 옥에 있음을 알고 그것을 가리켜 옥이라고 하듯이 마음의 진정한 본체를 가리켜서 이라고 보아 "심은 이이다〔心卽理〕."를 주장하는 경우로서 이진상 자신의 입장을 뜻한다고 해명한다.

이진상은 왕양명의 심즉리설(心卽理說)은 사실상 심즉기설(心卽氣說)이라고 하여 자신의 심즉리설과 엄격히 구별한다. 이에 대해 간재 전우(田愚)는 심은 사려와 지각 작용이 가능한 실체임에 비해 이는 사려와 지각 작용이 불가능한 본체임에 주목하여 서로 다른 범주의 심과 이(理)가 '심즉리'로 동일시될 수 없다는 입장을 취한다.[35] 전우는 심이 아닌 성이 이(理)이고, 사려와 지각 작용을 하는 유위(有爲)의 심은 기라고 주장한다. 심즉리를 주장하는 사람은 심을 극칙(極則)으로 삼기 때문에 기욕(氣慾)의 가리움을 관찰하지 못한다고 우려하고, 이에 비해 심을 기로 인식하는 사람은 심을 '준적(準的)' 으로 삼지 않기 때문에 성명(性命)의 이치를 주로 하지 않음이 없다고 본다.[36] '심즉기' 를 주장하게 되면 마음의 기를 다스리는 수양 공부를 게을리할 수 없지만, '심즉리' 를 주장하게 되면 굳이 따로 기를 다스리는 수양 공부를 해야 할 이유가 없어지게 된다고 전우는 이해한다.

그러나 이진상의 주장에 따르면 심즉기설은 나쁜 이론이다. 왜냐하면, 마음은 한 몸을 주재하는 것인데, 주재하는 존재를 기에 귀속시키면 천리가 형기(形氣)의 명을 듣게 되고, 고자(告子)의 견해와 같아서 사람이 금수와 다를 바가 없어진다. 그리고 마음은 성과 정을 통괄하는 명칭인데 그러한 마음을 기로 여기면 대본(大本)과 달도(達道)가 다 기로 돌아가 이(理)는 죽은 물건이 되고 공적(空寂)에 떨어진다고 우려한다.[37] '심즉리(心卽理)'와 '심즉기(心卽氣)' 논쟁을 분석해 보면 다음과 같은 사실을 발견할 수 있다. 심즉기설 쪽에서는 대체로 마음과 성을 상대적으로 분리시키고 마음의 현상적 측면에 주목하여 사려 지각작용의 여부에 따라 이와 기의 여부

35) 田愚의 심성론에 대해서는 安東敎, 『艮齋의 性師心弟說과 復性論』(한국정신문화연구원 한국학대학원 석사학위 논문, 1991.) 참고.

36) 『艮齋先生全集 上』, 雜著, 「華西雅言義疑」, 668면 참조.

37) 『寒洲集』 권37, 4-5면, 「心卽理說」 참조.

를 판단하려고 한다. 이에 반해 심즉리설 쪽에서는 마음과 성을 분리시키지 않고 심의 본체의 이상적 규범적 측면을 중시하면서 심의 작용성 여부보다도 심(心)이 간직하고 있는 도덕적 표준의 존재 여부에 따라 이기를 판단하려고 한다.

심즉기설 진영에서는 심즉리설이 마음의 기를 다스리는 수양 공부에 소홀할 수 있음을 우려한다. 심즉리설 진영에서는 심즉기설이 마음의 현상적 측면만 보고 마음의 주재적 · 도덕적 본질을 인식하지 못하여 결과적으로 이(理)를 죽은 물건인 사물(死物)로 만들고 인간의 마음을 동물의 것과 다를 바 없는 것으로 격하시켰다고 비판한다. 심즉기설은 인간의 마음에 대해 비관적 부정적이어서 성(性)이라는 객관적 기준에 의한 규율을 요청하고 점진적 수양의 노력을 강조한다. 그러나 심즉리설은 인간의 마음에 대해 보다 낙관적이고 긍정적이어서 본심의 자율적 주재를 존중하고 본심의 선함에 대한 자각을 귀히 여기는 것으로 보인다.

심성론에서 유인석은 대체로 그의 스승인 유중교와 입장을 같이한다.[38] 유인석에 따르면 심은 그 본질에서는 이(理)이지만, 그 작용에서 기라고 하지 않을 수 없는 부분도 있다. 따라서 심즉기(心卽氣)라고 하는 것도 부분적으로 타당하다고 본다. 즉 기본적으로는 화서(華西)의 심즉리설이 타당하나, 심에는 이로 설명할 수 없는 현상도 있으므로 그런 측면에서 기의 속성도 인정하는 것이 온당하다는 것이다. 성재 유중교의 '논조보화서선생심설(論調補華西先生心說)' 은 화서의 입장을 결코 부정한 것이 아니라 미비점을 보완한 것으로서, 성재의 보완설을 통해 화서의 심설이 의혹의 여지가 없이 더욱 완전하게 되었다고 유인석은 평가한다.[39]

38) 유중교의 심성론의 핵심은 그의 논문 「心與明德形而上下說」(『省齋集』 권33)에 잘 나타나 있다. 그리고 화서학파 전체의 心說에 관한 연구로는 윤용남의 『華西學派의 心說에 關한 研究』(한국정신문화연구원 부속대학원 석사학위논문, 1983)가 참고된다.

유인석은 심을 단지 이(理)로만 알고 그것의 기(氣)됨을 모르면 공부에 소홀하게 되고, 반대로 기됨만을 알고 이(理)임을 알지 못하면 마음의 본질에 어둡기 때문에 둘 다 불완전하다고 평가한다.[40] "심을 이라고 하지만 이에 과연 존망과 출입이 있는가? 심을 기라고 하지만 기에 과연 주재와 묘용이 있는가? 심은 이와 기를 겸한다고 하는데 어느 것인들 이와 기를 겸하지 않고 심만이 홀로 그렇겠는가?"[41]라고 의문을 제기하며 유인석은 심에 대해 다음과 같은 자기 입장을 제시한다. "마음은 본질〔體〕로 말하면 이도 아니고 기도 아니다. 작용으로써 말하면 이로 말하는 경우도 있고 기로 말하는 경우도 있다."[42] 우리는 심에 대해 다양한 관점에서 다양한 방식으로 말하기 때문에 어디에 초점을 두느냐에 따라 '이'로도 '기'로도 규정할 수 있다. 따라서 맥락을 떠나서 일의적으로 '이' 또는 '기'로 단순하게 규정할 수 없고, 양 측면을 아울러 종합적으로 파악해야 한다고 유인석은 인식한다.

6. 맺음말

존재론적으로 이(理)가 기(氣)를 주재하듯이, 심성론에서는 본심(本心)이 마음의 주체가 되어야 하며, 역사적으로는 화(華)가 이(夷)를 지배해야

39) 『毅菴集 上』 권6, 7-15면, 「答崔勉庵 別紙」 참조.

40) 『毅菴集 上』 권29, 17면, "大抵心有以理言者, 有以氣言者. 但知心之爲理而不知其爲氣, 則必疎於工夫矣. 但知心之爲氣而不知其爲理, 則有昧於主本矣. 均之爲未善也."

41) 『毅菴集 上』 권29, 30면, "心曰理而已理果存亡出入乎? 心曰氣而已氣果主宰妙用乎? 曰心兼理氣也何物不兼理氣心獨然乎?"

42) 『毅菴集 上』 권29, 30면, "故妄有所言, 曰:心語其爲體則非是理非是氣, 語其爲用則有以理言以氣言."

하고, 문화적으로는 위로 도리(道理)를 추구하는 동양 유교 문화가 아래로 형기(形氣)를 중시하는 서구 문화의 근본이 되어야 하며 결코 그 역이 되어서는 안 된다는 것이 유인석의 일관된 주장이다. 여기서 우리는 이기론과 심성론과 화이론적 역사관과 동서 문화론이 서로 분리된 것이 아니라, 하나의 연속된 사유의 체계를 형성하고 있음을 알 수 있다. 기 없이 이(理)가 스스로를 전개할 수 없다면 서구의 하달형기(下達形氣) 문화도 인간이 살아가는데 불가피함을 유인석이 모를 리가 없다. 그럼에도 불구하고 그가 서구 문화를 비판하는 것은 '하달형기(下達形氣)'가 마치 문화의 본질인 듯이 주장하기 때문이다. 기는 이의 주재를 받아야 하는 것처럼 서구의 하달형기 문화는 조선과 중국 소대중화(小大中華)의 상달도리(上達道理) 문화에 의해 올바르게 이끌어질 때 그것이 진정한 동서 문화의 창조적 만남이라고 보는 것이다.

이상에서 유인석의 전통 유가 철학과 문화에 대한 확고한 신념과 근대 서구 문화가 안고 있는 근본적 문제들에 대한 유가 철학적 비판의 내용을 고찰하였다. 아쉬운 점은 유인석이 속한 화서학파와 같은 보수적 견해의 학자들과 개화파에 속하는 진보적 지식인들이 서로 대화를 통해 서구 문화에 대한 인식과 수용 문제를 진지하고도 생산적으로 논의할 기회를 별로 갖지 못했다는 점이다. 보수 지식인은 개화파를 위대한 전통을 파괴하고 나라를 외국에 팔아먹는 일본과 서구의 앞잡이로서 인식하고, 반대로 개화파들은 보수 지식인을 역사의 흐름과 국제 정세에 어두운 완고한 집단으로서 강제적으로 개혁되어야 할 대상으로 여겼다. 그래서 서로 상대를 비난하면서 민족 내적으로 갈등을 증폭시켰다.

양 진영 간에 상호 비난은 있었으나 서로의 입장을 이해해 보려는 열린 자세가 부족했다. 이는 세계관이 너무나 다른 데서 오는 불가피한 결과일까? 서로 다른 세계관을 가진 사람들 사이에서 생산적인 대화를 기대하는 것은 사실 매우 어려운 일이다. 그러나 구한말처럼 국가의 운명이 풍전등화와 같은 시대에는 민족의 생존을 위해서라도 서로의 의견을 모으려는 타협의 모색이 있어야 했을 것이다. 이 문제는 현대 한국 사회에도 여전히 유효하다. 역사의 전환기에 비록 현실 인식이 상반되는 집단이라고 하더라도 자신들과 반대되는 입장의 집단을 전혀 설득시키지 못하고서는 진정한 개혁과 발전은 기대하기 힘들 것이다.

참고문헌

金平默, 『重菴集』, 우종사, 1975.
柳麟錫, 『毅菴集』, 경인문화사, 1973.
柳重教, 『省齋集』, 동문사, 1974.
柳重教 · 金平默, 『宋元華東史合編綱目』, 우종사, 1976.
李震相, 『寒洲全書』, 아세아문화사, 1880.
李恒老, 『華西先生文集』, 여강출판사, 1971.
田 愚, 『艮齋先生文集』, 보경문화사, 1984.

柳麟錫, 毅菴 柳麟錫의 思想 - 『宇宙問答』, 서준섭 외 역, 종로서적출판주식회사, 1984.
李九榮 편역, 『湖西義兵事蹟』, 제천군문화원, 1994.

6부

조선 후기 실학의 도전과 조선 최고의 지식인

다산 정약용

제12장

이익, 홍대용, 정약용, 최한기의 마음에 대한 새로운 이해

1. 들어가는 말

실학에 관한 기존 연구는 정치 · 행정 · 경제 등의 개혁 사상에 초점이 맞추어졌다. 근래에 와서 실학의 철학적 기초에 대한 논의도 점차 활발해지고 있다. 하지만 실학의 심론에 대한 별도의 논의는 거의 없었다. 실학이 성리학과 구별되는 독자적인 학문적 근거를 갖기 위해서는 마음에 대한 논의에서도 성리학과 변별되는 사상이 제시되어야 할 것이다. 조선 유학에서 심(心)에 대한 논의는 주로 사단과 칠정, 인심과 도심, 본연지성과 기질지성의 관계 문제를 비롯하여 호락논변에서 보듯이 인성과 물성의 동이(同異) 문제, 미발심체기질의 선악 문제, 성범심동이(聖凡心同異)에 관한 문제, 지각(知覺)과 지(智)의 문제 등이 초점을 이루었다. 그리고 심을 이기론적으로 어떻게 규정할 것인가 즉 심은 '이' 인가? '기' 인가? '이 · 기' 를 합한 것인가? 하는 문제가 쟁점을 형성하였다. 이러한 심성에 대한 담론이 조선 유학의 핵심을 이루었다는 것은 주지의 사실이다. 그런데 실학자들은 이러한 성리학의 심론에 대해 어떠한 입장과 태도를 보이고 나아가 어떤 대안을 제시하였을까? 우리는 실학의 심론을 대표적 실학자인 이익, 홍대용, 정약용, 최한기를 중심으로 살펴보고자 한다.

마음을 어떻게 보느냐 하는 것은 그 자체로 철학적 관점에 따라 차이가 크다. 마음을 보는 관점을 크게 대별하면, 우주적 마음(cosmic mind)으로 보느냐 인간적 마음(human mind)으로 보느냐, 향내적 관점에서 보느냐 아니면 향외적 관점에서 보느냐, 관념론적으로 보느냐 아니면 유물론적으로 보느냐, 인식론적 관심에서 보느냐 도덕적 관점에서 보느냐 아니면 종교적 관점에서 보느냐에 따라 마음을 이해하는 방식에 있어서 차이가 있다.

실학의 심에 대한 담론은 크게 보면 자연주의적 심론과 휴머니즘적 심론으로 대별된다. 주자학의 인간-자연 통합 구도가 실학의 심론에서는 분열된다. 자연주의적 심론은 홍대용 등에 의해 제기되어 최한기로 발전하였고, 휴머니즘적 심론은 이익에서 정약용으로 이어진다. 다산 정약용의 심론은 근대적 행위의 주체를, 혜강 최한기의 심론은 인식의 주체를 정립하는 데 일정한 역할을 하게 된다.

2. 성리학적 심론에 대한 문제 제기와 회의: 이익과 홍대용의 심론

실학자 가운데 성호 이익(1681~1763)은 한편으로는 성리학 이론을 수용하면서도 다른 한편으로는 성리학과 차별되는 사상을 제기하는 등 성리학과의 관계에서 이중적 모습을 보인다. 마음에 대한 이론에서도 마찬가지이다. 성호는 마음에 대한 자신의 견해를 쓴 「심설(心說)」을 남겼는데 이 글을 통해서 심의 개념이 지닌 다양한 함의를 분석한다.[1] 일반적으로 '초목지심(草木之心)', '인물지심(人物之心)', '천지지심(天地之心)' 등 다양하게 심 개념을 사용한다. 성호에 의하면 흙과 돌에는 마음이 없지만, 초목은 생장하고 쇠락하는 것을 보면 심은 있는데 지각은 없다. 따라서 초목의 심은 '생장지심(生長之心)'이라고 할 수 있다. 이에 비해 금수는 '생장지심'이 있는 것은 초목과 같지만, 게다가 '지각지심(知覺之心)'까지 있다. 금수가 '생장지심'이 있다는 것은 금수가 나고, 자라고, 늙고, 죽은 것을 말한다. '지각지심'에서 '지각'이란 추위와 더위를 느끼고 살고자 하고 죽기를 싫어하는 것을 뜻한다. 그런데 지각은 '생장노사(生長老死)'의 현상에 영향을 끼치지 않는다. 사람의 경우는 '생장심'과 '지각심'이 있는 것은 금수와 같지만 또한 그 위에 '이의지심(理義之心)'이 있다. 성호에 의하면 '지각지심'은 이익을 추구하고 손해를 피하고자 하는 것으로서 사람에게는 '인심'과 같다. 이에 비해 '이의지심'은 '도심'과 같은 것이다. '이의지심'은 때로는 의를 위해서 삶을 버리고 죽음을 불사하기도 한다. 이것은 '초목지심'이나 '금수지심'에는 없는 인간만의 고유한 마음이다. 이 점에서 성호는 순자가 말한 "초목은 생명은 있으나 지각이 없고, 금수는 지각이 있으나 의리가 없고, 사람은 생명도 있고 지각도 있고 또한 의리도 있다〔草木有生而無知, 禽獸有知而無義, 人有生有知亦有義〕."라고 한 명제에 공감한다. 그렇다고 사람에게 이 세 가지의 마음이 따로 있는 것은 아니고, 크게 보면 단지 인심(人心)과 도심(道心)의 두 가지로 대별되고, 그 외에는 다른 마음이 없다고 한다.

그러나 다른 한편에서 성호는 마음이란 처음에는, 오장의 하나인 심장(心臟)을 따라서 말하는 것으로서, 이것은 사람과 금수만이 지니고 있을 뿐

1) 이익, 『星湖全集』 권41, 「心說」 참조.

초목은 지니고 있지 않다고 하였다. 그리고 지각이 없는 '초목지심(草木之心)'과 '천지지심(天地之心)'은 단지 유추로서 심이라고 말하는 것일 뿐이라고 한다. 성호는 '본연' '기질' 대신에 '생장지심', '지각지심', '이의지심'이라는 개념을 사용함으로써, 그의 심에 대한 담론은 대체로 인간의 마음과 자연의 마음의 마음 개념이 서로 다름에 초점을 두고 있다. 사람과 금수의 경우에도 금수에겐 마음이 있긴 하지만 그것은 지각의 마음일 뿐이고 이의(理義)의 마음과는 차원이 다르다고 변별한다. 마음이라는 개념을 같이 쓴다고 해서 의미까지 같은 것이 아니고 그 개념의 실질적 함의는 차원이 다르다는 것이다. 성호의 심에 대한 담론은 심에 대한 개념의 혼란을 정리할 필요성에서 나온 것이기도 하거니와, 다른 한편으로는 인간의 마음의 고유하고 특별한 위치를 강조한다.

그러나 같은 실학자라고 하더라도 담헌 홍대용(1731~1783)은 성호와 입장을 달리한다. 성리학에서는 만물을 도덕주의적 관점에서 해석하고 인간을 그 중심에 두고 있다. 도덕을 인간 중심으로 설정하고, 동물에게는 그 일부만 인정한다. 그런데 담헌은 우리가 인간에게만 고유하다고 여기는 도덕 현상이 동식물을 포함한 자연 속에도 내재하고 있음을 주장함으로써 인간 중심적 도덕주의의 편견을 깨뜨린다.

담헌의 심에 대한 담론은 성리학의 심 담론과 연속성과 불연속성의 양면성을 지니고 있다. 그는 호락논변에서 낙학의 전통 위에 서 있으면서도 성리학의 이기심성 개념 체계에 대해 깊은 회의를 보낸다. 이가 주재한다고 하면서 기의 청탁에 따라 선악이 결정된다는 모순을 보면서 성리학적 이기 개념 체계에 의문을 던진다. 그리고 인간이 오상(五常)을 온전하게 지닌 우월한 존재이고, 물(物)은 그렇지 못한 존재로 비하하는 것에 대해서도 의문을 제기한다. 때로는 동물의 세계에서 '인'이나 '의'나 '지'가 인간보다 더 낫다고 함으로써 인간 중심적 독선을 깨고자 한다. 담헌은 심에 대해 정의하기를, 마음은 자취가 있고 쓰임이 있어서 '이'라고 부를 수가 없고, 또한 볼 수도 들을 수도 없으니 '기'라고 부를 수도 없어서 '기의 정수(氣之粹)'라고 한다고 하였다. 그리고 그것의 속성은 대소(大小)도 후박(厚薄)도 명암도, 통색(通塞)도 없고, 능지(能知) 능각(能覺)하고 허령불매(虛靈不昧)한 본성을 지니고 있다고 한다.[2] 그런데 이러한 특성을 지닌 마음에 대해서 담헌은 그것이 개체에 따라서 같으냐 다르냐 하는 문제에 있어서 다음과 같은 입론을 편다. 다르다는 입장에서 보면 성인과 어리석은 사람, 금(禽)과 수(獸), 초(草)와 목(木)이 다르지 않음이 없고, 같다고 보면 성인과 어리석은 사람, 금(禽)과 수(獸), 초(草)와 목(木)이 같지 않음이 없다는 것이다. 즉 같다면 다 같고, 다르다면 다 다르다는 것이다. 이것은 인물성동이론 가운데 동론(낙론)과 대체적 입장이 같다.

우리는 총명예지하여 만물에 통달한 성인이 있는가 하면, 매우 어리석어서 사방을 분간 못하는 사람도 있다는 것을 안다. 그럼에도 맹자가 성(性)을 말하면서 사단(四端)을 주로하고, 정자가 심(心)을 논하면서 그 근본이 선하다고 한 것은 무엇 때문인가? 여기서 담헌은 마음을 본체와 작용으로 나누어 분석한다. 담헌의 분석에 따르면 본체는 같고 작용만 다르다. 본체의 밝음으로 말하면 성인이라고 더 밝은 것도 아니고, 어리석은 사람이라고 어두운 것도 아니다. 금수라고 하여 이지러진 것도 아니고 초목이라고 하여 없는 것도 아니다. 그것은 왜냐하면 본체는 신명(神明)하고 순수하여, 기에 구애되어 그 본을 상실하지 않는 까닭이라고 한다.

이런 논리로 인간과 동물의 마음이 같음을 강조하는 담헌은 다음과 같

---

2) 홍대용, 『湛軒書』 內集 권1, 「答徐成之論心說」, "今夫心之爲物. 有迹有用. 不可謂之理也. 不見不聞. 不可謂之氣也. 此則朱先生比理微有迹. 比氣自然又靈之意. 不可仍此而便謂之非理非氣之物. 當活看. 只是氣之粹者. 物之神者. 無大小無厚薄無明暗無通塞. 能知能覺. 虛靈不昧." 참조.

은 구체적 예를 통해서 자기의 논리를 뒷받침하고자 한다. 예컨대 사람 가운데도 자애롭지 못한 사람이 있지만 호랑이는 오히려 그 새끼를 반드시 아끼고, 사람은 불충한 사람이 있지만 벌은 반드시 여왕벌을 공경한다. 사람은 음란하지만 기러기는 반드시 배우자를 가린다.

담헌에 의하면 마음은 '신명하고 헤아릴 수 없는 존재〔神明不測之物〕' 라서 '형상(形狀)' 도 없고 소리나 냄새도 없다. 단지 마음은 기를 따라서 체가 변한다. 그래서 '지혜로운 사람' 과 '어리석은 사람', '현명한 사람' 과 '모자라는 사람' 의 차이가 있다. 사람과 사람 사이에는 기의 차이가 있으나, 사람과 금수와의 사이에는 질(質)의 차이가 있다. 기는 가변적이지만 질은 가변적이지 않다. 여기에 사람과 금수의 차이가 있다. 그럼에도 불구하고 마음은 '지극히 맑고 지극히 순수하며 신묘해서 헤아릴 수 없는〔至淸至粹神妙不測〕' 것으로서 모든 이치를 갖추고 만물을 재제(宰制)하는 소이로서, 이것은 사람과 물이 같다고 담헌은 주장한다.[3] 동물이 자애롭고 충성하는 것도 이러한 동일한 마음의 본선에서 나온 것이라고 설명한다. 비록 형에 국한되어서 수제치평(修齊治平)을 못 할 뿐이다. 형에 국한되어 수제치평을 못한다고 하여 마음 자체가 다르다고는 볼 수 없다는 것이다. 마치 사람 사이에도 성인과 보통 사람의 지혜에 차이가 크지만 그렇다고 마음이 다르다고 볼 수는 없는 것과 같다.

사람은 온전한 것을 물은 치우친〔偏〕 마음을 받았다고 말한다면 이것은

---

3) 홍대용, 『湛軒書』 內集 권1, 「答徐成之論心說」, "且心者. 神明不測之物也. 無形狀無聲臭. 雖欲不同. 何離何合何完何缺. 一有不同. 是心逐氣變體. 靈無定本. 旣無定本. 則智之於愚. 賢之於不肖. 皆不同也. 此豈理也歟. 故曰. 愚局於氣. 物局於質. 心之靈則一也. 氣可變而質不可變. 此人物之殊也. 充塞于天地者. 只是氣而已而理在其中. 論氣之本. 則澹一冲虛. 無有淸濁之可言. 及其升降飛揚. 相激相蕩. 糟粕煨燼. 乃有不齊. 於是得淸之氣而化者爲人. 得濁之氣而化者爲物. 就其中至淸至粹神妙不測者爲心. 所以妙具衆理而宰制萬物. 是則人與物一也." 참조.

무형의 마음을 크고 작으며 통하고 막힌 것으로 마치 물(物)과 같이 보는 것이라고 담헌은 비판한다. 즉 마음은 물과 범주가 다르므로 크고 작으며 통하고 막힌 것처럼 물리적 범주로 분석할 수 없다는 것이다. 담헌은 도덕적인 면뿐만이 아니라 지적인 측면에서도 인간이 동물보다 반드시 우월한 것이 아니고 오히려 동물이 인간보다 뛰어난 것이 많음을 들어서 인간 마음의 우월론자에게 반박한다. "땅강아지와 개미는 비가 오는 것을 먼저 알고, 기린은 풀을 밟지 않는다."

인간과 동물의 마음이 근본적으로 불연속적인 것이 아님을 강조하는 담헌의 심론은 자연주의적이고, 진화론자의 심론을 보는 듯하다. 인간 중심주의 또는 인간 우월주의의 심리적 근거를 부정하는 담헌의 심론은 생태철학적으로 의미가 크다고 하겠다. 담헌의 이러한 심론은 자연에 대한 도덕적 편견 없는 객관적 연구를 가능하게 하는 이론적 근거가 된다고 볼 수 있다. 그리고 심에 대한 자연주의적 해석은 인간의 도덕적 독선을 비판함과 아울러 도덕의 문제를 경직되지 않고 보다 유연하고 폭넓게 보는 공평한 시각을 제시한다고 해석할 수 있다.

성호는 인간 중심적 시각에서 담헌은 자연주의적 시각에서 심을 보는 차이가 있다. 그러나 두 학자 모두 성리학의 심론과 연속적이면서도 동시에 불연속적인 과도기적 입장을 취하는 점은 공통적이라고 할 수 있다.

3. 성리학 심론의 불교적 흔적 비판과 서학의 주체적 수용: 정약용의 심론

실학의 심론은 다산 정약용(1762~1836)에 와서 체계적으로 정립된다. 18세기 후반기에 오면 서학의 보급이 확대되면서 영향력이 증대된다. 이것은 기존 성리학을 비판적으로 바라보는 데 일정한 영향을 주었다. 다산은 서학과 만남을 통해서 성리학 전반을 근본적으로 새롭게 바라보면서 심에 대한 이해에도 큰 변화를 보여준다. 다산은 주자의 심론에 숨어있는 불교적 영향과 요소를 비판하고, 심론을 새롭게 정립하는 학문적 시도를 하였다.

다산은 심을 두 가지로 구분한다. 하나는 오장의 하나로서의 심장, 다른 하나는 허령지각(虛靈知覺)한 영명(靈明)의 체(體)이다. 이 영명의 체를 맹자는 대체(大體)라고 하였다. 이것을 사람들은 심이라고 하기도 하고, 신(神)이라고도 하며, 영(靈)이라고도 하고, 혼(魂)이라고도 한다. 다산은 인간 존재는 신(神)과 형(形)이 묘하게 합쳐서 이루어진 존재라고 파악한다. 인간은 무형(無形)의 영명(靈明)이라는 대체와 유형의 구각(軀殼)이라는 소체가 합쳐진 것이라고 인식한다. 여기서 묘합의 묘(妙)는 무슨 의미일까? 아마도 신과 형이 별개의 둘도 아니고, 그렇다고 완전히 하나인 것도 하나라는 것이다. 별개의 둘이 아니므로 두 가지가 상호 작용하면서 영향을 주고받는다. 그래서 마음의 상태가 몸에 영향을 주고, 몸의 변화가 마음에 영향을 주기도 한다. 그렇지만 이 두 가지는 근본적으로 본질이 다르므로 서로 하나로 섞일 수 없는 것이기도 하다.

그런데 우리 마음 중에 도심은 대체를 기르려고 하고, 인심은 소체인 몸을 기르려고 한다. 사람이 소체를 기르려는 유혹에 빠지지 않고 대체를 기를 수 있는 까닭은 무엇 때문인가? 그것은 사람에게 이성적 사유 능력이 있기 때문이라고 다산은 본다. 마음의 본질적 기능은 사유〔思〕하는 것이다. 그러면 사유란 무엇인가? 도덕적 선악 판단, 사리 판단, 손익 판단 등을 가능하게 하는 이성적 사유 능력이다. 다산은 이것은 하늘이 우리 인간에게 준 것이라고 찬미한다.[4] 마음의 사유 기능은 도덕적 선악 판단 능력뿐만이 아니라, 사물의 이치를 궁구하고 추리하는 능력〔窮推物理〕이 있으며[5], 나

아가 인간에게 편리한 기구나 기계를 제작하는 능력〔智慮, 巧思〕도 있다.[6)]

다산은 주자학의 심론을 어떻게 생각하고 어떻게 비판하였을까? 이 문제를 다루기 이전에 먼저 주자의 심론의 특징부터 살펴보자. 주자 철학의 핵심 개념은 '태극' 이다. 주자학에서 태극은 우주 만물 형성의 근본 원리이면서 또한 태극은 선의 의미를 지닌다. 플라톤 철학에서 이데아와 유사하다. 크게 보면 천지도 하나의 태극 원리의 지배를 받지만, 작게 보면 만물 하나하나에도 태극이 내재하여 태극의 원리와 이념의 지배를 받는다. 인간도 예외가 아니다. 여기서 천지와 만물, 그리고 인간과 사물은 모두 태극에서부터 나왔다는 사실에서 공통성이 있다. 천지에도 인간에도 만물에도 태극이 내재한다. 인간이나 만물에 내재한 태극을 '성(性)' 이라고 부른다. 천지와 인간과 만물의 성에는 공유하는 본성이 있다고 보는 것이다. 그런데 이 '성' 은 단순히 물리적 생리적인 것만이 아니라, 도덕적으로 이상적인 가치를 함축한다. 이러한 태극이 현실에서는 기와 결합하여 존재함으로 인해서 기의 맑고 흐린 차이에 따라 태극이 발현되는 데 현실적으로는 다양한 차이가 발생한다고 설명한다.

주자학의 태극론은 천지와 만물과 인간의 마음을 근본적으로 연속적이고 동일한 구조로 파악하는 이론이다. 다산은 이처럼 태극론에 기반을 둔 주자의 심론을 수용하지 않았다. 주자 철학에 의하면 인간의 '인의예지' 는 천지 차원의 '원형이정(元亨利貞)' 의 원리가 인간에게 내재한 것이다. 그러나 다산에 따르면 인간의 인의예지는 인간의 행동에 달린 것이지, 천지의 덕성과 무관하다. 천지는 단순히 물리적 실체로서 인간의 마음이나 도덕성과는 범주가 다른 것이다. 인간의 마음이 가진 고유한 특성은 물리

4) 정약용, 『孟子要義』 권2, 30면 참조.
5) 정약용, 『心經密驗』, 「孟子曰仁人心也義人路也」에 대한 주석 참조.
6) 정약용, 『茶山詩文集』 권11, 「技藝論」 참조.

적 실체로서의 천지의 성질과는 다른 것이다. 양자는 차원과 범주, 성질을 서로 달리하는 것이다.

또한 태극론은 인간과 동물의 마음(본성)을 연속적인 것으로 설명하는 이론이다. 즉 인간과 동물 간에는 본연지성은 같고 기질지성만 다르다고 이해한다. 그러나 다산에 따르면 인간과 동물은 본질부터 서로 다른 존재로서 결코 그 마음이 유사하고 볼 수는 없다. 왜 그럴까? 동물은 본능에 의해 그 행동하는 바가 선천적으로 정해져 있는데 반해, 인간은 마음이 있어서 선악과 시비를 사유할 수 있는 능력과 그리고 선과 악 가운데 자유롭게 선택할 수 있는 이른바 '자주지권(自主之權)'을 가지고 있기 때문이다. 도덕 개념은 이성과 자율성을 가진 인간에게만 고유한 것이고, 다른 여타의 동물에게는 적용시킬 수가 없는 것이다. 그런데 태극론에 기반을 둔 주자의 심론은 인간에게만 가능한 덕의 개념을 동물까지 일부 공유하고 있다는 전제를 하고 있다. 다산은 태극론에 근거한 주자학의 심론에 대한 비판을 통해 인간의 영명한 마음은 인간을 여타 동물이나 자연과는 구별 짓는 인간만의 고유한 것임을 강조하고, 결과적으로 인간 중심주의를 정당화한다.

다음으로 우리는 태극론에 기반한 주자의 심론이 갖는 내재적 · 현실적 문제를 다산이 어떻게 인식하고 비판하였는지를 검토해 보기로 하자.

1) 사덕본구설(四德本具說)의 비판

태극을 함유하는 인간의 마음은 인의예지의 네 가지 덕을 선천적으로 갖추고 있다고 주자학에서는 주장한다. 문제는 선천적으로 갖추고 있는 덕을 얼마나 온전하게 발휘하느냐이다. 그러나 태극론을 부정하는 다산으로서는 인간이 사덕을 선천적으로 갖추고 있다는 주자학의 핵심 명제를 부정한다. 다산에 의하면 사덕이란 본래부터 있는 것이 아니다. 본래부터 있는 것은 사단일 뿐이다. 사덕은 사단을 미루어서 실천에 옮길 때 비로소 얻어지는 후천적인 것이다. 사덕이 본래 있으므로 해서 그것으로부터 사단(四端)이 나온다고 여기는 주자학의 논리와는 반대로 다산은 사단을 미루어 실천함으로써 비로소 사덕이라는 이름이 생성된다고 여긴다. 다산이 이처럼 사덕의 본구설을 부정하는 이유는 무엇일까? 그것은 만약 인간의 마음에 완전한 덕이 이미 갖추어져 있다고 한다면 사람들은 구체적 실천을 통해서 덕을 얻으려 하기보다는, 이미 본래부터 내면에 존재하는 완전한 덕을 향내적으로 회광반조하는 일에만 힘쓰리라고 보기 때문이다. 반면에 덕이 행동을 통해 성취된다고 한다면 사람들은 행위적 노력을 통해 고귀한 덕을 얻으려고 힘써 실천하려고 한다는 것이다.[7)]

2) 성기호설(性嗜好說)

다산은 인간의 마음이 인의예지의 덕을 포함하는 성을 본체로 한다는 이론을 부정하고, 대신에 성이란 마음의 기호(嗜好)라는 주장을 편다. 기호란 자연스럽게 즐기고 좋아하는 것을 의미한다. 다산에 의하면 인간의 마음은 선을 좋아하고 악을 부끄러워하는〔樂善恥惡〕 경향성을 지니고 있다고 한다. 사람의 마음이 좋아하는 것이 곧 성이라는 설은, 성이란 것은 하나의 경향성일 따름이지, 형이상학적 실체는 아니라는 것이다. 즉 마음의 기호는 선을 지향하는 경향성으로서 그것의 구체적 실현은 행동을 통해서 비로소 가능한 것이며, 여기서 인간의 자율적 선택과 외적 행위가 매우 중요하다고 본다. 반면에 마음의 본체를 어떤 도덕적 실체로 해석하게 되면, 인간은 이미 선천적으로 존재하는 실체에 대한 내면적 관조로 기울게 되

---

7) 정약용, 『孟子要義』 권1, 22면 참조.

어, 어떤 새로운 가치를 창출하기 위한 적극적 행동의 약화를 가져올 수 있다고 인식한다. 그리고 사덕본구설은 인간의 본성이 인의예지의 덕으로 그 내용이 결정되어 있다고 보는 것임에 비해, 성기호설은 포괄적으로 선을 좋아하는 경향성만 정해져 있지 마음의 내용 자체는 열려 있다고 보는 차이가 있다.

3) 미발설(未發說) 비판

주자는 미발(未發) 심체(心體)를 마치 거울처럼 허명(虛明)한 것으로 인식한다. 즉 미발에서의 심이란 감정은 물론이고 아무런 사려조차도 없는 무사무려(無思無慮)의 명경지수와 같은 상태로 파악하는 것이다. 이에 비해 다산은 미발이란 희로애락의 감정이 발하지 않은 상태를 지칭하는 것일 뿐, 결코 무사무려한 것은 아니라고 해석한다. 즉 미발 중에도 사려의 공부가 없을 수가 없고, 오히려 사려가 있어야 이발(已發)해서 중용을 이룰 수 있다고 보는 것이다.[8] 무시자재(無始自在)로 존재하는 마음의 본체가 있어서 그것이 윤회에도 불구하고 자기 동일성을 유지하며 계속 이어진다는 불교의 마음 이론이 성리학의 본연지성 이론에 영향을 주고 있다고 다산은 인식한다.[9] 다산에 따르면 마음이란 자족적인 세계를 갖는 것이 아니다. 마음은 늘 대상을 지향하는 구조를 갖고 있다. 즉 마음은 그 자체로 머무르는 즉자적인 존재가 아니라, 어떤 대상에 관심을 두고 있는 지향적 존재이다. 특히 어떤 행동을 의도하는 행위 지향성이 강하다. 그러므로 무사무려는 실제로 가능하기 어렵다. 마음은 늘 무엇인가를 생각하고 무엇인

8) 정약용, 『中庸講義』 권1, 7-8면 참조.

9) 정약용, 『孟子要義』 권1, 59면 참조.

가를 행동에 옮기고자 하는 지향성을 본질로 하기 때문이다.

4) 다산 심론의 특성

다산은 동물과의 관계에서 인간의 마음이 갖는 특성을 강조한다. 즉 인간의 마음에는 도덕적 선악 판단 능력이 있고, 스스로의 선악을 선택할 수 있는 '자주지권(自主之權)' 을 가지고 있으며, 또한 사물의 이치를 추리하여 인식할 수 있는 인식 능력, 선을 지향하는 영명한 마음 등에서 동물과 본질에서 다르다고 강조한다. 그런데 이러한 마음은 불교에서 말하는 무시자재(無始自在)한 불성처럼 형태를 달리하여 모든 중생에게 깃들어 있는 것이 아니다. 이러한 마음은 상제에 의해서 인간에게만 부여되었다. 그리고 인간은 인간 마음의 근원인 상제와 마음속에서 대화를 나누고 교감할 수 있는 능력을 지닌다. 이와 같이 다산에서 마음은 동물과의 관계에서 보면 인간 마음의 우월성 · 특수성이 강조되고, 상제와의 관계에서는 인격적 만남과 교류의 장이고, 또한 동시에 대상에 대한 지적 인식 기능이 강조되며, 나아가 실천과 밀접한 관련을 맺는다고 말할 수가 있다.

다산은 성리학이 그 이론의 밑바탕에서 불교적 심론에 기초하고 있다고 분석한다. 따라서 그는 성리학 속에 숨어있는 불교 심론의 잔재를 철저하게 제거하고 유교 본래의 심론 속에 있는 강한 실천성을 재발견하고자 하였다. 다산에게는 '본연지성' 도 없고 무사무려(無思無慮)한 미발(未發)의 순수한 마음도 존재하지 않는다. 다산에게 마음이란 그 자체로서가 아니라 대상과의 관계 속에서 행동과의 연관 속에서 이해되어야 한다.

다산은 성리학의 자족적 심론이 향내적 세계로의 몰입을 정당화시켜서 결과적으로 상호 주관적 생활 세계와 정치 사회적 현실 세계로부터 눈을 돌리게 만든다고 비판한다. 다산에 있어서 중요한 것은 사람과 사람이 마주치며 함께 살아가는 상호 주관적 공동 세계이다. 물론 성리학이 공동 세계를 무시하거나 부정한 것은 아니지만, 늘 마음의 세계와 마음의 수양을 우선시하였다. 그러다가 보니 마음의 문제로 환원될 수 없는 객관적 현실 세계의 구체적 문제 해결은 이차적인 것으로 밀려나게 될 우려가 있다고 인식한다. 명경지수와 같은 마음의 본체를 닦으려는 성리학의 심론은 다산에게는 불교의 영향으로 비판된다. 다산은 인간의 마음에 온갖 선과 만 가지 이치를 갖춘 성이란 실체가 존재한다는 성리학의 근본 명제를 부정한다. 인간에겐 단지 덕의 단초가 되는 사단의 마음만 존재하는 것이고, 덕은 그것의 실천을 통해 생성되는 것이다. 다산은 성리학의 마음 이론을 과감하게 부정하고, 성리학적 심론을 해체하였다. 그 대신에 대상 지향적이고 실천 지향적이며, 자율과 선택을 중시하는 마음 이론을 펼치고 있다.

4. 객관적 인식 주체로서의 심의 정립: 최한기의 '신기(神氣)' 로서의 심

다산의 성리학적 심론의 해체를 이어서 혜강 최한기(1803~1877)는 심의 인식 기능을 중시하여 새로운 심론을 전개한다. 혜강에 의하면 이 세계에는 객관적 이치로서 '유행지리(流行之理)' 또는 '성리(性理)' 가 있고, 그것을 인식하는 주체적인 '추측지리(推測之理)' 또는 '심리(心理)' 가 있다. 심리는 성리에 일치해야 하나 현실적으로는 일치할 수도 있고 그렇지 않을 수도 있다. 따라서 마음의 심리는 늘 객관적 '유행지리' 를 사실대로 인식하도록 노력해야 한다. 그러기 위해서 마음은 늘 공평하고 개방성을 가져야 하며, 드러난 객관적 증거를 미루어서 그 속에 내재하는 이치를 파악하기 위해서 노력해야 한다. 혜강의 마음에 대한 이론에서 초점은 마음이 유심론적 관념론적 인식 태도를 지양하고, 대상에 대한 경험론적 실증적 인식 방법을 발전시킴으로써 경험적 객관적 진리를 발견하고, 이를 통해 자연을 이용하고 활용하여 생활을 풍족하고 행복하게 하려는 것이다. 또한 사회적 문제를 소통하고 해결하여 사회적 갈등을 줄이고 사회적 행복을 증진하려는 것이다.

혜강의 이러한 태도는 근대 서구의 철학자들이 지성(이성)의 효율적 사용법을 발견하고 널리 알려서 발전과 진보의 기초로 삼고자 하였던 사실과 매우 유사하다. "아는 것이 힘이다."라는 모토 아래『신 오르가논』을 쓴 베이컨이나『방법서설』을 쓴 데카르트와 문제의식에서 일면 유사성이 있다. 혜강 역시 마음의 인식 기능을 중시하여 자연의 법칙을 발견하고 기술을 진보시키고, 사회적 소통과 교류를 원활히 하여 행복과 이익을 창출하고 진보를 실현하려 하였다.

혜강은 기(氣)는 천지의 용사하는 바탕이요, 신(神)은 기의 덕이라고 규정한다. 그는 우주에 함유되어 있는 것을 '천지의 신기', 사람의 신체에 함유되어 있는 것을 '형체의 신기'라고 한다. 혜강에 있어서 '신기'는 우주에 가득 차 있는 전체의 기를 지칭하기도 하고, 때로는 사람의 몸과 마음을 이루고 있는 것을 가리키기도 하고, 마음을 '신기'라고 지칭하기도 한다.[10]

혜강은 기존의 심학을 한다는 사람은 마음만을 지키고 외부의 사물과 경험을 소홀히 하며, 반면에 술업(術業)을 하는 사람은 밖으로만 달리고 안을 잃는다고 비판한다.[11] 혜강은 신기가 우리 몸을 순환하면서 통제하는 역할을 한다고 본다.

"신기라는 것은 제규와 사지 신체를 통회(統會)하고 생성(生成)하는 것이다.

---

10) 최한기,『국역 기측체의 1』, 민족문화추진회, 1989, 46면.

11) 최한기, 상게서, 46면.

비록 잠깐이라도 정지하거나 막히면 즉시 현기가 나서 어지럽고, 흩어져 날아가면 혼몽하여 넘어지고, 몸에서 떠나면 생명이 끊어진다. 체질이 쇠약하고 혈액이 고갈되면, 신기도 따라 물이 마르듯이 다하고 만다. 이것으로 보면 신기는 처음부터 끝까지 일신을 주장하여 일찍이 밖으로 나가지 않는 것임을 알겠다."[12]

신기는 감각 기관을 통해 외부 사물과 사건을 경험하고 그것을 기억한다. 그런데 어떤 기억은 쉽게 잊어버리는 것도 있고 오랫동안 잊히지 않는 것도 있다. 그러나 한번 경험한 것은 완전히 잊히지는 않고 그 안에 남아 있다.[13] 혜강은 몸이나 이목구비의 감각이 마음과 긴밀히 연관되어 작동한다고 한다. "통틀어 말하자면 몸은 마음의 체이며, 나누어 말하자면 보는 것은 눈의 마음이고, 듣는 것은 귀의 마음이고, 맡는 것은 코의 마음이고, 맛보는 것은 혀의 마음이고, 촉감은 피부의 마음이니, 다 능(能)과 소(所)가 있으므로 미루어서 헤아림이 생기는 것이다."[14]

혜강에 의하면 신기는 이목구비의 주체요, 이목구비는 신기의 도구이다. "대저 듣는 도구는 귀이지만 듣는 주체는 신기요, 보는 도구는 눈이지만 보는 주체는 신기이니, 듣는 것과 보는 것이 비록 경로는 다르다 하여도 그 주체가 신기임은 같다." 이때 어느 한 가지 감각 기관보다는 여러 감각 기관을 함께 활용하면 신기가 더욱 밝아진다고 한다.

"보는 바를 가지고 듣는 바를 증험하면 보는 바가 더욱 밝아지고, 듣는 바를 가지고 보는 바를 증험하면 듣는 바가 더욱 밝아지는 것이니, 더욱 밝아지게 되

12) 최한기, 상게서, 54면.
13) 최한기, 상게서, 55면 참조.
14) 최한기, 상게서, 183면.

는 것은 귀와 눈이 더욱 밝아졌기 때문이 아니요 신기가 더욱 밝아지기 때문이다. 이에 더욱 밝아진 신기를 가지고 다시 보거나 듣는 것에 쓰면, 보거나 듣는 것에 더욱 통달하는 것이 생긴다. 나아가 냄새와 맛이나 언론과 사지 신체 및 모든 감촉에 이르기까지 참여하여 서로 증험하지 않는 것이 없게 되면 신기가 통달하는 데 더욱 보탬이 되는 것이다. 만약 한 가지라도 편벽되고 막힌 것이 있으면 신기가 그 기능을 온전히 드러내는 데 결함이 생긴다."[15]

위에서 혜강은 마음을 감각 기관과 분리된 것이 아니라 그것과 긴밀히 연관된 것으로 파악하고 있음을 알 수 있다. 즉 마음은 감각 기관을 부리는 주체이기도 하고, 감각 기관과 유기적으로 통신하는 소통의 중심이기도 하다.

혜강의 신기로서의 마음은 유아론(唯我論)적이지 않고 소통적이고, 상호 주관적인 보편성·공통성을 지닌다. 그래서 동서고금을 막론하고 다른 사람의 신기와 상통하는 구조를 갖고 있다. "고금의 인사들이 정신을 소비하여 묘법을 얻고 재질을 다한 것을 만약 내가 알게 되면, 신기가 감응하지 않을 수 없어 자연히 도덕을 궁구하여 통하는 데 도움이 되는 것이, 구규(九竅)에 통하는 것이 모두 신기가 통하는 데 도움이 되는 것과 같다."[16]

그런데 혜강에 따르면 이(理)는 기(氣)보다 먼저 있거나 뒤에 있는 것이 아니라 기속에 내재한다. 기를 떠나서 이가 존재하지는 않는다. 따라서 기를 떠나서 이를 찾는 것은 공허한 것이다. 혜강은 마음이 기(의 이)를 아는 것에도 일정한 단계와 수준의 차이가 있다고 한다.

"기를 익히 알면 이(理)도 익히 알게 되지만, 기를 익히 모르면 이도 익히 알 수 없다. 말로만 기를 논하여 이를 설명하면 이것은 예부터 내려오는 말을 익혀

15) 최한기, 상게서, 62면.
16) 최한기, 상게서, 64면.

서 외는 것에 불과하고, 기를 보고 이를 말하면 조금 따를만한 방법이 생길 뿐이며, 기를 몸으로 체험하여 이를 말하면 말을 하든 안 하든 모두 법이 된다. 기를 변통하고서 이를 말하면 어진 사람이나 어리석은 사람이 모두 이를 알 수 있고, 어렵거나 쉽거나 되지 않는 것이 없다."[17]

이상에서 살펴본 바와 같이 혜강에서 마음 즉 신기는 인식 기관으로서의 의미가 크다. 인식 기관으로서의 마음은 외부 세계에 대한 경험을 중시하며, 인식 주체와 대상의 소통을 중시하고, 경험적으로 드러난 것을 통해 그것의 내부에 내재하는 이치를 객관적으로 파악하고자 한다. 이를 통해 외부 세계의 법칙을 정확히 인식함으로써 외부 세계를 지배하고 활용하여 인간의 복리를 증진시키고자 한다. 그리고 사람과 사람 사이에도 사회적 법칙을 인식하거나 서로 간에 상대에 대한 올바른 인식을 통해 갈등을 줄이고 상호 이익을 증진시킬 수 있다고 본다. 혜강의 실학의 중심 개념은 기이지 심은 아니다. 심도 신기로 이해된다. 심은 '유행지리' 의 인식과 활용을 위한 주관이고 주체이다. 그리고 심은 단순히 내면적으로 고립된 사유능력이 아니라, 몸의 감각 기관과 긴밀하게 연관된 역동적 신체적 존재이며, 또한 전체를 통섭하는 존재이다.

5. 맺음말

성호는 '인간의 심' 과 '동물의 심' , '초목의 심' , '천지의 심' 등 '심' 이란 용어가 같다고 해서 의미가 같은 것은 아니고, 그것은 단지 유비적으로

17) 최한기, 상게서, 249면.

그렇게 사용될 뿐 본질적 의미의 차이가 있다고 보았다. 이에 비해 담헌은 인간에게만 도덕적인 마음이 있고 동물은 그렇지 않은 것처럼 생각하는 인간 중심의 도덕주의적 독선을 비판하고, 자연주의적 관점에서 인간과 동물의 마음의 연속성을 강조하였다. 다산은 성리학적 심론의 불교적 흔적을 비판하면서 인간과 동물의 마음의 차이를 강조하고, 인간 마음의 근원은 상제라고 보고, 인간 마음의 선(善) 지향성과 자유의지를 높이 평가하였다. 그리고 혜강은 인간의 마음은 독자적인 영역이 있는 것이 아니라, 몸, 특히 감각 기관과 밀접한 관련이 있으며, 그것과 유기적 관련을 맺고 있는 중심이라고 이해한다. 이러한 이해에 기반하여 혜강은 마음으로서의 신기는 외부의 사물을 경험적으로 객관적으로 인식할 수 있고, 인간의 신기는 다른 인간의 신기와 서로 통할 수 있는 상호 주관성 또는 보편성이 있음을 강조함으로써 그것에 기반한 진리의 객관성, 인식의 객관성을 옹호한다. 혜강의 이러한 마음 이론은 근대적 과학적 지식을 수용할 수 있는 인식론적 기반을 제공한다는 점에서 근대성의 인식론적 기초를 정립하는데 일정한 기여를 하였다고 할 수 있다.

참고문헌

이 익, 『星湖全集』
홍대용, 『湛軒書』
정약용, 『與猶堂全書』
최한기, 『국역 기측체의1』, 민족문화추진회, 1989.
이현구, 「최한기 사상의 인식론적 의의」, 『대동문화연구』 제43집, 성균관대학교 대동문화연구원, 2003.

茶山丁若鏞

다산 정약용(丁若鏞)(1762년~1836년): 자는 귀농(歸農)·미용(美庸), 호는 사암(俟菴)·다산(茶山)·열수(洌水) 등. 다산은 아버지 정재원과 어머니 해남윤씨 사이에서 1762년 지금의 남양주시 조안면에서 태어났다. 『자산어보』를 쓴 약전, 『주교요지』를 쓰고 신유옥사에서 순교한 약종이 형이다. 젊어서부터 성호학파의 진보적 실학자들과 교류하였다. 초기 천주교 전교에 공이 큰 이벽이 큰형님의 처남이었는데 가깝게 지내면서 사상적으로 교류하였다. 28세에 과거에 급제하여 정조의 신임을 받아 예문관 검열, 사간원 사간, 동부승지, 좌부승지, 곡산부사, 부호군, 형조참의 등을 역임하였다. 정조 사후 신유옥사가 일어나자 천주교 신앙 관련으로 취조를 받고 장기로 유배를 갔다가 황사영 백서사건으로 다시 한양으로 불려와 조사를 받은 후 1801년 전남 강진으로 유배를 갔다. 18년간의 유배 생활 중에 유가 고전인 4서 3경을 새롭게 해석하고, 『경세유표』·『목민심서』·『흠흠신서』 등을 저술하였다. 다산은 역사·철학·윤리·문학·예학·악학·지리학·의학 등에 걸쳐서 폭넓은 저술을 하였다. 유학을 토대로 하면서도 서학을 수용하여 새로운 학문을 창조하고자 노력하였다. 주자학을 비판하고, 민권 의식을 고양하였으며, 기술 진보를 강조하고, 새로운 인간관·윤리관·정치관을 모색하였다. 해배 후 고향으로 돌아와 살다가 1836년에 75세의 나이로 세상을 떠났다. 시호는 문도(文度)이다. 500여 권에 달하는 방대한 『여유당전서(與猶堂全書)』를 남겼다.

제13장

다산 정약용의 실용적 학문관과 교육관

1. 들어가는 말

학문이란 무엇인가? 학문은 무엇을 위해 왜 필요한 것인가? 유학에서 학문은 어떤 의미를 지니고 있는가? 학문의 본질과 방법은 무엇인가? 이런 문제는 시대와 학자들의 관점에 따라 답에 차이가 있을 수 있다. 조선 후기의 실학자 다산 정약용(1762~1836)은 당시의 학문 풍토에 매우 심각한 문제점을 느끼고 이를 극복하기 위해 고뇌하였다. 청대(淸代) 고증학의 성과를 이해하고 있었고, 서학의 영향을 받았으며, 성호학파의 새로운 학풍을 이어받은 다산(茶山)으로서는 전통적 성리학자들과는 학문에 대한 인식이 같을 수가 없었다. 우리는 여기서 실학자로서의 정약용의 학문에 대한 인식을 고찰해 보기로 한다.

학문이란 무엇인가? 인간이 살아가는 데 필요한 지식의 체계이다. 인간이 인간답게 살기 위해서는 어떤 지식이 필요한가? 인간다운 삶을 살아가기 위한 윤리적 지(知), 사회를 경영하는 데 필요한 지(知), 자연을 설명하고 이용하는 것과 관련된 지(知) 등 여러 가지 지식이 필요하다. 이러한 지식을 두루 겸해야 비로소 이상적인 선비가 될 수 있다. 다산에게 학문이란 실천과 분리될 수 없다. 학문이란 인간답게 살기 위한 지식이므로 실천을 떠나서는 의미가 없다. 여기서 실천은 윤리적 실천만이 아니라, 사회적 실천, 기술적 실천을 모두 포함하는 말이다. 또한 학문이란 자아와 사회를 경영하는 데 실용성이 있어야 한다. 자기와 세상을 다스리는 데 쓸모가 없다면 그것은 좋은 학문이 아니다. 사람들이 살아가는 데 시급한 문제는 윤리, 정치, 경제, 국방, 건강 등의 문제를 포함한다. 다산은 이러한 일용에 긴요한 문제를 해결하는 데 도움이 되는 실용적 학문에 많은 관심을 기울였다.

『심경』은 마음을 다스리고, 『소학』은 자기 몸을 다스리고, 『대학』은 이 세상을 다스리는 학문이다. 군자는 학문을 통해서 참된 자기와 참된 가치를 발견할 수 있고, 이 사회를 올바르게 경영할 수 있다. 그러나 당시의 학문은 학문의 참 의미에 비추어 그 의미를 상실하였다. 그래서 단순히 옛사람의 글귀를 따서 글이나 짓고 벌레나 물고기 등류에 대한 주석이나 내고, 소매 넓은 선비 옷을 입고서 예모만 익히면서 그것을 학문의 전부로 알고 있는 속유들이 많았다. 그래서 다산은 진유(眞儒)의 학을 다음과 같이 말한다.

> 진유의 학문은 본디 나라를 다스리고, 백성을 평안히 하고, 오랑캐를 물리치고, 재용(財用)을 넉넉하게 하고, 문식(文識)과 무략(武略) 등을 갖추는 데 대해 필요하지 않음이 없다. 어찌 옛사람의 글귀를 따서 글이나 짓고 벌레나 물고기 등류에 대한 주석이나 내고, 소매 넓은 선비 옷을 입고서 예모만 익히는 것이 학문이겠는가?[1)]

---

1) 『국역 다산시문집』 5, 172면, 「속유론(俗儒論)」, "眞儒之學. 本欲治國安民. 攘夷狄裕財用. 能文能武. 無所不當. 豈尋章摘句注蟲釋魚. 衣逢掖習拜揖而已哉."

다산에 의하면 인간에게 가장 가치 있는 것은 좋은 의복이나 맛있는 음식이나 쾌락의 추구나 호화로운 사치가 아니다. 독서를 통한 학문이 인간에게 가장 의미 있는 본분이라고 한다.

> 독서 한 가지 일만은, 위로는 성현을 뒤따라가 짝할 수 있고, 아래로는 수많은 백성을 길이 깨우칠 수 있으며 어두운 면에서는 귀신의 정상(情狀)을 통달하고 밝은 면에서는 왕도와 패도의 모유(謨猷)를 도울 수 있어, 짐승과 벌레의 부류에서 초월하여 큰 우주도 지탱할 수 있으니, 이것이야말로 우리 인간이 해야 할 본분인 것이다.[2)]

우리는 이 글에서 다산이 기존의 학문에 대해 어떠한 태도를 지녔으며 어떠한 학문관을 지향하였는지를 살펴보고, 나아가 다산이 어떠한 교육관을 가지고 아동들의 교육을 위해 어떤 구체적 노력을 하였는지를 고찰해 보도록 한다.

2. 기성 학문에 대한 비판: 오학론(五學論)

다산은 「오학론」에서 당시에 유행하던 학문을 다섯 종류로 나누어 이에 대해 신랄하게 비판하면서 그 문제점을 지적하고 참된 학문이 무엇인지를 모색하였다. 다산의 비판의 첫 대상은 성리학(性理學)이다. 성리학자들은 유학의 본래 정신을 망각하고 형이상학적 담론에 심취하거나 또는 사회적 책무를 도외시하고 산림에 은거하여 자기 한 몸의 깨끗함을 유지하려고

2) 『국역 다산시문집』 8, 2면, 「爲尹惠冠贈言」, "唯有讀書一事. 上足以追配聖賢. 下足以永詔烝黎. 幽達鬼神之情狀. 明贊王霸之謨猷. 超越禽蟲之類. 撑柱宇宙之大. 此方是吾人本分."

한다. 이들은 매사에 주자를 들먹이지만 속된 성리학자들이 말하는 주자는 주자의 참모습을 왜곡한 것이라고 다산은 비판한다.

> 지금 시속의 학문에 빠져 있으면서도 주자를 끌어들여 자신을 정당화시키는 자들은 모두 주자를 무함하는 사람들이다. 주자가 언제 그런 적이 있었는가? 비록 이들이 외모를 꾸미고 행실에 제재를 가하는 것이 방종하고 음란한 자들보다는 나은 점이 있기는 하다. 그러나 알맹이 없는 고고한 마음으로 스스로 옳다고 오만을 떨고 있으니, 끝내 이들 성리학을 하는 사람과는 같이 손잡고 요순과 주공 · 공자의 문하로 들어갈 수 없다.[3]

다음은 훈고학(訓詁學)이다. 성리학을 비판하는 일부 학자들은 한학(漢學)에 빠져서 훈고(訓詁)에 몰두하여 경전의 글자와 단어의 뜻을 밝히는 데 전념한다. 그러나 이들은 경전의 깊은 의리를 밝히고 실천하는 데는 큰 관심이 없다. 오직 훈고와 박학에만 관심이 있는 이들의 학문은 도덕적 실천성과 경세 의식을 결여하고 있다.

> 지금에 이른바 훈고학은 한(漢)나라와 송(宋)나라의 것을 절충한다는 명분은 내세우고 있지만, 실상은 한(漢)나라의 것만을 존숭하고 있을 뿐이다. 또 궁실(宮室)과 충어(蟲魚)에 대한 훈고를 달아 글자의 뜻은 통하게 하였지만, 글귀의 뜻은 끊어지게 했을 따름이다. 따라서 성명(性命)의 이치와 효제의 가르침과 예악 · 형정의 법문에 대해서는 진실로 깜깜하기만 하다.[4]

---

3) 『국역 다산시문집』 5, 119면, 「五學論 1」, "沈淪乎今俗之學. 而援朱子以自衛者. 皆誣朱子也. 朱子何嘗然哉. 雖其修飾邊幅. 制行辛苦. 有勝乎樂放縱邪淫者. 而空腹高心. 傲然自是. 終不可以携手同歸於堯舜周孔之門者. 今之性理之學也."

4) 『국역 다산시문집』 5, 120면, 「五學論 2」, "今之所謂詁訓之學. 名之曰折衷漢宋. 而其實宗漢而已. 詁宮室訓蟲魚. 以之通其字絶其句而已. 于性命之理. 孝弟之敎. 禮樂刑政之文. 固

셋째로 문장학(文章學) 역시 문제이다. 참된 문장은 학문과 인격의 내공이 쌓여서 자연스럽게 나와야 한다. 그런데 문장학에 빠진 사람은 그렇지 못하고 이 사람 저 사람의 문구를 따서 문장 짓기에만 골몰하고 사람으로서의 도리나 국가의 현실에 대해서는 망각하는 문제가 있다고 비판한다.

> 문장이 어떻게 천성을 보전하여 자신의 몸을 편안하게 만들 수 있겠는가. 온 천하의 사람들이 노래하고 춤추고 향기로운 술이 몸속에 스며들 듯이 짙은 열락에 빠져 함께 동화됨으로써 성명(性命)의 근본과 민국(民國)의 일을 까마득히 잊게 만드는 것이 문장학이다. 이것을 성인이 취하겠는가?[5]

넷째로는 과거학(科擧學)이 문제이다. 과거학에 빠진 사람은 과거 시험에 자기의 모든 것을 걸고서 과거 급제라는 세속적 영광을 추구한다. 이들은 참된 진리를 인식하려 하기보다는 오직 벼슬이라는 세속적 영달을 위해 학문을 종속시킨다. 다산에 의하면 과거학은 세상을 다스리는 데 있어서 실용성이 없고 그 본질에 있어서 문장학과 다르지 않다.

> 실용성이 없는 말들을 남발하여, 허황하기 짝이 없는 내용의 글을 지어 스스로 자신의 풍부한 식견을 자랑함으로써 과거 보는 날 급제의 영광을 따내는 것이 과거학이다. 이들은 성리학을 하는 사람에게는 '궤변이다' 라고 꾸짖고 훈고학을 하는 사람에게는 '괴벽하다' 고 질타하는가 하면, 문장학을 하는 사람은 비루하게 여기고 있다. 그러나 스스로 하는 것을 보면 모두가 문장학인 것이다.[6]

昧昧也."

5) 『국역 다산시문집』 5, 122면, 「五學論 3」, "文章豈足以安身立命哉. 使天下之人. 詠歌蹈舞. 浸淫悅樂. 醲薰膚奏. 與之俱化. 而邈然忘其性命之本. 民國之務者. 文章之學也. 豈聖人之所取哉."

6) 『국역 다산시문집』 5, 123면, 「五學論 4」, "吐虛吹假. 構幻織誕. 以自衒其贍博之聞. 以賭

다섯째로는 술수학(術數學)이 문제다. 술수학은 합리적이지 못한 내용을 가지고 사람들을 현혹하고 속이는 것이다. 옛 성인도 앞날을 미리 내다보지 못했고 운명을 마음대로 하지 못했는데 술수학을 하는 사람들은 마치 미래를 예견하고 운명을 원하는 대로 바꿀 수 있는 것처럼 사람들을 속이고, 참된 학문은 오히려 무시한다. 다산에 의하면 복서(卜筮), 간상(看相), 성요(星耀), 두수(斗數) 등은 사람을 미혹시키는 혹술(惑術)일 뿐 학문이 아니라고 한다.

다산은 당시 유행하던 오학(五學) 대신에 기예학(技藝學)의 중요성을 강조한다. 다산의 학문관에서는 기예가 매우 중요한 의미와 위치를 차지하고 있다. 여기서 기예의 뜻은 넓은 의미의 기술이라고 할 수 있다. 다산에 의하면 기예는 시대가 내려갈수록 그리고 사람이 많이 모여 사는 곳일수록 발전하게 되는 것이 추세이다. 기예의 발전은 사람들에게 힘은 덜 들게 하고 효율과 편리함은 훨씬 더 좋게 해준다.

> 농업의 기예가 정교하면 그 차지한 전지(田地)는 적어도 생산된 곡식은 많을 것이고, 그 힘은 적게 들이고도 곡식은 아름답고 충실할 것이니…… 직조(織造)의 기예가 정교해지면 그 소비되는 물질은 적으면서도 생산된 실은 많아지고, 그 힘들이는 시간은 매우 단축되면서도 포백(布帛)은 올이 섬세하고 결이 아름다울 것이니, 무릇 물에 담그고 씻고 실을 만들고 실을 뽑고 베를 짜고 표백하여 물들이고 풀을 하고 바느질을 하는 일에 이르기까지 모두 그 편리함을 돕고 그 수고로움을 덜게 될 것이다.[7]

一日之捷而已. 有爲性理之學. 嗔之曰詭. 有爲詁訓之學. 叱之曰僻. 睥睨文章之學. 而自視未嘗非文章."

7) 『국역 다산시문집』 5, 98면, 「技藝論 2」, "農之技精則其占地少而得穀多. 其用力輕而穀美實. 織之技精則其費物少而得絲多. 其用力疾而布帛緻美. 凡所以漚之浴之紡之繅之織之練之. 以至染采糨鍼之功. 皆有以助其利而省其勞者矣."

다산에 의하면 부국강병과 백성들의 복지를 위해서는 선진국의 기예를 적극적으로 도입하고 기예를 발달시켜 나가는 것이 매우 중요한 과제이다.

> 백공의 기예가 정교해지면 무릇 궁실과 기구를 제조하는 것부터 성곽과 배와 수레의 제도에 이르기까지 모두 튼튼하고 편리하게 될 것이다. 진실로 그 법을 다 터득해서 힘써 실행한다면 나라가 부유하게 되고, 군대가 강하게 되고, 백성들이 유족(裕足)하여 오래 살 수 있을 것이다.[8)]

옛날에는 조선보다 잘 살지 못했던 일본이 중국의 앞선 기예를 받아들여 조선보다 더 부국강병 하게 되었음을 예로 들면서 기예의 연구가 매우 중요하다고 역설한다. 다산 스스로도 『기기도설(奇器圖說)』을 연구하여 거중기를 제작함으로써 화성 신도시 건설에 크게 기여하기도 하였다.

3. 학문의 방법과 지향

청(淸)에 대한 거부감 때문에 청조에서 발달한 고증학의 방법이 조선에서 그다지 크게 유행하지는 않았다. 그러나 다산은 학문의 방법으로 고증학적 분석과 비판의 방법을 사용하였다. 그리하여 경전을 해석하면서 단어와 문장 구절의 구체적 의미를 실증적으로 분석한다. 다산은 스스로 자신의 독서법에 대해서 말하기를 반드시 먼저 고훈(詁訓)을 밝힌다고 하였다.

---

8) 『국역 다산시문집』 5, 98면, 「技藝論 2」, "百工之技精則凡所以製造宮室器用. 以至城郭舟船車輿之制. 而皆有以堅固便利矣. 苟盡得其法而力行之. 則國可富也. 兵可强也. 民可裕而壽也."

> 고훈(詁訓)이란 글자의 뜻〔字義〕이다. 글자의 뜻이 통한 다음에 구절의 뜻이 해석되고, 구절의 뜻이 통한 다음에 장(章)의 뜻이 분석되고, 장의 뜻이 통해야 편(篇)의 대의(大義)가 드러난다. …… 그런데 후세 경전을 논하는 선비가 글자 뜻은 논의하지 않고 먼저 숨어있는 은미한 뜻부터 논하니 그 뜻이 더욱더 어두워진다. 글자 뜻의 의미 이해에 대한 호발의 차이가 나중에는 연나라와 월나라처럼 멀리 나누어진다. 이것은 경술(經術)의 큰 문제이다.[9]

그리고 경전의 각 구절과 관련된 전거를 분석하여 의미의 역사적 맥락을 정확하게 파악하고자 한다. 또한 다산은 경전의 의미를 분명히 파악하기 위해 다른 경전과 상호 대조를 통해 그 의미를 드러내고자 하였다. 예컨대 중용(中庸)의 용(庸)의 의미를 파악하기 위해 『상서』「고요모」와 대조한다든지, 『대학』의 '명덕(明德)' 의 의미를 해석하기 위해 『상서』와 『주례』 등의 관련 내용과 상호 대조하여 입체적인 연구를 수행하였다.

『상서고훈』의 저술에서는 『상서』 본문 가운데 문자가 다른 것은 '고이(考異)', 뜻이 잘못된 것은 '고오(考誤)', 자료를 끌어와 증명하는 것은 '고증(考證)', 일반적으로 서로 논의하는 것은 '고정(考訂)', 쟁점을 분석하여 시비를 변별하는 것은 '고변(考辨)', 저서의 내용이 안설(案說)과 다른 경우에는 '논왈(論曰)' 또는 '정왈(訂曰)', 경전의 본래 뜻과 직접 관계없이 자유롭게 자기 생각을 서술할 때는 '연의(衍義)' 라고 표제를 달아서 주관적 의견과 객관적 사실을 엄격히 구별하고 치밀한 방법으로 문헌의 해석을 시도하였다.

그러나 다산은 훈고에 그치지 않고 훈고를 통해 의리를 변별하고자 한

9) 「尙書知遠錄序說」 "詁訓者字義也. 字義通而后句可解. 句義通而后章可析. 章義通而后篇之大義斯見. … 後世談經之士. 字義未了. 議論先起. 微言愈長. 聖旨彌晦. 毫釐旣差. 燕越遂分. 此經術之大蔀也."

다. 이것은 다르게 말하면 학(學)과 사(思)의 병행이라고도 할 수 있다. 훈고학이 학(學)을 중시한다면 성리학은 사(思)를 중시한다. 경전에 대한 학(學)이 없이 사(思)만으로는 위태할 수가 있고, 반대로 경전에 대한 학(學)만 있고 그 내용을 합리적으로 사유하는 사(思)가 없으면 속임을 당할 수도 있다고 한다. 다산에 의하면 진정한 학은 박학(博學), 심문(審問), 신사(愼思), 명변(明辨), 독행(篤行)을 포괄하는 것이다. 그래서 다산은 고증학적 방법에만 안주하지 않고 그것을 통해 해당 문장의 의리를 합리적으로 추리하여 그것의 실제적 · 실천적 의미를 찾아내어서 실천에 옮기고자 하였다. 다산에게 경전의 고증학적 탐구는 궁극적으로 현실 개혁을 위한 실용적 목적과 결부되는 경우가 많다.[10)]

자기 수양과 관련하여 다산은 신독(愼獨)을 중시하였다. 신독이 수신의 기본 공부이고, 신독은 곧 성(誠)이라고 하였다. 신독이 아니면 중화(中和)도 불가능하고, 신독이 아니면 중용의 도(道)도 불가능하다고 한다.[11)] 이것은 성리학자들이 경을 자기 수양의 원리로 해석하는 것과 중요한 차이가 있다. 경은 심지사려(心知思慮)의 미발(未發)을 중(中)으로 보지만, 신독(愼獨)은 단지 희로애락(喜怒哀樂)의 미발만을 중으로 본다는 점에서 차이가 있다.

다산 역시 학문을 통해 성인(聖人)을 지향한다. 다산은 성인이라고 하더라도 '생이지지(生而知之)' 하는 것이 아니라, 학문을 통해서 부단히 노력하여 성인이 된다고 하였다. 공자를 보더라도 그는 결코 태어나면서부터 저절로 아는 것이 아니라 학문적 수행을 통해 점차 자신을 완성해 나갔다

---

10) 예컨대 다산은 상서 연구를 통해 현실에 필요한 제도를 역사 속에서 찾고자 하였다. 고적법(考績法)이 그 한 예이다. 「尙書知遠錄序說」, "名之曰尙書知遠錄. 其謂之知遠者何. 書之爲敎. 知遠而已. 見經解詁字訓句. 歸知遠古帝王之事而已. 知之奈何. 將以施諸今也. 其有不合者奈何. 曰不知之故不合. 如其知之. 今猶古也. 如考績之類是也." 참고.

11) 『中庸自箴』 권1, 7면, "致中非愼獨不能也. 致和非愼獨不能也. 中庸之道非愼獨不能也."

고 인식한다. 다산에게 성인이란 특별한 능력을 지닌 신비한 존재가 아니다. 성인이란 자신을 수양하고, 주위에 인을 베풀고 나라의 백성들과 천하에 덕을 베풀며 위로는 천명을 따르는 사람이다. 다산은 성인이 되기 위해서는 천(天), 인(仁), 용(庸)에 대한 올바른 인식이 필요하다고 역설한다. 다산에 의하면 천은 형이상학적 이(理)가 아니라, 인격적 상제임을 분명히 알아야 한다. 또한 인(仁)은 천지가 만물을 낳는 이치가 아니라, 사람들 사이에서 자기의 도리를 다할 때 얻어지는 덕이다. 그리고 '중용'의 '용'은 '평상(平常)'이 아니라 '항상(恒常)'을 의미한다. 다산에 의하면 신독으로 (인격적) 천을 섬기고 서(恕)로써 사람들 사이에서 인을 실천하되, 쉬지 않고 지속해서 계속하면 이것이 성인이라고 하였다.[12] 그런데 성리학자들이 '천'과 '인', '용(庸)' 개념에 대해 근본적으로 잘못된 인식을 하고 있으므로 성인이 되려고 하여도 될 수가 없다고 비판한다.

4. 학문의 대상 범위와 실용적 학문관

다산에 따르면 선왕이 사람을 가르치는 법에 덕(德)과 행(行)과 교(敎)가 있다. 『주례』에서 대사도(大司徒)는 향삼물(鄕三物)로 만민을 가르쳤다고 한다. 향삼물이란 육덕, 육행, 육예를 가리킨다. 육덕이란 지인성의충화(知仁聖義忠和), 육행이란 효우목인임휼(孝友睦婣任恤), 육례는 예악사어서수(禮樂射御書數)이다. 또한 대사악(大司樂)은 육덕으로서 국자(國子)를 가르쳤는데 육덕은 중화지용효우(中和祗庸孝友)이다. 『상서』「순전」에 "삼가 오전(五典)을 아름답게 하라(愼徽五典)" "공경히 오교(五敎)를 펴라(敬

12) 『心經密驗』, 40면, "案今人欲成聖而不能者厥有三端. 一認天爲理, 二認仁爲生物之理, 三認庸爲平常. 若愼獨以事天, 强恕以求仁, 又能恒久而不息, 斯聖人矣." 참조.

敷五敎)"고 하였는데, 여기서 말하는 '오전(五典)'·'오교(五敎)'는 "부의(父義)·모자(母慈)·형우(兄友)·제공(弟恭)·자효(子孝)"를 가리킨다. 그런데 이 다섯 가지를 압축하면 부의(父義)와 모자(母慈)는 '자(慈)'가 되고, 형우(兄友)와 제공(弟恭)은 '제(弟)'가 되고, 자효(子孝)는 그대로 '효(孝)'가 된다. 즉 '효제자(孝弟慈)'로 압축된다. 그래서 다산은 『대학』의 명덕이란 '효제자(孝弟慈)'를 지칭한다고 해석한다.[13] 학문의 핵심은 인륜을 밝히는 것이고, 인륜의 핵심은 부자 형제 상호 간의 효제자이다. 그러므로 다산에 의하면 학 가운데도 가장 중요한 핵심적 가치는 효제(자)이다. 그래서 효제는 인의 근본이라고도 하였다.

'효제자'와 같은 윤리적 가치를 매우 중시하는 것은 사실이지만, 다산의 학문이 여기서 그치는 것은 아니다. 다산은 자신이 육경(六經)과 사서(四書)로서 수기(修己)하고, 일표이서(一表二書)〔『경세유표』, 『목민심서』, 『흠흠신서』〕로서 천하 국가를 위한 치인(治人)을 함으로써 본과 말을 갖추었다고 생각하였다. 또한 효제충신(孝悌忠信)으로서 윤리의 기반을 다지고, 예악형정(禮樂刑政)으로 세상을 다스리고, 기타 갖가지 기술로써 세상의 이용(利用)과 편리를 증대시켜야 한다고 인식하였다. 다산은 고전 경학에 대한 지식뿐만이 아니라, 조선의 고유한 역사에 대한 지식도 중시한다. 그래서 국사와 조선 학자의 주요 저술도 읽을 것을 강조한다.

> 그리고 여가에 『고려사』·『반계수록』·『서애집』·『징비록』·『성호사설』·『문헌통고』 등의 서적을 읽으면서 그 요점을 초록하는 일 또한 하지 않아서는 안 될 것이다.[14]

---

13) 『大學公議』 권1, 7면 참조.

14) 『국역 다산시문집』 9, 16면, 「寄淵兒」, "以其餘力. 觀高麗史, 磻溪隨錄, 西厓集懲毖錄, 星湖僿說, 文獻通考等書. 鈔其要用. 不可已也."

다산 학문관의 주요 특성은 실용성을 중시한다는 점이다. 그는 학문을 통해 경세제민에 도움이 되고 백성에게 은택을 줄 수 있기를 추구하였다.[15] 그래서 고전 인문학뿐만 아니라 실용적 학문에도 많은 관심을 가졌다. 예를 들면 법학, 행정학, 재정학, 농학, 병학, 의약학, 기계학, 지리학 등에 대해서도 깊은 탐구가 필요하다고 인식하였다.

다산은 곡산부사로 재직 시에는 홍진 전염병 예방을 위해 『마과회통』을 저술하였다. 국방과 관련하여서는 척계광(戚繼光)의 『기효신서(紀效新書)』와 모원의(茅元儀)의 『무비지(武備志)』 등을 연구하고 『비어고』와 『민보의』 등을 저술하였다. 그뿐만 아니라 국가 영토의 변천과 지리에 깊은 관심을 가져서 『아방강역고』와 『대동수경』을 저술하기도 하였다. 이처럼 다산은 매우 구체적이고 현실적인 문제에 대한 학문을 중시하여 국가 경영과 민생 구제에 실질적인 도움을 줄 수 있는 학문의 실용성을 강조하였다.

5. 아동에 대한 실용적 교육관

1) 다산의 아동 교육에 대한 관심

다산은 아동에 대한 교육에 대해서도 특별한 관심이 있었다.[16] 다산은 당대의 대학자로서 방대한 저술을 하였지만, 그는 유배 시기 강진에서 제

---

15) 『茶山詩文集』 권21, 4면, "必先以經學立著基址, 然後涉獵前史, 知其得失理亂之源. 又須留心實用之學, 樂觀古人經濟文字. 此心常存澤萬民, 育萬物底意思. 然後方做得讀書君子." 참조.

16) 다산의 아동 교육과 관련된 기존 연구로는 안대회 교수의 「다산 정약용의 아동교육론」(다산학술문화재단 주최 제7회 다산학 학술회의 발표 자료집 『다산 정약용의 교육사상과 공부법』, 78-94면, 2010년 11월)을 참고하였음.

자들을 교육하는 일에도 많은 열정을 쏟았다. 문화의 혜택이 거의 없는 시골 마을에서 다산은 인근의 아동들을 모아서 자신의 교육 이론과 방법에 따라 교육하였다. 다산이 가르친 제자 가운데는 시인으로 이름을 떨친 황상과 이청, 그리고 『류암총서(柳菴叢書)』를 남긴 실학자 이강회 등이 있다. 다산은 그의 저술 과정에서 자신이 교육한 제자들을 참여시키기도 하였다. 제자들을 교육하는 과정에서 기존의 학습서들이 아동 교육에 적절하지 않다고 생각하여 새로운 교재를 개발하기도 하였다. 기존에 아동 교육을 대표하는 교재로서 『소학』이 있었다. 어떤 사람은 소학(小學)을 오로지 주자의 지시로 편찬된 수신서인 『소학』으로만 이해하는 경우가 있는가 하면, 어떤 사람은 소학을 오로지 자학(字學)으로만 간주하기도 하였다. 그러나 다산은 대학에는 대도(大道)와 대예(大藝)가 있고, 소학에는 소도와 소예가 있다고 분류한다.[17] 그 가운데 자학은 소학의 소예에 해당하는 것이고, 자학 이외에도 소학에는 소도가 있다고 주장한다.

즉 다산은 소학의 범주에 윤리 또는 수신에 해당하는 주자가 편찬한 기존 『소학』과 함께 자학으로서의 소학도 아울러 중시한다. 자학으로서의 소학과 윤리적 범절에 대한 소학을 함께 포괄함은 물론이고 아동 때 익혀야 할 일반교양까지도 포함하고 있다. 다산이 새롭게 편찬한 소학 관련 저술로서는 자학과 관련된 것은 대표적으로 『아학편』이 있고, 어린이가 익혀야 할 예의범절과 관련된 것으로는 『제경』이 있고, 그 밖에 학습용 교양 편람으로서 『소학주관』이 있다. 다산이 편찬한 대표적인 아동 학습의 교재를 통해 아동을 대상으로 하는 교육에 대한 다산의 사상을 살펴보자.

17) 『與猶堂全書』 경집 제2권, 「小學枝言序」, "鏞案毛氏雜引諸文. 以證小學爲字學. 然字學者. 小學之藝也. 學之敎. 有道有藝. 大學蹶大道習大藝. 小學蹶小道習小藝. 豈必小學有藝而無道乎. 其說偏而妄矣." 참조.

2) 기존 아동 교육 교재에 대한 비판

다산 당시 널리 읽히던 주흥사가 지은 『천자문』은 아동들의 글자 익히기에는 효과적이지 못하다고 다산은 비판한다. 왜냐하면, 예컨대 "천지현황, 우주홍황, 일월영측(天地玄黃, 宇宙洪荒, 日月盈仄)" 이라는 첫 구절에서 볼 수 있듯이 '천(天) · 지(地)' 가 나왔으면 이어서 해와 달과 별, 산천 · 언덕과 같은 유사한 범주의 글자가 나와야 하는데도 도리어 색과 관련된 '현(玄) · 황(黃)' 이 나온다. 일단 색에 관한 글자가 나오면 이어서 푸르고, 붉고, 검고, 흰 색깔에 대한 글자가 나와야 하는데 그렇지 않고서 갑자기 또 '우(宇) · 주(宙)' 라는 글자가 나온다.[18] 즉 의미상 유사한 것을 모아서 한꺼번에 배우는 것이 효과적인데 『천자문』은 이런 점에서 매우 부적절하게 글자가 배열되어 있다.

또한 "일월영측(日月盈仄)" 에서처럼 영(盈)의 반대는 허(虛)이고, 측(仄)의 반대는 평(平)인데 여기서는 오히려 영(盈)과 측(仄)을 대립시키고 있다. 문자학에서는 청(淸)/탁(濁), 근(近)/원(遠), 경(輕)/중(重), 천(淺)/심(深) 등 상대되는 두 개념을 쌍으로 들어서 보여주면 두 가지 개념의 뜻이 동시에 이해하기 쉽다. 반면에 한 가지 개념만 알려주면 두 가지 모두 막히기 쉽다고 다산은 말한다.[19] 그런데 천자문은 이러한 원리〔쌍거이서발지(雙擧以胥發之)〕를 잘 응용하지 못하고 있다. 그리고 '유형지물(有形之物)' 이 있고

18) 『茶山詩文集』 제22권, 「千文評」, "我邦之人. 得所謂周興嗣千文. 以授童幼. 而千文非小學家流也. 學天地字. 乃日月星辰山川丘陵. 未竭其族. 而遽舍之曰姑舍汝所學. 而學五色學玄黃字. 乃青赤黑白紅紫緇綠. 未別其異. 而遽舍之曰姑舍汝所學. 而學宇宙. 斯何法也." 참조.

19) 『茶山詩文集』 제22권, 「千文評」, "盈之反虛也. 仄之反平也. 以盈對仄. 豎說而衡喩. 非其類也. 歲之族時也. 陽之耦陰也. 曰歲曰陽. 孤行而寡居. 非其類也. 大凡文字之學. 淸以喩濁. 近以喩遠. 輕以喩重. 淺以喩深. 雙擧以胥發之. 則兩義俱通. 單說而偏言之. 則兩義俱塞." 참조.

'무형지정(無形之情)' 이 있으며, '무위지정(無爲之情)' 이 있고 '유위지사(有爲之事)' 가 있는데 이런 것에 해당하는 글자들이 『천자문』에서는 범주별로 정리되어 있지 못하므로 이 책이 자학서로서는 부적절하고, 서거정이 지은 『유합(類合)』이 오히려 더 근사하다고 다산은 말한다.[20)]

그래서 다산은 『천자문』을 대신할 교재로 '촉류방통(觸類旁通)' 의 원리에 따라 편찬된 『아학편(兒學編)』을 저술하였다. 그 외 당시에 학생들이 많이 읽던 역사서로서 『십팔사략』과 『통감절목』이 있었는데 이 책들에 대해서도 다산은 아동 학습서로서 적절하지 않다고 비판한다. 『십팔사략』은 "天皇氏以木德王, 歲起攝提, 無爲而化, 兄弟十二人各一萬八千歲" 이라는 구절로 시작된다. 그런데 여기서 다산은 천황이라는 존재는 군주인지 목민관인지 귀신인지 사람인지도 정체가 모호하고, 목덕(木德)이라는 말도 나무에 무슨 덕이 있는지 모르겠다고 비판한다.[21)] 아동이 배움을 시작하면서 처음부터 이처럼 허황하고 황탄하여 이해하기 어려운 내용이 담긴 책은 교육적으로 바람직하지 않다고 다산은 주장한다.[22)]

『통감절요』는 사마광의 『자치통감』을 남본(藍本)으로 삼으면서도 그 의례(義例)는 오히려 주자의 『자치통감강목』을 사용하였다. 그래서 삼국 가운데 촉한에 정통성을 부여하면서도 그 기사(記事)는 오히려 조위(曹魏)를 위주로 하는 모순을 범하여 의리에 어긋난다고 다산은 비판한다.[23)] 그뿐만 아니라 『통감절요』는 분량이 방대하여 이것을 읽는 시간이면 육경과

---

20) 『茶山詩文集』 제22권, 「千文評」, "又凡有形之物. 與無形之情. 其類不同. 無爲之情. 與有爲之事. 其類不同. 江河土石. 形之名也. 淸濁輕重. 其情也. 渟流隕突. 於斯爲事也. 不以類而觸之. 不能旁通如是也. 故讀千文已. 猶一字不知也. 千文有用處. 以之標田. 以之標試卷焉可也. 於小學何與. 苟爾雅說文. 不可復. 徐居正之類合. 猶其近者也." 참조.

21) 『茶山詩文集』 제22권, 「史略評」 참조.

22) 『茶山詩文集』 제22권, 「史略評」 참조.

23) 『茶山詩文集』 제22권, 「通鑑節要評」, "其書以司馬公資治通 鑑爲藍本. 乃其義例. 反用朱夫子綱目. 其在三國正統予蜀漢. 記事主曹魏. 主客互換. 王賊倒置. 於義無所當." 참조.

다른 경서를 읽는 것이 더 효과적이라고 인식한다. 아동들이 너무 오랫동안 이 책을 읽다가 보면 오히려 지루해져서 학습 의욕이 저하될 수 있다고 지적한다.

다산은 『경세유표』에서 학생들이 공부해야 할 학업 내용을 다음과 같이 제시한다.

> 동자의 학업은 육서(六書)에 전력하는 것을 주로 하고, 곁들이는 것으로는 『유의(幼儀)』·『이아(爾雅)』·『설문(說文)』·『옥편(玉篇)』·『급취편(急就編)』을 1과(科)로 하고, 곡례(曲禮)·소의(少儀)·옥조(玉藻)·내칙(內則) 및 주자의 『소학』을 1과로 하며, 『논어』·『맹자』·『중용』·『대학』을 1과로 한다.[24)]

즉 다산은 일단 육서와 『이아』 등과 같은 자학을 기본 단계의 1과목으로 삼고, 생활상에 지켜야 할 예의범절과 관련된 「곡례」·「소의」·「옥조」·「내칙」·『소학』을 또 하나의 과목으로 설정하고, 이런 과목을 익힌 연후에 사서와 같은 유교 고전을 본격적으로 공부하는 것이 합리적이라고 인식하였다.

3) 아동 대상의 자학 교육을 위한 『아학편』

다산은 『천자문』이 아동의 자학서로는 부적절하다고 여겨서 『아학편(兒學編)』을 편집하였다. 아학편은 상권과 하권으로 나뉘어 있다. 상권은 구체적 대상을 지칭하는 명사류이고, 하권은 주로 추상적 단어로 구성된다. 상권은 "天地父母, 君臣夫婦, 兄弟男女, 姊妹娣嫂, 祖宗子孫, 姪姑甥舅"로

24) 정약용, 『경세유표 III』, 이익성 역, 한길사, 1997, 1215면.

시작된다. 천지현황이 아니라 천지부모로 시작한다. 하늘과 땅에서부터 시작하여 아버지와 어머니로 이어지고, 다시 군신과 부부, 그리고 형제와 남녀 등 인간관계, 가족 관계에 대해서부터 나열하고 있다. 하권에서는 "仁義禮智 孝悌忠信 慈良敦睦 寬和恭愼"로 시작한다. 일상에서 지켜야 할 덕목이 순차적으로 전개된다. 또한 색과 관련된 단어는 모아서 "靑皇赤黑, 朱玄素白, 丹紺蒼翠, 紅紫綠碧"로 정리한다. 그 밖에도 신체 부위, 식물, 동물, 주거·건축, 교통, 직업에 관한 것 등 일상생활과 밀접히 관련된 것들을 주제별로 글자를 모아 놓았다. 이처럼 다산은 주제별로 연관된 의미를 지닌 글자를 모아서 순차적으로 전개함으로써 이해하기도 쉽고 기억하기도 용이하게 하여 문자 학습의 효율성을 높이고 있다.

4) 아동 대상의 기초 학문 교육을 위한 『소학주관』

다산이 유배 중에 아동들을 가르칠 때 학생들이 가르친 것을 기억을 잘 하지 못하자 이에 다산은 구경(九經)과 구류백가(九流百家)에 나오는 주요 명물도수(名物度數)를 숫자를 중심으로 정리하여 편집한 저술이 『소학주관(小學珠串)』이다. 일지류(一之類)에서부터 시작해서 이십팔지류(二十八之類)까지 있다. 일지류, 이지류, 십지류, 십이지류에는 10가지 항목이 속해 있고, 칠지류, 팔지류, 구지류에는 각각 20가지 항목이 속해 있다. 사지류, 오지류, 육지류에는 각각 40항목이 속해 있고, 가장 많은 것은 삼지류로서 60개 항목이 포함되어 있다. 그 외에는 한 가지 또는 두 가지 항목만 있다. 그래서 총 300가지 항목이 설명되어 있다. 예컨대 3과 관련된 것으로는 삼재(三才), 삼강(三綱), 삼황(三皇), 삼왕(三王), 삼정(三正), 삼학(三學) 등이 있다. 4와 관련된 것으로는 사천(四天), 사술(四術), 사이(四夷), 사덕(四德), 사단(四端) 등이 있다. 각 항목에는 항목의 기본 개념을 설명하고 해당하는 내용을 나열하고 끝부분에서는 출전을 명시하고 있다. 예컨대 십삼지류(十三之類)에는 십삼경이 나오는데 여기에 대해서 다음과 같이 서술하고 있다.

> 십삼경이란 성현의 도의를 담고 있다. 역과 시와 서(이상은 삼경이다). 주례, 의례, 예기(이상은 삼례(三禮)이다). 좌전, 공양전, 곡양전(이상은 삼전(三傳)이다). 논어, 맹자, 효경, 이아. 이것들을 일러서 십삼경이라고 한다. 십삼경이라는 이름은 숭문총목(崇文總目)에 나타난다.[25]

우리 속담에도 "구슬이 서 말이라도 꿰어야 보배"란 말이 있다. 소중한 구슬을 꿰어야 잘 보관하기 좋은 것처럼 중요한 지식도 체계적으로 잘 정리해 놓아야 찾아보기도 좋고, 기억하거나 활용하기에도 좋다. 다산은 『소학주관』을 편찬하여 학생들의 교양에 도움이 되는 내용을 폭넓고 알기 쉽게 정리함으로써 학문의 기초와 상식의 기반을 공고히 하고자 하였다. 학문하기 위해서는 윤리적 수신도 중요하고 자학(字學)도 필요하지만, 이를 기반으로 사물에 대한 폭넓은 지식 즉 박학(博學)도 중요하다. 실학은 성리학보다 일반적으로 박학을 중시하는 경향이 있는데 다산에게는 이러한 원칙이 아동 교육에도 적용되고 있음을 『소학주관』에서 확인할 수 있다.

---

25) 『與猶堂全書』 잡찬집 제25권, 『小學珠串』, "十三經者. 聖賢道義之府也. 易書詩已上三經. 周禮儀禮禮記已上三禮. 左傳公羊傳穀梁傳已上三傳. 論語孟子孝經爾雅. 此之謂十三經也. 十三經之目. 見崇文總目." 『與猶堂全書』 잡찬집 제25권 『小學珠串』, "十三經者. 聖賢道義之府也. 易書詩已上三經. 周禮儀禮禮記已上三禮. 左傳公羊傳穀梁傳已上三傳. 論語孟子孝經爾雅. 此之謂十三經也. 十三經之目. 見崇文總目."

5) 아동 대상의 예절 교육을 위한 『제경』

『제경(弟經)』의 내용은 『예기』 「곡례」·「소의」·「옥조」·「내칙」 그리고 『소학(小學)』에서 가려서 뽑은 것으로 이루어져 있다.[26] 주요 내용은 아동이 일상생활에서 지켜야 할 예의 규범이 주를 이룬다. 『제경』은 부모에 대한 효, 스승에 대한 예의, 어른에게 지켜야 할 규범, 기타 생활상에 지켜야 하는 일상적 행동 규범을 포괄하고 있다. 다산은 『대학』의 명덕을 '효제자'로 해석한다. 그런데 '자(慈)'는 굳이 교육하지 않아도 본능적으로 사랑하게 되므로 효제(孝悌)를 강조하고 된다고 설명한다. 다산이 『논어』의 "효제는 인의 근본이다(孝弟也者其爲仁之本與)"를 해석하면서 효제가 인을 행하는 근본이 아니라, 효제가 곧 인의 근본이 된다고 풀이하였다.

다산 경학의 실천 윤리적 특성을 고려할 때, 다산은 효제가 인의 실천적 덕목이라고 보고, 이러한 효제의 덕을 구체적 행위를 통해 어려서부터 교육할 필요가 있었다고 인식하였을 것이다. 그러므로 『제경』의 내용은 관념적인 것이 아니라 대부분 일상생활에서의 구체적인 실천 행위와 관련된 것이다. 즉 다산이 경학에서 중시하는 '행사(行事)' 개념의 실제 사례를 보여주고 있다. 이 점에서 보면 『제경』은 다산의 경학 사상이 아동 교육에 반영된 중요한 교재이다. 원문을 먼저 앞에 제시하고 이어서 음이 어려운 단어에는 (동음의 한자로) 음을 달아주고, 의미가 어려운 단어나 구절은 역시 한자로 뜻을 풀이하여 쉽게 이해할 수 있게 하였다. 『제경』과 『소학』을 비교하면 다산이 『소학』의 어떤 부분은 『제경』에 포함하고 어떤 부분은 제외했는지를 알 수 있다.

다산은 그의 아들들이 『제경』을 편찬하겠다고 하자 격려하면서 『제경』

---

26) 황병기, 「『제경(弟經)』의 체제 분석과 저작자 연구」, 『다산과 현대』 01, 연세대 강진 다산실학연구원, 2008년 12월, 386면 참조.

편찬의 문목을 제시해 주었다. 그 문목에 의하면 제1 원본(原本), 제2 기거, 제3 음식, 제4 의복, 제5 언어, 제6 시청(視聽), 제7 집사(執事), 제8 추공(推功) 등으로 구성되어 있다.

다산의 아들 학연과 학유가 이러한 문목에 따라 『제경』을 지었는지는 정확히 알 수 없지만, 현재 전하는 필사본 『제경』(윤동옥씨 소장본)은 이러한 문목과는 체계가 다르다. 현존하는 『제경』은 다산이 유배지에서 제자를 가르치기 위해서 편의상 지은 교재였을 가능성이 큰 것으로 보인다.[27] 다산이 스스로 제시한 문목과 그 체계는 다르지만, 현존 『제경』(윤동옥씨 소장본)에도 그 내용상으로 보면 아동이 일상생활에서 배워서 지켜야 할 행동 규범을 담고 있다. 즉 기거, 음식, 의복, 언어, 시청(보고 듣는 것), 집사(執事) 등의 내용이 실려 있어서 비록 형식은 다르고 규모는 작지만 사실상 문목과 내용에서는 본질적으로 크게 다르지 않다고 볼 수 있다. 『제경』을 통해서 다산이 중시하는 아동들의 생활 예절을 파악할 수 있다.

6. 맺음말

다산은 학문 방법론과 관련하여서는 한학(漢學)과 송학(宋學)의 방법론을 지양하여 종합하고자 하였다. 그리고 학문의 본질과 관련하여서는 실천을 중시하고 사회적 실용성이 있는 학문을 추구하였다. 그리하여 인문 고전뿐만이 아니라 실용 서적도 중시하였으며, 아울러 조선의 역사와 관련된 서적도 매우 중시하는 특징을 보여주었다. 학문에 있어서 수기와 치

---

27) 『제경』의 문헌 내용과 저작자와 관련된 자세한 연구는 황병기, 「『제경(弟經)』의 체제 분석과 저작자 연구」(『다산과 현대』 01, 연세대 강진다산실학연구원, 2008년 12월, 369-391면) 참조.

인을 겸함으로써 자기 수양을 토대로 세상의 백성들에게 널리 은택을 베풀고자 하는 공리적 목적의식을 뚜렷이 가지고 있었다. 그리고 다산은 아동을 대상으로 하는 학문의 교육에도 많은 관심을 가지고 효과적인 아동 학습 교재를 개발하기도 하였다. 그래서 아동들이 학문에 들어가기 위한 기초가 되는 자학(字學)을 위해서는 『아학편』을, 아동들의 수신과 예의범절을 위해서는 『제경』을, 학문의 기초가 되는 교양에 대한 지식 증대를 위해서는 『소학주관』을 편찬하는 성과를 이루었다. 다산은 유교의 인문학 중심의 학문 경계를 크게 확장함과 동시에 실용성을 중시하는 새로운 학문관을 정립하는데 기여하였다.

참고문헌

『與猶堂全書』

『小學』

『千字文』

『弟經』

『국역 다산시문집』, 민족문화추진회. 1986.

『경세유표』, 이익성 역, 한길사, 1997.

안대회, 「다산 정약용의 아동교육론」, 『다산 정약용의 교육사상과 공부법(다산학술문화재단 주최 제7회 다산학 학술회의 발표 자료집)』, 다산학술문화재단, 2010년 11월.

황병기, 「『제경(弟經)』의 체제 분석과 저작자 연구」, 『다산과 현대』 01, 연세대 강진다산실학연구원, 2008년 12월.

제14장

동서 사상의 만남과 다산 정약용의 작위적 인간관

1. 들어가는 말 : 동서 사상의 만남과 다산 사상의 해석학적 위치

오늘날 세계화의 진전이 헌팅턴(Samuel Huntington)이 말하는 '문명의 충돌'로 귀결될지, 아니면 문명 간의 평화적 대화와 융합으로 발전할지는 아직 확실하지 않다. 동서 문명의 만남은 20세기 이전에도 있었다. 특히 16세기 말 세계에서 가장 유력한 종교인 서구의 기독교와 동아시아의 유교의 만남은 동서 문화 교류사에서 큰 사건이었다. 서로 다른 두 사상이 만났을 때 일어나는 반응은 크게 보면 3가지 방식으로 나타난다. 기존 사상의 입장에서 외래 사상을 거부하거나 비판하는 입장이 있을 수 있고, 다른 하나는 기존 사상을 버리고 새로운 사상을 적극적으로 수용하는 것이다. 기존의 사상을 버리고 새로운 사상을 전적으로 수용한다는 것은 쉬운 일이 아니다. 또 다른 한 가지는 두 사상이 만나서 융합되어 제3의 사상을 낳는 경우이다. 16세기 후기부터 이루어진 유학과 서학의 만남은 어떤 사상적 반응을 낳았을까? 예수회 선교사들에 의한 유교 고전의 라틴어 번역 소개는 계몽주의 시대를 전후한 서구 지식인들에게 적지 않은 영향을 끼쳤다.[1)] 또한 중국에 진출한 예수회 선교사들에 의한 서양 학문의 소개와 보급은 동아시아 지식인에게 상당한 자극을 주었다.

다산 정약용(茶山 丁若鏞, 1762~1836)의 사상은 동서 사상이 충돌한 지형 위에서 구축되었다. 그의 사상에는 두 지층이 충돌한 흔적이 곳곳에 배어있다. 여기에 다산 사상의 특성과 새로움이 있다고 하겠다. 다산이 두 사상의 교차점 사이에서 살았던 사실은 그에게 큰 행운이면서 동시에 큰 시련의 계기이기도 하였다. 동서의 인간관, 엄밀히 말하면 유교적 인간관과 가톨릭적 인간관이 충돌하였을 때 나타날 수 있는 여러 모습의 하나가 다산의 인간관이라고 할 수 있다. 다산은 그의 생애에서 사상적으로 감수성이 가장 예민한 20대 초반에 서학에 몰두하여 상당히 깊은 경지에까지 몰입하였다. 벼슬길에 나간 이후에는 외형적으로는 서학과 점차 거리를 두었다. 그러나 20대에 받은 서학의 사상적 영향은 일생을 두고 형태를 달리하여 지속된다.

다산은 6경 4서에 대한 새로운 해석을 통해 당대의 주자학을 넘어서서 새로운 철학 사상의 길을 열려고 하였다. 그런데 주자학 비판의 근거를 마련해준 것은 ① 조선 후기 실학, ② 청대 고증학, ③ 서학 등이다. 특히 서학에 대한 깊은 이해는 기존의 전통 경학의 틀 내에서만 사색하였던 다른 학자들에 비해 훨씬 새로운 비전을 갖게 해 주었다. 서학을 매개로 하여 새

---

1) 계몽주의와 그 이전 시기를 망라하여 중국철학과 문화에 큰 관심을 가졌고 또 그것에 의해 영향을 받은 학자로는 대표적으로 몽테뉴, 말브랑슈, 베일, 볼프, 라이프니츠, 볼테르, 몽테스키외, 디드로, 엘베시우스, 케네 및 애덤 스미스 등이 있다.(J. J. 클라크, 장세룡 옮김, 『동양은 어떻게 서양을 계몽했는가』, 우물이 있는 집, 2004, 68쪽 참조. 이 책은 중국 철학과 인도 철학이 서구 사회의 지식인과 문화에 끼친 광범위한 영향에 대해 시기별로 자세히 서술하고 있다.)

롭게 확대된 비전이 그의 경학 연구에 새로운 빛으로 작용하였다. 다산 인간관 역시 이러한 해석학적 위치에서 형성되었다.

동서 사상의 만남이 제3의 창조적 인간관을 형성할 새로운 기회를 제공하였다고 볼 수 있다. 동시에 다른 한편으로 두 개의 서로 다른 지층이 완전히 새로운 하나의 지형으로 응고되지 못하고 다소 불완전한 모습으로 잡거하는 문제가 발생할 소지가 있음도 유의하여야 한다. 동서 사상의 충돌이 다산 인간관에서 어떤 흔적으로 남아있는지 살펴보는 것도 중요한 작업이다. 제3의 창조적 인간관 부분과 사상적 갈등의 불완전한 봉합의 부분을 아울러 파악해야 다산 인간관의 본질과 실체를 명확히 이해할 수 있을 것이다.

우리는 다산의 사상 특히 인간관이 동서 사상의 만남이라는 구조 속에서 어떻게 형성되었고, 어떤 특성이 있고, 또한 어떤 쟁점을 안고 있는지를 고찰해 보도록 한다.

2. 다산 인간관에서 서학적 요소와 비서학적 요소

다산의 인간관을 해명하기 위해서는 서학의 영향을 검토하지 않으면 안 된다. 다산은 어려서부터 형제들과 더불어 성호학파의 학자들과 교유하였다. 특히 중형(정약전)을 통하여 성호학파의 진보적 집단의 핵심인 권철신의 사상적 영향을 받았고, 서학에 해박한 지식을 지닌 이가환과도 밀접한 교류를 했다. 그리고 조선 후기 천주교 수용에서 결정적 역할을 한 이벽은 다산의 큰형(약현)의 처남으로서 다산의 형제들과 교분이 깊었다. 이처럼 다산이 친하게 교유하던 학자들은 대부분 서학에 관심이 깊은 학자들이었다. 이들은 서학을 통해 서구의 지리 · 천문 · 역법 · 수학 · 기하학 · 기술에 대한 지식을 수용하였으며, 점차 천주교에 대해서까지 관심을 확대하였다.[2] 다산 역시 서학의 과학 기술적 측면에서부터 관심을 두기 시작하여 점차 종교에까지 이해를 넓혀 나갔고 신앙 운동에까지 참여하게 되었다. 당시의 지식인들에게 널리 유포된 천주교 서적은 『천주실의(天主實義)』, 『칠극(七克)』 등이 있다. 『천주실의』는 중국에 파견된 예수회 선교사 마테오 리치(Matteo Ricci, 1552~1610)에 의해 저술되어 북경에서 1603년에 출판되었다.[3] 마테오 리치는 이탈리아 마체라타(Macerata) 출신으로서 명말(明末)에 중국에 입국하여 중국 전교 사업을 담당하였다. 그는 중국에 입국하여 중국의 지식인과 교류하면서 한편으로는 중국의 언어와 고전과 관습을 익혀서 사서를 라틴어로 번역하는가 하면, 다른 한편으로는 서양의 앞선 세계 지도 · 천문 · 역법 · 수학 등을 중국학자들에게 전하기도 하였다.

『천주실의』는 중국 선비와 서양 선비의 문답형 대화체 형식으로 중국 사상과 비교하여 천주교의 기본 원리를 설명하고 있다.[4] 마테오 리치는 중국 문화에서 권위란 고전에서 나온다는 것을 간파하고서, 『시경』이나 『서경』 등 고전을 인용하여 천주교의 교리를 설명한다. 중국 고전에 나오는

2) 성호학파의 서학 인식에 대해 연구로는 차기진, 『성호학파의 서학 인식과 척사론에 대한 연구』(한국학 대학원 박사학위 논문, 1996)가 참고됨.

3) 천주실의에 대한 자세한 해제 및 영역본은 利馬竇 原著, 馬愛德 主編, 胡國楨 · 藍克實 譯註, 『天主實義』(臺北市: 光啓社, 1985)가 있음. 또한 송영배, 『동서철학의 교섭과 동서양 사유 방식의 차이』(논형, 2004) 제1부 제1장 및 제2장에 있는 천주실의에 대한 해제와 철학적 분석 참조.

4) 『天主實義』는 총 여덟 편으로 구성되어 있다. 1편은 천주가 천지만물을 창조하고, 主宰하고, 安養함에 대해; 2편은 세상 사람들의 천주에 대한 잘못된 견해에 대한 해설; 3편은 인간 영혼의 불멸과 동물 영혼과의 큰 차이에 대해 논함; 4편은 귀신과 인간 영혼의 차이, 천하만물이 일체가 될 수 없음을 논함; 5편은 육도윤회설과 살생금지설의 오류를 논박하고 금식의 참뜻을 논함; 6편은 사람에게 의도가 없을 수 없음을 설명하고, 사후에 반드시 천당과 지옥의 상벌이 있어 세상 사람의 행위의 선악에 대해 보상함을 논함; 7편은 인성이 본래 선함을 논하고 천주교도의 正學을 논함; 8편은 서양풍속의 요지, 神父不婚의 의미를 논하고, 천주가 서양에 강생한 이유를 설명함으로 되어 있다.

상제(上帝)의 개념이 곧 천주교의 천주와 다르지 않다고 설명하면서, 천주교를 중국 문화에 근거하여 설득시키고자 하였다. 마테오 리치의 『천주실의』에는 아리스토텔레스의 철학과 토마스 아퀴나스의 토미즘 사상이 천주교 교리와 함께 들어있다. 『천주실의』는 동서 철학과 종교 사이의 대화를 시도한 의미 있는 저술이다. 물론 여기서 대화는 대등한 위치에서의 수평적이고 열린 대화라기보다는 천주교를 전교하기 위한 목적에 의해 이루어지고 있다. 그럼에도 불구하고 마테오 리치는 천주교와 유교의 공통점을 모색하려는 고민을 보여주고 있다. 마테오 리치는 불교와 도가 그리고 성리학에 대해서는 매우 혹독하게 비판하고, 단지 원시 유교에 대해서만 긍정적으로 평가한다. 그는 천주교의 계시 종교적 본질은 뒤로하고 이성에 의해서 이해가 가능한 부분을 중심으로 천주교를 설명한다. 특히 유학자들에게 익숙한 '상제', '성선설', '인' 등의 개념을 교묘하게 활용하여 천주교에 유리하게 해석하고 있고, 유학자들의 관심이 많은 윤리와 수양의 문제를 중심으로 도덕적 가르침에 초점을 두어 천주교와 유교의 공통점과 차이점을 설명하면서 천주교의 논리를 옹호한다.

예수회 선교사들의 보유론(補儒論)적 접근은 중국의 일부 지식인의 호응을 얻었고, 후에 청조의 강희제로부터도 일정한 인정을 받았다. 그러나 점차 시간이 갈수록 유럽의 가톨릭 본부와 개신교도로부터는 중국 문화와 타협적인 예수회의 전교 방식에 대해 문제점이 지적되었다. 중국에서는 중국 나름대로 예수회의 천주교 사상이 중국 사상의 기본 원리와 모순된다는 점이 간파되기에 이르렀다.

다산 역시 당시의 진보적 식자들이 숙독하였던 『천주실의』를 보았음에 틀림이 없다. 『천주실의』를 통해 다산은 큰 영향을 받았다.[5] 『천주실의』는

5) 다산학과 서학 사상과의 연관성에 대한 연구서로는 금장태 외, 『다산 정약용의 서학

원시 유교의 상제관은 포용하면서 성리학에 대해서는 매우 비판적인 태도를 보인다. 왜냐하면 성리학에는 도가나 불가의 사유가 용해되어 있는데, 해체적 사유를 특성으로 하는 불교나 도가는 인격적 절대자를 부정하기 때문이다. 무엇보다도 『천주실의』는 존재의 궁극적 원리가 인격성을 지닌 상제와 같은 존재이고, 비인격적인 태극 또는 이(理)는 궁극 원리가 될 수 없음을 강력히 주장하고 있다. 다산 역시 태극과 이(理)가 궁극 원리가 될 수 없고 천은 인격적 상제로 해석되어야 한다고 보고 있다.

> "군자가 어두운 방 가운데 있으면서도 전전긍긍하여 감히 악을 저지르지 못하는 것은 상제가 있어서 너에게 임하는 것을 알기 때문이다. 지금 명(命)과 성(性)과 도(道)와 교(教)를 모두 일리(一理)로 환원시키면, 이(理)는 본래 인식 능력이 없고 위엄과 권능도 없는데 무엇을 경계하고 삼가며 두려워하고 조심한다는 것인가!"[6)]

다산에게 인격적 상제는 인간에게 도덕적 심성의 부여자이면서, 동시에 인간의 도덕적 삶을 주시하고 선악을 심판하는 존재이다. 『천주실의』에 따르면 상제는 피조물을 창조할 때 모두 평등하게 창조한 것이 아니라, 상제의 형상을 한 인간에게 특별한 지위를 부여하였다. 이성과 자유의지를 지닌 인간은 그렇지 못한 다른 동물과는 본질적으로 차이가 있다고 인식하고, 만물 일체를 주장하는 것은 불합리하다고 비판한다. 다산 역시 인간과 동물의 차이를 매우 강조한다. 본능에 따라 행동하는 동물과 도덕적 판단력과 자유의지를 지닌 도덕적 존재인 인간은 근본적으로 다르다고 인식한다.[7)] 인간과 동물의 근본적 차이 강조, 인간의 자유의지 강조, 적극적 행

사상(1993년도 다산문화제 기념논총)』(다섯수레, 1993)이 참고됨.

6) 『中庸自箴』 권1, 5쪽.

위를 통한 덕의 실천은 『천주실의』와 다산 인간관에 공통되는 요소이다.

중국의 전통 유교 윤리에서는 행위란 결과가 가져오는 이익에 대한 고려 없이 행위 그 자체가 옳다는 이유에서 행해져야 한다고 인식하였다.[8] 그런데 『천주실의』에는 인간 행위의 결과에 따른 상과 벌, 천당과 지옥에 대한 설명이 중요한 부분을 차지한다. 유교 윤리에서는 결코 상을 바라거나 천당을 가기 위해서 또는 벌을 피하거나 지옥에 가지 않기 위해 행위 한다는 것은 결코 군자의 정도가 아니다. 행위의 결과에 대한 평가를 중시하는 입장도 『천주실의』와 다산의 사상에 공통으로 나타나는 중요한 특성이다.

다산이 『천주실의』를 통해 서학 사상의 중요한 요소를 수용한 것은 사실이지만, 다산이 서학의 세계관을 전면적으로 모두 수용한 것은 아니다. 다산이 형이상학적 태극 대신에 인격적 상제를 수용하였지만, 다산이 뜻하는 상제가 천지를 무로부터 창조한 창조주와 일치하는지는 분명하지 않다. 다산에 있어서 상제는 철저하게 도덕적이고 합리적 존재이다. 또한 『천주실의』에서는 인간에게 이 세상은 잠시 머물다가 가는 곳이고, 참된 세계는 현세가 아니라 내세에 있고, 인간계가 아니라 하늘나라에 있다고 하였다.[9] 그러나 다산은 이 세계 이외의 천상세계에 대해서는 전혀 언급이

7) 『孟子要義』 권2, 19쪽 참조.

8) 행위 결과가 가져오는 이해득실에 대한 계산과 관계없이 행위 그 자체의 도덕성을 중시하는 대표적 사례로서는 동중서의 "正其誼不謀其利, 明其道不計其功"(『漢書』, 「董仲舒傳」)이라는 명제가 많이 인용된다.

9) 마테오 리치 저, 이수웅 역, 『天主實義』, 분도출판사, 1984, 46-47쪽, "이 세상은 사람이 영구히 거할 곳이 아닙니다. 동물이 본래에 거처할 곳입니다. 그러므로 동물은 도리어 자업자득합니다. 사람이 이 세상에 있는 것은 잠시 기거하는 것에 불과합니다. 따라서 불안하고 불만족합니다. … 내가 보기에 천주는 사람들을 이 세상에 안배함에 있어서 그 마음을 시험해 봅니다. 또 그의 덕행의 등급과 높고 낮음을 정합니다. 그러므로 오늘날 우리가 우거하는 이곳은 영구히 거할 곳이 아닙니다. 우리의 본향은 현세에 있지 않습니다. 내세에 있습니다. 인간계에 있지 않고 하늘에 있습니다. 우리는 마땅히 그곳에 기업을 창립해야 합니다. 현세는 동물의 세계입니다." 참조.

없고, 오직 이 세계에서의 열정적인 삶을 말하고 있다. 또한 이와 관련하여 인간 영혼의 불멸성에 대해 적극적으로 옹호하지도 않았다. 천당지옥설도 명시적으로는 수용하지 않았다. 천주교 인간관에서 원죄설이 매우 중요한 의미를 지니고 있지만, 다산의 인간관에서는 여전히 성선설이 우세하다.

천주교에서는 이성이나 도덕보다도 신앙과 은총이 우선인데 다산에게는 합리적 도덕이 우선이다. 다산의 상제에 대한 믿음에는 도덕적 삶의 여부에 대한 감시자 기능과 관련이 있다.[10] 도덕을 초월한 종교적 차원의 신앙에 대한 문제의식이 다산의 저서에는 확연하게 드러나 있지 않다. 혹자는 이런 부분에 대해서 다산이 그 시대의 정서를 고려하여 자기 검열을 한 것이지, 그 내면세계에서는 천주교 신앙을 받아들인 것이라고 해석할 수도 있을 것이다. 그러나 우리가 다산의 지적 성실성을 믿는다면 그의 수많은 저술의 내용과 그의 내면 신앙이 서로 다르다고 가정하기는 쉽지 않다.

그렇다면 다산 사상에서 서학적 요소와 비서학적 요소를 어떻게 모순 없이 이해할 수 있을까? 아마도 다산은 유교적 세계관이 허용하는 범위의 최대치 내에서 서학을 수용하였다고 해석할 수 있다. 유교와 서학은 사상적으로 공통적인 부분이 있으므로 이러한 공통적 기반에 근거하여 유교적 가치관과 조화를 이룰 수 있는 범위 이내에서 다산이 서학을 받아들여, 성리학을 비판하고 고전을 새롭게 해석할 수 있었고, 인간에 대해 성리학과 다른 새로운 견해를 정립할 수 있었던 것이라고 해석할 수 있다.

---

10) 『中庸自箴』 권1, "天之靈明, 直通人心, 無隱不察, 無微不燭, 照臨此室, 日監在玆. 人苟知此, 雖有大膽者, 不能不戒愼恐懼矣" 참조.

3. 다산 인간관의 본질 – 작위의 주체로서의 인간

1) 성리학의 이기론적 인간 이해의 특성과 문제점

다산의 인간관을 이해하기 위해서는 먼저 그 당시 주류 사상인 성리학의 인간관에 대해서 파악할 필요가 있다. 다산은 성리학적 인간관에 대해 매우 비판적인 태도를 나타냈다. 성리학은 인간과 만물을 이기론의 패러다임으로 설명한다. 이기론의 관점에서 보면 인간은 원리적 차원에서는 다른 생명체와 더불어 동일한 이(理)를 품부 받지만, 실제적으로는 기의 차이에 의해서 이의 실현에 차이가 있게 된다. 현실적 인간은 기의 제약 하에 있다. 그런데 기질의 차이는 도덕성의 구현에도 영향을 끼친다. 기질의 차이를 강조하는 인간관은 인간을 기질에 따라 불평등하게 인식할 수 있는 여지가 있다. 또한 이기론적 인간관은 적극적으로 선을 실천하기보다는 기질로 인해 악에 빠지지 않도록 삼가하고 조심하는 수동적 소극적 성격을 지니는 측면이 있다. 그리고 악을 범하지 않기 위해서는 마음을 늘 경건한 상태로 유지하는 수양을 하지 않으면 안 된다. 따라서 성리학적 인간관은 내면의 마음을 함양하고 성찰하는데 주력하는 향내적 인간관의 특성을 보여준다.

그리고 성리학에서 인간은 보편적 이치를 인식하고 이치에 따라서 생각하고 행동하여야 한다. 만사를 올바르게 처리하기 위해서는 먼저 만사의 이치를 인식해야 하는 까닭에 만사의 이치를 인식하기 위한 지적인 탐구가 매우 중요한 과제이다. 또한 인간의 작위적 의지(또는 의도)를 '사의(私意)' 라고 하여 부정적으로 이해한다. 인간은 계획적 의지가 아니라 도덕적 규범의 부름에 순응하여야 자연스럽다고 여긴다. 다른 만물과 기의 차이가 있음에도 불구하고 다른 한편으로 이(理)의 관점에서는 인간과 동물 사이에 연속성을 긍정한다. 성리학의 인간관에서 인(仁)은 현실적으로 예의 준수와 크게 다르지 않다. 예의 준수로 인을 이해하는 것은 널리 은택을 베푸는 적극적 사랑 개념이 약하다. 또한 성리학적 인간관은 현실 세계의 역동적 변화와 다양한 차이를 수용하고 그것에 대해 자신을 개방하기보다는 도덕적 이념에 사로잡혀 변화에 대한 적응 능력이 약할 수가 있다.

2) 다산 인간관의 본질 – 작위의 주체로서의 인간

다산 인간관의 본질을 어떻게 규정할 수 있을까? 우리는 그것을 작위의 주체로서의 인간 즉 작위적 인간관으로 볼 수 있다. 어떤 근거에서 다산의 인간관을 작위의 주체로서 파악할 수 있는가? 작위의 개념은 무엇인가? 다산은 성리학 속에 용해된 무위의 철학에 대해 매우 적극적으로 비판하고, 유가 철학을 도가의 무위 사상과 분리시키고자 노력하였다. 이러한 노력은 작위적 인간에 대한 옹호와 다르지 않다. 무위의 개념은 본래 도가의 사상에 속하지만 신유가에서는 도가의 무위 사상을 일정하게 흡수한다. 무위의 개념은 성리학의 인간관, 정치사상, 그리고 수양론에서 중요한 위치를 차지하고 있다.

물론 무위론이 행위 자체를 부정하는 것은 아니다. 그러나 인위적 의도나 의지가 개입된 것은 바람직하지 않게 생각한다. '물래이순응(物來而順應)' 이라 하여 발생하는 사안에 따라 자연스럽게 대응할 따름이다. 인위적 목적의식이 배제된 상태에서 마음의 도덕적 본체로부터 자연스럽게 우러나온 생각과 행위가 긍정된다. 이러한 무위론은 본체의 함양을 우선시한다. 본체가 온전하게 잘 함양되어야 작용도 이치에 잘 부합될 수 있다고 여기기 때문이다. 미발(未發)의 중(中)을 '무사무려(無思無慮)' 의 상태로 규정하기도 한다. 그리고 덕은 선험적으로 내재되어 있다고 생각한다.

다산에 따르면 무위론을 일정하게 수용하는 성리학적 인간관은 덕의 사회적 · 윤리적 실천과 정치적 개혁을 소홀히 하는 결과를 가져왔다. 다산의 인간관에서 인간은 늘 환경 속에서 어떻게 행동할 것인가를 생각하고 실천하는 존재이다. 만약 도덕적 · 실용적 실천을 하지 않는다면 인간으로서의 도덕적 덕을 구현할 수도 없고, 생활을 유지할 수도 없고, 사회적 의무도 수행할 수 없다. 다산에 의하면 인간은 부단한 작위를 통해서 자신의 도덕적 의무를 실행하고 사회적 임무를 수행하여 인의 덕을 실현하여야 인간다운 삶을 구현할 수가 있다. 이처럼 다산 인간관의 본질은 작위 하는 인간이다. 그렇다면 작위란 무엇인가? 도덕적 실천, 노동과 기능적 공작, 정치적 · 사회적 실천을 모두 포괄하는 인간의 인위적인 합목적적 활동의 총체를 일컫는다. 다산은 '일을 행한다' 는 '행사(行事)' 라는 개념을 사용하여 작위의 뜻을 표현하는 경우가 많다.[11] 다산에 따르면 인간은 행사 즉 작위를 통해서 인의 덕을 실현하고, 인의 덕을 실천하는 것이 곧 하늘 즉 상제의 뜻을 받드는 것이다. 또한 이로써 상제에 대해 자신의 공을 증진시키는 것이다. 우리는 여기서 작위의 개념을 '정치 사회적 실천' , '노동과 기능적 공작' , '도덕적 실천' 으로 나누어 고찰하고, 올바른 작위를 위한 내적 조건과 지식에 대해 살펴봄으로써 다산 인간관의 내적 구조를 살펴보기로 한다.

3) 정치 사회적 실천으로서의 작위

다산에게 인간은 정치적으로 수동적인 존재가 아니라, 능동적으로 자신

11) 다산은 '爲' 는 '作' 과 뜻이 같고, '爲' 란 '行事' 를 뜻한다고 하였다. 즉 '作爲' 란 일을 행하는 '行事' 의 의미를 지닌다는 것이다. "鏞案: 經曰: 莫如爲仁, 爲猶作也. 爲者, 行事也." (『孟子要義』 권1, 24쪽)

의 의사를 개진하고 표현하는 정치 참여적 시민이다. 정치 지도자도 민에 의해서 공동체 문제의 해결을 위해서 추대되는 존재이고, 법도 역시 민의 이익을 위해서 제정되는 것이다.[12] 민이 부당하게 피해를 입을 경우에는 스스로 자기 이익을 지키기 위해서 정치적으로 운동하거나 저항할 수도 있음을 다산은 적극적으로 인정하고 있다.

예컨대 다산은 그가 곡산부사로 부임하였을 때 관의 부당한 조치에 항거하는 민중 시위가 발생한 사건이 있었다. 이때 상부에서는 민중 시위의 주동자에 대한 처벌을 요구하였으나, 다산은 도리어 주동자를 처벌하기는 커녕 "한 고을에 모름지기 너와 같은 사람이 있어 형벌이나 죽음을 두려워하지 않고 만백성을 위해 그들의 원통함을 폈으니 천금은 얻을 수 있을지언정 너와 같은 사람은 얻기가 어려운 일이다."고 칭찬하면서 무죄로 석방하였다. 이처럼 다산은 민의 직접적인 정치적 의사 표출을 적극적으로 긍정한다. 작위적 인간은 정치 사회적으로 자신의 의견을 적극적으로 표현하고 정치에 참여하는 실천적 주체이다.

정치 사회적 실천에 있어서 필요한 경우에는 법과 제도를 새롭게 제정하거나 개정하는 활동도 포함된다. 인간은 사회적 존재로서 법과 제도의 울타리 속에서 살고 있으므로 법과 제도는 인간 삶에 매우 중요한 것이다. 그런데 법과 제도는 역사의 흐름과 시대의 변화에 따라 변화되어야 한다. 따라서 정치적 · 사회적 존재로서의 인간은 시대에 따라 그 시대에 부합하는 법과 제도를 새롭게 작위 하는 활동을 하지 않으면 그 사회는 발전하기 어렵다. 법과 제도를 포함한 정치 체제는 인간에게 운명으로 주어지는 것이 아니라, 인간의 필요 때문에 인간에 의해 만들어진 것이고, 또한 부단히 개혁되어야 하는 것이다. 인간은 정치적 작위의 주체로서 법과 제도의 개

12) 『茶山詩文集』 권10, 4-5쪽, 「原牧」 참조.

혁을 실천할 수 있어야 한다. 정치적 개혁을 거부하고 보수 논리를 옹호하는 사람들은 요순시대의 '무위이치(無爲而治)'를 표방한다. 그러나 다산은 다음과 같이 요순시대의 정치가 무위를 통해서가 아니라 적극적 작위로 인해 가능하였다고 주장한다.

> "그러나 내가 살펴보건대, 마음을 분발하고 일을 일으켜서 천하 사람을 바쁘고 시끄럽게 노역시키면서, 한번 숨 쉴 틈에도 안일하지 못하도록 한 사람이 요순이다. 정밀하고 각박하여 천하 사람을 조심하고 두려워하게 하여 털끝만큼이라도 감히 거짓을 꾸미지 못하도록 한 사람이 요순이었다. 천하에 요순보다 더 부지런한 사람이 없었건마는 '무위'라고 속이고, 천하에 요순보다 더 정밀한 사람이 없었건마는 우활(迂闊)하다고 속인다. 그래서 임금이 언제나 '유위(有爲)'를 하고자 하면 반드시 요순을 생각하여 스스로 중지하도록 한다. 이것이 천하가 날로 부패해지고 새로워지지 못하는 까닭이다."[13)]

정치·사회적 실천을 통해서 추구하고자 하는 사회는 어떠한 사회일까? 다산의 「원정(原政)」에 의하면 그것은 경제적 부를 백성들이 고르게 나누는 사회, 지역 간에 물자의 유통이 활발하여 지역 간에 고른 번영을 누리고, 정의로운 상벌 체계를 확립하고, 능력에 따라 공평하게 인재를 기용하고, 자연과 자원을 합리적으로 관리하고 이용하여 편리하고 풍요롭게 사는 사회를 건설하는 것이다.[14)]

13) 『茶山詩文集』 권12, 39쪽, 「邦禮艸本序」, "余觀之 … 此天下之所以日腐而不能新也."
14) 『茶山詩文集』 권10, 1-2쪽, 「原政」 참조.

4) 노동과 기능적 공작으로서의 작위

전통 사회에서 사대부 계급은 학문과 도덕과 정치를 담당하였고, 노동은 평민이나 노비 계급이 주로 담당하였다. 그러나 다산은 노동을 특정 계급의 고유한 업무가 아니라 인간 일반의 일로 보았다는 점에서 새로운 관점을 보여주었다. 다산은 양반이고 상민이고 계층을 떠나서 인간은 누구나 노동에 참여하여 경제적 가치를 창출하여야 한다고 인식하였다. 노동이란 농사와 같은 육체적 노동도 있지만, 넓게 보면 생산과 관련된 연구나 생산과 관련된 교육 같은 정신적 노동도 노동에 포함할 수 있다. 다산의 인간관에서 인간이란 신분 계급을 막론하고 육체적 노동이건 정신적 노동이건 노동을 통해 가치를 창출해야 하는 노동적 작위의 존재이다. 아래의 글처럼 선비를 포함하여 노동을 인간의 보편적인 삶의 계기로서 파악한 데에 다산 인간관의 주요한 특징이 있다.

> "대저 선비란 어떤 사람인가? 선비는 무엇 때문에 손발을 놀리면서 남의 토지를 빼앗아 차지하고 남의 힘으로 먹고사는가? 대저 노는 선비가 있기 때문에 토지의 이로움이 다 개척되지 못하니 놀고서는 곡식을 얻을 수 없음을 안다면 또한 장차 직업을 바꾸어 농사를 짓게 될 것이다. 선비가 직업을 바꾸어 농사일하여야 토지의 이로움이 개척되고, 선비가 직업을 바꾸어 농사일하여야 풍속이 순후해지고, 선비가 직업을 바꾸어 농사일하여야 난민이 근절될 것이다. 그러나 선비가 반드시 직업을 바꾸어 농사일할 수 없는 사람이 있다면 장차 어찌하겠는가? 직업을 바꾸어 공업이나 상업을 하는 사람도 있을 것이고, 아침에는 나가서 농사일하고 밤에는 돌아와서 독서를 하는 사람도 있을 것이며, 부자의 자녀를 가르쳐 주고 생활을 영위하는 사람도 있을 것이며, 실리를 강구하고 토지의 적성을 분별하고 수리(水利)를 일으키고, 기구를 만들어서 인력을 덜게 하거

나 곡식을 심고 가꾸는 일과 가축을 기르는 방법을 가르쳐서 농업을 돕는 사람도 있을 것이다."(「전론(田論)」)[15)]

다산이 여전제(閭田制)를 주장한 이유도 선비를 포함하여 모든 사람은 어떤 형태로든 노동을 해야 한다고 여겼기 때문이다.

전근대 동아시아 사회의 인간관에서 소홀하게 다루어졌던 부분은 도구의 제작자로서의 인간이다. 다산은 사회 발전을 위해서 기예 즉 기술이 얼마나 중요한지를 정확히 인식하고 있었다. 인간과 다른 동물을 비교하면서 동물이 사람보다도 더 견고한 뿔이나 발톱을 가지고 있으나, 인간은 지능을 이용해서 기예 즉 기술을 발달시켜 도구를 제작할 수 있음을 강조한다.

"하늘이 금수에게는 발톱을 주고 뿔을 주고 단단한 발굽을 주고 날카로운 이를 주고 독을 주어서, 그들이 각기 하고 싶은 것을 얻게 하고, 사람에게서 받게 되는 환난을 방어하도록 하였다. 그런데 사람에게는, 벌거숭이로 태어나서 연약하여 마치 그 생활을 영위해 나갈 수 없을 것처럼 만들었으니, 어찌하여 하늘은 천하게 여길 데는 후하게 하고 귀하게 여길 데는 박하게 하였을까. 그것은 바로 사람에게는 지려(智慮)와 교사(巧思)가 있음으로써 그들이 기예를 습득하여 스스로 자기의 생활을 영위하도록 한 것이다. …… 사람이 많이 모일수록 그 기예가 정교하게 되고, 세대가 아래로 내려올수록 그 기예가 더욱더 공교하게 되니, 이는 일의 형세가 그렇지 않을 수 없는 것이다."[16)]

인간은 기술을 발명하고 발전시킴으로써 삶을 풍요롭게 발전시켜왔다. 그리고 기술은 점차 갈수록 발전한다. 인간은 기술을 더욱 세련되게 발전

15) 정약용, 민족문화추진회 편, 『국역 다산시문집 5』, 「전론 5」, 솔, 1996, 84면.
16) 『茶山詩文集』 권11, 10쪽, 「技藝論1」.

시킴으로써 삶을 더욱 편리하게 하고 자신의 복지를 증진시킬 수 있다고 다산은 전망하였다. 「기예론」에서 볼 수 있는 바와 같이 다산 인간관의 중요한 측면은 부단히 기술을 개발하고 발전시킴으로써 삶의 외형적 편리를 증진시켜 나가는 기술적 작위의 존재로 인간을 이해한 것이다. 이를 위해서는 과학과 기술에 대한 탐구가 전제되어야 한다. 다산은 정통 성리학이 인문학적 교양에 치중한 것에 비해서 자연에 대한 관찰과 실험을 중시하고, 자연과학 지식에 대한 적극적 관심을 보여주었다. 다산의 이러한 태도는 인간의 중요한 특성을 도구를 제작하고 발전시키는 데 있다고 보는 공작인(*homo faber*) 관점과 가까이 있다.[17] 그 자신 기술 관료로서 거중기를 개발하여 화성 축조에 활용하여 거금을 절약하였고, 또한 한강에 배다리를 건설하는 일에 참여하기도 하였다. 그리고 수학에도 큰 관심이 있었다. 기술 발전을 통하여 백성들의 노고를 줄이고 삶을 편리하고 윤택하게 하는 것도 인의 실현에 있어서 중요한 과제로 파악하고 있다.

5) 도덕적 실천으로서의 작위

성리학에서는 성인(聖人)이 되는 것이 학문의 목적이고 삶의 목적이다.

---

17) 한나 아렌트는 근대의 현저한 특징들 가운데서 호모 파베르의 전형적인 태도를 다음과 같이 지적한다. 세계의 도구화, 인공물을 만드는 제작자의 도구와 생산성에 대한 확신, 모든 영역에서 수단-목적 범주의 신뢰, 모든 문제는 해결 가능하고 인간의 동기들은 유용성의 원리에로 환원될 수 있다는 확신, 주어진 모든 것을 원료로 취급하고 자연 전체를 '좋아하든 싫어하든 우리가 다시 깁기를 원하는 것은 무엇이든 잘라낼 수 있는 광활한 옷감'으로 간주하는 주권, 지능과 창조성의 균등화 다시 말해 '인공물의 제작 특히 도구를 만들어내고 이것들의 제작을 무한히 다양하게 할 수 있는 도구의 제작을 위한 첫 단계'로 간주될 수 없는 모든 사상에 대한 경멸, 제작과 행위를 동일시를 당연히 여김. (한나 아렌트, 『인간의 조건』, 이진우 · 태정호 옮김, 한길사, 1996. 373면 참조.)

성인이 되기 위한 공부 방법으로서는 거경궁리(居敬窮理)가 중시된다. 고요한 가운데 자기의 마음을 텅 비게 하고 안정시키며, 경서에 대한 독서를 통해 진리에 대한 인식을 확충해 나가는 명상적 지적 노력을 중시한다. 이에 비해 다산이 추구하는 인간상은 행동을 통해 인의예지를 실천하는 인간이다. 다산은 인의예지란 선험적으로 주어진 덕이 아니라, 행동을 통해 성취되는 것임을 역설한다.[18] 성리학에서는 인의예지란 선험적으로 구비하고 있는 덕으로 전제한다. 그리고 인의예지의 본성으로부터 유출된 마음이 측은지심 등 이른바 '사단(四端)'이라고 본다. 이에 대해 다산은 사단의 마음을 행동으로 실행함으로써 사덕이 성취된다고 인식한다.[19] 사단과 사덕에 대한 다산의 해석은 그의 인간관이 얼마나 도덕의 사회적 실천을 중시하며, 작위적 실천의 주체로 인간을 해석하는지를 잘 보여주고 있다.

다산은 고요히 자기의 마음의 본체를 응시하면서 정적인 수양을 중시하는 공부론에 대해서 일과 행동을 통한 도덕적 수양을 역설한다. 다산에 따르면 인간은 사람과 사람 사이의 관계적 존재이다. 관계의 구조 속에서 사람은 이 세상에 태어나고 관계의 구조 속에서 생활하게 되어 있는 것이 인간 실존의 조건이다. 이러한 관계 구조의 맥락 속에서 인간은 도덕적 실천을 통해 인간의 존재 의미를 구현해야 한다. 사람은 인을 실천함으로써 인간답게 되는 것이다. 행동이 따르지 않은 인은 공허하고 추상적이다. 도덕적 수양도 사회적 관계의 장에서 실천 가운데 이루어져야 한다고 역설하고, 실천과 유리된 관념적 수양론을 비판한다.

"…… 대개 지금의 학술은 옛날의 그것과 크게 다르다. 옛 학문〔古學〕은 힘쓰

18) 『孟子要義』 권1, 22쪽, "鏞案: 仁義禮智之名, 成於行事之後 … 豈有仁義禮智四顆, 磊磊落落, 如桃仁杏仁, 伏於人心之中者乎!" 참조.

19) 『孟子要義』 권1, 23쪽 참조.

는 바가 일을 행하는 데 있어서, 일을 행하는 가운데 마음을 다스렸다. 지금의 학문〔今學〕은 힘쓰는 바가 마음을 기르는 데 있어서, 마음을 기르느라 〈마땅히 해야 할〉 일을 폐하는 지경에 이른 까닭이다. 자기 하나만을 선하게 하려면 지금의 학문도 괜찮다. 그러나 천하를 함께 구제하려면 옛 학문이라야 가능하다. 이 점을 또한 분명히 인식하지 않으면 안 된다."[20]

6) 올바른 작위를 위한 성실성(誠)과 지식

다산이 향외적인 작위의 주체로서 인간을 이해하지만, 향외적 작위가 올바르게 수행되기 위해서는 내적 성실성(誠)이 뒷받침되지 않으면 안 된다. 내적 성실성이 결여된 작위는 도리어 자신과 사회에 더 큰 고통을 가중시킬 수도 있다. 성리학에서는 거경 공부를 통해서 내적 성실성을 견지하려고 한다. 이에 비해 다산은 거경 공부만으론 부족하다고 여긴다. 왜냐하면 인간은 혼자서만 아는 경우에는 남이 보지 않는 곳에서 속일 수 있기 때문이다. 그러나 자신 내면의 생각까지 들여다보고 무슨 생각을 하는지 훤히 파악하고 있는 절대적 존재가 있다면 남이 보지 않는다고 하여 감히 나쁜 생각이나 행동을 함부로 할 수 없을 것이다.[21] 다산은 상제의 존재가 이런 관점에서 매우 중요하다고 인식한다. 인간이 늘 자신의 마음속 생각까지 알고 있는 신적 존재를 믿는다면 함부로 생각하거나 행동할 수 없기 때문이다. 상제를 의식하면서 늘 '계신공구(戒愼恐懼)' 하고 '신독(愼獨)' 할 때 인간은 양심에 조금도 거짓이 없는 성실성을 내면에서 확립하고 유지할 수 있다고 다산은 생각한다. 신독에 의한 성실성의 확보는 올바른 작위를 위해 요구되는 근본 정신적 태도라고 하겠다.

---

20) 『孟子要義』 권2, 27쪽.

21) 『中庸自箴』 권1, 5쪽, "君子處暗室之中, 戰戰栗栗, 不敢爲惡, 知其有上帝臨女也." 참조.

올바른 작위를 위해서는 내적 성실성도 중요하지만, 다른 한편으로 외부 세계에 대한 정확한 지식도 필요하다. 도덕적 실천을 위해서는 복잡한 격물치지의 과정을 거치지 않고서도 하늘이 부여한 도심(道心)의 안내를 따라서 행위를 하면 그것이 도덕적인 행위가 될 수 있다. 그러나 기술적 작위를 위해서는 과학 기술에 대한 전문 지식을 경험적으로 탐구하지 않으면 안 된다. 사회적 정치적 실천이 올바르게 이루어지기 위해서도 사회과학적 탐구를 통해 사회 · 역사 현상에 대한 폭넓고 정확한 지식이 필수적이다. 성리학자들이 추구하였던 지식이 도덕 철학 분야에 주로 집중되었다면, 상대적으로 다산이 중시하는 지식은 작위의 주체로서의 인간이 사회적 · 정치적 실천을 하는데 요구되는 사회과학적 지식, 자연을 활용하고 효율적으로 관리하여 삶의 복지를 증진시키는 데 기여하는 과학기술 분야의 지식이라고 할 수 있다.

7) 다산 인간관의 의의와 특성

이상에서 고찰한 바와 같이 다산에 의하면 인간이란 행동과 참여, 공작을 통해 가치를 만들어 가는 작위의 주체이다. 작위의 주체로서의 인간이라는 관점에서 볼 때 전통 성리학의 인간관은 지나치게 관념적이고 명상적이며 소극적이다. 그것이 나쁘다고 할 수는 없지만, 다산은 역동적 작위의 인간상을 옹호한다. 한나 아렌트(Hannah Arendt)는 근대의 인간은 관조적 삶(*vita contemplativa*)을 활동적 삶(*vita activa*)으로 전환했다고 하였는데,[22] 이는 다산의 인간관과도 통하는 언명이다. 이 점에서 다산의 인간관은 근대적 인간관과 맥락을 같이하는 측면이 많다.

---

22) 한나 아렌트 저, 이진우 · 태정호 옮김, 『인간의 조건』, 한길사, 1996, 356쪽 참조.

성리학의 인간관에서 인간은 선험적으로 주어진 인의예지의 덕에 의해서 본질이 이미 정해져 있고, 단지 본질을 어느 정도 구현하느냐 하는 문제만 있다. 그런데 다산의 인간관에서는 인간은 그 본질이 이미 규정되어 있는 것이 아니라, 작위적 활동으로 자기의 존재를 형성해 나가는 존재이다. 후천적으로 작위한 업적, 공적에 의해서 자기의 가치를 높여나가는 열린 존재이다. 올바른 작위적 실천을 통해 인간은 자기의 공적을 쌓아나가는 것이며, 그 쌓은 공적에 비례하여 사회로부터 그리고 나아가 하늘의 상제로부터 인정을 받을 수가 있는 것이다. 작위의 주체로서의 인간이 추구하는 것은, 상제에 대한 믿음을 토대로 인간 사회를 정의롭고 공정하며, 편리하고 풍요로우며, 사랑(仁)이 가득한 사회를 완성하는 것이라 할 수 있다.

다산은 서학을 통해 인격적 상제 개념을 수용하였다. 다산의 사상에서 차지하는 상제의 의미는 『천주실의』에 나타난 천주교의 그것과 차이가 있다. 『천주실의』에 나타난 천주교의 신 개념은 인간의 궁극적 관심을 현세보다는 피안의 세계로 돌리게 하는 경향이 있다. 이에 비해 다산의 사상에서 상제는 인간으로 하여금 현세에서 열심히 도덕적으로 실천하게 하는 역할을 한다. 다산에 있어서 인간이란 상제에 대한 돈독한 신앙을 통하여 상제가 은총을 베풀어 인간을 내세에서 구원해주기를 기다리는 입장이 아니다. 오히려 적극적 작위를 통해 선한 가치를 창조함으로써 상제가 인간에게 복을 주지 않을 수 없게 하고, 내세가 아닌 현세에서 행복을 추구하는 능동적 입장이다.[23] 다산은 상제가 초월적으로 존재하는 것을 인정하지만

23) 기독교는 인간의 자기구원을 부인하고 신의 은총의 선물에 의해 구원받을 수 있다고 한다. 그러나 은총을 받고 구원되는데 있어서 인간의 노력이 갖는 의미에 대해서는 논쟁이 있을 수 있다. 아우구스티누스는 인간 행동의 선악 노력과 관계없이 하느님의 은총에 의해서만 인간의 죄는 지양될 수 있다고 생각하였다. 이에 반해 펠라기우스는 죄의 종교적인 의미와 은총의 비합리성을 부인하지 않으면서도 인간의 도덕적인 자기 책임도 중요하게 생각하였다. 펠라기우스에 의하면 인간 안에는 어떤 타고

또한 동시에 상제는 인간의 도덕적 마음(道心)에 내재한다고 이해한다.[24] 즉 상제는 인간의 도심(道心)에 내재하여 있는 내재적 존재이기도 하다. 다산에게는 도심을 통해 드러나는 내재적 신이 더욱 강조된다. 그런데 이러한 도심을 통해 나타나는 신은 계시와 기적을 행하는 신비적인 신이기보다는 양심의 소리와 같은 합리적이고 도덕적인 특성이 강하다고 할 수 있다. 유교와 천주교라는 동서 사상의 만남을 통해 이루어진 다산의 인간관에는 동서 사상이 융합되어서 제3의 특성을 보여주고 있다. 천주교를 통해 유신론을 적극적으로 수용하면서도, 내세 지향적이거나 신앙 우위로 나아가지 않고 유교의 현세 지향적이고 도덕주의적 특성을 유지한다는 점에서 다산 인간관의 독특한 특성이 잘 드러나는 것이다.

4. 다산 인간관의 쟁점

다산은 서학의 사상을 일정 부분 수용하고 전통적 성리학의 인간관을 근본적으로 비판하면서 나름대로 독자적인 인간관을 모색하였다. 그러나 다른 한편으로 다산의 인간 이해에는 논리적으로 모순되어 보이는 것들이 혼재하기도 하고, 중요한 문제가 모호하게 넘어가는 부분도 있어서 많은 쟁점을 내포하고 있다. 다음에서 다산 인간관에서 애매한 부분과 쟁점에 대해 검토해 보기로 한다.

난 고귀한 것이 있기 때문에 위로부터 우리에게 구원이 내리기만 하는 것이 아니라 우리 쪽에서부터도 구원을 위하여 노력할 수 있다고 한다. 즉 하느님의 활동에 인간의 협력이 보태져야 한다는 것이다. 루터가 아우구스티누스의 입장을 계승한다면 예수회는 상대적으로 펠라기우스의 사상에 접근하고 있다. (미카엘 란트만 저, 진교훈 역, 『철학적 인간학』, 경문사, 1994, 제2부 제2장 「은총설」 참조.)

24) 『中庸自箴』 권1, 3쪽, "天之喉舌寄在道心, 道心之所儆告, 皇天之所命戒也." 참조.

1) 심신일원론인가? 이원론인가?

동아시아의 전통적 인간관에서는 심신일원론이 일반적이다. 사후에도 불멸하는 영혼 또는 피안의 세계라는 관념은 대단히 생소하다. 이기론에서는 인간의 마음도 일종의 기로서 파악한다. 사람이 죽었을 때 제사를 지내는 것도 영혼이 불멸해서가 아니라 사후에도 일정한 기간 사자의 기가 완전히 흩어지지 않고 일시적으로 모여 있기 때문이라고 설명한다. 다산은 '신형묘합(神形妙合)'으로 인간의 존재 구조를 설명한다.[25] 신형묘합론은 이기론적 인간 설명과는 매우 다르다. 무형(無形)하고 영명(靈明)한 정신과 유형한 육체가 묘합하였다는 것은 정신과 육체의 이원론을 전제하고 있다.[26] 이것은 동아시아의 일원론적 전통에서는 보기 드문 이원론적 인간 이해이다. 그러면서도 다산은 영혼이 불멸이라는 것에 대해 명백한 진술을 회피하고 있다. 만일 상제에 대한 신앙이 철저하다면 사후 상제에 의한 도덕적 심판이 가능하기 위해서는 영혼의 불멸이나 육체의 부활, 피안의 세계가 전제되어야 할 것이다.

다산은 원시 유교의 '상제' 개념을 통하여 '천주'를 받아들이고, 그것과 함께 아니마(anima) 개념을 일부 받아들였다. 그러나 유교적 전통에서 생소한 영혼불멸설이나 피안의 개념을 전적으로 수용하기는 어려웠을 것이다. 이러한 이유로 다산의 인간관은 심신일원론과 이원론 사이에 논리적으로 석연하지 않은 모호함이 있다. 다산은 천주교의 인격적 신 개념과 함께 그 논리적 연장선에서 영혼의 불멸 개념을 수용하였을까? 아니면 동아시아의 전통적 인간관에 따라 영혼불멸설은 인정하지 않았을까? 만약

---

25) 『孟子要義』 권1, 32쪽, "鏞案: 神形妙合乃成爲仁. 神則無形亦尙無名, 以其無形故借名曰神. 心爲血府爲妙合之樞紐, 故借名曰心. 死而離形, 乃名曰魂." 참조.

26) 『孟子要義』 권2, 29쪽, "蓋此靈明之體, 雖寓於形氣之中, 粹然不與形氣相雜." 참조.

심신이원론에 입각한 영혼불멸설을 받아들이지 않는다면 인간의 선악에 대한 신의 도덕적 심판이 어떻게 가능할까? 아니면 다산은 영혼불멸에 대한 믿음이 있었지만, 천주교도로 지목되지 않을까 하는 우려 때문에 그것을 저술로 표현하지 않은 것일까? 이 문제는 다산 인간관에서 분명하게 이해되기 어려운 쟁점으로 남는다.

2) 인간은 본성적으로 선한 존재인가? 아니면 악한 존재인가?

유학의 인간관에서 본성의 선악 문제는 맹자와 순자 이래로 큰 쟁점이었다. 성악설이나 성선설이나 모두 강력한 근거가 있는 철학적 가설이기 때문에 쉽사리 결론이 날 수가 없다. 그러나 유학에서는 성선설이 정통으로 인정되고, 인간은 선한 본성을 타고난 까닭에 자신의 수양과 학문적 노력으로 완전한 존재인 성인이 될 수 있다고 믿는다. 한편 기독교의 인간관에서 인간은 원죄를 지닌 존재로서 자력 구원은 불가능하고, 신에 대한 신앙을 통해 신의 은총에 의해서만 구원될 수 있다고 믿는다.

다산은 인간성의 선악 문제에 대해 어떤 입장을 취하고 있는가? 다산은 하늘이 인간에게 선을 좋아하고 악을 싫어하는 성품을 부여하였다고 설명한다.[27] 그래서 인간은 누구나 선을 좋아하고 악을 싫어하는 경향을 선험적으로 타고 난다고 보고 있다. 따라서 기호(嗜好)로서의 성(性)은 근원적으로는 선하다고 믿는다. 그렇기 때문에 비록 악한 행동을 하는 사람도 자신의 악행에 대해 타이르면 부끄러워한다는 것이다. 만약 선에의 기호가 없다면 선은 불가능할 것이라고 한다. 따라서 다산의 인간관에는 원죄와 같은 어둡고 무거운 그림자가 없다. 은총에 의한 구원보다는 도덕적 행위

27) 『中庸自箴』 권1, 2쪽, "蓋人之胚胎既成, 天則賦之以靈明無形之體. 而其爲物也, 樂善而惡惡, 好德而恥汚, 斯之謂性也. 斯之謂性善也." 참조.

에 의한 구원을 추구한다. 이 점은 천주교의 정통 교리와는 어긋나는 유교적 특성을 보여주는 대목이다.

다산은 성선설을 확고히 주장하면서도 다른 한편에서는 인간의 도덕성에 대해 깊은 의문을 보여주고 있다. 인간은 순수하게 자율적 양심에만 의존해서는 온전한 도덕적 인간이 된다는 것이 대단히 어렵다고 여긴다. 그래서 인간의 내면까지도 들여다보고 무슨 생각을 하는지 훤히 알고 있는 상제의 존재 없이는 인간이 온전하게 도덕적으로 생각하고 행동하기가 어렵다고 판단한다. 이것은 마치 우리가 운전하면서 늘 교통 경찰관이나 무인 단속 카메라의 존재를 의식할 때 교통 법규를 준수하는 것과 같다. 만약 교통 경찰관도 없고 무인 단속 카메라도 없다고 한다면 누가 교통 법규를 잘 지키겠는가 하고 생각하는 것과 유사하다. 여기서 다산이 인간의 자율적 양심을 전적으로 신뢰하지 않는다는 것을 알 수 있다. 다산은 현실적으로 인간이 얼마나 이기적인지를 잘 통찰하고 있었다. 현실의 인간은 이해관계와 욕망에 의해 행동하는 이기적 존재라고 파악하고 있다. 그래서 순수한 덕에 의한 정치는 한계가 있다고 보았다. 따라서 이러한 인간을 도덕에 의해서만 교화시키기가 어렵고 법과 제도가 반드시 뒷받침되어야 한다고 생각하였다.

다산은 '성'의 의미를 '기호(嗜好)'로 이해하고, 인간의 기호는 선을 좋아하고 악을 부끄러워한다고 하였다. 그는 한편에서는 심신일원론적 관점에서 기호로서의 성이 전체적으로 선하다는 주장을 내세운다. 그러나 다른 한편에서는 인간에게는 영지(靈知)의 기호도 있고 형구(形軀)의 기호도 있다고 함으로써[28] 심신이원론적 입장에서 두 가지 대립하는 기호 사이의

28) 『茶山詩文集』 권16, 16쪽, "曰性者嗜好也. 有形軀之嗜, 有靈知之嗜, 均謂之性. 故召誥曰節性, 王制曰節民性, 孟子曰動心忍性, 又以耳目口體之嗜爲性, 此形軀之嗜好也. 天命之性, 性與天道, 性善, 盡性之性, 此靈知之嗜好也." 참조.

갈등 가능성도 암시하였다. 선을 좋아하는 기호를 지닌 인간이 왜 악한 행동을 하는 것인가? 악의 기원은 무엇인가? 이 문제에 대한 다산의 대답은 그다지 철저하지도 명백하지도 않은 모호성이 있다.

선악의 문제에서 다산은 자유의지를 매우 중시한다. 선악 사이의 선택은 타고난 기질과 관계없이 행위 주체의 자유의지〔자주지권(自主之權) 혹은 권형(權衡)〕에 달려있다고 한다. 그는 도덕적 자율성을 강조하였다.[29] 인간에게는 자유의지가 있으므로 해서 선한 행위가 진정으로 나의 공적이 될 수 있고, 또한 악한 행동이 나의 책임일 수 있다고 하였다.

인간이 선에의 잠재적 기호를 가지고 있음에도 불구하고, 현실적으로는 선보다는 악을 행하기가 쉽다는 것을 다산은 인정한다.[30] 그런데 만약 신적 존재가 없다면 불의를 심판할 수가 없게 되는 것이다. 이 점에서 상제는 도덕적 선의 가능 근거를 제공해줌과 동시에 악을 심판하는 존재로서의 의미도 지닌다. 다산의 인간관에서 인간은 자력 구원이 불가능할 정도로 깊은 원죄를 안고 있는 존재도 아니지만, 그렇다고 인간의 양심을 전적으로 신뢰할 만큼 선량하다고 보지도 않았다. 다산은 인간성의 선악 문제에 있어서 선과 악 사이에서 인간의 자기 책임을 강조하는 특성을 보여주고 있다.

3) 인간의 욕망에 대한 긍정과 부정

인간의 욕망에 대해 전통 성리학에서는 매우 부정적으로 인식한다. 욕

29) 다산 윤리학에서 도덕적 자율성에 대한 전문적인 연구로서는 장승희, 『다산 정약용의 도덕적 자율성에 관한 연구』(서울대 대학원 박사학위 논문, 1998)가 참고됨.

30) 『心經密驗』, 「心性總義」, "若據行事而言之, 則又不惟可善可惡而止, 抑亦從善如登, 從惡如崩." 참조.

망은 인간을 악으로 이끌기 쉽기 때문이다. 그래서 "존천리거인욕(存天理去人欲)"이라고 하여 욕망의 제거를 요구한다. 성리학에서는 우리가 행동할 때 오직 순수한 도덕적 동기에서 비롯되어야 하지, 욕망에서 비롯되는 작위적 행동을 해서는 안 된다고 인식한다. 그런데 다산은 사람의 욕망 자체는 부정할 수 없다고 본다.[31] 인간은 무엇인가를 욕망하는 존재이기 때문에 사람에게 욕망을 부정하는 것은 비현실적이고 바람직하지도 않다. 다만 무엇에 대한 욕망이고 어떤 성격의 욕망이냐가 문제 된다고 여긴다. 즉 욕망의 대상이 배타적이고 반사회적이냐 아니면 도의에 합치되고 사회적이냐 하는 문제가 중요하다고 본다. 그리고 욕망은 행동의 추진력이 되기 때문에 아무런 욕망이 없으면 사람이 무기력하고 쓸모없는 존재로 될 수 있음을 지적한다.

> "우리 인간의 영혼 속에는 본래 무엇을 하고자 하는 욕망의 단서가 있다. 만약 이러한 하고자 하는 마음이 없으면 천하의 모든 일이 모두 이루어질 수 없다. …… 나는 일찍이 어떤 사람을 보았는데 그 사람의 마음은 담백하여 아무런 욕심이 없어서 착한 일도 할 수 없고 나쁜 일도 할 수 없으며, 글을 짓지도 못하고 산업에 힘쓰지도 못하니 곧 천지 사이에 쓸데없는 물건이 되었다. 사람이 어찌 욕망을 없앨 수 있겠는가?"[32]

인간 욕망 가운데 가장 중요한 것으로 다산은 이익과 권력에 대한 욕망을 지적한다.[33] 사람이 이익을 추구하는 것은 마치 물이 아래로 흐르고 불

---

31) 『心經密驗』, 「孟子曰養心莫善於寡欲」에 대한 註釋 , "人可以無慾哉" 참조.

32) 『心經密驗』, 「孟子曰養心莫善於寡欲」에 대한 註釋.

33) 『大學公議』 권1, 42쪽, "大凡人生斯世, 其大欲有二. 一曰貴. 二曰富. 在上者其所欲在貴, 在下者其所欲在富." 참조.

이 위로 오르는 것과 같이 자연적이라고 여긴다. 다산은 이 같은 욕망을 부정하기보다는 욕망을 합리적으로 충족시키고자 하였다. 즉 '부(富)' 에 대한 욕망을 인정하고, "어떻게 함께 부유해질 수 있을 것인가?" 에 대한 방법을 모색한다. 그리고 '귀(貴)' 즉 권력에 대한 욕망도 인정하고 어떻게 합리적인 인사 시스템에 의하여 권력과 직위를 합리적으로 분배할 것인가에 대한 대안을 마련하고자 하였다. 이것이 바로 그가 제시한 '고적법(考績法)' 이다. 다산은 욕망이 어떤 목적을 향한 것이냐를 중시하여, 그 목적이 도의에 합치되면 긍정하고 반사회적이면 부정하였다.

다른 한편으로 다산의 욕망 긍정론은 도덕과 위배되지 않는 범위 내에서 긍정한다는 점에서 제한적이라고 볼 수밖에 없다. 그는 여전히 도심과 인심을 대립적으로 파악하여 도심은 긍정하면서 인심은 경계한다. 그가 인정하는 욕망은 사회적으로 선이 될 수 있고, 도덕과 배치되지 않는 한에서 제한적 욕망이다. 개인 각자의 이기심에 의한 행동이 '보이지 않는 손' 의 조절을 거쳐 사회적 이익이 될 수 있다는 관점에까지는 이르지 못하는 한계가 있다. 그러나 인간의 욕망과 인위적 의도 자체를 소극적으로 인식하던 전통적 시각보다 다산은 한층 진전된 입장을 보여주었다. 좋은 욕망을 긍정함으로써 인간의 삶은 사회적으로 더욱 활동적인 생기를 얻을 수 있을 것이다. 이상과 같이 다산의 인간 욕망에 대한 시각은 한편으로는 긍정적이고 다른 한편으로는 제한적인 이중적 양면성을 갖는다.

4) 다산이 추구하는 인간상은 종교적 인간인가? 아니면 세속적 인간인가?

다산은 경전 해석에서 상제의 인격성을 강조하면서 존재의 정점에 상제의 권위를 설정한다. 다산의 형이상학에서 상제는 도덕적 요청인가? 신앙의 대상인가? 이 문제도 깊은 검토가 필요한 쟁점이다. 다산의 경학은 관점에 따라서 매우 종교적으로 해석될 수도 있다. 특히 『중용』의 해석에서 그러하다. 다산은 『중용자잠(中庸自箴)』에서 실존이 순간마다 도심(道心)을 통하여 상제와 대화하며 상제의 명령을 받고 그것을 수행하는 경건한 종교적 인간상을 보여주기도 한다.[34)]

다른 한편으로 다산은 세속적 인간의 문제, 즉 "사회 속에서 경제적으로 어떻게 안정되고 부유하게 살며, 정치적으로 어떻게 질서 있고 강하고 정의로운 나라를 만들 것인가?" 하는 문제에 주로 관심을 둔다. 다산의 관심은 피안이 아니라, 차안의 조선이라는 국가의 백성들이 세속적으로 잘 살 수 있는 현실적 방도를 모색하는데 초점이 있었다. 가까운 가족과 친족을 비롯하여 이웃과 사회에 인을 실천함으로써 보다 인간적 공동체를 만들려고 하였다.

유교 지식인에게 종교적 인간과 세속적 인간을 이분법적으로 보는 것이 잘못된 전제일 수 있다. 유교적 세계관에서는 세속의 일상적 삶을 떠난 유토피아란 존재하지 않는다. 일상에서의 도덕적 실천을 통해 일상을 성스럽게 하는 것이 유교 중용의 진리관이다. 다산은 이 세상에서 국가라는 현실 공동체 속에서 잘못된 제도와 지도층의 불의로 고난 받는 백성들이 조금이라도 더 잘 살 수 있는 길을 열어 주는 것이 상제에 대한 최선의 경배라고 생각하였는지도 모른다. 왜냐하면, 어렵게 살아가는 백성이야말로 상제가 내어 보낸 그의 사랑하는 자녀들이기 때문이다. 상제의 자녀인 민(民)에 대한 사랑 이상으로 상제를 높이는 길이 없다고 생각하였을 수도 있다. 다산의 인간관이 지향하는 인간상은 세속적이면서 동시에 종교적인 양면성을 지니고 있다.

---

34) 『中庸自箴』 권1, 3-4쪽, "天於賦生之初有此命 … 求天命於本心者聖人昭事之學也." 참조.

5. 맺음말

다산의 인간관은 동서 사상의 만남을 통해 형성된 것으로서, 다산은 성리학적 인간 이해와는 분명히 차별화되는 새로운 인간관을 발전시켰다. 동아시아의 전통적 인간관에서 소홀하게 여겨졌던 공작인으로서의 기술적 작위를 강조하였고, 다 같은 상제의 자녀로서 인간의 평등과 인간의 권리를 중시하였다. 작위의 주체로서의 활동적 인간관은 조선 후기 사회를 새롭게 변화시킬 수 있는 잠재력을 지닌 인간상이었다. 이러한 변화된 인간관에 따라 사회를 보는 시각도 변화되었고 새로운 사회상을 추구하게 된다.

마테오 리치는 『천주실의』를 통해 아리스토텔레스 철학과 토미즘을 원용하여 궁극적으로 천주교 신앙으로 동양인들을 인도하고자 의도하였다. 그러나 다산은 『천주실의』와의 만남을 통해 마테오 리치의 의도처럼 신앙에 관심을 가진 때도 있었지만, 더욱 중요한 것은 지적으로 성리학을 탈피할 수 있게 해주는 비판의 논리를 찾게 되었고, 새로운 인간관을 모색하는 데 중요한 계기를 마련할 수 있었다. 이처럼 동서 사상의 만남은 항상 본래의 의도와는 다른 방향으로 전개되는 경우가 많다. 이질적 사상과의 만남이 난공불락처럼 보이던 보수적 사상을 새롭게 바라보고 비판할 수 있는 계기로 작용하기도 한다는 사실을 우리는 다산의 철학 사상에 관한 연구를 통해 확인할 수 있다.

다산은 서학을 일방적으로 비판하고 배척하는 공서파(攻西派)나 그대로 수용하기만 하는 신서파(信西派)가 아니었다. 다산은 전통 유교적 가치관의 특성을 살리면서 주체적으로 서학을 수용하였다. 우리는 다산과 같은 서학 수용 태도를 신서파나 공서파와 변별하여 중도파라고 할 수 있다. 그의 서학 사상을 바라보는 시각이 중도적 입장이었기에 급진적 신앙에 몰입할 수도 없었고, 서학에 대해 수구적 비판을 가할 수도 없었다. 그가 급진적 신앙에 몰입하였더라면 그는 순교자의 길을 걸었을 것이다. 반대로 서학에 대해 전면적으로 비판적 태도를 견지하였더라면 불행한 유배를 가지 않아도 되었을 것이다. 이처럼 그의 사상적 입장과 그의 운명은 밀접한 연관성을 갖는다.

다산이 중도파의 입장에 서 있었기에 보는 사람에 따라서 그의 사상이 유학으로도 서학으로도 읽힐 수 있다. 다산의 개방적 학문 자세는 위정척사론자들의 서구 문물 배척론과 비교할 때 진보적 입장을 보여준다. 다산의 열린 태도가 정치적 이유로 탄압받고 억압받음으로써 조선 후기 사상은 창조적 발전의 계기를 이어가지 못하는 안타까움을 보여주었다. 다산과 같이 서학에 대해 합리적 중도 자세를 취하는 학자들이 더 많아서 중도파가 대세를 이루었다면 서구 문물에 대한 이해와 개방이 보다 잘 이루어질 수 있었을는지도 모른다는 아쉬움이 남는다.

제15장

다산 정약용의 행사(行事)의 윤리학

1. 들어가는 말

한국에 가장 큰 영향을 미친 전통 윤리 사상은 유교의 윤리 사상이고, 특히 그 가운데서도 주자의 윤리 사상이라고 할 수 있다. 주자의 윤리 사상은 한편으로는 한국인의 윤리적 심성을 고양하고, 윤리적 사고의 이론적 수준을 높이는데 크게 기여하였지만, 다른 한편에서는 그것이 갖는 이론적 · 현실적 문제점도 적지 않았다. 조선시대 다수 학자들은 주자의 윤리 사상을 당연하게 받아들였지만, 일부 학자들은 주자 윤리 사상의 타당성에 의문을 제기하였다. 주자 윤리 사상의 문제점을 가장 심각하게 인식하고 비판하면서 대안을 모색한 학자가 다산 정약용(1762~1836)이다.

다산은 실학의 집대성자로서 경세가로 많이 알려졌지만, 그는 윤리학적 문제에도 매우 깊은 관심을 가졌다. 다산은 경세에 대한 관심 못지않게 윤리학적 문제에 심혈을 기울였다. 그는 19세기 전반 현실의 총체적 난맥상의 배후에 주자학의 이론적 문제점이 있다고 여기고, 특히 주자 윤리학의 문제점에 대해 근본적 비판을 가했다. 다산은 주자 윤리학에 대한 철저한 비판을 통해 새로운 윤리학을 정립하고 이러한 윤리학에 기초하여 현실의 새로운 개혁을 추구하였다. 이 글에서 우리는 주자 윤리학과의 비교를 통해서 다산 윤리학의 주요한 특성이 무엇인지를 살펴보도록 한다. 다산의 윤리학은 경전에 대한 새로운 재해석을 통해서 이루어졌다. 다산의 주자 윤리학에 대한 비판이 타당하지 않은 경우도 없지 않지만, 그러한 비판을 통해 다산이 추구한 새로운 윤리학이 어떠한 특성과 의미가 있는지 살펴보기로 한다.[1)]

2. 이(理)의 윤리에서 인(仁)의 윤리로

다산은 주자 윤리학의 근본적 문제점을 무엇으로 보았을까? 두 사람의 윤리관의 가장 큰 차이는 무엇일까? 주자 윤리학의 구조적 틀을 형성하고 있는 핵심 개념은 이(理)와 마음〔心性〕이다. 주자학에서 이(理)는 존재론적 의미와 함께 윤리학적 의미를 아울러 지니고 있다. 우주 만물은 우연에 의

---

1) 다산의 윤리 사상과 관련된 기존의 연구서들로서는 다음이 참고 된다.
금장태 외, 『다산 정약용의 서학사상』, 1993.
금장태, 『다산실학탐구』, 소학사, 2001.
______, 『도와 덕 - 다산과 오규 소라이의 《중용》·《대학》 해석』, 이끌리오, 2004.
______, 『仁과 禮 - 다산의 『논어』 해석』, 서울대 출판부, 2006.
김형효 외, 『다산의 사상과 그 현대적 의미』, 한국정신문화연구원, 1998.
이을호, 『다산경학사상연구』, 을유문화사, 1973.
장승구, 『정약용과 실천의 철학』, 서광사, 2001.
장승희, 『다산 윤리사상 연구』, 경인문화사, 2005.
정병련, 『茶山 四書學硏究』, 경인문화사, 1994.
정일균, 『다산사서경학연구』, 일지사, 2000.
한국철학사연구회 편, 『다산경학의 현대적 이해』, 심산, 2004.
한형조, 『주희에서 정약용으로』, 세계사, 1996.

해서가 아니라 일정한 이치에 근거하여 작용하고 있다. 이 이(理)는 객관적 실재로서 초월적인 측면과 내재적 측면을 아울러 지니고 있다. 내재적 측면에서 보면 이(理)는 사람에게만 아니라 동물을 포함한 만물 속에 있다. 인간은 그러한 이를 올바르게 인식하고 그 이(理)를 실천하는 데서 참된 삶의 의미가 있는 것이다. 그 이는 윤리적 맥락에서 보면 인간에서 선험적으로 내재한 인의예지의 덕을 지칭하는 것이다. 인간은 선험적으로 내재한 덕으로서의 이(理)를 마땅히 수행해야 하는 당위적 의무를 안고 있다. 이 점에서 주자 윤리학은 의무의 윤리학이다. 주자 윤리학에서는 이(理) 범주가 핵심이기 때문에 천(天)도 이로 파악되고, 인(仁)도 이〔愛之理〕로 이해된다. 인은 본성을 구성하는 핵심 덕목 즉 인의예지의 하나로, 또는 사랑의 이치로 인식되는 것이다. 유가 윤리의 핵심 개념인 인(仁)이 주자학에서 어떻게 설명되느냐 하는 문제는 주자 윤리학의 본질을 이해하는데 매우 중요한 주제이다.

공자는 인(仁)이 무엇이냐는 번지(樊遲)의 물음에 대해 "사람을 사랑하는 것이다〔愛人〕."라고 하였지만, 주자에게 인은 사랑이 아니라, 사랑의 원리〔愛之理〕이다.[2] 사랑은 인의 원리로부터 발생한 정(情)으로 이해된다. 성과 정을 혼동해서는 안 되므로 '인(仁)' 과 '애(愛)' 도 구별해서 보아야 한다는 것이 주자의 입장이다. 또한 주자는 인은 마음의 덕〔心之德〕이라고 하였다. 인은 마음이 가지고 있는 여러 덕을 대표하는 것이다. 또한 주자에 있어서 인은 인간에게만 있는 것이 아니다. 인은 천지가 만물을 낳는 마음〔天地生物之心〕이기도 하다. 그래서 인은 인간만이 아니라, 천지와 만물이 함께 지닌 덕이다. 다산은 주자의 인 개념은 사람들이 향내적인 관조에 빠지게 함으로써 인의 사회적 실천성을 약화시킬 수 있는 문제가 있다고 비

---

2) 仁에 대한 주자의 철학은 그의 「仁說」에 체계적으로 정리되어 있다.

판한다.[3)]

주자 윤리학에서 핵심 개념을 형성하는 이(理)가, 다산 윤리학에서는 그다지 큰 의미가 없다. 다산 윤리학에서는 이(理)가 아니라 인이 중심 개념이다. 주자학의 이(理) 중심의 윤리는 다산에서는 인(仁) 중심의 윤리로 전환된다. 그렇다면 다산에게 인이란 무엇인가? 다산에게 인이란 '천지가 만물을 낳는 마음' 도 아니고, '만물이 공유하는 덕' 도 아니다. 다산은 인이란 인간 상호 관계에서 성립하는 것임을 강조한다. 사람과 사람 사이에서 각자가 상대에게 마땅한 도리를 다하는 것이 인이라고 다산은 해석한다.

> "인이란 두 사람이 서로 관여하는 것이다. 부모를 효로써 섬기면 인이 되니, 부모와 자식 두 사람이다. 형을 공경으로 섬기면 인이 되니, 형과 아우 두 사람이다. 군주를 충으로 섬기면 인이 되니, 군주와 신하 두 사람이다. 백성을 사랑으로 다스리면 인이 되니, 목민관과 백성 두 사람이다. 부부와 붕우에 이르기까지 무릇 두 사람 사이에 자기의 올바른 도리를 극진히 다하는 것은 모두 인이다〔凡二人之間, 盡其道者皆仁也〕. 그러나 효도와 공경이 근본이 된다."[4)]

다산은 인(仁)을 "다른 사람에 대한 사랑〔嚮人之愛〕", "사람 사이에서 타인에 대해 자기 본분을 다하는 것〔人與人盡其分〕", "인간관계에서 이루어지는 덕〔人倫之成德〕" 등으로 정의한다. 인은 천지의 원리가 아니라 인간관계의 덕으로 재조명되었고, 마음에 선험적으로 내재하는 '심지덕(心之德)' 이 아니라, 관계 속에서 행위를 통해서 이루어지는 행위의 덕으로 규

---

3) 『孟子要義』 권1, 22면, "謂天地生物之心爲仁, 則惟瞑目端坐而已 … 謂滿腔子一團和氣爲仁, 則惟默然無語閉門涵養而已" 참조

4) 『論語古今注』 권1, 9면, "仁者, 二人相與也. 事親孝爲仁, 父與子二人也. 事兄悌爲仁, 兄與弟二人也. 事君忠爲仁,君與臣二人也. 牧民慈爲仁, 牧與民二人也. 以至夫婦朋友, 凡二人之間, 盡其道者皆仁也. 然孝弟爲之根."

정된다.

이(理)의 윤리학에서 인간의 도덕성은 그 근거를 천지에 두고 있다. 인간은 천지의 기로부터 기를 품부 받으며 천지의 이로부터 성을 부여받는다. 즉 이의 윤리학은 천인합일적 사상에 근거하고 있어서, 인간 도덕성의 근거가 천지의 원리로부터 나온다. 천지에 원형이정(元亨利貞)의 덕이 있어서 그것으로부터 인간은 인의예지의 덕을 부여받게 된다. 다산은 이러한 전통적 천일합일론적 사고에서 벗어나 있다. 다산에게 자연은 인간 도덕의 근거가 아니라, 물리적인 법칙에 따라 지배되는 것이다. 다산에 있어서 윤리의 근거는 자연 철학적인 것이 아니라, 상제 또는 인간학적인 것이다. 이의 윤리학에서 도덕성은 인간과 만물이 공유하는 것이다. 동물이나 인간이나 모두 인의예지의 이를 부여받았다. 다만 동물의 경우는 기의 한계로 인해서 그것의 실현이 제한적이고 불완전할 뿐이다.[5] 그러나 다산의 인의 윤리학에서는 오직 인간만이 도덕적 주체이고, 동물에게는 본능이 있을 뿐이다.[6] 그리고 인은 실천적 행위에 의해 성취되는 것이다. 이 점에서 다산의 인의 윤리학은 인간 중심이고, 행위 중심이라는 특성을 갖는다.

3. 인의 실천 원리로서의 서(恕)

다산 윤리학이 주자의 이(理) 중심에서 인(仁) 중심으로 전환되었다고 하였다. 그렇다면 인 중심 윤리를 실천하는 방법적 원리는 무엇인가? 다산

5) 『大學或問』(보경문화사 영인본, 1986), 4면 하단 10-14행, "以其理而言之, 則萬物一原, 固無人物貴賤之殊. 以其氣而言之, 則得其正且通者爲人, 得其偏且塞者爲物. 是以或貴或賤, 而不能齊也." 참조.

6) 『孟子要義』 권1, 35면 참조.

에 따르면 그것은 바로 서(恕)이다.[7] 다산은 공자 윤리 또는 유교 윤리의 핵심이 바로 '서'라고 규정한다. '서'의 실천 원리는 공자에 의해서 제시되었지만, 이것이 다른 유학자에 있어서는 다산만큼 그렇게 핵심적인 원리로 중시되는 경우가 드물었다.

『논어』에서 서(恕)와 관련된 구절을 살펴보자.

㉮: 공자는 말했다. "증삼아! 나의 도는 하나의 원리로 관통하고 있다." 증자가 말했다. "예!" 공자가 나가시자 문인들이 물었다. "무엇을 이르신 것입니까?" 증자가 대답하였다. "선생님의 도는 충서(忠恕)일 뿐이다."[8]

㉯: 공자가 말했다. "자공아 너는 내가 많이 배워서 안다고 생각하느냐?" 자공이 대답하였다. "네. 그렇지 않습니까?" 공자가 말했다. "그렇지 않다. 나는 하나의 원리로 관통하고 있다."[9]

㉰: 자공이 물었다. "한마디 말로 종신토록 행할 만한 그런 말이 있습니까?" 공자가 말했다. "아마도 서(恕)일진저! 자기가 원하지 않는 것을 다른 사람에게 하지 마라."[10]

㉮와 ㉯에서 공자는 자신의 도가 하나의 원리에 의해 '일이관지(一以貫

---

7) 서(恕)에 관한 연구로는 다음과 논문이 있다. 이상익, 「유교의 충서론과 자유주의」, 『철학』 80호, 한국철학회, 2004; 지준호, 恕와 유가의 실천윤리, 『한국철학논집』 19집, 한국철학사연구회, 2006.

8) 『論語』, 「里仁」, "子曰: 參乎! 吾道一以貫之. 曾子曰:唯! 子出, 門人問曰: 何謂也? 曾子曰: 夫子之道, 忠恕而已矣."

9) 『論語』, 「衛靈公」, "子曰: 賜也, 女以予爲多學而識之者與? 對曰: 然. 非與? 曰: 非也. 予一以貫之."

10) 『論語』, 「衛靈公」, "子貢問曰: 有一言而可以終身行之者乎? 子曰: 其恕乎! 己所不欲, 勿施於人."

之)' 하고 있음을 증자와 자공에게 설명한다. 그런데 공자는 '일이관지' 의 도가 무엇인지를 직접 언급하지는 않았다. 단지 증자는 그것을 '충서(忠恕)' 라고 해석하였다. 그리고 ㉰에서 자공이 공자에게 종신토록 행할 수 있는 한마디 말을 물었는데 공자는 그것이 바로 '서(恕)' 라고 하였다. ㉰에서 자공이 질문한 "종신토록 행할 수 있는 한마디 말" 에 대한 공자의 대답은 '일이관지' 한 도를 표현한 명제로 해석하는 것이 가능하다. 이 세 가지 명제에서 제기되는 쟁점은 다음과 같다. 첫째는 '일이관지(一以貫之)' 한 도가 무엇을 가리키는가? 그것이 곧 충서를 가리키는 것인가 아니면 다른 무엇인가 하는 문제이다. 둘째는 ㉮의 '충서(忠恕)' 와 ㉰의 '서(恕)' 의 의미는 내용상 서로 같은 것인가 아니면 다른 것인가? 만약 다르다면 '충서' 와 '서' 의 의미는 어떻게 서로 다른 것인가? 이러한 쟁점에 대해 주자와 다산은 각각 어떻게 생각하였고, 이 문제에 대한 인식은 그들의 윤리 사상에 어떻게 영향을 미치는 것일까?

주자는 '일이관지' 를 세계와 만물에 대한 형이상학적 원리로 해석한다. 즉 지성무식(至誠無息)은 도의 체로서 만 가지 다름〔萬殊〕이 하나에 근본하는〔一本〕 까닭이고, 만물의 '각득기소(各得其所)' 는 도의 용으로서 하나의 근본〔一本〕이 만 가지 다름〔萬殊〕이 되는 까닭이다.[11] 이처럼 주자는 만물을 관통하는 하나의 보편적 원리로 '일이관지' 를 해석한다. 그런데 주자에 따르면 증자는 이러한 형이상학적 원리를 인식하고 있었지만, 다른 사람들이 쉽게 이해하도록 이러한 원리를 '충서' 로 설명하였다는 것이다. 즉 일이관지의 도는 형이상학적 원리인데, 그것은 말로 하기 어려우므로 설명하기 쉽게 하려고 '충서' 란 개념으로 증자가 말하였다는 것이다. 주자는 공자의 '일이관지' 의 진리를 충서로 규정하기에는 철학적으로 소박

11) 『論語集註』 권4, 「里仁」, "蓋至誠無息者, 道之體也, 萬殊之所以一本也. 萬物各得其所者, 道之用也, 一本之所以萬殊也. 以此觀之, 一以貫之實可見矣."

하다고 생각하였다. 그래서 보다 심오한 '일본만수(一本萬殊)' 또는 '이일분수(理一分殊)' 의 원리로 해석하고자 하였다. 이에 대해서 다산은 공자의 진리 체계에서 '충서' 가 가장 핵심적인 원리이기에 충서 이외에 별도의 철학적 원리가 따로 존재하지 않는다고 인식한다. 다산에 있어서 충서는 공자 사상 또는 유학 사상의 가장 핵심 원리이다.[12] 그 이상의 별다른 형이상학적 원리가 따로 있는 것은 아니라고 여겼다. 여기서 우리는 공자의 궁극 진리를 형이상학적으로 이해하려는 주자와 윤리학적으로 이해하려는 다산 사이에 현저한 시각의 차이가 있음을 확인할 수 있다.

다음으로 충서의 의미에 대한 해석을 살펴보자. 주자는 충서에 대해서 "자기의 마음을 다하는 것이 충이고, 자기의 마음을 미루어 남에게 적용하는 것을 서라고 한다(盡己之謂忠, 推己之謂恕)" "충은 하늘의 도이고, 서는 사람의 도이다〔忠者天道, 恕者人道〕. 충은 거짓됨이 없고 서는 충을 행하는 방법이다〔忠者無妄, 恕者所以行乎忠也〕. 충은 체이고, 서는 용이다〔忠者體, 恕者用〕. 충은 큰 근본이고 서는 두루 통하는 도이다〔大本達道也〕." 등으로 설명하였다. 주자는 '충' 과 '서' 의 관계를 체용 관계로 파악한다. '충' 은 체가 되고 '서' 는 용이 된다. '서' 라는 용은 '충' 을 체로 하여서 나온다. '충' 은 대본(大本)이고 이러한 대본으로부터 '서' 라는 달도(達道)가 나온다. 이와 같이 주자처럼 체용론적으로 해석한다면 체인 충이 용인 서에 비해 한층 근본적인 것이 된다. 이에 비해 다산은 '서' 를 근본적인 것으로 보고, 충은 단지 서를 수식하는 부사 정도로 해석한다. 다산에게 '충서' 란 "진실된 마음으로 서를 행하는 것" 을 뜻한다. 주자의 충서론에서 '충' 은 대단히 중요한 의미가 있지만, 다산에게는 '충서' 의 '충' 은 그다지 중요하

12) 『論語古今注』 권7, 44면, "四書者吾道之指南也. 而大學中庸都是恕字之衍義. 論語孟子其言强恕以求仁者, 重見疊出不可殫指, 則夫子之道一恕字而已. 執此一字, 以之接人, 仁不可勝用也." 참조.

지 않고, '서' 에 초점이 있다. 충은 서를 행하는 태도일 뿐이다.[13] 다산은 이를 증명하기 위해 『중용』 13장의 "충서는 도에서 어긋남이 멀지 않으니, 자기에게 베풀기를 원하지 않는 것은 또한 남에게도 행하지 말라〔忠恕, 違道不遠, 施諸己而不願, 亦勿施於人〕." 에서 '충서' 에 대한 해석이 실제로는 '서' 에 대해서만 이루어지고, 또한 앞에서 인용한 ㉯의 '일이관지' 한 도가 서(恕)를 가리키고, ㉰에서 가리키는 것도 '일이관지' 와 같은 것인데 공자가 '서' 라고 대답한 것 등을 증거로 제시한다. 이처럼 다산은 '충' 보다 '서' 가 유가 윤리의 핵심이라고 해석하였다.

다산은 '서' 가 『논어』·『맹자』·『대학』·『중용』의 일관되고 핵심적인 사상이라고 주장한다. "하나의 서자(恕字)를 잡고서 『논어』·『중용』·『대학』·『맹자』의 수많은 글을 보면 어느 하나 서자에 대한 해설이 아님이 없다. 공자의 도는 참으로 하나의 서자일 뿐이다."[14] 다산만큼 서를 중시한 유학자도 없을 것이다. 다산으로부터 서에 대한 설명을 직접 들어보자.

> "서란 무엇인가? 자식에게 받고 싶지 않은 것을 부모에게 베풀지 말고, 부모에게서 받고 싶지 않은 것을 자식에게 베풀지 않는다. 아우에게 받고 싶지 않은 것을 형에게 베풀지 말고, 형에게 받고 싶지 않은 것을 아우에게 베풀지 말라. 신하에게 받고 싶지 않은 것을 군주에게 베풀지 말고, 군주에게서 받고 싶지 않은 것을 신하에게 베풀지 말라. 어린이에게 받고 싶지 않은 것을 어른에게 베풀지 말고, 어른에게 받고 싶은 않은 것을 어린이에게 베풀지 말라. 무릇 사람과 사람이 서로 관여하는 사이에 모두 이 도를 사용한다."[15]

---

13) 『論語古今注』 권2, 20면, "一以貫之者恕也. 所以行恕者忠也"; 『心經密驗』 "忠恕者不過曰實心以行恕" 참조.

14) 『論語古今注』 권2, 20면, "執一恕字以臨論語中庸大學孟子, 其千言萬語, 無非一恕字之解, 夫子之道, 眞是一恕字而已."

위와 같이 서란 자기가 상대에게 바라지 않는 것을 상대에게 베풀지 않는 것이다. 그리고 나아가 자기가 상대방에게 바라는 것을 자신이 상대에게 능동적으로 베푸는 것이다. 서는 상대를 나의 욕구 충족의 수단으로 생각하는 것이 아니라, 상대의 인격을 존중하고 상대의 윤리적 요구에 응답하여 행동하는 것이다. 물론 그것은 현실적으로는 어렵다. 그렇지만 인간에게는 그것을 가능하게 해주는 선을 즐기고 악을 부끄러워하는〔樂善恥惡〕 본성이 있다고 보았다. 서(恕)를 『대학』에서는 다음과 같이 '혈구지도(絜矩之道)' 라고 부르는데 기본적으로 원리가 서와 다르지 않다.

"윗사람에게 싫어하는 바로서 아랫사람을 부리지 말고, 아랫사람에게 싫어하는 바로서 윗사람을 섬기지 말며, 앞사람에게 싫어하는 바로서 뒷사람에게 앞서지 말며, 뒷사람에게 싫어하는 바로서 앞사람을 따르지 말고, 오른쪽 사람에서 싫어하는 바로서 왼쪽 사람과 교제하지 말며, 왼쪽 사람에게서 싫어하는 바로서 오른쪽 사람과 교제하지 말라. 이것을 일러 '혈구지도(絜矩之道)' 라 한다."[16]

다산은 맹자에 나오는 "만물개비어아(萬物皆備於我)" 란 명제도 신비적으로 해석하지 않고, 서(恕)와 관련지어 합리적으로 이해한다. 다산은 '만물개비어아(萬物皆備於我)' 를 다음과 같이 설명한다.

"내가 색을 좋아하니 백성도 역시 색을 좋아하리라는 것을 미루어 안다. 내가 재물을 좋아하니 백성도 또한 재물을 좋아함을 알 수 있다. 내가 편안함을 좋아하니 백성도 편안함을 좋아함을 안다. 내가 천대하고 업신여김을 당하기 싫어

15) 『大學講義』 권2, 33면.
16) 『大學』 傳 10장.

하니 백성도 역시 그러함을 안다. 길에서 먼저 지나가려 하고, 문에서 먼저 들어가려 하고, 계단에서 먼저 오르려 하고, 좌석에 먼저 앉으려 하고, 겨울에 먼저 따뜻하게 하려 하고, 여름에 먼저 서늘하게 하려 하고, 주릴 때 먼저 먹으려 하고, 목마를 때 먼저 마시려 한다. 일상의 만사와 만물의 정에 대한 욕구가 나에게 모두 갖추어져 있다. 다른 사람의 정을 묻고 안색을 살핀 다음에 그들이 나와 같다는 것을 알 수 있는 것은 아니다."[17]

위의 글에서 다산은 인간의 감정과 생각에 보편성이 있으므로 자기감정과 생각을 미루어서 다른 사람의 마음을 이해할 수 있다고 인식한다. 그리고 자기의 감정과 생각만 고려할 것이 아니라, 타인의 감정과 생각을 함께 고려하고 상대를 배려하는 행동을 해야 한다는 뜻을 함의한다. 예(禮)도 서의 정신에 입각하여 상대방에게 대하는 것과 다르지 않기 때문에, 다산에 있어서 서(恕)는 모든 예의 실천 원리이기도 하다. 다산은 주자학에서 본래의 의미와 다르게 형이상학적으로 변질된 공자의 '일이관지'의 원리를 재조명하고, 서의 원래 의미를 재발견하여 인의 합리적 실천 원리로 새롭게 부각해 유교 윤리학의 근본 원리로 정립하였다.

다산의 서(恕)의 사상은 인간의 평등을 전제로 하는 합리적인 실천 원리로서, 최소한 타인에게 고통을 주어서는 안 된다는 함의를 지닌다. 왜냐하면 합리적인 사람이라면 누구나 다른 사람으로부터 고통을 당하기를 원하지 않고, 또한 그렇다면 본인이 원하지 않는 것을 남에게 합리적으로 요구할 수는 없기 때문이다. 주자학자들이 성인이라는 지나치게 높은 윤리적 이상을 사람들에게 요구하는 데 반해서, 다산의 서의 윤리학은 누구나 노력만 하면 현실적으로 실천할 수 있는 행위 원리를 제시하였다. 다산의 서

---

17) 『孟子要義』 권2, 40면.

의 윤리학에 따르면 인간은 사회적 관계 속에서 상대방의 입장을 공감하고 배려하면서 상호 주관적으로 행동해야 한다.

4. 마음의 윤리에서 행사(行事)의 윤리로

주자 이(理)의 윤리학은 마음〔心性〕의 윤리학이기도 하다. 주자학에서 이는 인간에서는 성이 되는데〔性卽理〕, 마음은 본체로서의 성(性)과 그 작용으로서의 정(情)을 포괄하는 개념이다〔心統性情〕. 주자 윤리학에서는 미발(未發)에서 마음의 본체인 천리(天理)를 잘 함양하고, 이발(已發)에서 작용인 정(情)을 잘 성찰하여 어떻게 상황에 맞게 이를 구현하느냐 하는 문제, 즉 미발(未發)의 중(中)과 이발(已發)의 화(和)가 수양과 실천의 중요한 과제이다. 중화(中和)를 위해서 주자는 거경에 기초한 존양성찰과 격물치지의 공부법을 제시하였다. 요컨대 이러한 공부법을 통해 미발 시에는 마음의 본체를 잘 함양하고, 이발 시에는 마음의 작용이 나쁜 쪽으로 기울지 않게 잘 성찰해야 하는 것이다. 이러한 마음의 수양이 잘 이루어지면 행동이 자연스럽게 이(理)에 부합될 수 있으리라고 보았다. 이의 철저한 실천을 위해서 마음의 수양은 필수적 선결 과제였다. 마음이 잘 다스려지면 행동은 자연스럽게 윤리적 규칙과 합치될 수 있다고 믿었기 때문에 마음의 수양이 중시될 수밖에 없다. 그래서 성리학자들은 정좌(靜坐) 등을 통한 마음 수양에 정신을 집중하지 않을 수 없었다. 그러나 그러한 정좌의 정신 수양은 자칫하면 현실과 동떨어진 관념적 세계로 빠질 위험이 없지 않다. 실제로 성리학자들 가운데는 마음의 수양에 힘쓰느라 실생활의 업무를 소홀히 하는 경우도 없지 않았다.

다산은 마음의 윤리학은 불교의 영향을 받아서 형성된 것으로서 유가의 근본 사상과는 거리가 있다고 인식한다. 다산은 주자 윤리학의 관념성을 날카롭게 비판하면서 마음의 윤리학을 벗어날 것을 역설한다. 다산에게 문제는 마음이 아니라 실천이다. 다산은 윤리의 실천성을 강조하기 위해 '행사(行事)' 라는 개념을 즐겨 사용하였다. '행사' 는 행동 또는 행위를 뜻하는 '행(行)' 과 일을 의미하는 '사(事)' 가 합쳐진 개념이다. 마음 수양보다 현실적 실천을 중시하는 다산의 윤리 사상을 '사덕(四德)', '성의정심(誠意正心)', '경(敬)', '미발(未發)' 에 대한 해석을 중심으로 살펴보도록 한다.

주자 윤리학에서 인의예지의 사덕(四德)은 선험적으로 인간의 본성을 이루는 덕이다. 그러나 다산에 따르면 덕이란 선험적으로 존재하는 것이 아니라, 행위를 통해 후천적으로 이루어지는 것이다.[18)] 선험적으로는 단지 사덕의 씨앗이 되는 사단(四端)만을 가지고 있을 뿐이다. 사단을 따라서 행동으로 발전시킴에 의해서 비로소 사덕이 이루어진다고 한다. 만약에 사덕이 본래적으로 있다는 주자의 이론을 따른다면 사람들은 향외적 실천에 힘쓰기보다는 향내적인 관조로 기울기 쉽다고 다산은 우려한다.

> "인의예지가 행사를 통해 이루어지는 것이라는 사실을 안다면 사람들은 힘쓰지 않음이 없어서 열심히 그 덕을 이루기 위해 노력한다. 그러나 인의예지를 본심의 전덕(全德)으로 인식한다면 사람들이 힘쓰는 바는 단지 벽을 향하여 마음을 관조하여 회광반조하여 이 마음의 본체가 허명통철하게 하여 마치 인의예지라는 네 덩어리가 나의 함양을 받는 것과 비슷한 것처럼 할 뿐이니, 이것이 어찌 선성(先聖)이 힘쓰던 바이겠는가?"[19)]

18) 『孟子要義』 권1, 22면, "鏞案: 仁義禮智之名, 成於行事之後. 故愛人而後謂之仁. 愛人之先, 仁之名未立也. … 豈有仁義禮智四顆, 磊磊落落, 如桃仁杏仁, 伏於人心之中者乎!" 참조.
19) 『孟子要義』 권1, 22면.

인의예지가 선험적으로 본성에 내재한다는 명제를 부정하는 것은, 인간을 행동을 통해 자기를 형성해나가는 실천적 존재로 이해함을 뜻한다. 또한 다산은 도덕 수양도 정좌(靜坐)와 같은 정태적 방법이 아니라, 현실의 일상생활에서 구체적 일과 행동을 통해서 이루어져야 한다고 생각하였다. 즉 수양과 현실 생활을 분리하지 않은 것이 바람직하다고 인식하였다. '성의정심(誠意正心)' 도 독립된 별개의 수양 과정이 아니라, 현실에서 일하고 사람들을 대하는 태도로 해석한다. 즉 일하고 사람을 대할 때 뜻을 진실하게 하고 마음을 바르게 하여서 실천하는 것이 '성의정심' 이지, 그것을 떠나서 따로 성의정심의 수양을 별도로 하는 것은 아니라고 주장한다.

> "불가의 마음을 다스리는 법은 마음을 다스리는 것으로서 사업으로 삼는다. 그런데 우리 유가에서 마음을 다스리는 법은 사업하는 가운데 마음을 다스린다. 성의(誠意)와 정심(正心)이 비록 배우는 사람의 지극한 공부이지만, 매번 어떤 구체적 사업과 관련하여 뜻을 성실 되게 하고, 구체적 사업과 관련하여 마음을 바르게 하여야 한다. 벽을 마주 보고 마음을 관조하여 마음의 허령한 본체로 하여금 담연히 텅 비고 밝아 하나의 티끌도 물들지 않도록 하는 것을 가리켜 말하기를, 이것이 '성의정심(誠意正心)' 이라고 하는 사람은 없었다. 부모에게 효도하는 사람은 한번 방안이 따듯한지 살피더라도 반드시 성의를 다하고, 한번 시원한가를 살피더라도 반드시 성의를 다하고, 한 가지 맛있는 음식을 드리더라도 반드시 성의를 다하고 …… 옛사람들이 이른바 '정심(正心)' 이라고 말한 것은 일을 접할 때 있었던 것이지 고요함〔靜〕을 주로 여기면서 말없이 웅크리고 앉아 있을 때 있는 일이 아니다."[20]

---

20) 『大學公議』 권1, 9면.

주자학에서 경은 수양 공부론의 핵심인데 경은 미발 시의 정(靜)과 이발 시의 동(動)을 막론하고 지켜야 할 기본적 공부법이다.[21] 그런데 정시(靜時) 미발의 함양 공부는 일정한 경의 대상이 없는 가운데 심체를 명경지수처럼 맑고, 안정되게 유지하는 것이다. 다산은 이러한 정시의 경 공부가 실체가 없는 공허한 공부가 되거나 현실과 유리된 관념적 공부가 되기 쉬운 것으로 우려한다. 다산에 의하면 경은 반드시 실제의 일 속에 나아가 구체적 일에 대해서 공경을 다하는 것이다. 다산은 성리학자들의 경에 대한 해석에 깊은 의문을 제기한다. 이천은 경 공부와 관련하여 "마음을 하나에 집중하는 것을 일러서 경이라고 한다〔主一之謂敬〕., 마음의 생각이 이리저리 옮겨감이 없는 것을 하나라고 한다〔無適之謂一〕."라고 하는가 하면, "마음속에 하나의 일이라도 두어서는 안 된다〔心中不可有一事〕."라고도 하였다. 또한 윤돈(尹焞)은 "경이란 마음을 거두어들여서 어떤 것에 대한 생각도 하지 않음〔敬者其心收斂不容一物之謂〕"이라고 하였다.

경에 대한 이러한 이해에 대해, 다산은 만약 경이 마음에 아무런 생각도 두지 않는 "불용일물(不容一物)"이라면, 이것은 하나를 주로 한다는 '주일(主一)'과 모순된다고 비판한다. 마음에 아무것에 관한 생각도 두지 않는다면 어떻게 동시에 어떤 하나에 대한 생각을 주로 할 수 있다는 것인가? 만약 경의 대상이 하늘이면 하늘에 대한 생각이 있을 것이고, 경의 대상이 형이면 형에 대한 생각이 있을 것이고, 경의 대상이 규벽(奎璧)이면 규벽에 대한 생각이 있을 것인데, 만약에 마음에 아무런 생각이 없다면 이는 좌선에 가깝다고 비판한다.[22]

다산은 경(敬)과 정(靜)을 구분한다. 만약 사려도 하지 않고 계신(戒愼)

21) 주자의 敬사상에 대해서는, 연재흠, 「朱熹哲學에 있어 敬에 대한 연구」, 『한국철학논집』 19집, 2006이 참고 된다.

22) 『大學講義』 권2, 31면.

하거나 공구(恐懼)하지도 않고, 오직 마음이 담연하게 명경지수 같은 상태만 추구한다면 이는 정(靜)이지 경이 아니라고 한다.[23] 다산에 있어서 경은 구체적 일에 대응하거나 어떤 대상을 상대로 하여 〔應事接物〕 이루어지는 것이다. 한가하게 정좌하여 일도 없고 지향하는 바가 없으면 경이 성립되지 않는다고 주장한다. "경은 지향하는 대상이 있다. '경천(敬天)' '경군(敬君)' '경형(敬兄)' '경장(敬長)' '경빈(敬賓)' '경사(敬事)' 등 모두 지향하는 대상이 있은 다음에 경이라는 이름이 성립한다."[24]

다산은 미발의 의미에 대한 이해에서도 주자와 매우 다르다. 주자 윤리학에서 미발(未發)·이발(已發) 개념은 대단히 중요하다. 주자는 중화구설에서는 이발에서의 '찰식단예(察識端倪)'를 중시하였으나, 중화신설에서는 이발에서 뿐만이 아니라 미발 상태에서 마음의 본체를 함양하는 미발 함양 공부도 매우 중시하였다. 미발에서 함양 공부를 잘하여야 이발에서 절도에 맞아 화(和)를 이룰 수 있기 때문이다. 이천이나 주자는 미발이란 희로애락이 발하지 않은 상태만을 지칭하는 것이 아니라, 더 나아가 무엇에 대한 생각조차 없는 '무사무려(無思無慮)' 한 명경지수와 같은 상태를 지칭하기도 한다.

그러나 다산은 미발을 무사무려한 상태가 아니라, 단지 희로애락의 미발 상태로만 이해한다. 그리고 희로애락의 미발이라고 하더라도 아무런 생각이 없을 수는 없다는 입장을 취한다. 감정이 발하지 않은 상태에서 계신(戒愼)할 수도, 공구(恐懼)할 수도, 궁리(窮理)할 수도 있다는 것이다. 다산은 명경지수의 설은 "심체(心體)가 허명(虛明) 적정(靜寂)함이 수경(水鏡)과 같은 것"을 뜻하는 것으로서 불가에서 유래한 것이라고 지적한다.

---

23) 『心經密驗』, "若絶思絶慮, 不戒不懼, 惟務方塘一面湛然不波, 則此靜也, 非敬也." 참조.

24) 『孟子要義』 권2, 23면, "敬者, 有所向之名. 敬天敬君敬兄敬長敬賓敬事, 皆有所嚮, 而後敬之名立焉."

그리고 명경지수는 '허명(虛明)' 이라고 부를 수는 있지만 '중(中)' 이라고는 부를 수 없다고 하였다. 다산에 있어서 중(中)은 명경지수와 같은 상태가 아니라, 단지 어느 한쪽으로 기울거나 치우치지 않는 '불편불의(不偏不倚)' 를 지칭할 뿐이다.

> "만약 한결같이 허명(虛明) 정적(靜寂)을 주로 하여 한 생각이라도 싹트면 선악을 묻지 않고 이발(已發)에 속한 것으로 보아서 수경(水鏡)의 본체가 아니라고 한다면 이는 좌선일 뿐이다. 천하의 만사가 원래 상량(商量)하지 않으면 갑자기 지나치게 되니, 희로애락이 일일이 중절(中節)할 수 있겠는가?"[25]

위의 글에서 보듯이 다산이 주자의 미발론을 강하게 비판하는 것은 미발 공부가 자칫 잘못하면 불교의 좌선처럼 일상의 실생활과 유리되어 주관적 내면세계로 기울어서 현실적 실천을 소홀히 할 가능성이 있기 때문이다. 반면 다산은 실천을 지향할 뿐만 아니라 또한 올바른 실천을 위해서는 늘 평소에 깊이 생각하고 준비하여야 하므로 사려를 하지 않을 수 없다고 인식한다. 그러므로 사려를 초월한 미발의 상태는 인정하지 않으려고 한다.

주자 윤리학에 의하면 인간은 행위 결과의 이해득실에 대해 고려하지 않고 이(理)에 대한 존중감으로 행동해야 한다. 어떤 행위가 이(理)에 합치된다면 그것은 옳기 때문에 결과의 이해득실 여부를 떠나서 정당화된다. 그런데 다산 윤리학에서는 행위 자체의 옳고 그름의 여부만이 문제가 아니라, 행위의 결과가 가져오는 이해득실도 중요하게 고려해야 한다. 다산에 따르면 만약 결과가 다수의 사람에게 좋은 혜택을 준다면 그것은 인(仁)

25) 『中庸講義』 권1, 8면.

이 될 수 있다. 예컨대 춘추시대 제나라의 재상 관중은 비록 예를 어기는 경우도 있었지만, 오랑캐의 위협으로부터 중국을 지키고 백성들에게 혜택을 베푼 공로가 컸으므로 다산은 그가 어질다는 최고의 평가를 아끼지 않았다.

특히 다산은 공직자에 대해서는 공직 행위의 결과로 초래된 실적을 행정 목표에 비추어 정밀하게 평가해야 한다고 주장하였다. 이것이 바로 고적법(考績法)이다. 조선시대 수령은 그 지역에서 막강한 권한을 가지고 있었는데 그들이 가진 권한에 비해 실적은 기대에 못 미치는 경우가 많았다. 다산의 「고적의(考績議)」에 의하면 수령의 행정 활동을 크게 여섯 분야 즉 농사, 재화, 교육, 형무, 병무, 공업 등으로 나누고 각각의 분야를 다시 네 영역으로 나누어 총 24항목에 대해 수령은 자기의 실적을 매년 연말마다 한 번씩 감사에게 보고하게 하고, 감사는 보고된 실적의 사실 여부를 검증해야 한다. 그리고 실적에 따라 9등급으로 차등 평가하여 수령을 승진시키거나 좌천시키거나 유임하여야 한다는 것이다.[26] 다산의 고적법에 대한 이론은 공공선의 증진을 위해서는 위정자의 주관적 선의지에만 의지할 수는 없고, 객관적인 행위 결과를 기준으로 평가해야 함을 의미한다. 이것은 다산의 윤리 사상이 행위 결과의 유용성(utility)을 중시하는 하나의 사례이다.

실천을 중시하는 다산 윤리학에서는 행위 결과가 사람들에게 유익한 혜택이 주어지도록 해야 한다고 보았다. 이런 점에서 다산 윤리학은 실천을 통해 드러나는 외적 결과를 동기의 순수성 못지않게 중시하였다. 이 점은 순수한 동기 자체, 도덕적 의무 자체를 중시하는 주자 윤리학과 중요한 차이가 있다. 다산 윤리학은 주자학과 달리 마음의 수양보다는 실제적 실천을, 동기의 순수성보다는 행위의 외면적 결과를 중시하는 특성을 보여준다.

---

26) 『茶山詩文集』 권9, 32-33면 참조.

5. 개인 중심에서 사회 윤리적 관점으로

다산 윤리학의 또 다른 중요한 특성은 윤리의 사회성을 강조하고 사회 윤리적 관점을 발전시켰다는 것이다. 주자 윤리학에서는 사회・정치 문제를 비롯한 모든 문제가 궁극적으로 인간 특히 위정자 또는 사대부의 마음의 문제로 귀결된다고 보는 시각이 강하다. 그래서 '성의정심(誠意正心)'이 '치국평천하(治國平天下)'의 기본 전제가 된다. 이러한 주관주의적 접근은 주자 윤리학의 중요한 특성을 형성한다. 그래서 주자학자들은 경연에서 왕에게 먼저 마음을 바르게 할 것을 우선하여 강조하였다.

그러나 다산은 윤리의 사회성을 매우 중시한다. 윤리는 마음의 문제이기도 하지만 사회적 관계의 맥락이 중요하다고 인식한다. 유학은 근본적으로 사람과 사람의 관계 사이에서 그 관계를 잘하자는 것에 지나지 않는다고 이해한다.

> "무릇 사람이 이 세상에 태어나서 죽을 때까지 함께 더불어 거처하는 자는 오직 사람일 뿐이다. 가깝게는 부모와 자식과 형제가 있고, 멀리는 친구와 고장 사람이 있다. 낮게는 신하와 종과 어린이가 있고, 높은 자로서는 군주와 스승과 노인이 있다. 모두 나와 같이 머리는 둥글고 발은 반듯하여, 하늘을 이고 땅을 밟고 사는 사람은 모두 나와 더불어 서로 필요로 하고, 서로 도우며, 서로 교제하고, 서로 접촉하며, 서로 바로잡아 주며 사는 사람들이다. …… 우리의 도는 무엇을 하자는 것인가? 사람과 사람 사이의 만남을 잘하자는 것일 뿐이다. ……"[27]

27) 『論語古今注』 권7, 43-44면.

인간을 사회적 관계 구조 속에서 이해하는 다산은 윤리적 · 사회적 문제가 반드시 개인의 마음의 문제로 수렴되는 것은 아니라고 인식하였다. 다산은 인간의 삶이 참으로 윤리적이기 위해서는 개인이 몸담은 사회의 구조도 합리적이어야 한다고 여겼다. 올바른 도덕적 정의는 예(禮)만으로는 충분하지 않고, 토지 제도와 경제 정책, 행정 체계, 법률 체계 등이 합리적으로 변화해야 한다고 인식하였다. 그래서 토지 제도 개혁안을 구상하는가 하면, 행정 제도 개편론과 관료들의 업적을 합리적으로 평가하는 인사고과 시스템을 제안하였다. 다산 윤리학의 체계에서 개인 윤리학과 사회윤리학은 수기와 치인이란 이름으로 상호 통합적 관계를 형성하고 있다.

다산은 당시의 법과 제도하에서 아전이 부정을 저지르고, 수령과 관찰사가 백성을 수탈하는 현실을 단순히 위정자 개인의 마음 수양에만 맡길 수 없다고 생각하였다. 부정의 한 행동을 재생산하는 잘못된 사회 구조에 대한 제도적 개혁을 통해서만 사회의 도덕적 기초가 확고해질 수 있고, 그러한 기초 위에서 개인들도 의미 있는 도덕적 행위가 가능하다고 인식하였다.

예컨대 인이란 것은 개인과 개인 사이에 이루어져야 할 실천 덕목이기도 하지만, 인의 사회적 실현을 위해서는 사회적 약자에 대한 복지 정책이 제도적으로 확립되어야 한다고 여겼다. 그래서 다산은 『목민심서』「애민육조」에서 사랑의 구체적이고 정책적인 실천 과제로서 노인에 대한 '양로(養老)' 와 무의탁 어린이에 대한 '자유(慈幼)' , 궁핍한 사람들에 대한 '진궁(振窮)' , 어려운 처지에서 상을 당한 사람에 대한 '애상(哀喪)' , 가난한 환자에 대한 '관질(寬疾)' , 재난을 당한 사람에 대한 '구재(救災)' 등의 대책을 제시하였다.

맹자가 양양왕(梁襄王)에게 말하기를 사람 죽이기를 즐기지 않는 사람이 천하를 통일할 것이라고 하였다.[28] 이러한 맹자 언명의 의미를 일반적으로는 문자 그대로 군주가 백성을 함부로 죽이지 않아야 한다는 뜻으로 해석하기 쉽다. 그런데 다산은 이 문제를 다른 시각에서 해석한다. 다산에 따르면 이 언명은 위정자는 백성들이 잘살 수 있는 경제적 · 제도적 기반을 마련해 주어야 하는 것으로 해석해야 한다.[29] 위정자는 제도적 방책과 정책적 도구를 통해서 백성들이 인간답게 살 수 있는 조건을 만들어야 하고, 단지 위정자 자신의 주관적 심성이 착한 것만으로는 충분할 수 없다고 다산은 파악하였다. 만일 백성들이 인간답게 살 수 있는 조건을 만드는 데 실패해서 백성들이 살아갈 수 없게 한다면 이것은 곧 백성을 죽이기를 즐기는 것과 같다는 논리이다.

이처럼 다산은 윤리 문제를 개인의 인격적 차원에서만 바라보지 않고, 사회 · 정치 제도와 구조의 관점에서도 아울러 보려고 했다는 점에서 실학자다운 특성을 보여주었다.

6. 기질의 윤리에서 권형(자유의지)의 윤리로

모든 존재를 이기(理氣) 개념으로 설명하는 주자학에서는 인간도 예외 없이 이기 개념으로 해명된다. 인간은 품부 받은 기질에 따라 이(理)가 구현되는 정도에 차이가 있다. 성인과 일반 인간은 이미 타고난 기에 있어서 차이가 있다. 기질의 인간학에 따르면 청수(淸粹)한 기질을 지닌 사람은 선한 행동을 하기가 쉽고, 상대적으로 탁박(濁駁)한 기질을 지닌 사람은 악한 행동을 저지르기 쉽다. "사람이 선하기도 하고 불선하기도 하는 것은 품부

---

28) 『孟子』,「梁惠王章句 上」, "孟子見梁襄王, 出語人曰: 望之不似人君, 就之而不見所畏焉. 卒然問曰: 天下惡乎定? 吾對曰: 定乎一. 孰能一之? 對曰: 不耆殺人者, 能一之." 참조.

29) 『孟子要義』 권1, 7면 참조.

받은 기질에 각기 청수하고 탁박한 차이가 있기 때문이다."[30] 청수한 기를 타고 나지 못한 사람들에게 있어서는 학문을 통해 기질을 변화시키는 노력이 필요하다. 왜냐하면 기질이 무의식적으로 선악의 행동에 영향을 주기 때문이다. 주자 윤리학에서 인간은 도덕적 행동에 있어서 기의 제약 아래 있다. 인간에 대한 이러한 이기론적 설명은 기질 변화라는 무거운 과제를 안겨준다. 주자학자들은 인간의 기질을 변화시킬 수 있다고 하지만, 실제로 학문을 통해 기질을 바꾼다는 것은 현실적으로 매우 어려운 일이다.

다산은 이러한 기질의 인간학이 치명적 모순을 안고 있다고 비판한다. 만일 선천적 기질이 인간의 도덕적 행동에 영향을 미친다고 설명한다면, 이것은 기질이 나쁜 사람들로 하여금 자포자기하도록 이끌 수 있기 때문이다.[31] 다산에 의하면 기질은 기껏해야 지적인 현명함과 어리석음에 영향을 줄 뿐이다. 행위의 도덕적 선악은 품부 받은 기와 무관하다.[32] 다산에 따르면 우리는 타고난 기와 관계없이 선악을 자유롭게 선택할 수 있고, 또한 그러한 선택에 책임을 져야 한다. 다산 윤리학에서는 기의 무의식적 영향이 중요한 것이 아니라, 의식의 자유의지〔權衡〕에 의해서 선악은 주체적으로 선택될 뿐이다. 다산에 의하면 인격적 주체는 기질이라는 선천적 요인과 관계없이 자유롭게 자기를 도덕적으로 형성해 갈 수 있는 존재이다.

주자학의 원리에 따르면 이(理)의 관점에서는 모든 인간이 같지만, 기질의 관점에서는 모든 인간이 결코 평등한 존재가 아니다. 그러나 다산에게 있어서 인간은 타고난 기질과 관계없이 도덕적 실천 가능성에 있어서 평등한 존재이다. 다산 윤리학에서 인간 존재는 성리학자들에게 무거운 짐

30) 『朱子語類』 권4, 金去僞錄, "人之所以有善有不善, 只緣氣質之稟各有淸濁."

31) 『孟子要義』 권2, 25면, "孟子論性, 以不善歸之於陷溺. 宋儒論性, 以不善歸之於氣質. 陷溺由己, 其救有術, 氣質由天, 其脫無路. 人雖不自暴自棄, 甘自歸於下流之賤乎?" 참조.

32) 『孟子要義』 권2, 24면, "鏞案: 人之善惡不係氣稟之淸濁." 참조.

과 같았던 기질의 문제로부터 해방된 자유롭고 평등하며 주체적인 인격체이다.

이러한 관점의 전환을 통해서 기질을 대신하여 다산 윤리학에서는 '권형' (자유의지)이 주요한 개념으로 부상한다. 인간은 다른 동물과 달리 '권형' 이 있음으로써 행위에서 도덕적 선악의 문제를 자율적으로 선택할 수 있게 된다. 그러므로 인간은 자신의 행위에 대해서 책임을 지지 않으면 안 된다. 이 점에서 다산의 윤리학은 인간의 자유의지를 매우 중시한다.

'권형' 을 중시하는 다산의 윤리학에서는 의지가 적극적으로 긍정될 뿐만이 아니라 강조된다. 물론 여기서 긍정하는 의지는 악한 의지가 아니라 선을 향한 의지이다. 주자학은 천리(天理)의 자연스러운 유행에 따른 행동을 선호하는 데 비해서 다산은 의지적 실행을 중시한다. 주자 윤리학에서는 인위적으로 무엇을 하겠다는 의도 자체가 일종의 사의(私意)가 개입된 것으로 볼 수 있다. 바람직한 행위는 의도적 의지에서 비롯된 것이 아니다. 오히려 명경지수와 같은 마음의 상태에서 일이 발생하면 마음의 본체에서 우러나오는 천리가 자연스럽게 그 일에 맞추어 조화를 이루는 행위이다. 이 점에서 주자 윤리학은 수동적인 측면이 있다.

다산은 이 사회를 선하고 정의롭고 풍족하게 하기 위해서는 행위자의 선한 의지와 지혜로운 선택에 따른 의도적 계획과 합목적적 실천이 필요하다고 인식한다. 다산에 의하면 유교의 이상적 성인인 요(堯)와 순(舜)도 덕으로써 '무위이치(無爲而治)' 한 것이 아니다. 오히려 요와 순임금은 누구보다 적극적인 의지와 작위에 의해 정의롭고 살기 좋은 세상을 이룩하였다. 주자학에서는 의지적인 행동보다는 선한 본성에서 비롯된 자연스러운 행동을 중시하는 데 비해 다산에게는 의지적 행동이 긍정된다. 권형에 의한 자유로운 선택과 도덕적 가치를 실천하려는 굳센 의지와 그러한 의지를 수행하는 강한 실천력에 의해 인간은 덕을 쌓아나갈 수 있고, 이렇게 쌓은 덕은 자기의 도덕적 공이 될 수 있다고 한다. 이러한 도덕적 공을 많이 쌓을수록 그러한 인간은 성인에 가까이 가는 것이고, 자기의 존재를 높이 고양시키는 것이다.

7. 태극에서 상제로

유교 윤리에서 궁극적 존재는 천(天)으로 표상되는데, 주자학에서는 천을 이(理) 또는 태극으로 해석한다. 그런데 태극이나 이(理)는 인격적인 존재가 아니다. 태극을 형이상학적 근거로 하는 주자 윤리학에서는 도덕적 당위를 강제하는 초월적 권위가 태극 밖에 따로 존재하는 것은 아니다. 다산은 유교 경전의 천(天)을 태극이나 이로 해석하는 것은 다음과 같이 문제가 있다고 보았다.

> "군자가 어두운 방 가운데 있으면서도 전전긍긍하고 감히 악을 저지르지 못하는 것은 상제가 너에게 임하는 것을 알기 때문이다. 지금 천명(天命)과 성(性)과 도(道)와 교(教)를 모두 하나의 이(一理)로 환원시키면 이(理)는 본래 앎이 없고 위엄과 권능도 없는데 무엇을 경계하고 무엇을 삼가며 무엇을 두려워할 것인가?"[33]

태극 또는 이는 지성과 의지를 지닌 인격적 존재가 아니므로 우리 인간 행위의 선악을 인지하고 평가하여 심판할 수 있는 능력이 없다. 그래서 다산은 천(天)을 이(理)로 해석하는 주자학적 관점에 본질적 문제가 있다고

---

33) 『中庸自箴』 권1, 5면.

보고, 천을 인격적 상제로 이해해야 그 본래의 도덕적 주재자로서의 의미가 살려질 수 있다고 주장한다. 다산 철학에서 상제의 존재는 윤리적 실천과 밀접한 관련이 있다.

그러면 상제의 존재를 어떻게 증명할 수 있는가? 이 문제에 대해 다산은 직접 논증하려기보다는 상제의 존재를 믿었던 성인과 성인의 말씀이 담긴 경전의 권위에 의존하고 있다. 그리고 그는 무엇보다도 우리가 마음속으로 도심을 통해 상제의 목소리를 생생하게 체험할 수 있다고 생각했다. 다산 윤리학에서 상제의 존재는 내세 지향적이거나 신비주의적인 방향이 아니라, 도리어 현세의 인간관계에서 적극적인 윤리적 실천을 통해 선의 가치를 창조하도록 하는 정신적 구심점의 역할을 한다. 또한 상제 앞에서 모든 인간은 다른 인간과 평등한 존재이다. 그리고 상제의 자녀로서의 모든 인간은 존엄하고 따라서 인격적으로 대우해야 마땅하다. 다산 윤리학에서 상제는 인간 내면의 감시자로서 인간에게 내면적으로나 외면적으로나 올바른 사고와 행동을 지향하게 하는가 하면, 다른 한편으로는 인간의 평등성과 존엄성을 옹호하는 근거이기도 하다.

다산은 유교의 천관이 탈인격적 방향으로 전개된 것을 비판하고, 천의 인격성 회복을 통해서만 참다운 도덕적 삶이 가능하다고 보았다. 인격적 상제가 인간에게 도덕적으로 선을 실천하게 하고 악을 억제하게 하지만, 또한 인간에게는 즐겨 선을 좋아하는 본성이 있다. 다산에 의하면 인간의 본성은 선을 좋아하고 악을 부끄러워하게 되어 있다. 물론 이러한 본성도 하늘이 부여한 것이다. 이러한 선한 본성 때문에 우리는 선행을 하고 나서는 뿌듯한 만족감을 느낄 수 있고, 반대로 악행을 했을 때는 부끄러운 마음이 생긴다는 것이다. 상제는 인간에게 기적이나 신비를 통해서가 아니라, 모든 사람에게 있는 도덕적 이성 즉 도심(道心)을 통해서 인간에게 말을 건넨다. 따라서 아래의 글에서 보듯이 도심은 상제의 목소리와 다르지 않다.

"하늘의 목소리는 도심에 붙어 있다. 도심이 경고하는 바는 황천(皇天)이 명령하고 경계하는 바다. (도심을 통한 하늘의 소리는) 다른 사람은 듣지 못하나, 자기는 홀로 들을 수 있는데 그것은 마치 타이르듯이 더할 나위 없이 상세하고 더할 나위 없이 엄하여 입으로 타이르는 것에 그치지 않는다. 하는 일이 선하지 않으면 도심이 부끄럽게 여기니 부끄러움이 발하는 것은 곡진한 천명이다. 행동에 선하지 않음이 있으면 도심이 후회하니 회한이 발하는 것은 곡진한 천명이다. …… 천명을 본심에서 구하는 것이 성인이 상제를 밝게 섬기는 학문이다."[34)]

도심은 상제의 목소리로서 곧 상제의 명령이기도 하다. 주자 윤리학에서 도심은 천리와 밀접한 관련을 맺고 있지만, 다산은 인격적 상제의 존재에 도심을 근거시킨다. 이러한 해석을 통해 다산은 도심에다 (상제의) 명령의 의미를 부여함으로써 그것이 반드시 실천되어야 한다는 당위성을 강조한다.

다산의 윤리 사상은 수직적으로는 상제의 존재와 연결되어 있고, 수평적으로는 인간 세계와 연결되어 있다. 그렇다면 수평축과 수직축은 어떠한 관계일까? 다산은 인간 세계에서 도덕적 가치를 널리 실천하느냐 아니면 악행을 범하느냐 하는 것이 상제가 인간을 판단하는 관건이라고 보았다. 즉 다산에게 상제의 존재는 도덕적 신이기 때문에, 수평적으로 이 세상에서의 도덕적 실천 여부가 수직적으로 상제에 대한 섬김〔事天〕과 맞닿아 있다고 보았던 것이다. 이 점에서 상제는 이 세상에서의 도덕적 실천을 위한 정신적 구심점이라고 할 수 있다. 따라서 상제의 존재에 대한 신앙과 이 세상에서의 도덕에 대한 강조는 서로 충돌하지 않는다.

---

34) 『中庸自箴』 권1, 3-4면.

다산 윤리학에서 상제는 인간에게 선한 본성을 부여한 존재이며, 동시에 도심을 통하여 늘 인간과 대화하며 삶을 도덕적으로 인도하는 존재이고, 또한 도덕적 선악 행위를 내려다보고 언젠가는 심판하는 존재이기도 하다. 다산은 유교의 천(天) 개념을 인격적 존재인 상제로 재해석함으로써 도덕적 행위를 촉진하는 형이상학적 근거로 이해하였다.

8. 맺음말

이상에서 살펴본 바와 같이 다산의 윤리학은 주자의 윤리학과 구조적 틀을 달리한다. 비인격적 태극의 형이상학을 토대로 하여 인간과 만물을 동일한 윤리적 범주로 설명하려는 주자의 이(理) 중심의 통합적 윤리학 체계, 마음과 본체를 우선시하는 윤리학이 다산에 와서는 부정된다. 다산은 인간과 자연의 통합적 설명 모델을 부정하고 인간 중심적 시각에서 윤리를 바라본다. 그리고 마음이나 본체 위주가 아니라 인간관계와 행동을 중시하였다.

다산은 주자 윤리학 속에 숨어있는 불교의 그림자를 날카롭게 읽어내었다. 특히 미발(未發)에서의 정좌(靜坐)와 같은 수양론은 불교 좌선(坐禪)의 병폐를 재현할 수 있다고 우려하였다. 그리고 인의예지의 덕이 선험적으로 마음의 본체에 있다는 사상은 사람들에게 적극적 실천보다는 향내적 명상에 몰두하게 하는 문제점이 있다고 비판하였다. 타고난 기질이 도덕적 선악에 영향을 미친다는 이론도 인간을 자포자기나 자만에 빠지게 할 소지가 있다고 여겼다. 그래서 다산은 주자 윤리학에 내재하여 있는 무위적 정태적 요소를 극복하고 실천적 역동적 윤리 사상을 정립하여 유학의 실천성을 회복하고자 하였다. 다산 윤리학은 외면상 공자와 맹자의 원시 유학으로의 복귀처럼 보이지만, 그것은 공자와 맹자를 끌어들여 주자를 비롯한 성리학자들의 윤리관을 허물기 위한 전략이다. 다산은 주자 윤리학의 한계를 넘어서기 위해서 육경과 사서에 대한 새로운 해석을 시도하였다. 그의 고전에 대한 새로운 해석에는 서학의 영향도 있었지만, 조선 후기 학계의 경학에 대한 새로운 연구 성과에 의해서도 도움을 받았다. 다산은 특히 윤휴 · 권철신 · 이벽 등으로부터 많은 영향을 받았다. 그러나 다양한 학자들로부터 받은 부분적 영향을 독자적 비전을 중심으로 새로운 사상 체계로 형성한 것은 다산의 고유한 역량이라고 할 수 있다.

주자 윤리학은 자기 수양을 기초로 정치 참여를 지향하는 사대부 계층의 윤리학이다. 독서와 수양에 전념할 시간을 확보할 수 있는 사대부가 중심이 되어 사대부적 자아 정립을 추구하는 윤리이다. 일반 서민들이 그것을 이해하고 실천하기에는 우선 이해하기도 난해할 뿐만 아니라, 그것을 학습하고 익히기에는 시간적 여유도 충분하지 않다. 이에 반해서 다산의 윤리학은 누구라도 쉽게 이해하고 실천할 수 있을 만큼 간이하고 평이하며 실천이 용이하여 한층 대중 지향적인 성격을 지닌다고 할 수 있다. 다산 윤리학은 실용 · 실천을 중시하는 실학의 시대정신을 잘 반영하고 있다. 주자 윤리학의 모순에 대항하여 중국 명나라에서는 왕양명의 양지(良知) 윤리학이 대두하였다면, 조선에서는 주자 윤리학의 관념성을 극복하는 행사(行事)의 윤리학이 다산에 의해서 정립되었다.

참고문헌

丁若鏞, 『與猶堂全書』 전 20책, 여강출판사 영인, 1985.
朱　熹, 『朱熹集』 전 10책, 成都市: 四川教育出版社, 1996.

______, 『論語集註』
______, 『孟子集註』
______, 『大學章句』
______, 『中庸章句』
______, 『朱子語類』

금장태 외, 『다산 정약용의 서학사상』, 1993.
금장태, 『다산실학탐구』, 소학사, 2001.
______, 『도와 덕 - 다산과 오규 소라이의 《중용》·《대학》 해석』, 이끌리오, 2004.
______, 『仁과 禮 - 다산의 『논어』 해석』, 서울대 출판부, 2006.
김형효 외, 『다산의 사상과 그 현대적 의미』, 한국정신문화연구원, 1998.
大濱晧, 이형성 옮김, 『범주로 보는 주자학』, 1999.
이을호, 『다산경학사상연구』, 을유문화사, 1973.
장승구, 『정약용과 실천의 철학』, 서광사, 2001.
장승희, 『다산 윤리사상 연구』, 경인문화사, 2005.
정병련, 『茶山 四書學硏究』, 경인문화사, 1994.
정일균, 『다산사서경학연구』, 일지사, 2000.
陳　來, 안재호 옮김, 『송명성리학』, 예문서원, 1997.
______, 이종란 외 옮김, 『주희의 철학』, 예문서원, 2002.
최진덕, 『주자학을 위한 변명』, 청계, 2000.
한국철학사연구회 편, 『다산경학의 현대적 이해』, 심산, 2004.
한형조, 『주희에서 정약용으로』, 세계사, 1996.

張立文, 『朱熹思想硏究』(上下册), 中和: 谷風出版社, 1986.
陳榮捷, 『朱子新探索』, 台北: 學生書局, 1988.
武夷山朱熹硏究中心 編, 『朱子學新論』, 上海: 三聯書店, 1991.

제16장

다산 정약용의 민주적 정치사상

1. 들어가는 말

아시아에서 한국은 경제적으로 산업화와 정보화에 성공하였을 뿐만이 아니라, 정치적 민주화의 측면에서도 다른 국가들의 모범이 되고 있다. 자본주의 경제 체제나 과학기술은 비교적 쉽게 서구로부터 수입할 수 있지만, 민주주의라는 정치 제도와 문화는 수입이나 이식이 쉽지 않은 것이 사실이다. 비서구의 많은 국가 가운데 한국이 경제적 산업화와 함께 정치적 민주화에 드물게 성공한 사실을 우리는 문화적 관점에서 어떻게 설명할 수 있을까? 여기서 우리는 민주주의의 정착을 용이하게 한 문화적 요인으로서 기독교의 수용 외에도 한국의 문화적 전통에 주목하게 된다. 특히 전통문화에서 큰 비중을 차지하는 유교에 대해서 재평가하게 된다.

유교와 민주주의의 관계는 매우 복잡하다. 유교적 권위주의가 민주주의의 발전에 저해가 된다고 생각하는 학자도 있다.[1] 그러나 다른 한편에서

1) 예컨대 헌팅턴은 유교와 민주주의의 간의 관계에 대해 다음과 같이 주장한다. "첫째,

보면 유교에는 민주주의의 성장에 밑거름이 될 수 있는 잠재력도 많이 있다. 조선 지식인 가운데 특히 다산 정약용(1762~1836)이 주목받는 이유 가운데 하나는 그의 사상이 갖는 민주주의와의 친화성 때문일 것이다. 정약용의 정치사상은 과연 민주주의적일까? 아니면 그렇지 않을까? 만약 민주주의적이라면 어떤 면에서 그러하고 그 한계는 무엇인가? 우리는 이 문제에 대해서 논의해 보고자 한다. 문제는 민주주의의 개념이 매우 다의적이고 모호하여 정의를 내리기가 쉽지 않다는 것이다.[2] 민주주의는 고대 그리스부터 근대 시민 혁명을 거쳐서 현대까지 끊임없이 진화해 왔으며, 현재에도 여전히 미완성이고 많은 문제점을 가지고 있는 이데올로기로서 국가와 지역에 따라 다양한 모습으로 전개되어 왔다. 민주주의란 단순히 정치제도만을 의미하는 것이 아니라, 인간과 사회에 대한 일정한 사상적 전제를 기반으로 하고 있다. 이 글에서 우리는 민주주의의 철학적 기초에 대한 성찰로부터 시작해서 다산 사상에 나타난 민주주의적 요소를 검토해 보고, 그 현대적 의미를 생각해 보고자 한다.

2. 다산 경학에 나타난 민주주의의 철학적 기초

민주주의는 인간과 사회에 대한 일정한 믿음과 가정에 기초하고 있다. 일반적으로 인간의 존엄성에 대한 믿음, 이성에 대한 신뢰, 자유, 평등, 박애 정신 등을 거론하고 있다. 다산 사상에는 이러한 민주주의의 기반이 되

유교는 민주주의에 대한 장애물이다. 둘째, 동아시아 국가들이 유교라는 장애를 극복하고 민주주의를 수립하는 데 일단 성공을 거둔다 할지라도, 그 지역에서의 민주주의는 단지 '일탈' 유형에 불과하다." (강정인, 『서구중심주의를 넘어서』, 아카넷, 2004, 247면) 헌팅턴은 유교와 민주주의의 관계를 형용모순이라고 주장한다.

2) G. 사르토리, 『민주주의 이론의 재조명 II』, 이행 역, 인간사랑, 1992. 357-382면 참조.

는 가치관, 인간관이 존재하는지를 검토해 보도록 한다.

주자학에서 인간의 본성은 본연지성과 기질지성의 개념으로 설명된다. 본연지성은 모든 인간에게 동일하고 평등하다. 그러나 기질지성은 사람의 타고난 기질에 따라 천차만별의 차이가 있다. 기질지성론이 인간들의 기질의 현실적 차이를 설명하고 그것을 변화시키기 위한 것이라고 하더라도 기질지성론은 인간 존재의 현실적 기질의 차이를 중시함으로써 결과적으로 인간의 불평등성을 정당화할 이론적 가능성을 내포한다. 다산은 타고난 기질에 의해서 도덕적 선악의 실천이 영향 받는다는 주자학의 기질지성론을 근본적으로 부정한다. 그뿐만 아니라 인간의 본성을 상중하의 세 등급으로 나누어 차별적으로 인식하는 성삼품설에 대해서도 잘못되었다고 비판한다.[3] 다산에 의하면 인간의 도덕적 선악의 선택과 실천은 자유의지에 의해 결정되는 것이지 결코 선험적 기질에 의해 영향을 받는 것이 아니다. 기질은 인간의 지우(智愚)에는 영향을 미치지만, 선악에는 영향을 미치는 것이 아니라고 한다.[4] 모든 인간은 타고난 기질의 청탁(清濁) 여부와 관계없이 도덕적 실천에 있어서 평등한 가능성을 갖는다.

기질지성론과 성삼품설에 대한 다산의 비판은 인간의 평등성을 옹호하는 논거로 해석될 수 있다. 또한 다산은 최고 존재로서 태극 또는 이(理) 대신에 인격적 상제를 전제한다. 상제와의 관계에서 보면 인간은 지위의 고하나 빈부귀천 여하와 관계없이 모두가 평등한 상제의 자녀라고 할 수 있다. 다 같은 상제의 자녀로서 인간은 평등하다는 신념이 다산 사상에 함축되어 있다. 이러한 인간의 평등성에 대한 옹호는 민주주의를 뒷받침하는

---

3) 정약용, 『孟子要義』 권2, 22면, "鏞案孔子曰性相近也. 習相遠也. 惟上智與下愚不移. 韓子誤讀此文. 爲三品之說也. … 今之學者. 以聖爲天. 決意自畫. 皆此說禍之也." 참조.

4) 정약용, 『孟子要義』 권2, 23면, "鏞案人之善惡. 不係氣稟之清濁. … 善惡之不係乎清濁也如此." 참조.

중요한 사상의 하나이다.

인간은 평등할 뿐만 아니라 상제의 자녀로서의 모든 인간은 고귀한 존엄성을 지닌 존재이다. 따라서 인간은 자기 의지에 반해서 함부로 타인에 의해 침해될 수 없는 양심과 권리를 갖는다. 그리고 다산에 의하면 인간은 누구나 자유의지에 의해서 스스로 선택하고 자신의 삶을 결정하고 또한 자신의 선택에 대한 책임을 지는 자유로운 존재이기도 하다. 또한, 인간에게는 만물의 이치를 탐구하여 깨달을 수 있는 이성적 능력이 있다.[5)]

요컨대 다산에게 인간이란 상제의 자녀로서 존엄한 존재이며, 또한 타고난 기질이나 현실적인 사회적 신분의 고하와 관계없이 평등한 존재이며, 자신의 선택으로 삶을 만들어나가는 자유롭고 독립적 존재이다. 또한, 만물의 이치를 탐구하여 인식할 수 있는 이성적 능력의 소유자이다.

3. 군주와 정치권력에 대한 민의 우선성

민주주의에서는 주권이 왕이나 소수 특권 집단이 아니라 민에게 있다. 다산은 이 문제를 어떻게 인식하였을까? 다산에 의하면 국가나 정치 지도자가 옛날부터 본래 있었던 것은 아니다. 개인으로 구성된 사람들의 삶의 모임이 먼저 존재하였다. 다산의 「원목(原牧)」에 의하면 백성들이 사회생활 과정에서 발생하는 공동의 문제와 갈등을 해결하기 위해서 정치 지도자가 추대되었고 이와 함께 정치권력이 발생하였다.

5) 정약용, 『論語古今注』 권9, "凡天下有生有死之物. 止有三等. 草木有生而無知. 禽獸有知而無靈. 人之大體. 既生既知. 復有靈明神妙之用. 故含萬物而不漏. 推萬理而盡悟. 好德恥惡. 出於良知. 此其逈別於禽獸者也." 참조.

"목민자(牧民者)가 백성을 위해서 있는 것인가, 백성이 목민자를 위해서 있는 것인가? 백성이 속미(粟米)와 마사(麻絲)를 생산하여 목민자를 섬기고, 또 여마(輿馬)와 추종(騶從)을 내어 목민자를 전송(餞送)도 하고 환영도 하며, 또는 고혈(膏血)과 진수(津髓)를 짜내어 목민자를 살찌우고 있으니, 백성이 과연 목민자를 위하여 있는 것일까? 아니다. 그건 아니다. 목민자가 백성을 위하여 있는 것이다.

옛날에야 백성이 있었을 뿐 무슨 목민자가 있었던가. 백성들이 옹기종기 모여 살면서 한 사람이 이웃과 다투다가 해결을 보지 못한 것을 공언(公言)을 잘하는 장자(長者)가 있었으므로 그에게 가서야 해결을 보고 사린(四隣)이 모두 감복한 나머지 그를 추대하여 높이 모시고는 이름을 이정(里正)이라 하였다. 또 여러 마을 백성들이 자기 마을에서 해결 못 한 다툼거리를 가지고 준수하고 식견이 많은 장자를 찾아가 그에게서 해결을 보고는 여러 마을이 모두 감복한 나머지 그를 추대하여 높이 모시고서 이름을 당정(黨正)이라 하였다. 또 여러 고을 백성들이 자기 고을에서 해결 못 한 다툼거리를 가지고 어질고 덕이 있는 장자를 찾아가 그에게서 해결을 보고는 여러 고을이 모두 감복하여 그를 이름하여 주장(州長)이라 하였다. 또 여러 주(州)의 장(長)들이 한 사람을 추대하여 어른으로 모시고는 그를 이름하여 국군(國君)이라 하였으며, 또 여러 나라의 군(君)들이 한 사람을 추대하여 어른으로 모시고는 그 이름을 방백(方伯)이라 하였고, 또 사방(四方)의 백(伯)들이 한 사람을 추대하여 그를 우두머리로 삼고는 이름하여 황왕(皇王)이라 하였으니, 따지자면 황왕의 근본은 이정(里正)에서부터 시작된 것으로 백성을 위하여 목민자가 있었던 것임을 알 수 있다."[6]

다산이 군주 권력의 정당성 근거를 추상적인 천명에서 찾지 않고, 구체

6) 정약용, 민족문화추진회 편, 『국역 다산시문집 5』, 「원목(原牧)」, 솔, 1996, 15-16면.

적이고 경험적인 현실의 맥락에서 백성의 사회적 필요에서 찾고 있는 것은 매우 주목되는 부분이다. 다산에 있어서 민은 왕이나 국가에 대해서 존재론적으로나 가치론적으로 우선한다. 정치 지도자와 정치권력은 민을 위해 존재하는 것이지 결코 그 역이 아니다. 따라서 왕권은 결코 절대적이지 않고, 민을 위한 본연의 기능에 충실할 때만 정당성을 갖는 것이다. 다산은 「감사론」에서 본연의 역할을 하지 않고 백성을 억압하고 착취하는 감사를 큰 도적으로 비유하면서 다음과 같이 비판하고 있다.

> "큰 도적이 있다. 큰 깃발을 세우고 큰 양산을 받치고 큰 북을 치고 큰 나팔을 불면서 쌍 말의 교자(轎子)를 타고 옥로(玉鷺)가 달린 모자를 쓰고 있다. 그리고 종자(從者)는 부(府) 2인, 사(史) 2인, 서(胥) 6인, 보졸(步卒)이 수십 인, 하인과 심부름꾼과 졸복의 무리가 수십 또는 수백 명이다. …… 부신(符信) 주머니를 차고 인끈을 늘어뜨린 사람이 곡식을 판매하고 부세(賦稅)를 도적질한 것이 이상과 같은데도 이를 용서하여 보존시킴은 물론, 등급을 정할 적에도 제일로 매겨 임금을 속인다. 이런 사람이 어찌 큰 도적이 아니겠는가. 큰 도적인 것이다. 이 도적은 야경(夜警) 도는 사람도 감히 따지지 못하고, 의금부(義禁府)에서도 감히 체포하지 못하고, 어사(御使)도 감히 공격하지 못하고, 재상(宰相)도 감히 말하지 못한다. 그래서 멋대로 난폭한 짓을 해도 아무도 감히 힐문하지 못하고, 전장(田庄)을 설치하고 많은 전지를 소유한 채 종신토록 안락하게 지내지만, 아무도 이러쿵저러쿵 헐뜯지도 못한다. 이런 사람이 어찌 큰 도적이 아니겠는가. 큰 도적인 것이다. 그래서 군자(君子)는 이렇게 말한다. "큰 도적을 제거하지 않으면 백성이 다 죽을 것이다."[7]

---

7) 정약용, 민족문화추진회 편, 『국역 다산시문집 5』, 「감사론(監司論)」, 솔, 1996, 179-180면.

이것은 비단 감사만이 '큰 도둑' 이라는 것이 아니다. 논리적으로 확대하면 민을 위해서 제 역할을 하지 않고 권력을 남용하거나 오용하는 왕과 같은 최고 권력자에게도 그대로 적용될 수 있다. 권력은 백성을 위해서 있는 것인데, 백성을 위하지 않고 권력자 자신의 이익을 도모하게 되면 권력자는 '큰 도둑' 이라고 다산은 비판한다. 이상에서 보면 다산은 나라의 주권이 궁극적으로 민에게 있는 것으로 파악하고 있다.

「원목」에 의하면 옛날에는 정치 지도자가 아래로부터 백성에 의해서 추대되었을 뿐만이 아니라, 법도 백성의 여망〔民望〕에 따라 제정되었다고 한다.[8] 그렇게 만들어진 법은 백성에게 편리하였는데, 후세에 권력이 사유화되면서부터 법이 권력자의 욕심에 따라 만들어져서 밑으로 내려오면서 백성들에게는 오히려 불리하게 되었다고 설명한다. 다산의 「원목」은 주권이 민에게 있고 따라서 지도자는 민을 위해서 존재하고, 법은 민을 위해서 제정되어야 한다는 함축적 의미를 강하게 내포하고 있다.

4. 부당한 권력 교체의 정당성 – 혁명과 저항의 옹호

다산에 의하면 권력이 민에서 나왔기 때문에 다시 민에 의해서 권력은 회수될 수도 있다. 마을 사람들이 모여서 이장을 뽑았는데 이장이 역할을 제대로 수행하지 못하면 다시 원위치시키고 새로운 사람을 이장으로 뽑을 수 있듯이 제후가 왕을 선출하였다가 왕이 역할을 잘하지 못하면 다시 왕을 그 자리에서 내려오게 하는 것은 잘못된 것이 아니고 당연하다는 것이다. 다산은 걸(桀)을 축출하고 왕에 오른 탕(湯)이나 주(紂)를 축출하고 왕

8) 정약용, 민족문화추진회 편, 『국역 다산시문집 5』, 「원목(原牧)」, 솔, 1996, 16면 참조.

에 오른 무왕(武王)의 행동은 결코 신하가 임금 자리를 찬탈한 것이 아니라, 도리어 정당한 행동으로 이해한다.

"대저 여러 사람이 추대해서 만들어진 것은 또한 여러 사람이 추대하지 않으면 물러나야 하는 것이다. 때문에 5가가 화협하지 못하게 되면 5가가 의논하여 인장을 개정(改定)할 수가 있고, 5린이 화협하지 못하면 25가가 의논하여 이장을 개정할 수가 있고, 구후(九侯)와 팔백(八伯)이 화협하지 못하면 구후와 팔백이 의논하여 천자를 개정할 수가 있다. 구후와 팔백이 천자를 개정하는 것은 5가가 인장을 개정하고 25가가 이장을 개정하는 것과 같은 것인데, 누가 신하가 임금을 쳤다고 말할 수 있겠는가. 또 개정함에서도 천자 노릇만 못하게 할 뿐이지 강등(降等)하여 제후로 복귀하는 것은 허락하였다. 때문에 주(朱)를 당후(唐侯)라 했고 상균(商均)을 우후(虞侯)라 했고 기자(杞子)를 하후(夏侯)라 했고 송공(宋公)을 은후(殷侯)라 했다. 완전히 끊어버리고 후(侯)로 봉(封)하여 주지 않은 것은 진(秦)나라가 주(周)나라를 멸망시키고부터이다. 이리하여 진나라의 후손도 후(侯)에 봉해지지 못한 채 끊겨버렸고, 한(漢)나라도 마찬가지였다. 사람들은 제후로 봉해지지 않은 채 끊겨버리는 것을 보고는 모두들, "천자를 치는 자는 불인(不仁)한 자다." 하는데, 이것이 어찌 실정(實情)이겠는가."[9]

이러한 혁명의 정당화는 권력이 백성에서 나온다는 다산의 민본 사상에 비추어 보면 당연한 것이다. 다산은 이것을 다음과 같이 춤을 지휘하는 사람이 지휘를 잘하지 못하면 다른 사람으로 교체하는 것에 비유한다. 다산에 의하면 지휘자로 추대하여 존대하는 것도 대중이고, 잘못하면 다시 끌어내려 본래 자리로 되돌리는 것도 대중이라고 한다. 이것은 주권재민의

9) 정약용, 민족문화추진회 편, 『국역 다산시문집 5』, 「탕론(湯論)」, 솔, 1996, 128면.

원리를 비유적으로 잘 보여주는 것이다.

> "뜰에서 춤추는 사람이 64인인데, 이 가운데서 1인을 선발하여 우보(羽葆)를 잡고 맨 앞에 서서 춤추는 사람들을 지휘하게 한다. 우보를 잡고 지휘하는 자의 지휘가 절주(節奏)에 잘 맞으면 모두들 존대하여 '우리 무사(舞師)님' 하지만, 지휘가 절주에 잘 맞지 않으면 모두들 그를 끌어내려 다시 전의 반열(班列)로 복귀시키고 유능한 지휘자를 재선(再選)하여 올려놓고 '우리 무사님' 하고 존대한다. 끌어내린 것도 대중(大衆)이고 올려놓고 존대한 것도 대중이다. 대저 올려놓고 존대하다가 다른 사람을 올려 교체시켰다고 교체시킨 사람을 탓한다면, 이것이 어찌 도리에 맞는 일이겠는가."[10]

권력에 대한 다산의 이러한 인식 전환은 고대사에 대한 이해와도 연관이 있다. 유교의 이상향인 고대 오제(五帝)·삼왕(三王)의 시대에 대한 탐구를 통해 다산은 권력의 본질과 기원에 대해 새로운 시각을 갖게 된다. 다산에 의하면 오제의 시대와 삼왕의 시대에는 큰 불연속성이 존재한다. 그런데 사람들은 이러한 불연속성을 이해하지 못하고 삼왕 시대의 관점을 무비판적으로 오제 시대에 투영하여 역사를 잘못 이해하고 있다는 것이다. 삼왕 시대에는 왕위가 혈연적으로 세습되었고, 제사도 자기 조상에게 지냈다. 그런데 오제의 시대에는 왕위가 혈연적으로 승계되지 않고, 그 사람이 얼마나 도를 지키고 덕이 있고 공을 세웠느냐에 따라 지도자를 선발하여 권력을 이양하였다.[11] 요가 순에게 그리고 순이 우에게 권력을 이양한 것이 그 예이다. 맹자에 의하면 요임금이 죽은 뒤 삼년상을 지내고 나서

10) 정약용, 민족문화추진회 편, 『국역 다산시문집 5』, 「탕론(湯論)」, 솔, 1996, 128-129면.
11) 정약용, 『尙書古訓』 권1, 「堯典 上」, "蓋五帝官天下, 顓嚳堯舜, 雖皆黃帝之孫, 所重在道在功在德, 非在血脈也. 堯與帝嚳, 雖非有虞之祖, 而不害其宗之郊之也." 참조.

순이 바로 권력을 승계한 것이 아니라 순이 요의 아들인 단주에게 물려주려고 하였는데 사람들이 단주에게 가지 않고 순에게 몰려와서 부득이하게 권력을 계승한 것처럼 말한다.[12] 그런데 이것은 다산에 의하면 잘못된 설명이다.[13] 왜냐하면 오제의 시대는 혈연적 세습의 관념이 없었고, 도와 덕과 공에 의해서 지도자를 결정하는 시대였기 때문에 순이 굳이 단주에게 그리고 우가 상균에게 왕위를 넘겨주어야 할 이유가 없었기 때문이다. 또한 문조(文祖)에는 자기의 혈연적 조상이 아니라, 비록 혈연적으로 무관하다고 하더라도 전임 군주를 모셨다. 다산에 의하면 오제는 천하를 공공의 것으로 인식하여서 덕과 공이 있는 자에게 이양하였고, 삼왕은 천하를 사가(私家)처럼 여겨서 혈연적으로 세습하였다고 한다.[14] 또한 다산은 오제

---

12) 『孟子』, 「萬章 下」, "萬章問曰 人有言 '至於禹而德衰, 不傳於賢而傳於子.' 有諸 孟子曰 否, 不然也. 天與賢, 則與賢 天與子, 則與子. 昔者舜薦禹於天, 十有七年, 舜崩. 三年之喪畢, 禹避舜之子於陽城. 天下之民從之, 若堯崩之後, 不從堯之子而從舜也. 禹薦益於天, 七年, 禹崩. 三年之喪畢, 益避禹之子於箕山之陰. 朝覲訟獄者不之益而之啓, 曰 '吾君之子也.' 謳歌者不謳歌益而謳歌啓, 曰 '吾君之子也.' 丹朱之不肖, 舜之子亦不肖. 舜之相堯, 禹之相舜也, 歷年多, 施澤於民久. 啓賢, 能敬承繼禹之道. 益之相禹也, 歷年少, 施澤於民未久. 舜, 禹, 益相去久遠, 其子之賢不肖, 皆天也, 非人之所能爲也. 莫之爲而爲者, 天也 莫之致而至者, 命也." 참조.

13) 정약용, 『尙書古訓』 권2, 「堯典 下」 "月正元日, 舜格于文祖. 肅云: 月正元日, 猶言正月上日, 變文耳. 禮云令月吉日, 又變文言, 吉月令辰. 此類也. ○梅云: 舜服堯喪, 三年畢, 將卽政. 故復至文祖廟告. ○蔡云: 春秋國君, 皆以遭喪之明年正月卽位. 此云喪畢之明年, 不知何據. ○鏞案梅之所據者, 孟子也. 夏啓以前, 天下不必傳子, 何讓乎堯之子矣. 舜攝政二十有八載, 旣受終文祖矣, 卽巡守方岳矣. 南面受諸侯朝, 考五玉旅三帛. 至是, 辟位南河, 飾讓者乎, 要名者乎. 春王正月, 公卽位, 其源本在此, 卽位必於祖. 月正元日者, 告朔朝享畢, 遂告卽位. 因於廟前負扆, 受羣臣朝, 因以視朔禮也. 孟子七篇, 非皆孟子之手筆, 何以舍經而從之. 舜側陋三十載, 舜生三十徵徵庸三十載, 三載底績, 攝政二十八載, 實爲三十年. 在位五十載. 考之經文, 歲算完整, 服喪三年, 避位一年, 其亦無隙而可插矣. 月正元日者, 堯崩之明年也." 참조.

14) 정약용, 『尙書古訓』 권2, 「堯典 下」, "議曰 禪受者, 官天下. 傳世者, 家天下, 其禮自不得相同. 今以三王之禮, 冒之五帝, 其有合乎." 참조.

는 권력의 자리를 마치 관공서나 역정(驛亭)처럼 잠깐 머물다 가는 공적인 것으로 인식하였다고 한다.[15] 오제의 시대에는 권력을 사유화하지 않고 공적인 것으로 파악하여, 혈연에 의해서가 아니라 덕과 공에 의해서 권력이 계승되었다는 역사적 인식은 다산으로 하여금 민주 정치의 원형을 상고사에서 찾도록 하였다. 『상서』를 통해 고대사에 대한 새로운 이해를 토대로 다산은 「원목」과 「탕론」 같은 혁신적 정치론을 발전시켰다. 역으로 다산의 민주적 정치의식이 고대사를 새롭게 바라보고 창의적으로 해석하게 했다고도 볼 수 있다. 나아가 다산이 자신의 정치의식을 역사 해석을 통해 정당화하려고 한 것으로도 이해할 수 있을 것이다.

다산에 의하면 삼왕 시대로 오면서 특히 진한(秦漢)대를 지나면서 천하는 황제 1인의 사천하가 되어서, 권력은 위에서 아래로 자의적으로 내려오면서 권력의 원천인 백성은 소외되고 마치 이 세상은 황제나 목민관 등 권력자를 위해서 백성이 존재하는 것처럼 역전되었다는 것이다. 이처럼 부당하게 역전된 권력의 주권을 되돌려 주는 것, 권력의 공공성을 회복하는 것이 다산학의 중요한 과제가 되는 것이다.

권력이 민에서 나왔다고 믿는 다산에 있어서 민권은 매우 중요하다. 민권을 옹호하는 다산의 사상을 잘 보여주는 예가 있다. 다산이 곡산부사로 부임할 때 이계심(李啓心)이라는 자가 백성들의 불만을 선동해서 1천여 명을 거느리고 관에 조직적으로 저항하는 사태가 발생하였다. 이런 경우 통상적으로 관에 저항하는 사건의 주모자는 엄중한 처벌을 면하기 어렵다. 그러나 다산은 시위 주동자를 처벌은커녕 도리어 칭찬하였다. 백성의 입장에서 백성을 위해 적극적으로 앞장서는 사람이 있어야 한다고 적극 격려까지 하였다.

---

15) 정약용, 『尙書古訓』 권2, 「堯典 下」』, "五帝之視天位, 如官署驛亭." 참조.

"관이 밝지 못하게 되는 까닭은 백성이 자신을 위한 계책을 잘하고, 폐단을 들어 관에 대들지 않기 때문이다. 너 같은 사람은 관에서 천금(千金)으로 사들여야 할 것이다."[16]

이것은 다산이 민권을 억압하지 않고, 오히려 민의 저항권을 존중하였음을 보여주는 사례이다. 다산은 목민관을 위해서 백성이 있는 것이 아니라, 도리어 목민관이야말로 백성을 위해 존재한다고 인식하였다. 목민관은 백성을 섬겨야 하는 존재에 불과한데도 현실은 불행하게도 이들이 마치 백성 위에 있는 것처럼 군림하였던 것이다.

다산이 유배 생활을 하였던 강진 지역에는 다음과 같은 이야기가 전해져 왔다.

> "다산의 저서로서 현존본 『경세유표』 이외 별본이 있었는데 그가 강진 유배로부터 해방되기 직전에 이 별본을 밀실에서 저작하였으며 그 가운데에는 자기의 만민 평등의 새 사회를 상세히 묘사하고 그 실현 방법도 제시되었다. 이 책자를 그가 문인 이청과 친승(親僧) 초의(草衣)에게 주어서 비밀히 보관 전포(傳布)할 것을 부탁하였으나 그 전문은 중간에 행방불명되었고 그 일부는 후래(後來) 대원군에게 박해당한 남상교(南尙敎), 종삼(鐘三) 부자에까지 전해졌으며 그 일부는 후래(後來) 갑오농민전쟁의 지도자인 전봉준, 김개남 등의 수중에까지 들어가서 그 사상과 전술이 그들에게 많이 이용되었다고 한다. 그리고 갑오농민전쟁이 끝난 뒤에 관군은 그 「괴서(怪書)」의 출처를 조사하기 위하여 다산 유배지 부근 인가와 사찰을 수색한 일까지 있었다고 한다."[17]

16) 정약용, 민족문화추진회 편, 『국역 다산시문집 7』, 「자찬묘지명 집중본」, 115면.
17) 안병직, 「『경세유표』의 분석」, 『세계유산: 다산프로젝트 3일자』, 다산학술문화재단, 2012, 59면 주 21.

강진 지역에 전해져 오는 다산의 급진적 비전 저술이 갑오농민전쟁의 지도자들에게 영향을 주었다는 이야기는 현재로서는 그대로 믿을 만큼 증거가 100% 확실하지는 않지만, 다산의 사상이 그 시대에 그만큼 민중 지향적인 것으로 인식되었음을 보여주는 것이다.

5. 경제적 민주화와 기회균등

다산은 조선 후기 사회 변동 속에서 날로 심각해지는 빈부 격차의 문제를 보고 경제적 가치의 고른 분배가 무엇보다 중요한 과제라고 인식하였다. 다산은 정치란 정의롭지 못한 사회경제 구조를 다시 바르게 하는 것이라고 「원정(原政)」에서 주장한다.

> "정(政)의 뜻은 바로잡는다〔正〕는 말이다. 똑같은 우리 백성인데 누구는 토지의 이택(利澤)을 겸병(兼幷)하여 부유한 생활을 하고, 누구는 토지의 이택을 받지 못하여 빈한하게 살 것인가. 이 때문에 토지를 개량하고 백성들에게 고루 나누어 주어 그것을 바로잡았으니 이것이 정(政)이다. 똑같은 우리 백성인데 누구는 풍요로운 땅이 많아서 남는 곡식을 버릴 정도이고, 또 누구는 척박한 땅도 없어서 모자라는 곡식을 걱정만 해야 할 것인가. 때문에 주거(舟車)를 만들고 권량(權量)의 규격을 세워 그 고장에서 나는 것을 딴 곳으로 옮기고, 있고 없는 것을 서로 통하게 하는 것으로 바로잡았으니 이것이 정이다. 똑같은 우리 백성인데 누구는 강대한 세력을 가지고 제멋대로 삼켜서 커지고, 누구는 연약한 위치에서 자꾸 빼앗기다가 멸망해 갈 것인가. 때문에 군대를 조직하고 죄 있는 자를 성토하여 멸망의 위기에 있는 자를 구제하고 세대가 끊긴 자는 이어가게 하는 것으로 바로잡았으니 이것이 정이다."[18)]

다산은 「원정」에서 정치가 바로잡아야 할 것을 여섯 가지로 제시하였다. ① 토지를 고르게 나누기, ② 지역 간 유통 활성화로 지역별 경제 자원의 편중을 고르게 하기, ③ 강포한 자를 누르고 약한 자를 보호하기, ④ 죄에 대해서는 벌하고 공에 대해서는 상을 주어서 신상필벌의 정의 세우기, ⑤ 현명한 자를 등용하고 능력이 없는 사람을 퇴출하여 인사를 바르게 하기, ⑥ 자연을 잘 관리하고 연구하고 활용하여 백성의 생활을 윤택하게 하는 것 등이다. 이 가운데서도 당시 백성들의 삶에 가장 큰 영향을 끼쳤던 현안은 토지 제도였다. 소수 문벌 양반과 토호들의 대토지 소유로 농민들은 소작농으로 전락하여 생계를 유지하기 어려웠다. 다산은 여전제(閭田制)와 정전제(井田制)를 대안으로 제시하였다. 다산은 토지 제도 개혁을 통해 실제로 농사를 짓는 사람이 농지를 가질 수 있도록 하고자 하였다〔農者得田, 不爲農者不得田〕. 또한 다산은 세금 부담을 고르게 하기 위한 정책, 생산력 제고를 통한 경제적 복리 증진을 위해서 기술개발 전담부서인 이용감(利用監)의 설치를 제안한다.

18세기 후반에서 19세기 전반 조선 사회에서 권력은 특정 지역 출신의 소수 문벌 양반에게 집중되었다. 신분이 낮은 사람은 말할 것도 없고 중인에게도 기회는 제한적이었다. 양반이라고 하더라도 문벌이 좋지 못한 사람은 능력이 뛰어나도 뜻을 펴기가 어려웠다. 그리고 특정 지역 이외의 사람들은 능력이 있어도 등용되기가 어려웠다. 또한 많은 수의 서얼 출신들도 차별을 받고 있었다. 다산은 이러한 폐쇄적이고 불공정한 인사 제도를 비판하면서 지역 · 문벌 · 신분 · 적서의 차별을 뛰어넘어 능력이 있으면 누구나 공직에서 봉사할 기회를 가질 수 있도록 무재이능과(茂才異能科)의 설치를 주장하였다.

---

18) 정약용, 민족문화추진회 편, 『국역 다산시문집 5』, 「원정(原政)」, 솔, 1996, 8면.

"신은 엎드려 생각건대, 인재를 얻기 어렵게 된 지가 오랩니다. 온 나라의 훌륭한 영재(英才)를 뽑아 발탁하더라도 부족할까 염려되는데, 하물며 8~9할을 버린단 말입니까. 온 나라의 백성들을 다 모아 배양(培養)하더라도 진흥시키지 못할까 두려운데, 하물며 그중의 8~9할을 버린단 말입니까. 소민(小民)이 그중에 버림받은 자이고 중인이 그중에 버림받은 자입니다. 우리나라의 의원(醫員)·역관(譯官)·율학(律學)·역원(曆員)·서화원(書畫員)·산수원(算數員)인 자가 중인이다. 서관(西關: 평안도)과 북관(北關: 함경도) 사람이 그중에 버림받은 자이고 해서(海西: 황해도)·송경(松京: 개성)·심도(沁都: 강화) 사람이 그중에 버림받은 자입니다. 관동(關東)과 호남(湖南)의 절반이 그중에 버림받은 자이고, 서얼(庶孼)이 그중에 버림받은 자이고 북인(北人)과 남인(南人)은 버린 것은 아니나 버린 것과 같으며, 그중에 버리지 않은 자는 오직 문벌 좋은 집 수십 가호뿐입니다. 이 가운데에도 사건으로 인해서 버림을 당한 자가 또한 많습니다. ……

여기에 한 가지 시행할 만한 법이 있으니, 10년마다 한 차례씩 무재이능과(茂才異能科)를 설치하는 것입니다. 서북(西北) 지방과 양도(兩都: 개성·강화)의 중인 서류로부터 일반 천민(賤民)에 이르기까지 무릇 경학(經學)에 밝고 행실을 닦으며 문학과 정사가 특별히 뛰어난 자가 있으면 묘당(廟堂)·관각(館閣)·대성(臺省)의 신하들로 하여금 각자 들은 대로 천거하게 하고, 또 방백(方伯: 관찰사)과 같이 외방에 거류하는 신하들로 하여금 각자 아는 대로 천거하게 하는 것입니다. 이렇게 하여 대략 1백 명을 천거한 다음 서울에 모이게 하여 경학을 시험하고 논책(論策)을 시험하여 옛날 국가가 흥하고 망한 자취로써 묻고 당세의 경세제민(經世濟民)의 일을 물어 10명을 뽑아서 과거의 명목을 주는 것입니다. ……"[19]

---

19) 정약용, 민족문화추진회 편, 『국역 다산시문집 4』, 「통색(通塞)에 대한 의」, 160-162면.

또한 다산은 교육 제도와 과거 제도의 개혁을 통해서 농민이나 상공인의 자제를 포함하여 신분과 관계없이 공평하게 교육을 받고, 교육을 받은 사람 가운데 덕행과 능력이 뛰어난 학생은 추천으로 과거를 볼 수 있게 하여 국정 참여의 기회를 고르게 부여하고자 하였다.[20] 다산은 과거제의 문제점을 극복하기 위해 과거제의 틀 속에 추천제를 도입하고자 하였다. 과거시험의 종목도 문과와 무과를 위한 문선(文選)과 무선(武選) 이외에 전문 기술직을 위한 예선(藝選), 행정 전문가 선발을 위한 치선(治選), 행정 실무자를 뽑는 이선(胥選) 등 다섯 종류로 공직자를 선발하여 국정 운영에 필요한 도덕성과 전문성을 두루 갖춘 다양한 분야의 능력 있는 인재를 충원하고자 하였다.

6. 맺음말: 다산 민주론의 한계와 의의

다산은 조선 시대 지식인 가운데 누구보다 민을 사랑하고 그들의 아픔을 대변하고 민의 관점에서 사상을 구상하였다. 그 결과로 「탕론」, 「원목」, 「감사론」, 「전론」 등과 같은 획기적 논저를 지었다. 이것을 보면 다산 사상에는 잠재적으로 민주주의적 요소가 적지 않았다고 볼 수 있다. 이상주의자로서 다산은 민주주의적이었다고 할 수 있으나, 현실주의자로서의 다산은 백성들을 절박한 현실의 고난으로부터 조금이라도 고통을 덜어주는 실용주의적 처방을 제공하고자 하였다. 현실주의자로서의 다산은 능력과 도덕성으로 무장한 개혁적 엘리트 관료를 중심으로 백성들의 현실적 어려움 즉 경제적 · 사회적 고통을 완화하고자 하였다. 이런 관점에서 보면 민주

20) 다산의 교육 제도 및 과거 제도 개혁과 관련된 자세한 내용은, 『경세유표』 권13 地官修制 敎民之法과 권15 春官修制 夏官修制 참고.

주의적인 것보다 실용주의적 정책이 우선일 수밖에 없는 것이다. 생존의 절박한 위기 속에서 위민적 대책이 더 긴급했을 것이다.

다산의 민주주의론의 한계는 민이 권력을 제도적으로 견제하고 민의를 제도적으로 수렴할 수 있는 기구나 장치에 대한 논의가 부족하다는 점이다. 이념적으로는 민주주의적 사상이 있음에도 불구하고 현실적으로는 민의 복리를 증진하고 민에 대한 억압과 착취를 완화하는 현실적 대안의 제시로 그치는 점에서 한계가 있다고 하겠다. 이것은 유교적 왕정의 시대를 살았던 그 시대의 아들로서의 한계였다고 하겠다.

그리스 민주주의에서도 모든 사람이 다 정치에 참여한 것이 아니라, 성인 남성 시민에 제한되었고, 여성과 어린이와 노예와 외국인은 제외되었다. 서구 근대 부르주아 민주주의에서도 부르주아 계층의 남성으로 정치 참여가 제한되었다. 신분과 성을 불문한 보통 선거는 20세기 중반에 와서 비로소 널리 보급되었다. 유교 민주주의는 선비들이 주축이 된 사림(士林) 민주주의 또는 사족(士族) 민주주의라고 할 수 있다. 조선 사회에서 유교 이념으로 무장한 사대부는 각종 선비들의 모임을 통해 정치적 의제를 논의하고 합의된 결론을 관공서나 조정에 상소 등의 방법으로 전달하여 시행하고자 하였다.

사대부들에게 정치 참여는 그들의 사회적 존재 의의를 확인하는 작업이기도 하였다. 중요한 정치적 의제는 조정에서 활발한 논의를 거쳐 공론을 정하여 왕에게 진달하는 경우가 많았다. 조선시대에 왕은 많은 경우에 절대적 권력의 소유자가 아니라, 사림의 공론을 따라서 정치를 해야 하는 때도 많았다. 선비들은 각종 향회, 서원 등을 통해서 공론 형성에 참여했고 상소 등을 통해서 정치 현안에 대해 적극적으로 의사를 표현하였다. 유교에서 민은 정치의 주체가 아니라 대상이었다는 주장이 많다. 그러나 엄밀히 말하자면 선비도 민의 일부이다. 사민(四民)에는 사, 농, 공, 상이 다 포함되기 때문이다. 고대 그리스의 시민이나 근대 부르주아는 유교에서 말하는 선비 또는 사대부와 비교된다. 근대 민주주의의 시민도 초기에는 재산을 소유하고 스스로 무장할 수 있는 소수 남성 부르주아에 제한되었다.

민주주의는 힘에 의한 정치가 아니라, 말에 의한 정치가 요체이다. 유교는 문치주의를 이념으로 하고 언론의 자유를 중시한다. 힘이나 폭력을 배격하고 덕과 말의 힘에 의한 정치를 추구한다. 유교 사림민주주의는 기본적으로 민심을 가장 중요하게 여긴다. 왜냐하면 민심의 소리가 곧 천심과 다르지 않기 때문이다. 하늘은 백성의 눈과 귀로 보고 듣는다. 민심을 떠난 정치는 패도 정치이고, 민심을 존중하는 왕도 정치는 민주주의에 가깝다. 사림민주주의 구현에 중요한 매개자는 바로 민심을 파악하고 구현하는 계몽적 선비 계층이다.

다산은 이념적으로는 민주주의적이지만 현실적으로는 사림민주주의의 한계를 지닌다고 하겠다. 유교적 자산이 오늘날 현대 민주주의 발전에 기여할 수 있는 점이 있다면 무엇이 있겠는가? 잃어버린 시민의 덕성, 공동체 의식의 부활을 통해 자유민주주의 취약점을 보완해 줄 수 있을까? 다산 정치사상에서 오늘 한국의 민주주의 발전에 기여할 수 있는 요소는 무엇인가? 다산의 지적처럼 공직자들의 존재 의의는 오직 민을 위한 것이라는 사실, 이 사명을 망각할 때 공직자는 큰 도둑으로 변하기 쉽다는 사실을 기억해야 할 것이다. 서구 민주주의는 권력의 견제를 위해서 민주주의적 제도와 절차를 정착시켰다. 이에 비해서 유교에서는 권력 견제를 위해서 최고 통치자인 왕을 학문을 통해 덕으로 무장시키고 목민관의 윤리 의식을 제고하여 권력 남용을 막고자 하였다. 다산은 여기에 더하여 공직자의 행동과 업적을 엄격하고 정밀하게 조사하고 평가하는 고적법(考績法)과 같은 공직자 업적 평가 시스템을 강화하고,[21] 법치 시스템을 새롭게 재정비하고 강화하여 권력이 민을 위해 올바르게 작동할 수 있도록 개혁하고자 하였다.[22] 다산의 정치에 대한 논의가 현대 민주주의의 관점에서 보면 결코 만족스럽지는 않지만, 유학 사상 그리고 다산 사상 속에 내재된 민주주의적 속성이 현대 한국의 민주주의 발전에 일정 정도 사상적 문화적 기반을 제공했다는 사실을 간과해서는 안 될 것이다.

참고문헌

맹 자, 『孟子』
정약용, 『與猶堂全書』
______, 『論語古今注』
______, 『孟子要義』
______, 『尙書古訓』
______, 『經世遺表』
______, 민족문화추진회 편, 『국역 다산시문집 5』, 솔, 1996.

강만길 · 정창렬 외 9명, 『다산의 정치경제사상 연구』, 창작과 비평사, 1990.
강정인, 『서구중심주의를 넘어서』, 아카넷, 2004.
김형효 외 5인,『민본주의를 넘어서』, 청계, 2000.
장승구, 『정약용과 실천의 철학』, 서광사, 2001.
G. 사르토리, 『민주주의 이론의 재조명 II』, 이행 역, 인간사랑, 1992.
다산탄신 250주년 기념 다산학 국제학술회의 자료집, 『세계유산: 다산프로젝트 3일자』, 다산학술문화재단, 2012.

21) 고적법에 대한 논의는, 『경세유표』 권4의 '考績之法' 과 『다산시문집』 권9 '考績議' 참조.

22) 박홍규 교수는 정약용의 법사상에는 "유교가 기본이되 법가적 요소가 상당히 많았다" 고 보고, 『흠흠신서』는 "동아시아의 전통적인 유교 사상에 법가사상을 더한 유교적 법가 사상 내지 유교적 법치 사상이라고 할 수 있다." 고 하였다.(박홍규, 「『흠흠신서』 다시 읽기」(『세계유산: 다산프로젝트 - 2일자』, 다산학술문화재단, 2012), 80면 참조.)

맺음말

조선의 선비 문화와 일본의 무사 문화

|

그 빛과 그림자

우리는 흔히 조선은 선비 즉 문사(文士)가 지배하는 사회였고, 반대로 일본은 사무라이 즉 무사가 지배하던 사회였다고 한다. 이러한 서로 다른 사회의 문화가 정면으로 충돌한 것이 임진왜란이고 일제 강점이다. 한국 문화를 잘 이해하기 위해서는 이웃 일본 문화와 비교해 보면 그 특징이 명확해진다. 한국과 일본의 문화와 정신을 선비 문화와 무사 문화의 관점에서 비교해 보고 그 특징과 의미를 생각해 보도록 한다.

1. 선비 사회와 무사 사회

우리나라는 676년 신라의 삼국 통일 이후 1200여 년 동안 거의 문사가 나라를 이끌어 왔다. 고려시대 과거제도 도입 이후 조선시대에는 더욱 그러했다. 유교가 국교가 된 조선 사회에서는 열심히 공부해서 과거에 합격하는 것이야말로 입신출세의 유일한 길이었고, 따라서 학문과 교육을 숭상하는 선비 문화가 지배하게 되었다. 이에 비해서 일본은 12세기 말 가마쿠라 막부(鎌倉幕府)가 수립된 이래로 에도 막부에 이르기까지 약 700년 가까이 무가(武家)가 지배하는 사회였다. 무사의 대표자 격인 쇼군이 권력을 잡고 있고 천황은 상징적 존재에 지나지 않았다. 과거제도가 없는 일본에서는 무사들이 전쟁에서 공을 세워서 영지와 성(城)을 받아서 그것을 자손 대대로 물려주는 것이 가장 큰 성공이고 목표였다. 마치 조선시대에 선비가 과거에 급제하여 출세를 보장받는 것처럼. 그런데 우리나라는 본인이 과거에 합격해도 자식들에게까지 벼슬이 세습되지는 않았다. 음서제가 있기는 하였지만, 원칙적으로는 자식들도 열심히 공부해서 또다시 과거 시험을 보아야 했다. 그러므로 계속해서 공부를 강조해야 했다. 그러나 일본의 무사 사회에서 다이묘는 큰 변고가 없는 한 영지를 자식에게 물려줄 수 있었다.

에도시대에 무사들은 세 가지 특권을 누렸다. 무사들은 평민들에게는 없는 성(姓)을 가질 수 있었고, 무사들은 신분의 상징으로서 길고 짧은 칼 두 자루를 차고 다닐 수 있었다. 또한 무사는 농공상의 서민들이 무례하게 굴 경우에는 그들을 칼로 목을 벨 수 있는 특권이 있었다. 이러한 특권을 가진 무사 계급이 지배하는 일본 사회에서는 힘을 가진 강자에게는 일단 복종하는 것이 좋다는 사회심리를 낳았다. 무사 사회에서 민은 다스림의 대상이지 사랑의 대상은 아니었다. 그러나 선비들에게는 애민 사상이 있어서 백성은 이념적으로는 사랑의 대상이었고 선비는 민심을 대변해야 했다.

무사 사회인 일본에서는 동성혼이나 이성양자(異姓養子)를 금지하는 규정이 없었다. 가까운 친척 간에도 결혼이 허용되고 성씨가 달라도 입양하는 데 문제가 없었다. 그래서 일본의 가(家,이에)는 반드시 핏줄이 같은 사람에게 계승되는 것이 아니고, 혈연적으로 관계없는 사람도 데릴사위 등의 방법으로 가를 계승하여 가업을 이어갔다. 무사의 가문도 타성 출신을 입양하여 가문을 유지하는 경우도 많았다. 이때 입양되는 사람은 자신의 성(姓)을 대를 잇는 새로운 가문의 성으로 바꾸어야 한다. 그러므로 성을 바꾸는 일은 일본 사회에서는 흔한 일이다. 이에 반해 조선의 선비 문화에서는 혈연을 매우 중시하였다. 가문은 혈연에 의해 계승되고, 자손이 없으면 같은 문중의 혈족 가운데서 입양을 해서 가문을 이어갔다. 조선에서는 성을 바꾼다는 것은 상상조차 하기 어렵다. 조선에서는 주자가례(朱子家禮)가 사대부 사회에서 광범위하게 수용되었지만, 일본에서는 소수의 예외적 학자들 외에 대다수 무사나 서민은 삼년상을 비롯한 유교적 예법을 생활 속에서 수용하지 않았다.

2. 선비와 무사의 가치관과 문화

선비들은 삶의 목표를 공자나 주자와 같은 성인에 두고, 성인이 되기 위한 성학(聖學)에 힘썼다. 그래서 선비 사회에서 주된 학문 내용은 유교 경전이나 시문을 짓는 것이었다. 무예를 연마하거나 병서를 연구하는 것은 드물었다. 그러나 무사 사회에서는 전쟁에서 큰 공을 세워서 이름을 떨치거나 영웅이 되는 것을 이상으로 한다. 그래서 무사들은 어려서부터 자식에게 무예를 단련시키고 공부는 전쟁에서 이기기 위해 병서를 읽게 하였다. 무사 사회에서는 도덕적 내용을 주로 가르치는 성리학과 달리 『손자병법』과 같은 전쟁에서 도움이 되는 실제적이고 실용적인 학습을 강조하였다. 그러나 유교 경전에 대한 독서나 학문은 무사들에게 그다지 권장되지 않았다. 도리어 지나친 독서나 학문은 사람을 유약하게 만들 수 있다고 해서 경계의 대상이 되기도 하였다. 무사 사회에서 유학자들은 주역이 아니라, 기능적 역할을 하는 보조적 위치에 그쳤다.

무사들이 강조하는 덕목은 주군에 대한 충성과 의리, 죽음을 두려워하지 않는 용기, 명예심 등이었다. 선비 문화에서는 효가 최우선 덕목이었지만 무사들에겐 충이 더욱 중시된다. 무사들은 다이묘에게 충성하지 않으면 무사의 지위가 박탈될 수도 있었고, 그렇게 되면 현실적으로 독립적 생활이 어려웠다. 그러므로 무사에게 주군에 대한 충성심은 무사 가문을 유지하기 위해서도 절대적이었다. 그러나 조선 사회에서는 설사 벼슬을 그만두어도 고향에 돌아가면 조상이 물려준 전답이 있으므로 생활을 유지할 수 있었다. 그러한 전답을 물려준 조상에 대한 효가 우선인 것이다.

이러한 문화의 차이는 종교에도 나타난다. 우리는 성균관, 향교, 서원 등에서 공자와 주자 그리고 훌륭한 학자를 모시고 숭앙하였다. 그러나 일본은 무사의 수호신인 하치만(八幡) 신을 받드는 신사를 곳곳에 두고 숭배하였다. 무사들은 유교보다는 불교나 신도를 가까이하였다.

무사도는 한 마디로 죽음을 각오하는 용기라고 할 수 있다. 무사가 주군으로부터 은혜를 받으면 무사는 주군을 위해 목숨을 아끼지 않아야 한다. 그렇지 못한 무사는 무사라고 할 수 없다. 무사라면 주군의 은혜를 갚기 위해서 늘 자신의 생명을 던질 각오를 해야 한다. 주군이 죽으면 따라서 죽는 순사(殉死)도 많았다. 또한 무사도의 특징은 이기기 위해서는 남을 속이는 것을 비롯해서 수단을 가리지 않는다. 무사는 적을 이겨야 자기가 살고 공을 세울 수 있기 때문에 살생을 피할 수 없다. 이것은 인간의 생명을 무엇보다 중시한 유교의 인(仁) 사상이나 정직을 중시했던 선비 문화와는 아주 다르다.

무사들은 힘을 숭상하지만, 선비들은 덕을 숭상한다. 무사들은 무력과 법으로 사회를 다스리고자 하였고, 선비들은 예의와 도덕으로 다스리고자 하였다. 무사 사회에서는 법을 지키지 않으면 엄한 처벌이 뒤따르기 때문에 법은 지키지 않으면 안 된다. 지금도 일본은 법을 중시하고, 우리나라는 법보다는 도덕의 관점에서 세상을 바라보는 경향이 강하다.

선비와 무사는 서로 경쟁하는 방식이 다르다. 선비는 서로 간에 시를 주고받으면서 시를 통해서 상대를 은유적으로 비판하거나, 아니면 학문적 논쟁을 하거나 아니면 도덕성이나 인품으로 경쟁하거나 학문적 업적으로 우열을 가린다. 선비 간의 경쟁은 단기간에 승부가 나는 것이 아니라 오랜 세월을 두고 진행되며 제자들끼리도 경쟁에 합류하여 몇백 년간 지속하기도 한다. 그러나 학자들의 논쟁은 주관적인 성격이 강해서 그 우열을 명확히 가리기 어렵다. 이에 비해 무사는 전투에서 세운 공으로 또는 무예(武藝)나 무용(武勇)으로 우열을 가리고 서로 간에 때로는 칼로 싸워서 승부를 가린다. 그 과정에서 생명을 다치거나 죽기도 한다. 그렇지만 무사들 간의 승부는 비교적 단기간에 그리고 명백하게 승패가 드러나서 지면 승복하지 않을 수가 없게 된다.

무사는 조용하고 평화로운 세상보다는 전란을 오히려 선호한다. 전란이 있어야 공을 세울 기회가 있고 공을 세워야만 논공행상으로 대가를 받을 수 있기 때문이다. 일본의 전국시대에는 영토에 일정하게 주인이 정해져 있는 것이 아니었다. 힘 있는 자가 남의 영토를 빼앗으면 그것이 곧 자기 것이 될 수 있었다. 따라서 무사 문화는 평화를 수호하기보다는 전란을 기회로 여긴다. 이것은 우리의 선비 문화가 평화를 절대적으로 옹호하고 전란을 기피하였던 것과 대조가 된다.

선비와 무사 사이에는 공통점도 없지 않다. 특히 에도시대 무사도 정립에는 조선에서 받아들인 유학이 어느 정도 영향을 미쳤다. 그래서 무사도 상호 간에 의리를 중시하고 명예를 존중하는 기풍이 있었다. 선비나 무사나 모두 명예를 먹고 살고, 명예가 더럽혀지면 죽음보다도 부끄럽게 여기는 면은 상통한다고 하겠다. 또한 선비나 무사나 모두 검소한 것을 숭상하는 점도 공통적이다.

조선 사회에서는 어려서부터 선비들에 대한 이야기나 과거에 급제하고 벼슬한 사람들의 이야기를 아이들에게 들려줌으로써 문에 대한 욕망을 자극한다. 이에 비해 일본의 에도시대에는 아이들에게 걸출한 무사들의 무용담을 들려줌으로써 그들에게 무인의 꿈을 심어준다. 이렇게 서로 다른 꿈과 가치관을 어려서부터 주입 받은 어린이들은 서로 다른 삶의 방식을 지향하며 살게 되는 것이다. 이처럼 인간의 삶은 그가 속한 사회의 문화적 특성에 의해 서로 다르게 조형되는 측면이 많다.

3. 선비 문화와 무사 문화의 빛과 그림자

무사들은 공(功)과 법을 중시하였고 선비는 덕과 예를 중시하였다. 선비는 인의를 추구하였고 무사는 무용(武勇)을 강조하였다. 선비들에게 유교의 가르침은 신성 불가침한 것이었다면 무사들은 유학에 대해 그다지 호의적이지 않았고 유교의 가르침에 크게 구애되지 않았다. 선비는 선한 동기를 중시하고 이상주의적 사고방식을 지녔다면 무사는 현실에서의 생존과 결과를 중시하는 현실주의적 사고에 의해 지배되었다.

이처럼 서로 다른 사고방식과 가치관을 지닌 선비와 무사의 문화는 서로에게 이해되기 어려웠고 따라서 가치관의 충돌은 서로를 멀게 하였다. 선비 문화는 학문과 교육을 발전시키고 도덕적 정서를 함양하는 데 기여하였지만, 약점은 실용성이 부족하고 문약에 빠지기 쉽다는 점이다. 무사 문화는 실용적이고 질서와 효율성을 중시하지만, 문제점은 폭력적이고 권위적이며 도덕의식이 약하기 쉽다는 점이다. 무비(武備)가 없는 문덕(文德)은 공허하고, 문덕이 없는 무는 맹목적이기 쉽다. 모든 문화와 철학이 그러하듯이 조선의 선비 문화와 철학도 빛과 그림자를 동시에 지니고 있다. 따라서 지나치게 미화하거나 맹목적으로 부정하기보다는 장점과 한계를 있는 그대로 성찰해서 장점을 발전시키고 한계를 보완하려는 노력이 중요하다.

참고문헌

구태훈, 『일본 무사도』, 태학사, 2005.
이케가미 에이코, 『사무라이의 나라』, 남명수 옮김, 지식노마드, 2008.
와타나베 히로시 지음, 『주자학과 근세일본사회』, 박홍규 옮김, 예문서원, 2007.
지명관, 『저고리와 요로이』, 다섯수레, 1995.
호사카 유지, 『조선 선비와 일본 사무라이』, 김영사, 2007.

찾아보기

ㅂ

ㅅ

ㅇ

ㅈ

ㅍ

ㅎ